2012 政策研究与决策咨询

国务院研究室调研成果选

谢伏瞻○主编

POLICY STUDY AND POLICY DECISION REFERENCE

中国言实出版社

图书在版编目(CIP)数据

政策研究与决策咨询:国务院研究室调研成果选.2012/谢伏瞻主编.
—北京:中国言实出版社,2012.12
ISBN 978-7-5171-0023-2

Ⅰ.①政… Ⅱ.①谢… Ⅲ.①方针政策-调查报告-中国-2012
②体制改革-调查报告-中国-2012 ③对外开放-调查报告-中国-2012
Ⅳ.①G632.0

中国版本图书馆CIP数据核字(2012)第269243号

责任编辑 张红晨 郭江妮

出版发行 中国言实出版社
地 址:北京市朝阳区北苑路180号加利大厦5号楼105室
邮 编:100101
电 话:64966714(发行部) 51147960(邮 购)
64924853(总编室) 64963105(二编部)
网 址:www.zgyscbs.cn
E-mail:zgyscbs@263.net

经 销 新华书店
印 刷 河北省三河市祥达印装厂
版 次 2012年12月第1版 2012年12月第1次印刷
规 格 787毫米×1092毫米 1/16 24.5印张
字 数 390千字
定 价 70.00元 ISBN 978-7-5171-0023-2

本书编委会

序

努力做好新形势下的调查研究工作

谢伏瞻

国务院研究室是国务院的政策研究和决策咨询部门。本书选编的调研报告，是我室同志2011年的部分优秀调研成果。其中，不少调研成果得到了国务院领导同志的重视和批示，为国家经济社会发展政策的制定和实施发挥了重要参考作用。

2011年是我国改革开放和现代化建设取得重要成就的一年，实现了“十二五”良好开局。面对复杂严峻的国内外形势，党中央、国务院正确决策、沉着应对，经济社会发展呈现出经济增长较快、价格趋稳、效益较好、民生改善的良好态势。围绕国务院的中心工作，我们及时跟踪和发现国民经济运行和社会发展中的热点、难点问题，深入开展调查研究，努力提出具有针对性、操作性的政策建议，为推动科学民主决策贡献了力量。

我们正处在一个急速变革的时代。世界多极化、经济全球化还在发展，科技革命方兴未艾，和平与发展仍是世界的主题，国际金融危机的发展和演变正在改变世界政治经济格局，国与国之间经济上相互依存、相互影响在加深，竞争更加激烈，合作也在深化。我们面临的机遇前所未有，挑战也前所未有。我国仍然处在重要的战略机遇期，经济社会发展存在不少有利条件和积极因素，同时，经济体制不完善、收入差距拉大、社会变迁加快、资源环境压力加大等新问题在增加，这些都对我们做好调查研究和决策咨询工作提出了新的更高的要求。这里，我就做好新形势下的调查研究和决策咨询服务工作,谈几点看法。

第一,求真务实,对人民和历史负责。调查研究和决策咨询服务工作关系党和国家的事业,干系紧要,责任重大。人民的利益高于一切,我们在一切工作和实践中都要自觉践行立党为公、执政为民的宗旨,想群众之所想、急群众之所急、忧群众之所忧,最大限度地实现好、维护好、发展好人民群众的根本利益。公共政策无小事。郑板桥诗云:“衙斋卧听萧萧竹,疑是民间疾苦声。”我们所提出的每一项政策建议,涉及的动辄是成千上万甚至数以亿计百姓及其家庭的切身利益,往往是差之毫厘,谬以千里,不能不用心体察、慎之又慎。我们既要对上级机关和领导同志高度负责,更要对国家和人民负责,调研成果一定要经得起实践和历史的检验。为了达到这个目标,我们首先要做到出以公心,把公平正义作为我们心中的最高标杆。孔子说过:“政者,正也。子帅以正,孰敢不正?”(《论语·颜渊篇》)我们看问题、提建议,一定要站在最广大人民群众的立场上,摒弃局部利益和个人偏见。同时,要做到求真务实,就是“不唯上,不唯书,只为实”。古希腊思想家、哲学家亚里士多德说过,“吾爱吾师,吾更爱真理”。作为决策咨询机构的工作人员,我们要学会在纷繁复杂的经济社会事务中抽丝剥茧、去伪存真,提出真知灼见,为决策服务。

第二,文以载道,把政策性作为调研报告的第一要义。文章是用来说明道理的,自古皆然。调研报告作为一种特定类型文稿,主要是为决策服务的,其精要可以概括为:发现问题、分析问题、解决问题。好的调研报告,其真实性、政策性和可操作性永远是第一位的。如何凸显调研报告的政策性?首先要善于深入基层、深入实际,把第一手的真实情况和突出问题反映出来,反对闭门造车,不建空中楼阁。要善于抓主要矛盾。现实中的经济社会管理事务往往错综复杂、问题叠出,要拎出主流、要害和全局性问题来,不能管中窥豹,更不能眉毛胡子一把抓,把事情说得“剪不断、理还乱”。还要善于提出建设性意见。马克思讲过:“哲学家在解释世界,而重要的在于改造世界。”一般说来,看到问题、批评现状是相对容易的,难的是要找出问题症结,有针对性地提出解决问题的办法。

第三,文无定法,要解放思想、破除陈规。古语讲,兵无常势,水无常形。邓小平同志在改革开放初期指出:“一个党,一个国家,一个民族,如果一切从本本出发,思想僵化,迷信盛行,那它就不能前进,它的生机就停止了,就要亡党亡国。”我国30多年改革开放的伟大实践证明,思想大解放才能带动改革大突破、事业大发展。干事业、搞建设是如此,写文章、做决策也是如此。古人提倡,人在身体洗涤和精神净化上都要做到“苟日新,日日新,又日新”。又讲,“苟利于民,不必法古;苟周于事,不必循旧”。搞调查研究的过程,也是一个创新思维的过程。我们搞调研、提建议,最终是为领导同志决策服务。如果过分拘泥于所谓的格式套路、条条框框,人云亦云,不但文章的可读性、冲击性不强,其思想性也会大打折扣。特别是领导同志日理万机,需要阅读的文稿很多,如何能在成山案牍中脱颖而出,要求我们的文稿在内容和形式上求新求变。只有锐意进取、开拓创新,真正拿出建设性的意见建议,我们的调研工作才能发挥更大的作用。

第四,深思熟虑,全面辩证地看问题。古希腊哲学家赫拉克利说过:“一切皆流,一切皆变,无物常住,人不能两次踏进同一条河流。”我国宋代大文豪苏轼写庐山之景时,有名句“横看成岭侧成峰,远近高低各不同”。这都体现的是辩证唯物主义观点。治国理政是一个十分复杂的系统工程,必须学会用系统的、辩证的思维来观察事物、分析和解决问题,眼界要开阔,思路要明了。在实际工作中,面对错综复杂的经济社会生活,人们很容易陷入一叶障目不见泰山的泥淖。有些问题从某个角度看是问题,但换个角度看也许就不是问题;有些观点眼下看是正确的,但放到一个较长时期看也许就不正确;有些政策的确可能解决某些问题,但也可能产生更大的问题。毛泽东同志讲,要学会十个指头弹钢琴。我们提出每项政策建议,都要反复琢磨、“瞻前顾后”,只有切实体现全局性、战略性、预见性,才能更好地服务国家、造福人民。

第五,活水源头,要勤于学习、善于思考。宋代理学家、思想家朱熹在《观书有感》中有诗句,"问渠哪得清如许,为有源头活水来"。一个人要想说服别人,首先要说服自己;想让别人明白,自己首先要明白。要做好调研和决策咨询工作,必须不断了解新信息、补充新知识、掌握新情况。在国家机关工作,往往是身居深宅大院,加之公务事务繁忙,时间久了很容易出现知识老化、思想僵化的问题,很容易犯教条主义和经验主义的错误。解决这个问题的根本出路是学习,不仅要向书本学习,还要向实践学习,向人民学习。既要勤于学习,也要勤于思考。孔子说:"学而不思则罔,思而不学则殆。"只有把学习与思考结合起来,才能达到举一反三、事半功倍的效果。

目录 CONTENTS

一、保持宏观经济政策的连续性和稳定性，进一步扩大内需特别是居民消费需求

对今年经济形势和明年经济工作的看法与建议
——有关部门司局负责人和部分专家座谈会综述 / 信息研究司整理 3
关于我国外汇储备投资策略的建议 / 王　敏　金　李　潘功胜 9
对近期人民币汇率变化情况的看法和政策建议 / 宏观经济研究司 13
关于应对物价上涨趋势的思路和政策建议 / 郭克莎 19
本轮价格上涨的原因、机理与对策 / 王　敏 29
正确认识和应对本轮农产品价格上涨 / 叶兴庆 43
近期农资价格上涨情况、影响及建议 / 张顺喜 49
努力提高消费率的思路和建议 / 郭克莎 52
关于引导社会资金进入资本市场的思路和建议 / 郭克莎 62

二、巩固和加强农业基础地位

持续释放农业劳动力的思考和建议 / 叶兴庆 69
从玉米看粮食生产和市场变化 / 郭　玮　方松海 75
促进棉花产业稳定发展的分析和建议 / 郭　玮　鹿生伟 80
关于加快完善农村公路安保设施的建议 / 向　东　唐　元　李　敢 85
城镇人口过半后的“三农”政策取向 / 孙梅君 89
加快推进农村金融改革发展，破解农村中小企业和农户贷款难问题 / 刘应杰 95

三、加快推进经济结构战略性调整

我国汽车工业发展基本情况及若干重要问题的分析建议 / 工交贸易研究司 101
关于进一步加强技术改造工作的建议 / 工交贸易研究司 107
关于加强和改进我国工业标准化工作的建议 / 张军立　卫新华 113
采取果断措施确保核电安全发展的建议
/ 范必　唐　元　王天龙　张焕波　刘向东 119
进一步促进中小企业发展应重点解决的六个关键问题 / 张军立　张　泰 124
中国应推动建立全球大宗能源资源市场稳定机制 / 范　必等 130
我国物流成本过高的原因及政策建议 / 李　伟　张昌彩 140
应高度重视援疆建设中的大办钢铁问题 / 张昌彩　党小卉 145
促进农民工融入城镇的有关建议 / 马传景　胡　成 148
关于开展产业化治沙的建议 / 范　必　王　飞　徐占忱　马庆斌 153

四、大力实施科教兴国战略和人才强国战略

以分类管理为突破口加快推进民办教育综合改革
——关于民办学校分类管理改革试点的思考与建议 / 范绪锋　王　烽 161

人大附中是如何开展素质教育的
——人大附中素质教育调研报告之一 / 袁振国　杨润勇　李　萌　刘　畅 166
人大附中是如何保障素质教育实施的
——人大附中素质教育调研报告之二 / 袁振国　杨润勇　李　萌　刘　畅 173
人大附中素质教育的探索给我们的启示
——人大附中素质教育调研报告之三 / 袁振国　杨润勇　李　萌　刘　畅 177
从美国科技创新政策看如何
突破我国科技成果产业化瓶颈 / 苑衍刚　卫新华 180

五、加强社会建设和保障改善民生

从“民工荒”到“刘易斯拐点”的思考和对策 / 刘应杰 187
劳动报酬比重下降和宏观税负偏重的判断依据
——国家企业个人收入分配格局研究之一 / 俞肖云 192
调整收入分配关系提高劳动报酬比重的政策方向
——国家企业个人收入分配格局研究之二 / 俞肖云 199
建立可比性工资制度
——工资制度改革研究 / 邓文奎 205
合理调整收入分配关系 / 邓文奎　刘文海　乔尚奎　俞肖云　孙慧峰 216
推进基础养老金全国统筹的初步考虑 / 胡　成 222
加大对农村残疾人扶贫开发的政策支持力度 / 乔尚奎 227
完成今年保障性住房建设任务关键在抓落实 / 张定龙　王昕朋 233
关于大力发展住房合作社的建议 / 刘文海 240
关于住房租赁市场的分析及建议 / 郭克莎　高振宇 245
全面改革我国房地产税制体系的政策建议 / 潘国俊　王检贵　肖炎舜 256
借鉴国际经验完善我国住房保障制度的政策建议
/ 肖炎舜　高振宇　汪文祥 262
创新征地补偿安置机制的成功实践
——海南省陵水县征地补偿安置的做法与启示 / 王昕朋 268
对征地制度改革的看法和建议 / 叶兴庆 274
医疗卫生服务重点是强化基层
——美国、墨西哥、古巴医疗制度考察报告
/ 邓文奎　陈爱清　王汉章　李　辉 285

煤矿照样能够实现安全生产
——关于神华集团安全生产情况的调查 / 杨书兵 张昌彩 魏晓东 294
需重视解决建设领域拖欠工程款问题 / 孙慧峰 300

六、大力加强文化建设

促进网络购物健康发展的几点建议 / 冯晓岚 307
互联网与传统媒体的异同
——网络媒体相关问题研究之一
/ 李 萌 侯万军 范绪锋 袁振国 张宁娟 311
国外互联网管理体制的主要特点
——网络媒体相关问题研究之二
/ 侯万军 范绪锋 刘 畅 马晓强 刘大伟 315
国外互联网管理的政策趋向
——网络媒体相关问题研究之三 / 范绪锋 林秋朔 刘大伟 罗 李 319
考古发掘工作亟需提升科技支撑能力 / 侯万军 范绪锋 岳志勇 321
日本开展足球运动的主要做法与启示 / 侯万军 张 剑 来 民 326
成都市促进外来人口文化适应与社会融合调查报告
/ 李 萌 李中印 俞海星 李福利 坚 参 334

七、深入推进重点领域改革，进一步提高对外开放水平

进一步推进政府预算、决算公开的研究与建议 / 潘国俊 345
促进民间借贷规范化发展的若干建议 / 李江冰 351
当前加工贸易面临的新形势和新挑战
——加工贸易转型升级专题研究之一 / 王检贵 李江冰 359
推进加工贸易转型升级的主要思路
——加工贸易转型升级专题研究之二 / 王检贵 李江冰 363
关于稳步调整加工贸易保税政策的建议
——加工贸易转型升级专题研究之三 / 王检贵 李江冰 367
入世十周年背景下提高对外开放水平的思考和建议
/ 朱艳华 胡 成 张汉林 373

一、保持宏观经济政策的连续性和稳定性，进一步扩大内需特别是居民消费需求

对今年经济形势和明年经济工作的看法与建议

——有关部门司局负责人和部分专家座谈会综述

信息研究司整理

9月20日，国务院研究室召开经济形势座谈会，邀请国家发改委、财政部、商务部、住房和城乡建设部、人民银行、统计局等部委有关司局负责人和部分专家，就今年经济形势与明年宏观经济政策取向等问题进行座谈。现将主要观点综述如下。

一、关于今年经济形势的总体判断

与会部门和专家一致认为，今年以来，面对严峻复杂的国际经济形势，党中央、国务院实施积极的财政政策和稳健的货币政策，较好地处理了发展经济、调整结构和稳定物价的关系，物价同比涨幅高位回落，经济运行继续朝着宏观调控预期方向发展，保持了经济平稳较快发展的势头。发改委、统计局的同志认为，在世界经济复苏乏力、全球通胀压力增大、主权债务危机加深的背景下，取得这样的成绩，来之不易。尽管部分经济指标略为放缓，在很大程度上也是主动调控的结果。初步预计，全年GDP增速将达到9.3%～9.4%，CPI控制在5.3%～5.5%，城镇新增就业1200万人左右，贸易顺差在1500亿～1600亿美元。

与会同志对当前和明年经济走势的看法基本一致。主要观点是：我国经济发展面临的国内外环境仍然非常复杂，发达国家特别是欧洲主权债务危机进一步恶化,失业率居高不下,经济增长内生动力不足,甚至可能出现负增长。国内物价上涨压力依然较大,中小企业生产经营困难增多,结构调整和节能降耗任务艰巨,宏观调控难度进一步加大。大家认为,明年我国经济增速可能呈回落走势,主要风险来自外部,下一步必须高度关注外需减弱、全球流动性过剩和通胀风险上升、贸易摩擦增多、人民币汇率升值压力等对我国经济的影响,增强宏观调控的针对性、灵活性、前瞻性,把主要精力放在扩大内需、加快转变发展方式、调整优化结构和着力改善民生上,努力保持经济平稳较快发展,避免出现大的起落。

二、关于明年经济发展目标和宏观调控政策取向

与会同志认为,明年我国经济发展的外部环境不确定性加大。考虑到国内经济增长的基本面依然向好,经济增长的内生动力逐渐增强,各方面发展的积极性很高,我国经济仍有可能保持一个较快的增速。多数与会同志认为,受世界经济增速放缓和国内调控政策的影响,明年我国出口和投资增速都可能放慢,经济增速将有所回落,同时物价涨幅也将明显下降。预计明年经济增速在8% ~9%之间,物价总水平在3% ~4%之间。多数专家提出,明年经济增长预期目标可定在7% ~8%之间,物价总水平控制在4%左右。主要考虑是:适度降低增长目标,可以表明中央加快结构调整和转变发展方式的决心,可以缓解对投资的过度依赖,也有利于抑制通胀。在全球经济增速出现较大不确定性的情况下,中国经济增长目标定得过高,必然需要较大的政策刺激配套,这会造成增长成本过高。同时,这个目标也在"十二五"规划确定的平均速度之上,是合理的,也是可能实现的。明年物价上涨预期目标确定在4%左右。这留有一定余地,也有利于稳定通胀预期。如果通胀目标过低,势必需要加大总需求紧缩力度,增加人们对明年经济增长速度下滑的担忧。

与会同志认为,明年要保持宏观调控政策取向的基本稳定,继续实施积极的财政政策和稳健的货币政策,提高政策因应形势变化的灵活性和有效性,把握好调控的力度、节奏和重点。也有专家建议实施双稳健的财政货币政策。多数部门和专家认为,明年要继续实施积极的财政政策,特别要进一步优化财政支出结构。主要考虑是:明年全球经济增长进一步放缓可能性

很大，外需可能会有较大下降，必须努力扩大内需，防止因外需下降而导致经济波动。同时在推动结构调整、改善民生和发展社会事业等方面，也可以充分发挥财税政策的重要作用，加快推进建设型财政向公共财政转变，将政策重点从支持项目投资转向增加消费支出。大家认为，明年要继续实施稳健的货币政策，着力优化信贷结构。主要考虑是，目前物价水平仍较高，明年物价上涨压力也很大，货币政策不应明显放松；发达经济体采取量化宽松货币政策，一些新兴经济体也因此改变策略，中国货币政策也不宜过紧，紧缩力度大很可能导致经济增长回落过快。专家建议，要坚持目前的政策取向和力度，引导货币信贷适度增长，规范管理银行的表外业务，保持合理的社会融资规模。同时，着力优化信贷结构，加大对中小企业特别是小微企业的融资支持。部分专家提出，地方融资平台的大量贷款在明年开始进入还本付息的高峰期，其流动性和偿债能力面临风险，必须给予高度关注。但处理地方融资平台问题也不宜操之过急，不能搞"一刀切"，应分类分批处理，防止因处理过急诱发风险。一些部门和专家建议，必须加快外汇储备战略性、多元化运用，严堵热钱流入。国家应尽快成立有关机构，瞄准中国经济发展所需要的各种物资与资源，共同谋划外汇资金的用途，减少纯金融资产的运用比例。同时，大力支持有条件的非政策金融机构、企业，甚至个人购汇。这在减少外汇储备的同时，也可降低基础货币投放，减轻国内通胀压力。有的专家建议，由于欧洲主权债务危机仍在蔓延，许多银行为维持自身的流动性，可能出售部分金融资产，中国可以利用外储多的优势，择机进入欧洲市场，收购和参股一些欧洲银行。针对外汇储备继续增加所面临的保值增值压力，要加快研究推出外汇储备使用的系统解决方案。

三、关于物价走势和通货膨胀问题

与会同志认为，由于各项调控政策和措施到位，目前物价同比涨幅高位回落，今年四季度价格上涨将逐月趋缓，但仍要高度关注一些推动价格上涨的因素。一些部门和专家认为，从走势看，稳定物价的有利因素逐渐增多，货币供应量增速明显减慢，翘尾影响趋于减弱，粮食实现"八连增"，价格上涨将逐步趋缓，年底月同比有可能回落到4%左右。多数部门同志和专家认为，当前一些推动价格上涨的因素虽然得到初步控制，但没有根本消除。主要有:(1)在食品价格较快上涨的同时,非食品类商品价格均有不同程度上涨。其根源是前期货币信贷投放过多,消化大量流动性仍需一个过程。(2)在翘尾因素影响逐步减弱的同时,新涨价因素影响不断上升。8 月份新涨价因素已达 3.5 个百分点。(3)成本推动压力。土地和劳动力等要素价格不断上涨,节约资源、保护环境也使一些要素成本上升,这些推动物价上涨的因素将长期存在。(4)国际传导因素。目前全球流动性过剩,主要发达国家都实行宽松货币政策,国际大宗商品价格高位波动,我国输入型通胀压力短期内甚至有可能加大。

与会同志认为,基于上述原因,明年物价上涨幅度虽有所回落,但压力依然较大,仍需要管理好通胀预期。一些部门认为,目前经济和物价形势主要是政策调控的结果,一旦政策松动,物价就有反弹可能。因此,仍应保持必要的政策力度,进一步巩固调控成果。多数部门同志和专家建议,要采取积极措施管理好通胀预期。(1)把降低物流成本作为稳物价的一项重点任务来抓。加快农产品流通体系建设,降低农产品流通成本,统筹解决农民"卖难"和市民"买贵"的问题。(2)完善主要农产品补贴制度与收储机制,进一步健全粮食主产区利益补偿机制,落实好扶持生猪生产的政策措施。(3)建立完善社会救助和保障标准与物价上涨挂钩的联动机制,切实保障低收入群体的基本生活。(4)利用明年物价涨幅回落的有利时机,加快推进能源资源性产品价格改革。也有专家认为,从影响物价走势的宏观因素来看,今年货币供应量增速下降和明年经济增速放缓,将缓解未来两年的通胀压力。根据一些机构测算,未来两年物价水平总体可控,年 CPI 均值在 2.8% ~ 4% 区间可能性较大。若假设本轮价格下降拐点在今年三季度,则 2013 年年初或是新一轮物价上涨周期的开始。

四、关于房地产市场调控问题

大家认为,房地产市场调控成效逐步显现,房价涨幅总体呈回落态势,但供求关系紧张尚未根本改变,房价反弹压力依然较大。主要情况是:(1)市场预期发生转变,投机性需求得到抑制。北京市购买第二套及以上住房套数所占比重由去年最高的 16% 下降至今年 8 月的 11% 。北京等 40 个城市的新建商品住房成交面积同比下降,上海等 62 个城市二手住房成交面积同比下降。(2)房价涨幅总体呈回落态势,但控房价仍面临较大压力。今年以来,90个重点城市新建商品住房价格同比涨幅总体呈回落态势,部分城市房价稳中有降。但不少房地产企业的开发重心和部分投资投机性需求转移,导致部分中西部地区和二三线城市房价仍在高位运行。部分热点城市住房租金呈较快上涨态势。专家预计,房价明年会小幅回落,2013年会明显回落。(3)房地产开发投资保持增长,但回落可能性加大。专家认为,今年以来房地产投资保持高速增长,原因是房地产企业因资金链趋紧而加紧开工,四季度和2012年则可能出现较大回落。住建部的同志认为,全国房地产开发投资资金来源和房地产贷款增速明显下降,部分城市住房供应指标也出现下降苗头,这可能会影响明后年住房供应。

大家认为,目前市场陷入僵持和胶着状态,下一阶段房价上涨的短期和长期潜在压力仍然较大,调控效果仍需巩固,必须坚持调控方向不动摇,调控力度不放松。主要建议是:(1)注重房地产调控政策的差异化。很多同志认为,应根据各地实际情况加强对各地落实调控政策的分类指导,防止一刀切。要有针对性地抑制二、三线城市房价过快上涨,抑制住房租金水平过快上涨。(2)加快建立遏制不合理需求的长效机制。与会同志认为,应更好地发挥税收等政策的调节作用,加快研究推进房地产税制改革,尤其要在房产交易、保有等环节下功夫。(3)继续加快保障性住房建设。建立保障性安居工程建设资金稳定来源机制,加快推进农村危房改造试点;厘清保障性住房和商品性住房的边界。(4)加强市场监测和监管。继续采取多种措施限制打击投机行为,规范完善二手房市场和住房租赁市场。

五、关于中小企业问题

与会同志认为,受货币政策收紧等因素影响,量大面广的中小企业经营日趋困难,特别是中小企业融资难、融资贵问题十分突出。财政部的同志说,二季度以来,中小企业特别是小型、微型企业融资难、资金成本高的问题尤为突出。据调查,目前广东中小企业向银行贷款的基准利率要上浮20%左右,广东民间借贷加权平均利率达18%左右,小额贷款公司超过六成的贷款利率在基准利率2倍以上。工信部报告显示,前8个月中小企业整体利润率不到3%,60%~70%的中小企业面临着严重的生存困境。有的专家说，由于央行对冲外汇占款的过程中把人民币间借卖给了外资、外贸企业，又通过提高存款准备金率间接回收内资企业、中小企业的资金，结果越对冲，外资外贸企业手中的人民币越多，内资内贸企业的钱越紧张。

与会同志认为，支持中小企业发展，短期内要尽快采取措施缓解融资难，中长期看必须健全支持中小企业发展的政策体系。大家建议：(1)对中小企业实施信贷定向放松，进一步采取措施鼓励银行加大对这些领域的信贷投放。特别要加大对小微企业的信贷支持。(2)推动结构性减税，进一步对中小企业减税，对微型企业免税。(3)大力发展与中小企业相匹配的中小银行特别是村镇银行，匹配相应的风险考核指标，最终建立多层次中小企业融资体系。(4)建立完善的中小企业资信评级制度。这是银行对中小企业"结构性"惜贷的主要原因。应加快建立中小企业贷款信用评级制度、企业法人代表资信评级制度和企业总体资信评级制度，强化企业信用观念，以信用等级确定是否贷款和担保。(5)有序开放民间借贷市场。政策宜疏不宜堵，可以择机建立民间借贷的官方交易平台(交易所)，有序放开民间借贷市场，理清政策真空区，将部分业务合法化。

2011年9月22日

关于我国外汇储备投资策略的建议

王敏　金李　潘功胜

近年来,我国积极探索拓宽外汇储备投资渠道。其中,对美欧股市的投资,已有不少尝试,包括建立高端投资团队、运用成熟交易技术等,旨在提高个股投资赢利水平。从实践效果看,由于个股投资需要经常买进卖出股票,支付较多交易成本;购买优质企业股权往往遭遇某些国家政治阻力,在市场博弈中获赢机率较低;因此,目前我国外汇储备在美欧股市的投资回报率,总体低于市场平均水平。同时,我国有相当部分外汇储备购买了美国国债。虽然美国政府多次表示投资美国国债是安全的,但是,由于美元不断贬值,这部分外汇储备很可能缩水。研究探索外汇储备投资如何减少损失、保值增值,极为重要而紧迫。

根据美欧成熟专业投资机构的经验做法,我们认为,采取"购买和持有"策略,即投资购买美、欧股市大盘指数,买入后长期持有,可获得稳定回报率并降低风险,应当作为我国外汇储备投资美、欧市场的重要策略。具体地说,可以考虑将我国一定数额的外汇储备,投资于美欧股市中占主导地位的综合性指数基金,这些基金对应于综合性的(非行业性的)股市指数:(1)标准普尔 500 指数,美国 500 家最大的上市公司的市值加权平均指数;(2)RUSSEL2000 指数,美国 2000 家最大公司的市值加权平均指数;(3)WILSHIRE5000 指数,美国 5000 家最大公司的市值加权平均指数,基本涵盖美国整个股市;(4)金融时报 350 指数,即伦敦证券交易所 350 家最大上市公司的市值加权平均指数。通过购买这些综合性股市指数基金,我国可以在美、欧股市大盘中占有一定比例,相当于在美、欧全部生产性资产中持有一定比例,意味着拥有美、欧经济的某些所有权,与其形成实质性紧密经济关系。设想,如果中国在2009年年底将1500亿美元投资美国股市大盘,当时美国股市总市值约15万亿美元,相当于中国购买美国所有上市公司1%的股权,并相当于美国2009年国内生产总值14.12万亿美元的1.06%。采用股市大盘投资策略,也称“购买和持有”策略,具有六个方面优势:

第一,有利于降低我国外汇储备投资风险。中国已成为美国国债最大持有国。虽然国债账面价值短期波动较小,但由于通胀和美元对人民币贬值因素,其对应的实物资产不断耗蚀。粗略估计,中国以美元计价的储备资产大约相当于GDP的1/3,如果美元兑人民币贬值10%,将造成约3.33%的账面亏损。虽然中国对美国国债投资具有名义流动性,但如果中国大量赎回投资势必引发美国及整个国际金融市场动荡,直接影响中美关系和世界经济。如果对投资美国的外汇储备存量资产,以少量、渐进的方式,调整资产组合,逐步将一定存量转至投资美国股市大盘;同时,新增外汇储备投资逐步转至投资世界其他股市大盘(如伦敦、东京),将有利于降低我国外汇储备过多投资美国国债的风险。当前世界经济缓慢复苏,全球股市总体估值水平趋于正常,投资美欧股市大盘时机较好。从短期看,虽然股市波动会带来账面投资价值波动,但从中长期看,股市大盘指数所对应的实物资产,即其代表的一定比例的美国生产能力,却不会随账面价值波动而波动。目前国际上一些偏于保守的投资机构,如政府养老基金和大学捐赠基金,在其投资组合中都大量持有大盘股权投资。如哈佛大学捐赠基金投资组合中持有46%的大盘股权投资,而包括政府和私人债券的固定收益账户只占13%;挪威政府养老基金投资组合中,也持有60%的大盘股权投资。还需指出,目前中国、日本等国家大量购买持有美国国债,客观上有利于美国实施宽松的货币政策——因为大量印发美元可以使其他国家持有的美国国债实际价值缩水。实施投资美国股市大盘策略,将使美国以出售未来产能为代价承受其滥发货币的后果,从而抑制其流动性泛滥。如果说,美国扩张性货币政策是我国输入性通胀压力的重要外部原因,调整我国外汇储备投资策略,则是应对美国扩张性货币政策的有效选择。

第二,有利于增强我国外汇储备资产流动性。与单个股权投资相比,股市大盘投资市场规模容量大、流动性强。其基金指数交易额远远超过任何单一股票交易额。据2011年年初统计,仅美国纽约证交所和纳斯达克两大证交所,就拥有约18万亿美元市值,超过美国国债总规模。一般情况下,每年纽约证交所交易换手率都在100%以上,纳斯达克证交所交易换手率更高达200%以上。也就是说,一年之内会有超过18万亿美元的巨额资金在这两个交易所交易换手。如此大规模交易使得中国可以在这两大证交所进行大盘投资操作,而无需担心大量资金流动对市场造成过大冲击。目前,世界主要股票交易所的总市值接近50万亿美元,客观上为中国在全球主要股市进行大盘投资操作,提供了足够的交易规模和市场容量,可大大增强我国外汇储备投资的流动性。

第三,有利于我国外汇储备资产保值增值。本次国际金融危机至今,美联储资产负债表负债一栏已增加两倍以上,货币供应量大幅度增加。虽然目前美国通胀率不高,但大量美元流动性已导致中国等新兴经济体通胀压力急剧增加。由于对美国国债投资不与美国通货膨胀率挂钩,随着美联储大量增发货币,美国通胀率上升,中国持有的美国国债将对应越来越少的实际购买力。特别是,我国积累的超额外汇储备,仍不断投资美国国债市场,投资收益已经并将继续受到损害。如果改换投资策略,由投资美国国债转为投资美国股市大盘,即使美国通胀率上升,我国仍会持有美国生产能力的相应百分比。根据历史经验,投资美国股市大盘,对应的实际购买力将随期限延长而增加,对应的实际资产占美国GDP的份额也会增加,对应的占美国国内产能的比重也会增加,从而真正实现我国外汇储备保值增值。据相关资料,从1790年至2010年,美国实际GDP年均增长3.75%;在有记录的股价历史中,1926年至2009年,小公司股票年均收益11.9%,大公司股票年均收益9.8%,政府债券(如长期国债)年均收益5.4%。在此期间,通胀率平均每年3%。很明显,随着时间推移,一个美国股市大盘指数的投资将代表不断增加的美国实际GDP份额,至少平均每年增长约3%(9.8% - 3.75% - 3%)。假设1926年投资购买相当于美国当年GDP1%的大公司的股票大盘,无需追加投资,到2009年,其价值已相当于美国当年GDP的11%左右;其真实购买力按照美国经济实际产能衡量,不仅没有随时间缩水,反而持续增加。

第四,有利于我国外汇储备投资优化组合。在经济全球化背景下,我国外汇储备投资应该形成地理分布多元、资产品种丰富、门类齐全的优化组合。分析美国股市历史数据,在超过20年以上的较长时期内,投资股市大盘的回报率,一般总是高于投资债券的回报率;而投资美国国债的回报率总是低于通胀率和经济增长率(国债投资所代表的美国GDP份额将随时间延长变得越来越小)。鉴于我国外汇储备投资周期较长,应当借鉴国际大型基金会和捐赠基金的投资管理模式,把优化投资组合作为战略目标。由于投资美国股市大盘可以获得高于投资美国国债的回报率,应当对我国在美外汇资产重新调整组合,逐步将对美国国债投资转移至美国股市大盘投资;在未来外汇储备投资中,逐步提高美国股市大盘投资比例,逐步降低美国国债投资比例。

第五,有利于打破针对中国主权财富基金设置的"政治动机投资"障碍。目前,国际金融市场对主权财富基金的偏见和戒备很强,尤其对中国外汇储备投资设置重重政治阻力。在此形势下,将一定数量的外汇储备投资美、欧股市大盘,由于不针对任何公司或项目,即便遭遇政治"狙击",也可以减少损失:因为美、欧一旦试图打压中国投资,势必直接拖累其整个股市;换言之,东道国的股市和经济将成为我国投资的"人质",形成股市大盘中"你中有我,我中有你"的格局,从而确保我国投资安全。

第六,易于投资操作和管理。股市大盘投资不需要实时考虑资金如何在个股之间分配以及频繁交易,基金经理人易于操作,一个投资经理可以管理大量资金。目前我国已经具有吸引高端金融人才的能力,完全能够管好此类投资。由于股市大盘投资没有选股过程,一次买入后无需大量后续交易,许多基金公司对大客户仅收取每年少于20个基点(0.2%)的管理费用;中国持有资金数额大,可以要求基金公司进一步降低费用。也可让世界著名基金管理公司投标管理股市大盘投资,进而以较低管理费用获取较高投资回报率。

2011年9月19日

(金李　清华大学经管学院;潘功胜　中国农业银行总行)

对近期人民币汇率变化情况的看法和政策建议

宏观经济研究司

针对近期人民币汇率变化，特别是境内外人民币价格出现“倒挂”的新情况，我室韩文秀副主任主持召开座谈会，邀请发改委、财政部、人民银行、外汇局、中国外汇交易中心等部门的有关同志，以及社科院、发展研究中心、北京师范大学、中国银行、交通银行、瑞穗证券等单位的专家学者和一线从业人员，进行了深入研讨。根据我们的研究并结合大家的讨论，总的看，近期人民币贬值属短期、临时现象，长期看人民币仍面临升值压力，但升值空间在缩小，市场预期可能出现分化，人民币汇率正在向均衡水平逼近，今后波动的频率和幅度可能加大。建议抓住机遇，继续积极稳妥推进人民币汇率市场化改革，完善汇率形成机制，增强汇率弹性，逐步减少央行入市干预的频率，同时大力加强金融市场建设和经济结构调整，有序推进人民币国际化和资本项目开放，防范外部风险和冲击。

一、近期人民币汇率变化情况及原因分析

近期人民币汇率波动出现一些新的特点，外汇市场供求关系发生一些新的变化。主要表现在：一是离岸人民币市场出现贬值预期。以境外人民币1年期无本金交割(NDF)合约价与境内人民币汇率中间价相比较，近年来人民币对美元在大部分时间都隐含升值预期，但自9月下旬至11月初，人民币持续出现贬值预期，9月末隐含的人民币对美元贬值预期一度达1.3%。二是境内外人民币价格出现“倒挂”。过去香港离岸市场人民币对

美元汇率一般高于境内人民币对美元汇率,但9月下旬至11月初,人民币在香港反而更便宜,这一现象为去年7月香港人民币离岸市场出现以来的首次,9月末二者价差最高时达到1653个基点。9月22日香港人民币清算行买入人民币的额度一度售罄。三是外汇净流入大幅减少,央行从净购汇转为净卖汇。10月份央行累计净卖汇102亿美元,是2000年8月以来首次出现月度净卖汇。四是境内人民币汇率波动加大。9月29、30日境内人民币即期汇率连续出现"跌停"(触及5‰的波幅下限),9月人民币对美元累计下跌0.12%,是2005年汇改以来首次月度下跌。

此前也曾经出现人民币贬值预期。国际金融危机爆发后,从2008年9月底至2009年3月下旬,人民币持续出现贬值预期,最高时超过7%。综合分析,我们认为,这次波动的原因可能更为复杂,既有短期的、偶然性因素,也有长期的、趋势性因素,既受外部环境影响,也是国内经济运行中一些新情况的反映,是多种因素相互叠加、相互作用的结果。

*第一,国际经济金融形势严峻,引发资金避险情绪升温、美元避风港效应凸显,美元汇率反弹,美元短期需求急剧增加。*今年8月以来,美国主权信用评级被下调,欧洲主权债务危机发酵升级,新兴经济体增长放缓,世界经济不确定性、不稳定性上升,国际金融市场持续动荡,新兴市场资金回流欧美,美元需求急剧上升。欧债危机还引发商业银行资产减记风险,银行融资渠道受阻,欧美金融机构纷纷回笼资金自救,加大了对美元的需求。同时,美联储实行卖出短期债券、买入长期债券的"扭曲操作",市场担心短期资金成本上升,靠借入短期美元进行的套利交易大规模平仓,大量热钱回流美国市场。9月6日,瑞士央行宣布干预瑞郎汇率升值,使全球主要避险货币少了一种,间接放大了美元的避险功能。受这些因素影响,美元汇率在8月至9月反弹,美元指数上升5.3%。人民币对美元贬值并非个别现象,8、9两个月,印度、韩国、俄罗斯、巴西、南非货币对美元分别贬值9.9%、10.8%、13.2%、16.2%、16.3%。

*第二,经过6年多的汇改,人民币汇率已接近均衡水平,人民币单边升值的局面正在发生变化。*2005年汇改至今,人民币对美元升值超过30%,实际有效汇率升值28%。我国贸易顺差规模呈逐年下降趋势,从2008年的2981亿美元下降至2010年的1831亿美元,今年前10个月贸易顺差同比下

降 15.4%;经常项目顺差与 GDP 之比从 2007 年的 10.6% 降至 2011 年上半年的 2.8%。同时,随着国内要素价格改革推进和劳动力成本提高,我国出口产品的生产成本和价格逐渐上升,也在一定程度上缓解人民币升值压力。

第三,资本境内套利空间收窄、风险增加。一是在严厉的房市调控政策作用下,国内房地产价格预期发生逆转,对"热钱"的吸引力下降,部分外资开始撤离国内房地产市场。前三季度,房地产业实际使用外资 188.5 亿美元,增长 13.3%,同比回落 43 个百分点。二是"热钱"流入风险和难度加大。我国在去年 11 月和今年 3 月启动跨境资金异常流入应对预案,采取加强银行结售汇头寸管理等措施,一定程度上抑制了投机性交易行为,缓解了外汇净流入压力。

第四,还有一些偶发性、技术性因素。近期我国经济增长有所放缓,出口增幅回落,在房地产市场、地方政府融资平台、民间借贷、中小企业等领域的风险隐患有所显露。这些因素与国际上"唱衰"中国的声音交织在一起,市场对中国经济基本面的担忧增多,人民币升值预期发生摇摆,持有人民币和人民币资产的需求减少。此外,前期人民币持有者获利离场;大量人民币信用证到期,境外企业需要委托境外参加银行出售人民币以偿还之前的美元贷款等,这些因素也助推了香港市场人民币贬值压力。

二、人民币升值的趋势并没有改变

大家一致认为,人民币仍面临升值压力,在岸和离岸市场人民币汇率较大波动可能成为常态。主要有以下原因:一是经常项目继续保持顺差。这是中国外汇市场供求的基本面,是人民币汇率中长期趋势最重要的影响因素。二是中国经济仍表现出吸纳投资的能力。在全球范围内我国经济保持平稳发展、市场潜力大,继续吸引国际资本流入。特别需要注意的是,近年来资本跨境流动规模不断扩大,资本和金融项目顺差逐年上升,今年上半年已经大大超过经常项目顺差,资本和金融项目对人民币汇率走向的影响越来越大。三是欧债危机和美债问题短期内很难解决,国际投机资本摇摆不定、频繁进出我国,会继续冲击人民币汇率稳定。四是境外内存在较大的利差。由于美日欧实行量化宽松货币政策,长期保持低利率,我国在物价上涨压力仍未根本缓解的情况下,不可能大幅降息,境内外利差的存在某种程度上也会增加对境外资本的吸引。五是跨境人民币业务和资本项目开放向纵深发展，跨境贸易人民币结算进口占比远大于出口，市场主体普遍存在资产人民币化、负债外币化的行为取向，在导致外汇储备继续增加的同时，可能放大资本流动规模，加上离岸和在岸市场在不同机制下存在套利套汇空间，这些都会造成人民币汇率的不稳定甚至大幅波动。

同时，今后人民币升值压力将会有所减弱。交通银行的专家认为，明年外部需求减弱、贸易顺差收窄，国外企业资金不足、我国 FDI 增速放缓，加上物价涨幅回落，国内企业对外直接投资进一步扩大，这些因素可能减轻人民币升值压力。瑞穗证券的专家认为，人民币实际升值幅度已经很大，我国经常项目顺差下降速度快于德国、日本当年的速度，加上人口结构变动进入“刘易斯”拐点、工资以每年两位数的速度增长，人民币升值压力很可能会在 2 年后消失。发展研究中心的专家认为，这次人民币汇率的短期波动已经表明，国际投资者不再想当然地认为人民币会无条件地单边升值，一旦国内经济增速大幅下降或金融市场出现动荡，人民币可能出现贬值。

即使当前人民币汇率已接近均衡水平，我们仍会面对一些外部压力。社科院的专家认为，只要中国有较大的贸易顺差，且央行对外汇市场频繁干预，国际社会要求人民币升值的呼声就不会消失。近日，美国政府的智囊机构彼得森国际经济研究所表示，人民币汇率已更贴近基本面，但美元对人民币仍被高估约9%。瑞穗证券的专家认为，彼得森研究所的研究主要依据是 IMF 对中国未来经常项目顺差占 GDP 的比重仍将在 7% 以上的判断，这一论据本身并不成立。发展研究中心的专家认为，这次人民币汇率的短期波动，可以用来做文章，说明市场有不同意见，人民币是否低估不能简单用模型计算，应该是市场说了算。

三、几点建议

第一，进一步完善人民币汇率形成机制。大家普遍认为，应该把人民币汇率双向波动看作加快推进汇率形成机制改革的有利时机，顺应外汇市场供求变化，优化外汇市场调控方式。一是更多参考一篮子货币进行调节。交通银行、瑞穗证券的专家建议将人民币有效汇率变化作为调整目标，引导市场更多关注人民币有效汇率。二是逐步减少央行对外汇市场的干预。外汇局的同志、中国银行的专家建议，适当减少央行在外汇市场操作的频率，加快培育市场主体在本外币管理中自主决策、自担风险的能力。同时，必须保持人民币汇率的基本稳定，一旦市场出现剧烈波动，央行仍应随时入市进行必要干预，这也是各国的普遍做法。三是适度增加汇率双向波动的弹性。多位专家建议，放宽人民币对美元汇率浮动区间，比如从5‰适度扩大为1%。

第二，如果未来资本流动方向发生变化，货币供给格局也将随之改变，货币政策必须进行相应调整。大家普遍认为，目前我国物价和房价调控正处于关键时期，输入性通胀压力没有完全消除，稳健的货币政策方向不宜改变。但如果央行购汇被动投放货币的格局出现大的改变，影响市场流动性，就需要适时调整法定存款准备金率和公开市场操作，并注意发挥利率等价格型工具的作用。

第三，积极做好各种潜在风险防控。一是密切关注汇率大幅波动和资本大规模流动风险。多位同志认为，当前人民币升值基础还在，一旦贬值预期发生逆转，前期撤离资本可能重新大举进入，将助推汇率大幅反弹；还有专家表示，目前我国国际资本流入累积规模巨大，如果人民币汇率形成贬值趋势，可能导致资本短期内大规模流出，引起资产价格下跌和金融市场动荡，甚至严重拖累经济增长。多位同志建议，必须加强对短期资本流动的监管，继续完善防范“热钱”流入的措施，重点打击“地下钱庄”等非法通道，必要时可考虑开征“托宾税”。二是积极防范人民币离岸市场风险。多位专家反映，目前人民币离岸市场规模仍然较小，市场还不成熟、深度有限，容易受投机力量影响而出现较大波动，并对境内外汇市场产生负面影响。建议在继续支持香港离岸人民币市场建设的同时，加强内地与香港金融监管部门之间的信息交流与监管合作，建立两地应急协调机制，严格对境外人民币清算行的监测，妥善应对两个市场汇率差异引发的投机套汇行为，维护我国外汇市场的安全、稳定。三是着力控制好经济运行中的风险隐患。多位同志认为，我国地方融资平台、房地产市场等方面的问题，很容易被海外机构捕风捉影、高调唱空，对金融和经济运行产生不利影响。关键在于办好自己的事情，积极防范和化解各种风险，防止资产价格大起大落，让国际空头力量无机可乘。

第四,着力加强外汇市场建设。一些同志反映,境内外汇市场建设相对滞后,导致市场套利行为时有发生,不利于充分发挥市场机制的作用。建议:一是逐渐扩大交易主体范围。中国银行的专家反映,目前外汇市场主体的同质性特征比较明显,对汇率走势的预测比较接近,不利于形成有多有空、多元竞争的局面。未来应逐步扩大交易主体范围,增加交易主体的多样性。二是加快外汇市场产品创新,进一步丰富外汇市场交易品种,完善外汇市场避险功能。三是改进银行外汇头寸管理。外汇局的同志建议,试行银行结售汇综合头寸正负区间管理。四是逐步发展场外交易。目前外汇交易主要集中于场内市场,交易时间为上午 9:30 到下午 4:30,有便于监管等方面的优点,但交易结束后银行报价面临较大困难、承担较大风险。未来可借鉴境外外汇市场 24 小时连续交易的经验,逐步发展场外交易,既能降低交易成本,又有利于形成连续价格数据,更好发挥市场价格发现的作用。

第五,积极稳妥推进配套改革。不少专家认为,人民币汇率形成机制改革与资本项目开放、人民币国际化等密切相关,必须统筹谋划,稳妥推进,使之相互协调和促进。一是有序推进资本项目开放。一些专家提出,应改变长期以来形成的外汇宽进严出的政策,鼓励资本输出,拓宽外汇使用渠道。尽快出台支持企业"走出去"的指导意见,简化审批和放松管制。二是稳妥推进人民币国际化。中国银行、瑞穗证券的专家认为,人民币国际化是中国跻身发达经济体的必由之路,对我国未来发展意义重大,应加快推进。但也有专家对人民币国际化的态度比较谨慎,如社科院的专家认为,在利率和汇率实现市场化之前,资本项目的渐进式自由化为国际资本提供了巨大的套利套汇空间,中国可能因此遭受巨大损失。他建议暂时停止出台有关人民币国际化的新政策,在充分总结前一时期经验教训后再作进一步打算。

2011 年 11 月 16 日

(执笔:匡小红、王检贵、高振宇、李江冰)

关于应对物价上涨趋势的思路和政策建议

郭克莎

最近物价涨势来得较猛，去年10月、11月的CPI涨幅持续超出预期，12月同比涨幅4.6%，环比仍上涨0.53%。物价上涨虽主要是由食品价格拉动的，但根本性原因还在于流动性过多的影响。这种性质的物价上涨具有惯性和连锁效应，一旦形成趋势，可能要持续两三年时间。因此，我们既要采取短期措施遏制物价上涨势头，也要研究较长时间的物价走势和综合对策。

一、今明年的物价上涨形势都将比较严峻

有些人认为，今年的物价走势是前高后低，下半年涨幅就会逐步回落。这主要是考虑到物价基数较高会制约下半年同比涨幅。但是，今年上半年的物价环比涨幅又会形成下半年的翘尾因素，新的涨价因素还在增加，特别是输入型通胀的影响可能加大，物价涨幅难以明显回落。初步预计，今年大多数月份的CPI涨幅将在3.5%~4.5%之间，一些月份将超过5%；下半年和明年物价上涨压力仍较大，涨幅持续性回落到3%以下的难度相当大、可能性较小。主要依据是：

（一）流动性过多对物价的推升作用将持续相当一段时间。我国改革开放以来的统计数据表明，货币增速与物价变化有正相关关系，其中狭义货币M_1增速对PPI和CPI上涨的影响更为直接和一致，滞后期大概为半年至一年。货币投放推升物价的基本条件是，经济增速达到和超过潜在增长率，

需求持续扩张，货币流通速度加快。2009 年，我国 M_2 增长 27.6%，M_1 增长 32.4%，比经济增长率与 CPI 涨幅之和高出 19.1 和 23.9 个百分点；2010 年，M_2 和 M_1 分别增长 19.7% 和 21.2%，GDP 增长 10.3%，CPI 上涨 3.3%，M_2 和 M_1 增速比经济和物价涨幅之和高出 6.1 和 7.6 个百分点。随着经济较快回升，2009 年投放过多的货币已对 2010 年的物价水平起了日益明显推升作用，但仍有大量货币存量滞留于经济运行当中，加上 2010 年货币投放仍偏多，流动性过剩的格局比较突出。由于世界经济复苏缓慢曲折，外部经济、金融环境还在波动，我国必须保持经济平稳较快发展，今年货币信贷投放还难以大幅收缩。粗略估计，消化吸收过多的流动性至少需要两三年时间，今明两年货币因素将始终是推动物价上涨的基本动因。特别是，流动性过剩使全社会形成强烈的通胀预期，人们到处寻找对储蓄存款保值增值的方式，游资到处寻找有利可图的投资和投机炒作空间，这导致货币过多对物价上涨的影响进一步扩散和放大，甚至导致一些地方、一些商品形成持续性、普遍性涨价的局面。

（二）食品价格上涨拉动 CPI 上涨的趋势依然较强。最近几个月食品价格上涨对 CPI 涨幅的影响都在 70% 以上。食品涨价的主要原因是农产品价格上涨，这种趋势是由国际和国内、市场和政府等多种因素决定的，未来两年还将延续以至增强。一是国际农产品价格的传导影响。去年下半年，国际市场主要农产品价格大幅上涨，芝加哥期货交易所 2010 年年底收盘价与 2009 年年底相比，玉米、大豆、小麦期货连续合约涨幅分别达到 52%、34% 和 47%；联合国粮农组织（FAO）编制的一项覆盖 55 种食品的大宗商品指数连续 6 个月上涨，去年 12 月达到 214.7 点，超出 2008 年 6 月 213.5 点的前期高点，再创全球粮食价格的历史新高。联合国粮农组织预测，2011 年全球作物产量将下滑 2.1%；美国农业部也下调主要农产品产量预测，预警粮食供应短缺；这些都加大了全球粮价上涨压力。市场分析认为，在全球供求关系趋紧和投机资金炒作的推动下，2011 年国际农产品市场仍将延续涨势，粮食等农产品价格的高位运行可能要持续到 2012 年。这将加重对我国农产品市场价格的传导和推升影响。二是国内农产品生产成本持续增加。2007、2008 年，农产品生产价格指数上涨 18.5% 和 14.1%，2009 年下降 2.4%，2010 年开始恢复性上涨，涨幅不断攀升，一、二、三季度同比分别上升6.7%、9.0%和10.6%，其中种植业产品价格指数的涨幅分别达到13.7%、14.9%和13.7%。农业生产资料价格指数的涨幅也持续扩大。由于农业边际生产率递减、生产条件需要改善、能源原材料价格上涨、农业劳力短缺使用工成本提高等因素的影响仍在加大，农产品生产成本上升趋势还将进一步增强。三是政府对粮食等农产品生产的扶持政策会助推其价格上涨。我国连续多年提高粮食最低收购价的政策已形成了累积效应，推动粮食等相关产品的基础价格逐年走高；政府为推动农业生产持续扩大提供稳定的需求和价格环境，也形成了带动农产品价格攀升的诱因和机制。

（三）输入型通胀的影响将逐步加大。未来两三年，输入型通胀将是影响我国物价走势的一个突出问题，需要引起高度重视。这种影响可能从今年下半年开始逐步加深，主要表现在以下两个方面：

（1）全球流动性过剩将引发新一轮全球性通胀并影响国内价格环境。美国再次实施量化宽松货币政策，进一步加剧全球流动性泛滥，加大了世界各国的通胀风险。目前不少新兴市场和发展中国家随着经济快速回升，已出现了日益突出的物价上涨问题，并形成相互影响的态势。大多数发达国家由于经济依然低迷，失业率居高不下，物价水平尚未明显回升，但随着经济复苏趋势逐步明朗，物价上涨趋势也将很快来临。初步预计，从今年下半年开始，美、欧等发达国家有可能逐步摆脱经济徘徊和通货紧缩的困境，如果美国房地产市场在经过一年多的波动整理后转向企稳回升，美国经济复苏进程将逐步加快；如果欧元区国家在经过多方协调后基本控制住主权债务风险的影响，欧洲主要国家经济回升的可持续性将得到增强。如果主要发达国家的经济复苏带动物价水平上涨，新一轮的全球性通胀趋势就会很快形成，这将对我国的价格环境产生明显影响。

（2）国际石油等大宗商品价格上涨将影响国内物价走势。最近一段时期，国际石油等资源性产品价格持续攀升，原油期货价格已突破每桶90美元关口，北海布伦特原油期货价格最高收盘价曾超过每桶98美元；三大国际煤炭价格指数都突破每吨120美元，创下年内新高；铜、铅、铝、锌、锡等金属国际期货价格也持续大幅上涨。1月11日，美国能源情报署把2011年原油均价预期由去年12月的每桶89美元提高至每桶93美元。国际机构预测今年油价高点将突破每桶100美元的大关,2012年的油价还可能继续上涨。主要原因:一是市场需求持续稳定回升。随着世界经济缓慢复苏,对石油等大宗商品的需求持续性增加。根据欧佩克最近预测,2010年石油日需求增加132万桶,增长1.6%,达到8578万桶;2011年石油日需求将再增加117万桶,达到8695万桶。如果下半年发达经济体复苏加快,需求还可能进一步扩大。这形成了推动油价等上升的基础性因素。二是美元继续呈贬值趋势。美元指数由几个月前的最高88点下降到最低的76点下方,近来持续在80点上下波动,但贬值幅度仍相当大、贬值趋势仍相当强。未来一两年的美元走势,取决于美国经济复苏进展及美国政策走向、欧元区债务风险影响和经济复苏走势,以及各国通胀趋势和市场预期变化等诸多因素,总的看是继续走弱的可能性更大一些。引起美元中长期走低的一个重要因素是,美国为了促进出口扩大、调整经济结构和提高潜在增长率等目标,会坚持实行弱势美元的政策;而欧元区国家为了维持其国际地位和经济影响力,则倾向于推行使欧元走强的政策。由于欧元在美元指数中占有很大权重,美国与欧元区国家对币值走势的不同政策倾向,势必使美元指数走高的趋势受到双重抑制。如果美元币值继续呈现走低的趋势,将使以美元计价的石油等大宗商品价格继续上扬。三是通胀预期产生了新的影响。最近石油等大宗商品价格变动出现一个新特点:当美元指数反弹时,石油等大宗商品期货价格依然攀升,或价格回落幅度明显较小。这反映了市场强烈通胀预期对资源性产品价格的推升作用。四是市场投机炒作还会起推动影响。在流动性大量过剩的情况下,国际游资仍将不断冲击短缺商品尤其是资源性产品市场,推动价格波动性上涨。可以预料,未来一段时期,国际石油等大宗商品价格上涨,将从国际比价关系、进出口价格等方面,对我国形成较大的输入型通胀压力。

(四)成本上升推动物价上涨的压力将日益突出。成本推动型的物价上涨是我国未来将面临的长期性压力,这种压力在通胀预期的影响下将更加突出。一是劳动工资成本提升的推动。去年各省普遍提高了最低工资标准,已经使企业的生产运营成本明显上升。今明年还要继续提高劳动者收入水平。特别是,由于居民消费价格上涨、通胀预期增强,人工成本、服务价格都将随之上升,市场还会形成要求增加收入的较强预期。二是能源原材料涨价将推升下游产业的生产成本和价格。近几个月,我国生产资料价格涨幅又出现扩大趋势,去年11月、12月,原材料、燃料、动力购进价格指数同比上涨9.7%和9.5%,工业品出厂价格指数同比上涨6.1%和5.9%,环比上涨1.4%和0.7%。随着国际能源原材料价格上涨、国内推进资源税改革等方面的影响加大,对下游产业成本和价格的推升作用还将增强。三是加强环保、安全等管理将增加企业生产经营成本。为了推进节能减排、加强安全生产监管,必须加快开征环保税、强制企业完善安全设施等,这些都将加大企业运营成本。四是推进资源性产品价格形成机制改革将引起企业成本上升。深化改革使资源性产品价格上升,尤其是电、气、水等价格的上涨,将大幅度增加企业的资源使用成本。五是企业成本上升还会加快PPI向CPI的传导。随着市场需求持续扩大,PPI向CPI传导的渠道比较通畅。在企业生产经营成本上升且预期上升的条件下,上游企业会不断向下游企业转嫁成本压力,这将使PPI向CPI传导的速度加快,对CPI上涨产生持续性影响。

二、加快研究制定综合应对物价上涨趋势的中期政策

必须认识到,当前我国面对的不仅仅是食品价格引起的短期物价上涨,而是由流动性、输入型和成本推动等国际国内因素共同引发的中期性通胀趋势。我们既要加强短期价格管理,更要注重缓解中期通胀压力。必须综合运用经济、法律和行政手段,把宏观调控、市场监管与合理疏导结合起来,加强必要的政策储备,形成系统遏制物价上涨趋势的机制。主要政策措施建议是:

第一,合理调控经济增长速度。今年调控需求和经济增长面临两难选择:一方面,通胀预期和物价上涨趋势容易带动需求扩张和经济过热,经济过热又会加剧物价上涨;另一方面,扩大出口仍存在较大压力,还要保持内需稳定较快增长。为了在经济增长与稳定物价之间寻求平衡,必须合理调控需求结构,促进经济适度增长。一是控制投资过度扩张。要加强对地方投资项目的监测和调控,防止各地在"十二五"开局之年大干快上,竞相攀比增长速度,尤其是利用发展战略性新兴产业之名大上项目,造成新一轮不合理重复建设。二是促进消费平稳较快增长。要积极采取有效措施,引导中

高端消费进一步扩大，提高其在居民消费中的比重，既保持消费需求较快增长，又减弱对CPI的推升作用和对低收入居民生活的影响。三是继续稳定和扩大出口。要主动适应美、欧等发达国家经济复苏的趋势和特点，加快开拓新兴国家和发展中国家市场，有效应对各种新的国际贸易摩擦，积极化解人民币汇率升值的影响。同时，继续扩大进口规模，减少贸易顺差及其带来的不利影响。

第二，促进农产品市场供给稳定增加。保障和扩大基本农产品供应，要把短期措施与中长期政策结合起来。一是大力加强农业基础，促进粮食等主要农产品稳产增产。要采取更大力度的扶持政策，推动粮油肉菜主产区扩大生产规模，加快大城市周边的菜园子建设。加强农业科技研发和基层农技推广体系，加快农业专业化、集约化、产业化发展。二是加快农业基础设施建设，增强农业防灾抗灾能力。加大力度治理中小河流、中小水库，推进各种抗旱排涝水利设施建设，完善灾害预报预警设施和机制。三是增加农产品进口和库存调节，提升应对市场波动的水平。调整农产品进出口关系，增加重要农产品进口，保障国内市场供给。加强农产品收储和调运工作，多渠道充实国家和重点地区储备。四是加强农产品流通环节管理，健全市场信息传递和预警机制。下大力气整顿和规范农产品流通秩序，鼓励蔬菜产地直供城市超市，减少不合理流通环节，抑制中间环节过度加价。加强重点农产品市场供求监测和分析，防范个别商品、局部地区突发供求矛盾，引起价格大幅上涨并波及全国市场。

第三，把握好货币投放的力度和节奏。综合运用多种货币政策工具，加大公开市场操作频率，处理好提高存款准备金率、上调基准利率和防控热钱流入等关系，促进M_2和新增贷款适度增长，优化信贷、票据投放结构，严格规范银信合作。特别是，要针对商业银行早放款、早收益和规避年度信贷规模控制的强烈倾向，采取多种有效措施，加强对一季度信贷资金的监测和监控，加强对基层商行放贷行为的监管，切实调控好月度、季度之间的信贷投放节奏。同时，进一步完善人民币汇率形成机制，增强汇率弹性，促进进出口格局调整，降低控制货币增速的难度。经验分析表明，对本币升值的预期会导致热钱流入，而升值之后热钱流入会减少，控制好升值的力度和节奏有利于减弱通胀压力。

第四，多渠道疏导社会资金的流向。加快研究引导社会资金流向的可行办法，特别是努力把投资投机购房的资金引向资本市场，鼓励中长期证券投资，进一步发挥资本市场支持民间投资、扩大直接融资、促进结构调整等积极作用。(1)引导资金流向股票市场。为了稳定和搞活股票市场，除继续增加创业版、中小版新股上市外，要加快基金尤其是股票型基金审批进度并扩大发行规模。研究提高股票型基金的最低仓位限制，如由目前的60%～70%提高到80%～90%；研究对大盘蓝筹股试行T+0交易制度，扩大交易量和活跃市场。支持优质上市公司增加股权融资，并硬性规定偿还银行贷款比例。支持中西部企业优先上市融资，鼓励东部企业兼并重组中西部企业并在当地上市。同时，积极发展第三板市场，增加非上市公司股票交易。(2)引导资金流向债券市场。支持符合国家产业政策的企业增加债券发行，扩大铁路尤其是高铁中长期债券发行规模。研究适当增加地方债券代理发行的方式。(3)积极拓宽民间投资渠道。加快发展产业(股权)投资基金。研究发展中西部建设基金、小城镇建设基金等促进资金向中西部、小城镇回流的直接融资方式。大力发展文化产业、教育产业、科技产业、医疗卫生产业、体育产业等服务型企业，加快这些领域中的国有企事业单位改革改制，向民间资本出售其中的部分国有产权。(4)鼓励人民币对外直接投资。结合扩大人民币在跨境贸易和投资中的使用，研究推进人民币直接投资、境外放款等发展方式，积极稳妥扩大QFII和QDII业务。(5)合理稳定银行储蓄存款。尽快解决银行负利率时间过长、幅度过大的问题，既保护存款居民的合法权益，也保持银行存款相对稳定。为避免对企业发展、经济运行产生较大影响，减少热钱流入等压力，需要深入研究提高利率的方式、方法和配套措施。一是选择好加息的时点、幅度和节奏。二是采取结构性加息和不对称加息。三是对两年或三年以上中长期存款的利率，实行与物价指数适当挂钩。对中长期贷款也可实行类似办法。

第五，有效发挥财政补贴政策的作用。运用好应对物价上涨趋势的财政补贴手段，要努力实现三个方面的要求：一是降低物价上涨对低收入群体的影响。主要是直接补贴消费终端，保障和改善低收入群体基本生活。要完善居民基本生活费用指数的统计指标，建立最低生活保障、基本养老保险、失业保险标准等与物价挂钩的机制；充实和运用价格调节基金等财政资金,建立健全向低收入群体发放临时价格补贴的制度,加强对家庭经济困难学生的资助政策。同时,完善对农民的农业生产资料价格补贴机制,也是对弱势群体和消费环节的重要补贴形式。二是减缓物价上涨的速度和幅度。主要是对部分上游企业或重点环节实施价格补贴,改善产业价格链条的循环过程,减少成本转嫁和物价连锁上涨。但这种补贴方式往往会扭曲比价关系、削弱价格调节作用、不利于企业改善经营管理,一般只在物价大幅、惯性上涨时运用,而且要随着特定产品价格涨幅回落适时取消。三是尽量避免物价补贴影响市场供求机制和资源有效配置。基本取向是:以补贴计划调控的公共部门为主,减少对市场调节的生产企业的补贴。如增加对城市公交客运、出租车行业等的油价补贴,减少对炼油企业的补贴;在煤电价格关系上,最好是补贴电力生产企业,放开电煤价格,取消对煤炭企业的补贴。对于国有企业尤其是垄断性行业的补贴,应采取价差补贴而不是亏损补贴方式,以促进企业改善经营管理。

第六,采取多种措施应对输入型通胀影响。对于输入型通胀的持续性和加重趋势,要尽早做好应对准备及相关预案。一是深入研究美、欧等发达国家由通缩转为通胀的趋势和时点,分析判断全球性通胀来临对国内物价环境的影响;深入研究国际原油等大宗商品价格的上涨趋势和特点,分析判断其对国内相关产品供求和价格走势的影响。二是研究抓住适当时机和价位,有计划、有步骤地增加能源原材料进口,加大国家库存储备,同时鼓励支持企业尤其是国有大企业合理充实相关库存。三是加强与国际资源性企业的投资合作,积极稳妥推进兼并收购战略,扩大对海外资源的开发利用。四是加大国内能源矿产资源勘查开采投入力度,推进能源资源开发整合,提升规模化、集约化程度,提高开发利用效率。五是继续促进企业节能降耗,加快科技进步,提高资源综合利用水平,增强应对国际能源原材料涨价的能力。

第七,努力缓解成本推动型物价上涨压力。这是我们应对物价上涨趋势中一个难度最大的问题,必须把缓解短期压力与解决中长期问题结合起来。一是深入研究劳动工资增长、生产要素市场化,以及资源、环境、安全生产费用增加等引起的成本上升幅度和特点,并根据经济增长、物价变动的阶段性趋势,有计划地实施调控政策和配套措施,合理释放成本上升压力。二是在物价上涨时期,要采取综合性措施,防止物价和工资轮番上涨、相互推动,使物价上涨形成惯性。我们既要提高劳动报酬在初次分配中的比重,又要使劳动报酬增长与劳动生产率提高同步。要坚持实行政府只调控最低工资标准,其他工资水平由市场决定的政策,避免工资增长速度超越经济发展阶段的内在要求。三是积极推进垄断行业薪酬制度改革,加强对相关行业工资水平的监管,防止企业违规提高劳动用工成本,并对其他行业产生不良影响。加强对国有企业高管薪酬的调控,严格实行与经营效益挂钩的机制。四是随着资源税、环保税等政策的逐步出台,要同时统一合并相关税费,防止政出多门,适当减轻企业税负成本压力。五是采取必要政策措施,鼓励引导企业尤其是国有企业加强生产经营管理,努力消化成本上升因素,减少涨价压力和对下游产品影响。要严格控制企业过度转嫁成本,放大价格上涨的传导效应,特别要防止食品加工等行业过度加价,加大 PPI 向 CPI 的传导影响。

第八,稳妥推进可能引起物价上升的改革。一是防止改革过多增加企业运营成本和物价上涨压力。如推进水、电、成品油、天然气,以及土地等价格形成机制改革,要考虑不同产业的要素使用特点和成本比重;实施资源税、环保税等改革,要考虑改革的推进速度、幅度和企业的承受、消化空间。二是避免改革过多推动消费价格上升和影响低收入群体生活。调整政府管理和对居民生活影响大的基础产品价格、公共服务收费,如用水、用电、用气价格和生活垃圾、污水处理收费等,要认真研究出台的时机和力度,充分考虑低收入群体承受能力,完善相关配套措施,防止形成强烈的涨价预期,拉动居民消费价格过快上涨。

第九,切实加强对市场流通和价格的监管。要加快完善相关体制机制和法律法规,使加强市场监管常态化、制度化;建立健全应急处置系统,做好应对价格突发波动预案。重点抓好主要农产品流通价格和医疗、教育收费等监管。严格控制对基本消费品的投机炒作,深入整顿和规范市场价格秩序,坚决抑制搭车涨价、过多加价等现象,严厉打击串通涨价、哄抬物价等违法违规行为。

第十,加大力度引导社会通胀预期。通胀预期对物价上涨趋势影响很大,加强引导和管理相当重要。重点要抓好以下几个方面:一是提出物价上涨的预期目标，阐明实现目标的基本条件。二是加大稳定物价的政策力度，彰显政府的信心、决心和能力。三是及时发布市场价格信息，积极化解供求矛盾和恐慌情绪。四是强化正确的舆论导向，引导和稳定市场价格预期。

2011年1月20日

本轮价格上涨的原因、机理与对策

王　敏

今年以来,我国商品和服务价格全面上涨成为经济运行中的突出矛盾。正确认识本轮价格上涨的原因和机理,采取综合对策抑制通胀,对于实现“十二五”良好开局,保持经济平稳健康发展极为重要。

一、本轮价格全面上涨使通胀预期变为现实压力

从统计数字看,一季度全国居民消费价格 CPI 同比上涨 5%,涨幅比去年同期扩大 2.8 个百分点,比去年全年扩大 1.7 个百分点;其中,3 月份上涨 5.4%,继去年 11 月后再次突破 5%,创 31 个月新高。

分类看,1－3 月,食品价格同比上涨 11%,居住价格上涨 6.5%,涨幅分别比去年全年扩大 3.8 个、2 个百分点;在食品价格中,粮食、肉禽及其制品、蛋分别上涨 14.9%、13.7%、17.1%,涨幅分别扩大 3.1 个、10.8 个、8.8 个百分点。

与此同时,一季度,工业生产者出厂价格平均上涨 7.1%,涨幅比去年全年扩大 1.6 个百分点;其中,纺织业、黑色金属冶炼及压延加工业、燃气生产和供应业、化学纤维制造业同比分别上涨 17.9%、16.2%、12.3%,涨幅分别比去年全年扩大 9.4 个、8.8 个、6.9 个百分点;工业生产者购进价格平均上涨 10.2%,其中,纺织原料类、黑色金属材料类、农副食品类、化工原料类、建筑材料及非金属类分别上涨 16.7%、14.8%、17.6%、11.8%、8.6%。涨幅分别比去年全年扩大 10 个、8.2 个、7.2 个、4.8 个、4.8 个百分点。

从新近发布的 1－4 月数据看,价格上涨走势没有明显改变。商品价格

上涨推动服务价格上涨,教育和医疗支出、家政服务费用、企业用王成本等较快上升。由于居住价格占居民消费价格权重增加,居住价格上涨成为拉动价格上涨的重要因素。虽然前4个月总体价格涨幅仍低于2008年同期水平,但据人民银行储户问卷调查,目前城乡居民对物价上涨的实际感受日益强烈。同时,衡量通胀程度不能仅看CPI涨幅,还要看消费价格与居民实际收入的比例,看价格上涨与居民收入增长的比例,特别要看物价上涨对中低收入居民生活的影响,因为通胀对低收入阶层的影响远远超过高收入阶层。

前4个月经济运行情况表明,价格全面上涨已使通胀预期变为现实通胀压力。预计短期内价格总水平仍将相对高位运行,上半年居民消费价格涨幅仍可能超过5%,抑制通胀是宏观调控的重中之重。

二、本轮价格全面上涨的原因

本轮价格全面上涨是在全球经济逐步复苏,我国经济重新较快增长后不久出现的。为什么从2009年年初到今年一季度仅两年时间,宏观经济形势会由防止经济下滑、治理通货紧缩,迅速演变为防范通胀风险呢?综合分析,本轮价格全面上涨是国际因素与国内因素、短期因素与长期因素、正常合理因素与非正常不合理因素共同作用的结果。

(一)国际因素与国内因素

从国际因素看:

一是全球性通胀压力加大。新兴经济体通胀加剧,发达经济体通胀抬头。3月份,巴西、俄罗斯、韩国和越南消费物价同比涨幅分别达到6.3%、9.5%、4.79%和13.9%;美国消费价格上升2.7%,是2009年12月以来最高涨幅;欧元区消费价格上涨2.6%,创2008年10月以来新高,超过欧洲央行2%的警戒线。

二是国际大宗商品价格迅猛上涨。3月末,BRENT与WTI原油收盘价分别为117.30美元/桶和106.72美元/桶,创下2008年9月以来该合约最高结算价;伦敦金属交易所(LME)铜、锡、铅、铝,的价格同比分别上涨21.4%、72.3%、25.7%、13.9%;芝加哥交易所玉米、小麦、大豆、豆油价格分别上涨96.2%、61.2%、44%和48.6%。截至4月27日,国际现货黄金创下 1530. 37 美元/盎司的历史最高收盘价格，白银价格一季度累计上涨 22. 8%。国际大宗商品价格上涨直接拉升我国进口价格，推动国内成本上升。3 月份，原油进口量仅增长 2. 9%，进口额却增长 37%；铁矿石进口量仅增长 0. 8%，进口额却增长近 60%；大豆进口量下降 12. 5%，进口额却增长 15. 9%；进口量与进口额差距，正是价格大幅上涨所致，输入性通胀明显加剧。

从国内因素看：

一是农业生产成本上升，推动农产品价格上涨。一季度，农业生产资料价格同比上涨 6. 9%，比去年同期扩大 6. 6 个百分点，化肥、柴油、农药、种子等全面涨价，农产品生产费用大幅提高，加之农业劳动力费用大幅上涨，加快推动农产品价格上涨。

二是工业生产成本上升，推动日用消费品价格上涨。一季度，工业生产者出厂价格、购进价格同比分别上涨 7. 1% 和 10. 2%，分别扩大 1. 9 个、0. 3 个百分点，上游产品涨价迅速向下游居民消费价格传导。

三是劳动力成本上升，推动农产品、工业品和服务业价格全面上涨。继去年全国 30 个省市上调企业用工最低工资标准后，今年一季度，山东、广东、上海、浙江等 12 个地区再次上调企业最低工资标准，半数地区涨幅超过 20%。

（二）短期因素与长期因素

从短期因素看：

一是极端天气导致国际农产品供求趋紧、价格上涨。去年下半年以来，受俄罗斯干旱、北欧严寒、澳大利亚飓风、北美暴风雪及南美洪水等恶劣气候影响，全球粮食减产、库存下降，国际粮价屡创新高，由于产量增加不敌需求激增，今年国际粮价继续冲高。

二是突发事件推动国际石油价格大幅上涨。日本地震、海啸与核灾难，西亚北非局势动荡，加剧国际市场对石油供应担忧。特别是日本核泄漏事件令全球重新审视未来核电发展，加剧原油价格高涨。

三是国内货币存量对价格上涨显现滞后效应。2009 年至 2010 年，金融机构新增人民币贷款 17 万亿元，今年一季度虽同比少增 3524 亿元，但 3 月份当月又多增 1727 亿元。货币存量大成为推动价格上涨的重要因素。

四是去年价格翘尾影响较大。据测算,一季度价格上涨中翘尾影响占2.5个百分点,二季度将占3.3个百分点,成为今年价格上涨的既定因素。

五是通胀预期仍然较强。当前价格形势严峻复杂,居民对价格全面上涨的预期在短期内难以改变。

从长期因素看:

一是全球人口需求增长,资源供给下降,推动粮食、石油等大宗商品价格持续上涨。欧佩克最新预测,2011年世界石油日需求量将达到120万桶,恢复到国际金融危机前水平。目前全球68亿人口,到2050年将达92亿,人口增加对粮食、能源呈刚性需求。特别是新兴市场国家城市化、工业化进程加快,食品结构升级、耕地减少,都加剧粮食、能源等供求紧张,全球已进入高粮价、高油价时代。如果我国不能减少原油、铁矿石、大豆、食用植物油、棉花等进口量,国际大宗商品价格上涨对我国的影响势必越来越大。

二是土地、工资、能源、环境等要素成本不断上升,推动价格总水平攀升。国际经验表明,新兴市场国家通胀率之所以普遍较高,主要是成本推动的价格上涨压力越来越大。随着我国经济从过去30多年超常增长走向常规发展,各项成本快速上涨,推动商品服务价格刚性上升。统计数据显示,2007年2009年,我国水稻、小麦、玉米总生产成本年均提高11.7%,未来成本上升将进一步推动农产品价格上涨。

三是"刘易斯拐点"到来,我国高增长、低通胀时代终结。2007年以来,我国农村劳动人口逐年减少,劳动力供大于求状况开始逆转,人口红利渐趋消失,低工资廉价劳动力支持经济增长已不可能。提高劳动工资必然提高生产成本和劳动者消费能力,进而从成本和需求两个方面推动价格总水平上涨。虽然目前食品和居住价格上涨仍是拉动居民消费价格上涨的主要因素,但以核心通胀为特征的全面价格上涨已难以避免。对此,国内外经济学者都指出,工资上涨正在导致中国经济减速;发达国家依靠中国廉价商品保持低通胀的时代将一去不复返。

四是经济结构变化带来结构性通胀。经济结构变动是推动价格总水平上涨的重要因素。主要是消费结构升级引起居民非食品支出比重提高,非食品价格加快上涨,核心通胀率上升;产业结构升级导致服务业比重提高,加大工资成本对价格上涨的压力;能源原材料成本上升使PPI与CPI关联性更强并加快传导。显然,产业结构和消费结构升级必然推动价格总水平持续上涨,资源价格和劳动力成本上涨将是推动工业品、农产品价格长期上升的两大动力。因此,本轮抗击通胀将是一场持久战,其难度要比保持经济平稳较快增长大得多。

(三)正常合理因素与非正常不合理因素

综合分析本轮价格上涨的国际因素和国内因素、短期因素和长期因素,其中既有正常、合理的部分,也有非正常、不合理的部分。不能一概而论把所有价格上涨都视为坏事,都认为不正常、不合理。应当区分哪些价格上涨是正常、合理的,哪些价格上涨是非正常、不合理的。对于符合经济规律正常、合理的价格上涨,应当理解、容忍、承受,并积极消化;对于违背经济规律非正常、不合理的价格上涨,应当采取措施坚决控制、抑制、遏制,以保持宏观经济健康稳定运行。

从正常、合理因素看:

一是由真实供求关系推动的价格上涨。如去年以来,中国、印度、巴西、俄罗斯等新兴经济体增长势头强劲,拉动全球需求回升,由此推动国际大宗商品价格上涨。

二是由产业和消费结构升级、合理成本上升推动的价格上涨。如提高最低劳动工资、提高资源利用和环境保护成本推动的国内农产品价格、工业品价格和服务业价格上涨,既是节约能源资源、保护生态环境的需要,也是提高低收入群体收入和消费能力的需要,更是推进经济结构调整、转变经济发展方式的需要。

三是由理顺价格关系以反映资源稀缺程度带来的价格上涨。长期以来,发展中国家与发达国家一直存在大宗商品价格体系差距。随着发展中国家经济市场化、国际化加快,国内市场国际化,客观上要求消除与发达国家的价格差距,因此,在推进国内价格与国际大宗商品价格接轨中必然出现价格上涨。

从非正常、不合理因素看:

一是由国际投机资本操纵造成的大宗商品价格过快上涨。在投机资本推动下,粮食、石油等大宗商品已经成为国际金融和商品市场主要的投资投机工具,大宗商品的金融属性越来越强。2007—2008 年和 2011 年两次国际粮价大幅上涨,都是在供求关系基本稳定的情况下,国际投机资本兴风作浪造成的。另据相关统计,国际原油价格每上涨10美元,投机炒作因素就占6美元至8美元。显然,大宗商品的金融属性和资本化运作,直接导致价格形成机制具有强烈的杠杆效应,投机资本炒作成为今年以来国际粮价、油价暴涨的主要推手。

二是由"印钞机现象"推动的资产价格和商品价格过快上涨。美国作为世界主要储备货币发行国,滥用美元特殊地位,通过向其他国家销售美国国债,大量供应美元,直接输出通货膨胀,稀释别国财富,转嫁内部危机;又通过推高国际大宗商品价格和资本市场价格,给自身带来巨大利益。据分析,如果剔除美元贬值因素,目前国际油价应在每桶65~70美元之间。

三是由流通费用过高、运输成本太大造成的价格上涨。据发改委公开数字,2010年我国物流总费用占国内生产总值的比重高达18%,比发达国家高出一倍。今年一季度全国社会物流总费用中,运输、保管、管理三项费用又分别大幅上涨13.6%、24.2%和20.8%。这是年初蔬菜产地价格不高但运到销地后却成倍上涨的主要原因。

四是由市场秩序混乱、跟风搭车涨价造成的价格上涨。3月份以来,国内一些日化、方便面、饮料、酒类等企业以成本上涨为由,发布涨价信息,推升价格和市场预期,引发个别地方抢购;还有一些企业为维持高利润,变相涨价。这些非正常、不合理的涨价因素是抑制通货膨胀的主要障碍。

综上所述,今年以来,在商品与服务价格全面上涨中,国际因素与国内因素、短期因素与长期因素、正常合理因素与非正常不合理因素交织缠绕在一起,形势相当复杂。

三、本轮价格全面上涨的机理

鉴于本轮价格全面上涨的原因错综复杂,需要深入分析其形成和作用的机理。

国际因素机理:

(一)世界范围货币宽松政策特别是美国量化宽松货币政策,加剧全球流动性过剩。2008年四季度以来,为应对国际金融危机,发达经济体和新兴经济体普遍实施宽松货币政策,向金融市场注入大量货币。2008—2010

年三年时间，全球十大经济体（以 2010 年 GDP 排名）中，除德国、法国、意大利不公布货币供应量数据外，美国、中国、日本、英国、巴西、印度、加拿大七个国家，货币供应量共增加了 8.96 万亿美元，增幅高达 43.16%；尤其美联储先后实施两轮量化宽松货币政策，注入了高达 2.3 万亿美元的巨额资金，占 7 大经济体注入资金的 25.7%。

巨额增发货币导致全球流动性空前过剩，美元等主要计价货币总体贬值，国际大宗商品价格快速上涨，推动新一轮全球性通货膨胀，特别给新兴经济体带来严重输入性通胀、短期资本流入和汇率升值等压力。2010 年，我国以美元计价的进口价格平均上涨 13.7%，出口价格上涨 2.4%，进口价格涨幅高出出口价格涨幅 11.3 个百分点；从 2010 年 12 月 2011 年 3 月，流入我国的境外热钱约 2207 亿美元，输入性通胀压力空前加大。由于我国资本管制，人民币不能自由流动，对全球流动性没有直接影响。

（二）大量新增货币没有进入实体经济，国际金融市场投机再度膨胀。由于引发国际金融危机的深层矛盾依然存在，特别是未能真正消除国际金融市场过度投机机制，全球大量新增流动性远远超过实体经济需求，美元流动性再度泛滥，国际资本投机需求再次膨胀。据有关资料，近十年，世界货币供应量平均每年增长 10% 到 15%，而实体经济增长只有 2% ~3%，导致金融与实体经济严重脱节。目前，在实体经济增长远没有恢复到危机前水平的情况下，资本市场投机交易已经大大超过危机前，致使国际市场石油、粮食、黄金和其他原材料价格纷纷达到、逼近或超过历史最高水平。

据国际清算银行资料，目前全球大宗商品衍生品交易量远远高于现货交易量，如果商品价格发生变化，在现货市场上引起的利益转移和交割，要远远小于在衍生品市场上引起的利益转移和交割。正如美联储主席伯南克在《货币政策和资产价格波动》一文中所指出："非基本面因素时常左右资产价格，与基本面毫无关系的资产价格反过来对经济整体具有潜在的重大影响。某种程度上，资产价格波动就是左右经济稳定的独立变量。"由于目前国际金融市场仍然运用大量杠杆套利交易，大宗商品市场泡沫化再次加剧，衡量整体价格涨幅的 CRB 指数也已超过金融危机前。2010 年全球"影子银行"存量贷款高达 20 万亿美元，占全球 GDP 的三分之一。因此，较之 2006—2008 年本世纪第一轮全球性通胀，新一轮全球性通胀势头更为凶猛。

（三）美国巨额财政赤字和债务、欧洲主权债务危机，成为全球性通胀的总根源。据美国财政部资料，美国 2011 财年财政赤字将达 1.65 万亿美元，占 GDP 的 11%；截至今年 2 月末，其他国家持有的美国国债总额 44743 亿美元；今后几个月，美国国债累计余额即将达到 14.3 万亿美元的法定上限。目前美国一年赤字就超过 1 万亿美元，不断借贷导致债务负担愈来愈重。巨额赤字和债务对美元汇率形成持续贬值压力。最近，国际货币基金组织指出，美国是 2011 年唯一增加基础预算赤字的发达经济体，特别是缺乏"可信的战略"遏制其日益膨胀的公共债务。要兑现 20 国集团在 2010 年做出的所有发达经济体（除日本外）到 2013 年将其预算赤字在现有基础上减少 50% 的承诺，美国需要实施比以往更为严厉的财政紧缩措施。

欧洲主权债务危机爆发后，欧洲央行从 2010 年 5 月开始购买欧元区国债，以增加市场流动性，为发生危机国家提供救助资金。今年 3 月欧元区通胀率达 2008 年 10 月以来最高值。最近，西班牙、希腊主权债务危机再次加剧，预计欧元区通胀率将继续上升。

一些发达经济体危机前即存在过度消费和负债行为，为应对金融危机又密集出台了大规模金融救助和经济刺激措施，在拉动经济复苏的同时使私人部门债务向政府公共债务转化。据 IMF 统计，2010 年美国、日本、欧元区、英国的公共债务余额和财政赤字占 GDP 比重都比危机前大幅提高，明显高于中国、印度、巴西、俄罗斯等新兴经济体。在全球经济尚未完全复苏的情况下，国际大宗商品价格再次大幅上涨，美元大幅贬值，根源就在于美、欧巨额债务。

国内因素机理：

（一）重要能源原材料进口依存度过高，推动进口价格快速上涨。2008 年以来，国际大宗商品价格上涨对推动国内价格上涨的作用日益明显。其机理在于，我国进口需求量越来越大，"中国购买"已经成为推动国际大宗商品价格上涨的重要因素，形成了中国到国际市场购买哪种商品，就会推动这种商品价格大幅上涨的局面。2010 年，我国进口原油 2.4 亿吨，进口依存度 54%，进口均价每吨 564.3 美元，同比上涨 28.7%；进口铁矿石 6.19 亿吨，进口依存度 60%，进口均价每吨 127.5 美元，同比上涨 59.5%；今年前 4 个月，原油进口量 8496 万吨，进口平均价格每吨 717.33 美元，同比上涨

28.1%；铁矿石进口均价每吨157.6美元，上涨53.9%。

目前，虽然我国已经成为全球第二大原油进口国，铁矿石进口占全球海运贸易量的70%，但在国际原油、铁矿石市场上却缺少话语权，议价能力弱，多数情况下只能被迫接受别人议定的价格，输入型通胀压力渐趋刚性。进一步分析，我国能源资源利用效率低、消耗大是导致大量进口的重要深层原因。2009年我国单位GDP能耗是世界平均水平的2.78倍，电力消耗是OECD国家的3.5倍。因此，国际大宗商品价格上涨对我国的影响必然大于其他国家。

（二）房地产等部分行业投资需求过大，推动价格过快上涨。为应对国际金融危机冲击，2008年至2010年国家新增4万亿元投资拉动经济增长是完全正确的。但应当看到，多年来，我国以房地产为中心的城市建设投资高速增长，房地产投资占到全社会固定资产投资的25%，有些特大城市高达60%；在房地产投资和大规模城市建设带动下，钢铁、石化等部分重化工业投资持续扩张，二者相互促进、互为市场，导致部分行业产能过剩严重，房地产价格过快上涨，带动居民消费价格全面上涨。

今年是实施“十二五”规划第一年，各地发展热情高涨，部分地区投资冲动强烈。1－4月，全国商品房成交均价涨幅仍达6.6%，高于CPI涨幅1.5个百分点；全国固定资产投资同比增长25.4%，其中，中央项目投资增长2.6%，地方项目投资增长27.4%；房地产开发投资增长34.3%。不少投资项目缺乏市场前景，部分行业产能过剩依然突出。据工信部资料，前4个月，全国电解铝产能2300万吨，产能利用率仅70%，而目前全国在建拟建项目36个，总规模998万吨；平板玻璃产能已经达到8.9亿重量箱，但2010年实际产量6.6亿重量箱，而且还有一批在建待建项目。钢铁、水泥、煤化工等行业在产能过剩的情况下，一些地方还在投资扩张。缺乏最终消费支撑的投资需求必然推动价格全面上涨，引发、加剧未来通货膨胀。

（三）外汇占款规模过大、增长过快，推动价格过快上涨。2005年7月人民币汇率形成机制改革以来2011年3月末，人民币对美元汇率累计升值26.24%。人民币渐进升值吸引国际热钱大量流入。据有关部门估计，仅2010年净流入我国的热钱达755亿美元，由此推动外汇储备超常增长。目前国家外汇储备高达3万亿美元，排名全球第一。庞大外汇储备迫使中央银行不断发行基础货币购买,同时通过公开市场操作和发行票据进行对冲,但对冲压力越来越大,完全冲销日益困难。从2002年年末到2010年9月末,外汇占款由2.21万亿元增加到19.5万亿元,增长7.8倍;外汇占款占基础货币的比例由49%增长到121%。特别是,我国贸易和国际收支双顺差已连续10年,积累了过度超常规模的外汇储备,由外汇占款衍生的巨大流动性,成为近年来推动历次价格上涨的重要源头,也是推动本轮价格上涨的重要原因。

(四)货币存量过大,社会融资规模快速扩张,推动价格过快上涨。货币信贷超常增长是推动本轮价格全面上涨的直接原因。应当说,过去两年我国为应对国际金融危机冲击实施适度宽松的货币政策是完全正确的。如果没有货币信贷超常增长,就不会有我国经济在全球率先回升。同时也要看到,随着我国经济货币化进程加快,连续多年的固定资产投资规模过大,银行体系积累了较大的货币存量;在经济走出危机后,由于内在机制作用,仍然存在被动或主动的货币供应量过度增长,推动社会融资规模过度扩张。2010年金融机构新增人民币贷款7.95万亿元,同比少增1.65万亿元,但实体经济通过银行承兑汇票和委托贷款从金融体系新增的融资高达3.47万亿元,占全社会融资规模的24.2%。可见货币过多仍然是本轮价格全面上涨的主因。

特别需要指出,近年来,不愿搞实体经济、热衷追求"以钱生钱",成为一些民间资本的主流投资理念。一些企业通过IPO上市、一些上市公司通过配股、增发再融资大规模"圈钱",社会投机氛围严重。2008年金融危机之后,国内共有124支明确投资内地的私募股权基金完成募集,募资总额超过251亿美元。由于私募股权基金以非公开方式募集设立,以未上市公司股权(包括上市公司非公开募集的股权)为主要投资对象,在限定时间内选择适当时机退出,吸引民间资本大举进入。一些企业融资圈钱之后,很快变为企业投资,或把超募资金存入银行。无论哪种方式,都通过货币乘数不断创生新的广义货币,纸面财富爆发式增长。这一切都使得治理通胀难度更大。

四、本轮价格全面上涨对宏观经济的影响

(一)宏观调控难控输入性通胀。由于国际大宗商品价格上涨对国内

生产者价格以及依赖能源、原材料投入的工业制成品价格影响很大,又以美元计价,与美元密切相关,。如果美联储不改变量化宽松货币政策,全球流动性过剩将难以改变,包括我国在内的新兴市场国家输入性通胀就难以避免。今年以来,中央银行连续提高商业银行存款准备金率和存贷款基准利率,严格控制信贷规模,但未能阻止价格全面上涨,存款负利率仍未改变。显然,货币政策对输入性通胀作用有限。只有美国提高利率,促使美元升值,才能迫使国际投机资本降低金融杠杆率、减少美元投机,促使国际粮食、石油等大宗商品价格趋于稳定,输入性通胀才能得到控制。

(二)工资成本上升难与提高劳动生产率同步。目前我国企业总体上仍处于国际产业链的低端,一些加工贸易企业利润很薄。由于短期内推进技术进步、提高劳动者素质困难较大,而应对劳动力短缺和通货膨胀又要求提高工资,因此,很可能造成劳动生产率没有提高但工资成本大幅上升,进而形成低劳动生产率下的工资上涨。据有关专家对珠三角地区中小企业食品、鞋袜、印刷、IT、物流等行业调研测算,2010年企业平均成本上升50%到60%,其中,人力成本上升30%,原材料成本上升20%到30%,不少企业难以为继。基于目前情况,实现"十二五"规划提出的工资收入增长与经济增长同步、劳动报酬增长与劳动生产率提高同步,需要从两个方面同时推进。

(三)经济运行面临"滞胀"风险。首先,由于国际大宗商品价格上涨,全球通胀预期增强,输入性通胀在一定程度上抑制需求、拖累经济增长。一季度,我国GDP实际增长9.7%,GDP缩减指数(按当年价格计算的GDP与按不变价格计算的GDP的比率)变动率7.2%,比上年同期升高2.4个百分点,表明实际产出相对下降。与此同时,国内能源、资源、劳动力、土地等成本全面上升,直接影响微观经济活动,制约企业扩大生产经营。虽然"十二五"经济增长预期目标7%,但由于经济增长质量不高,如果GDP增长率迅速下降到7%甚至以下,可能难以承受。另一方面,今年是"十二五"第一年,各地大干快上,新的投资扩张加大价格上涨压力。目前社会通胀预期普遍较强,通胀压力尚未实质性缓解。如果输入性通胀短期内难以控制,CPI持续高位徘徊,将使宏观政策陷入两难。一旦经济减速与价格高企并存,将对调整经济结构、转变发展方式造成更大困难。由于控制价格过快上涨与保持经济平稳较快增长同等重要,防止发生滞胀就显得更加重要。

五、抑制本轮价格过快上涨的对策建议

第一，努力把握保持经济增长与控制价格过快上涨之间的平衡，继续管理好通胀预期。当前我国经济运行总体良好，经济增长适度回落符合预期。按照中央关于处理好保持经济平稳较快发展、调整经济结构和管理通胀预期三者关系的要求，宏观调控首要任务是控制价格总水平过快上涨，保持宏观经济大局稳定。为此，应坚持推动科学发展，继续实施积极的财政政策和稳健的货币政策，千方百计保持价格总水平基本稳定。正确把握保持经济增长与控制价格上涨的关系，价格合理上涨与提高居民收入的关系，提高居民平均收入与提高中低收入居民收入比重的关系；既要保护好、引导好各地加快“十二五”发展的积极性，又要切实维护人民群众的现实利益和生活水平，加快建立健全社会救助、社会保障标准与物价上涨挂钩的联动机制。

应当看到，我国总供给与总需求基本平衡，工业消费品仍处于供大于求格局，控制价格过快上涨完全具备物质基础和有利条件。关键在于引导地方政府经济行为，把房地产投资和城市建设规模保持在适度合理水平，不过分追求经济增长速度。特别要认识城市化率并非越高越好，城市化进程并非越快越好，固定资产投资规模并非越大越好。即使发展战略性新兴产业也要从实际出发、量力而行，不能一哄而起、盲目铺摊子。

应稳定和正确引导社会预期。完善重要商品调控和应急预案，加强市场和价格监管，严厉打击发布虚假信、息、囤积居奇、哄抬价格、变相涨价以及恶意炒作等违法行为。如果今年经济增长率保持在8.5% ~9%，居民消费价格上涨控制在4% ~5%，将为“十二五”创造较为宽松的环境。

第二，多管齐下治理输入性通胀，减缓进口价格上涨压力。加快经济结构调整和发展方式转变，通过减少过度需求，提高能源资源利用效率，减少对外部资源的依赖，减少能源原材料进口，降低进口依存度。这是阻断国际通胀向国内输入的根本途径和治本之策。进一步健全完善重要能源、原材料储备体系，增加重要物资国家储备。同时，开拓多元化国际资源市场，保障供给安全。加快建立我国战略性资源产品价格联盟机制，积极参与国际大宗商品定价，提高议价能力，增强我国在原油、铁矿石等国际原材料市场的定价话语权；推动建立我国原油、铁矿石等期货市场，逐步形成中国各类

大宗商品价格指数。继续推进人民币渐进合理升值,抵御进口价格上涨。

第三,保障粮食等农产品供给,着力降低流通成本。全力促进粮食稳定增产。努力夺取今年夏粮丰收。落实小麦、早稻最低收购价政策。抓好“菜篮子”产品生产,加快发展无公害、绿色、有机等安全优质“菜篮子”产品。加大农田水利建设力度,建设更多更好旱涝保收高标准农田。认真研究农产品价格、成本、收益与补贴的比率关系,进一步完善长期补贴机制。全面落实蔬菜等鲜活农产品运输绿色通道政策,推动更多的城市大型连锁超市与农产品流通企业、农民专业合作社实行订单生产和农超对接,加快产地农产品批发市场建设,采取财政补贴、价格调节基金支持等方式,规范、降低农贸市场摊位费和超市进场费,切实提高农产品流通效率。规范粮棉油糖等主要农产品收购秩序,完善期货市场交易规则。当前,特别要加强农产品质量安全监管,加快建立各级政府食品安全质量责任制,切实建立从田间到餐桌的全程监管,尽快实现食品质量安全形势根本好转。

第四,着力优化投资结构和信贷结构,提高经济增长质量。有序推进“十二五”规划确定的重大项目,调整优化重点领域生产力布局,推进重点产业转型升级,支持中小企业和民间资本扩大投资。促进、规范中西部地区承接产业转移,继续严控“两高”和产能过剩行业盲目投资,加快落后产能退出市场。引导金融机构加大对“三农”、中小企业、就业、节能环保、战略性新兴产业的支持,保证重点项目贷款需要,支持向有市场、有效益和劳动密集型中小企业发放贷款,特别要支持初创期科技型小企业。

第五,继续加强流动性管理,严格控制社会融资总规模。大量剩余流动性滞留在银行体系内、外持币待购,是推动通胀最大的“笼中之虎”。为保持物价总水平基本稳定,应交替使用数量型和价格型货币政策工具以及宏观审慎政策工具,加强货币信贷总量调控,灵活搭配公开市场操作、存款准备金率等对冲工具,加大力度回收流动性。通盘考虑全社会融资总量对全社会流动性的影响,深入研究企业短期融资券、中期票据、企业债、公司债对信用创造和货币供应量的作用,将金融机构表外融资业务全部纳入统计范畴,加强社会融资总量监控,保持合理社会融资规模。加强外汇储备管理和多渠道运用,逐步减少外汇占款。

第六,根据物价和经济运行变化灵活调整利率,尽快结束负利率。今年以来人民银行连续两次加息，在解决负利率上迈出了重要一步。但由于目前CPI、PPI仍在高位运行，负利率仍在延续，需要继续上调存贷款基准利率，以保护储户利益，抑制通胀预期。同时，稳步推进利率市场化改革，继续培育货币市场基准利率，引导金融机构进一步增强风险定价能力，夯实利率市场化的微观基础。

第七，进一步完善人民币汇率形成机制，防范热钱冲击。我国承担全球贸易总量的10%，外汇储备占全球三分之一，推动人民币国际化势在必行。应加大汇率浮动弹性，更多发挥市场供求及篮子货币在汇率调节中的作用，促进国际收支平衡。尽快推出国际板，允许外资企业发行人民币计价股票，允许中国大陆居民购买在香港上市股票，进一步向海外投资者开放金融市场，鼓励国内投资者到海外投资。加强跨境资金流动监测和预警，严厉打击地下钱庄等违法违规外汇交易。继续推进人民币在跨境贸易和投资中的作用，推进境外直接投资外汇管理改革。综合运用宏观审慎和资本管制等调控政策，通过经济、法律和必要行政手段，提高国内外投机套利资金流入、流出的成本。

第八，高度重视防控金融风险。进一步加强系统性风险防范。关注银行表外资产潜藏的风险。继续加强地方融资平台公司贷款风险管理。严格控制对地方政府融资平台新开工项目贷款，研究通过出售和证券化等办法降低某些银行地方平台贷款集中度，建立透明规范的市政债制度。加强房地产贷款风险管理。重点加强土地储备贷款和房地产开发贷款的风险防控。严禁信贷资金用于购地，严防集团公司通过母子公司借款和其他关联交易将信贷资金违规流入房地产市场。严密防范未来国际投机资本“大进大出”带来的冲击和风险，借鉴一些国家做法准备好应急预案。

2011年5月27日

正确认识和应对本轮农产品价格上涨

叶兴庆

正如市场预期的那样,2010 年 12 月份 CPI 同比涨幅有所回调。这是中央和地方采取一系列应急措施的结果。但决定 CPI 走势的基本面并没有改变,特别是受翘尾因素影响,市场预期 2011 年头几个月的 CPI 涨幅有可能再次回升,保持物价总水平基本稳定的任务仍很艰巨。在此背景下,如何认识和应对本轮农产品价格上涨,不仅事关农业生产发展和农民增收,而且事关通胀预期管理和经济平稳发展,需要深入分析、科学研判、对症下药。

一、农产品价格再次处于风口浪尖

改革开放以来,特别是市场机制在价格形成中开始发挥作用以来,我国出现过多次比较明显的通货膨胀,而且每次通胀时期农产品价格都表现得格外抢眼。20 世纪 80 年代中期开始,我国农产品价格逐步放开。此后 20 多年我国各类物价指数的变化过程中,CPI 与农产品生产价格指数的关联最为密切。农产品生产价格指数涨幅超过 10% 的年份,CPI 至少在 3. 9% 以上。例如,1987 年到 1989 年,农产品生产价格指数分别为 12%、23% 和 15%,对应的 CPI 分别为 7. 3%、18. 8% 和 18%;1993 年到 1995 年,农产品生产价格指数分别为 13. 4%、39. 9% 和 19. 9%,对应的 CPI 分别为 14. 7%、24. 1% 和 17. 1%;2004 年,农产品生产价格指数为 13. 1%,对应的 CPI 为 3. 9%;2007 年和 2008 年,农产品生产价格指数分别为 18. 5% 和 14. 1%,对应的 CPI 分别为 4. 8% 和 5. 9%。

进入 2010 年以来,通胀预期压力一直在加大,CPI 逐步上升,成为社会敏感话题。在本轮 CPI 上升过程中，农产品价格再次表现抢眼：

第一，农产品生产价格大幅跑赢 CPI 和 PPI。自 2010 年年初以来，部分农产品价格就开始出现恢复性上涨，进入下半年后主要农产品价格全面上涨。尽管 11 月份国家采取调控措施后农产品价格上涨势头有所放缓，但从全年看，农产品价格涨幅仍大大高于 CPI 和 PPI。据国家统计局资料，2010 年全国农产品生产价格涨幅达到 10.9%，大大高于全年 3.3% 的 CPI 涨幅，也高于全年 5.5% 的 PPI 涨幅。

第二，食品价格对 CPI 上涨的“贡献率”大幅超过其权重。在 2010 年的 12 个月份中，食品价格指数都高于 CPI，而且食品价格上涨占 CPI 上涨因素的 60% ~80%（见表 1），远高于食品价格指数在 CPI 中所占 32.48% 的权重，成为 CPI 上涨的主要构成因素。但也有人认为，食品价格上涨推高 CPI 的主要原因，是食品价格指数在 CPI 中的权重过高。目前美国、加拿大、欧盟的 CPI 构成中，食品价格指数占 15% 左右；而我国 CPI 构成中，食品价格指数的权重达到 32.48%。我们认为，食品价格指数在 CPI 中的权重应与恩格尔系数接近。目前我国城镇和农村居民家庭恩格尔系数分别在 35% 和 40% 左右，由此看来食品价格指数在 CPI 中的权重是合适的。将来随着恩格尔系数下降，食品价格指数的权重也会逐步下降。

表 1　2010 年食品价格对 CPI 的影响　　　　单位：%

月　份	1	2	3	4	5	6	7	8	9	10	11	12
CPI	1.5	2.7	2.4	2.8	3.1	2.9	3.3	3.5	3.6	4.4	5.1	4.6
食品价格指数	3.7	6.2	5.2	5.9	6.1	5.7	6.8	7.5	8.0	10.1	11.7	9.6
食品价格占 CPI 上涨因素的比重	80	75	70	68	64	64	67	70	72	74	74	68

二、本轮农产品价格上涨的原因分析

2010 年全国粮食产量达到 10928 亿斤，再创历史新高。除棉花、糖料略减外，油料、肉类、禽蛋、奶类、水产、蔬菜、水果、花卉、茶叶、食用菌等大宗农产品也都比上年增产。粮食等大宗农产品在丰收情况下出现价格上涨，不少人认为这主要是流动性充裕造成的。这两者之间确实有关系。可问题在于，为什么在构成 CPI 的 8 个大类中，食品价格涨幅最为突出？充裕的流动性为什么不是等比例地流向各个大类,而是“偏爱”农产品？超发的货币是如何影响农产品价格的？我们认为,本轮农产品价格上涨不仅仅是个货币现象,还有其他原因,归纳起来主要有以下几点。

（一）本轮农产品价格上涨是供求关系趋紧的反映。虽然粮食实现连续7年增产,其他主要农产品也不同程度增产,但供求关系趋紧的格局并没有根本改变,地区性、结构性供求矛盾甚至有所加剧。近年来推动农产品消费增长的因素在不断积累:一是人口总量持续增长。从2003年到2009年全国共增加人口4247万人,年均增加707万人,多了一个人,就多了一张嘴。二是城镇化水平快速提高。从2003年到2009年全国城镇化率共提高6.06个百分点、年均提高1.01个百分点,城镇人口共增加9810万人、年均增加1635万人,城镇人口对粮食转化品的消费明显高于农村人口。三是农民分工分业持续推进。随着外出务工农民增加和农业专业化生产、区域化布局发展,越来越多的农民由生产者转变为消费者,放大了对粮食、蔬菜、肉蛋奶的商品性需求。四是城乡居民生活水平明显提高。从2003年到2010年,按现价计算的城镇居民人均可支配收入增长了125.5%、农民人均纯收入增长了125.7%,收入水平持续提高意味着对肉蛋奶等动物性食品的消费要增加,从而对饲料粮的需求要增加。五是用途领域不断扩展。粮食不仅用作食物,而且越来越多地用作工业原料,生产淀粉和酒精需要大量原料粮。在这些因素的共同推动下,农产品的年消费量逐年增加,总量供求关系越来越紧。这势必要在市场价格上反映出来。

（二）本轮农产品价格上涨是成本费用增加的反映。近年来随着国内能源价格上涨、农村劳动力结构性短缺显现、土地流转费提高,农产品生产成本普遍上升。从2003年到2009年,稻谷每50公斤成本由48.97元增加到72.44元,上涨48%;小麦每50公斤成本由61.94元增加到73.03元,上涨18%;玉米每50公斤成本由44.67增加到62.21元,上涨39%。2010年农资价格总体比较平稳,但受年初干旱低温和年中洪涝灾害影响,用种用肥用药量增多,抗灾救灾投工投劳、抢收抢种机械作业费用增加。据调查,包括土地和人工费用,2010年小麦每亩成本比上年增加20%左右。同时,运输、销售等环节的成本也在增加。生产和流通环节的成本费用增加,势必要推动农产品价格上涨。

（三）本轮农产品价格上涨是心理预期的反映。这一轮的粮食等农产品价格上涨，在很大程度上取决于人们的心理预期。一是生产者预期涨价。因农产品价格“看涨”浓重，农民惜售、农产品交售进度缓慢情况较为普遍。二是加工流通消费环节预期涨价。部分商贩囤积，部分内外资企业争抢粮源，一些城镇低收入居民也在囤积各种食品。三是社会舆论预期涨价。在互联网时代，媒体造势对农产品价格的影响不可忽视。“蒜你狠”、“豆你玩”、“姜你军”、“糖高宗”、“油你涨”、“苹什么”、“棉花掌”等网络语言的流行，对社会大众的涨价预期推波助澜。媒体对2010年自然灾害的广泛报道，一度使社会对农产品供给能力信心不足。四是游资预期涨价。游资对产区集中、盘子较小、易于储存的大蒜、绿豆等小宗产品，甚至对减产明显的棉花、食糖等大宗产品进行投机炒作，是推动价格上涨的非常规因素。总之，各种主观和客观因素相互交织，使涨价不需要理由，也不管供求关系是否变化。既然那么多商品都涨价，自己也可以涨。比价上涨、跟风涨价现象的蔓延，使通胀预期呈现自我强化、自我实现趋势。

（四）本轮农产品价格上涨是国际市场传导的反映。2010年上半年，国际农产品价格延续上年低迷徘徊走势。但从7月份开始，受全球谷物减产预期以及俄罗斯、乌克兰等国宣布停止小麦出口等因素影响，国际市场小麦、玉米、稻谷价格明显反弹，并带动其他农产品价格不断上涨。据路透社统计，2010年美国芝加哥市场小麦期货价格攀升47%、玉米价格上涨超过50%、大豆价格上涨34%。国际市场粮油等产品价格上涨主要通过两种途径传导到国内：一是实际贸易影响。2010年，我国进口谷物及谷物粉571万吨、大豆5480万吨、食用植物油687万吨。进口成本上涨，在国内的销售价格也要相应上涨。二是资本市场影响。随着大宗农产品金融属性的增强，逐利资本对国际农产品价格的影响日益增大。2010年美元持续贬值，受美国实行第二轮量化宽松货币政策影响，市场预期美元继续大幅贬值，以美元定价的国际大宗商品价格持续上扬。这对国内外农产品期货、现货价格都带来明显影响。

三、调控农产品价格的建议

保持物价总水平基本稳定，是当前和今后一个时期宏观调控最紧迫的任务。保障主要农产品有效供给、保持农产品价格处于合理水平,是实现物价总水平基本稳定的重要基础。必须清醒地看到,未来一个时期农产品价格上涨的压力依然存在。在农业农村工作乃至整个经济工作中,都应当把保持农产品价格合理水平放在突出位置。

(一)进一步明确农产品价格调控的政策导向。为应对本轮农产品价格上涨,中央和地方先后采取了一些措施,农产品价格上涨势头有所减缓,棉花等部分产品价格甚至有所回落。应当明确,调控农产品价格,既要着眼于稳定通胀预期、保障城镇低收入群体基本生活,又要着眼于发挥农产品价格刺激生产的作用,在增加农民收入中调动农民生产积极性。对待 CPI,既要看总体上涨幅度,又要看上涨因素的构成,避免对总体物价形势产生误判。随着工业化城镇化深入发展,我国逐步进入农业生产高成本和农产品高价格阶段,农产品和食品价格上涨是长期趋势。在对低收入群体进行适当补助的条件下,对主要由食品价格上涨推动的 CPI 结构性上涨应有更大的容忍度。按照近年来 CPI 上涨因素的构成推算,如果 2011 年将 CPI 的预期调控目标定在 4% 左右,可以承受 10% 左右的食品价格涨幅;如果控制好中间环节和流通成本,可以承受 15% 左右的农产品生产价格涨幅。

(二)切实抓好粮食等主要农产品生产。在谈到控制物价总水平的有利条件时,很多人习惯以粮食连续 7 年丰收、农产品库存充足为例证。必须清醒地看到,2010 年全国粮食增产主要是由于东北地区增产,而东北地区之所以增产较多又主要是由于上年减产较多。如果除去东北,2010 年全国粮食产量增长是赶不上消费量增长的。特别需要引起重视的是,为平抑市场,2010 年国家已经抛售了大量储备库存,未来一个时期调控市场、威慑投机的手段明显不足。对粮食等主要农产品的实际供给保障能力切不可估计过高。2011 年应继续动用补贴、最低收购价等政策工具,引导农民稳住粮食播种面积、努力提高单产。特别是要针对粳稻结构性短缺突出的矛盾,抓紧制定实施全国粳稻生产发展规划,重点支持东北扩大优质粳稻面积,支持江淮适宜区改种粳稻;针对自然灾害发生情况和农业生产面临的突出问题,继续相机出台指向明确、作用直接、见效迅速的政策措施。同时,应统筹支持优势产区发展棉花、油料、糖料等大宗产品。坚持"菜篮子"产品大生产、大流通,继续利用好优势产区的生产能力,督促大中城市保有一定的蔬菜种植面积和生鲜食品供给能力。

（三）*加强和改进农产品市场调控*。经过多年的探索和总结，我国已建立起粮食、棉花、食糖、猪肉国家储备制度，吞吐调节机制逐步健全，对市场的掌控能力逐步增强。但从2010年农产品市场调控实践和效果看，仍有很大改进空间。2011年应继续在以下方面努力：一是加强对农产品市场预期的引导。早在2004年《国务院关于进一步深化粮食流通体制改革的意见》（国发〔2004〕17号）中就明确要求“加强对粮食市场供求情况的监测分析，实行粮食生产、消费、库存、价格等信息的定期发布制度”。但这一要求长期没有得到落实。建议借鉴国际经验，每月定期发布农业形势展望和主要农产品平衡表，消除信息不对称造成的市场波动，使市场提前和均衡消化最终收成情况可能产生的影响。借鉴对生猪市场调控的制度安排，把调控的目标和程序制度化、公开化。推进农产品市场信息收集、发布渠道的整合，改变目前这种统计、农业、商务、发改委、新华社各自一体的做法，避免因信息披露渠道混乱而帮倒忙的情况出现。二是疏通市场价格向生产环节的传导机制。农产品从田头到餐桌的环节很多，销售价格上涨的受益者主要在流通环节。提高市场机制对供求双方的调节效率，关键是要使价格更直接地作用于生产者。应大力发展订单生产，培育农民专业合作社，推进“农超对接”，减少流通环节、降低流通成本。三是准确把握储备调节的时机和力度。改进对国家专业性收储主体的考核机制，加强对委托收储主体的监管，避免逆向调节。需要注意的是，目前不宜从国内市场采购货源以补充库存。

2011年1月21日

近期农资价格上涨情况、影响及建议

张顺喜

一、近期农资市场价格上涨情况

春节过后，随着春季农业生产在全国陆续展开，总体运行保持基本稳定一年多的农资市场价格又开始较快上涨，特别是春播春管急需的化肥、农膜、种子、农用机油等价格更是普遍加快上涨，呈现四个特点：

一是上涨的时间早。以往的农资价格上涨，通常要在3月中下旬后，而今年在1月份农资价格上涨加快的势头便开始显现，到2月中旬就已出现普遍加快上涨的态势。据国家统计局统计调查，今年1月份全国化肥价格比去年12月份上涨1.1%，比去年1月份上涨5.6%。到春节后的2月中旬，已有许多地区反映农资市场价格有较大幅度上涨。

二是上涨的幅度大。据山东省临沂市调查，2月18日硫基复合肥市场价格同比上涨35.9%，玉米种子市场价格同比上涨29.3%。黑龙江省近期当地化肥市场价格平均同比上涨幅度在15%左右，其中硫酸二胺的上涨幅度达到25%。此外，福建三明市、宁夏吴忠市、广西横县等地的农业部门都反映，当地的化肥总体价格同比上涨了20%以上、粮食作物种子价格上涨了15%以上。

三是上涨的势头猛。近期农资价格涨得突然、涨得凶猛。许多地区的农资价格在近1个月的涨幅就超过此前1年的涨幅，山东省临沂市2月18日玉米、花生种子价格的环比涨幅（分别为36.7%、27.5%）甚至超过了同比涨幅，宁夏吴忠市的旋耕机耕地费用仅仅因为2月19日的柴油价格上调就上涨了近1/3(由此前的35元/亩提高到45元/亩)。

四是继续上涨的压力大。尽管近期我国农资价格上涨较快,但价格水平与国际市场相比还有较大差距,氮肥、磷肥市场价格总体上比国际市场低20%左右,柴油等农用机油价格仅相当于国际石油价格80美元左右的水平。同时,煤电油气等农资主要生产原料价格都在上涨,特别是国际石油价格数次突破100美元大关,加上春耕生产即将全面展开、农资进入销售旺季,各方面对农资价格继续大幅上涨的预期十分强烈。

二、农资价格加快上涨带来的影响

与以往一样,农资价格上涨增加了农业生产成本,给提高农业生产效益、调动农民生产积极性带来压力,给农业生产稳定发展增加了难度。与以往不同的是,这次农资价格加快上涨与农业用工成本和土地成本上涨等诸多因素"齐碰头",影响范围更广、程度更深。主要体现在:

一是使农业生产面临压力更大。在春耕备耕尚未全面展开之际的农资价格加快上涨,不仅大幅增加了春季农业生产成本、影响春播春管进度,而且强化了农民的农资价格上涨预期、严重影响了农民的生产积极性。据福建省三明市农业部门反映,受近期化肥、种子价格上涨和外出务工工资水平提高等因素的影响,今年早稻育秧面积明显减少,水稻"双改单"面积大幅增加已经不可避免。

二是使强农惠农政策效应下降更多。这次农资价格上涨发生在春节之后春播之前,正值春耕备耕高峰期,农民购买的农资基本都是高价农资,而农资综合直补等年度政策措施的支持力度和水平是根据去年农资上涨情况等因素确定的。尽管今年国家继续加大了强农惠农政策力度,提高了农资综合直补等措施的支持水平,出台了抗旱促春管保丰收和支持粮食生产发展的多项措施,但仅仅因为近期农资价格上涨这一新问题就使农民实际得到的政策好处比以往明显减少。根据宁夏吴忠市农业部门调查估算,近期化肥、种子和柴油价格上涨使今年的春播成本平均每亩比去年增加了35元,是近期国家对抗旱浇水补助水平的3.5倍。

三是使保持物价水平基本稳定任务更重。目前,国际农产品特别是粮食供求形势趋紧,市场价格达到1990年以来的最高位并仍呈上涨之势。我国农业虽然连续7年丰收、供应有保证,但供求紧平衡的格局仍未改变,保持农产品市场价格基本稳定的压力很大。在国内外对农业生产高度关注、农产品供求平衡相当脆弱的情况下,农资价格加快上涨不仅影响到农业这一物价稳定的基础,而且会加剧全社会的通胀预期,加大稳定物价的难度。

三、几点具体建议

第一,增加农资综合直补。农资综合直补虽然已经考虑了上一年农资价格变化情况,但这次农资价格是在上一年比较平稳的情况下上涨的,不仅涨得早、涨得快,而且与诸多不利因素齐碰头,上涨情况之特殊、影响范围之广泛、面临形势之复杂,都是农资综合直补与农资价格联动机制建立以来从未遇到过的,也是依靠现有联动机制不能完全化解的。为此,应在已经确定的农资综合直补水平基础上,根据近期农资价格上涨情况增加相应的农资综合直补,并尽快择机向社会公布,以明确、直接、有力的政策信号及时稳定农民生产积极性,尽快缓解农资价格加快上涨带来的不利影响。

第二,强化农资生产供应组织和市场监管。遏止农资价格加快上涨势头、保障农资供应,是保证春耕生产顺利进行、防止负面影响进一步扩散加重的当务之急。为此,应在全面落实现有农资生产流通各项优惠政策的同时,从严把住农资价格上涨的三个关口:一是严格控制煤电油气等农资主要生产原料价格上涨,必须上涨时要根据上涨情况对农资生产企业进行补贴;二是严格规范农资市场秩序,不让囤积居奇、哄抬物价、掺杂使假等违法违规分子有可乘之机;三是严格农资出口管理制度,加大对非法出口和走私农资等行为的打击力度。

第三,加强正面宣传引导。这次农资价格加快上涨发生的时间不长,不利影响尚未完全显现,还没成为全社会普遍关注的焦点。对应对农资价格上涨来说,这是难得的缓冲期。要充分利用好这段相对平静的时期,在高度重视、抓紧制定实施直接应对措施的同时,切实加大对我国支持农业生产发展重大举措、重大进展、重大成效的宣传力度,增强各方面对农业生产稳定发展和保持物价基本稳定的信心,为全面化解农资市场价格上涨不利影响营造良好的社会氛围。

2011年3月3日

努力提高消费率的思路和建议

郭克莎

我国最终消费率大幅度低于世界平均水平,去年以来消费率又出现下滑趋势,这对经济短期运行和长远发展都带来重大影响。不稳定和提高消费率,我国经济发展就难以走出过度依赖投资和出口的困境,结构调整和发展方式转变就难以取得成效。因此,必须高度重视这个问题,深入研究其中的原因和解决办法,更好地把短期政策与长期战略结合起来,进一步深化改革,加快建立扩大消费需求的长效机制。

一、当前消费率下滑的表现、原因及影响

最终消费率尤其是居民消费率大幅下降,是我国需求结构中的突出问题。在我国逐步走出东亚金融危机影响的2000年,最终消费率回升到62.3%,居民消费率回升到46.4%;但此后就不断下降,到这一轮国际金融危机开始对我国产生重大影响的2008年,最终消费率下降到48.4%,居民消费率下降到35.1%,8年间分别下降13.9和11.3个百分点,降幅分别达22.3%和24.4%,居民消费率下降的幅度更大。在应对国际金融危机影响中,我国消费率低的状况没有明显扭转,2009年消费率为48.6%,居民消费率为35.6%,分别比上年提高0.2和0.5个百分点;但2010年消费率为48.1%,居民消费率为34.3%,又下降到比2008年更低的水平。

今年上半年,社会消费品零售总额同比增长16.8%,扣除价格因素同比增长11.6%,实际增速比上年同期回落3.7个百分点,降幅达24.2%;固定资产投资同比增长25.6%,扣除价格指数同比增长17.8%,实际增速比上

年同期回落3.9个百分点，降幅为18.0%；两个方面的回落幅度相比，消费增速的实际降幅高出6.2个百分点。从国民经济核算数据看，上半年最终消费拉动GDP增长4.6个百分点，贡献率为47.5%；而资本形成总额拉动GDP增长5.1个百分点，贡献率为53.2%。这些数据表明，最终消费在需求结构中的比重仍在继续下滑。同时，由于上半年政府消费增速加快（整个最终消费增速回落），居民消费率下滑的幅度更大。

去年以来最终消费率尤其是居民消费率又出现下滑趋势，主要原因有两个方面：一是居民收入增速放缓；二是居民消费倾向下降。

从居民收入增长的变动看，去年以来农村居民收入增速有所上升，而城镇居民收入增速则明显回落，较大幅度低于经济增长速度。2010年，我国GDP增长10.3%，农村居民家庭人均纯收入实际增长10.9%，比上年提高2.4个百分点，高于经济增速0.6个百分点；而城镇居民家庭人均可支配收入实际增长7.8%，比上年回落2个百分点，比经济增速低了2.5个百分点。今年上半年，我国GDP增长9.6%，农村居民家庭人均现金收入（缺少纯收入数据）同比实际增长13.7%，比上年同期提高4.2个百分点；而城镇居民家庭人均可支配收入同比实际增长7.6%，低于经济增速2个百分点。由于城镇居民在整个居民的收入和消费中占主导地位，其收入增速回落一定程度上引起居民消费增速下滑。特别是，居民收入在国民收入分配格局中的比重继续下降。2010年，国家财政收入增长21.3%，工业企业实现利润增长49.4%，而农村居民人均纯收入名义增速为14.9%，城镇居民人均可支配收入名义增速只有11.5%；今年上半年，国家财政收入同比增长31.2%，工业企业实现利润同比增长28.7%，而农村居民人均现金收入名义增速为20.4%，城镇居民人均可支配收入名义增速只有13.2%；政府、企业与居民收入增速的明显差距，导致居民在国民收入分配中的比重继续降低，对居民消费率下滑产生了重大影响。

从居民消费倾向的变动看，去年以来城乡居民的消费倾向出现了明显的下降趋势。根据城乡居民家庭收支调查资料计算，2008年，城镇居民平均消费倾向为71.2%，2009年上升为71.4%，但2010年下降为70.5%，今年上半年下降为66.3%，比上年同期降低1个百分点；城镇居民边际消费倾向下降幅度更大，2008年为62.5%，2009年上升到73.3%，但2010年下降为62.4%，今年上半年又下降到58.2%，比上年同期下降7.5个百分点，降幅为11.4%。农村居民消费倾向也明显下降，2008年农村居民平均消费倾向为76.9%，2009年上升为77.4%，但2010年下降为74.0%；农村居民边际消费倾向下降更多，2008年为70.4%，2009年上升到84.7%，但2010年下降到50.8%，降低33.9个百分点，降幅高达60%。

引起城乡居民消费倾向特别是边际消费倾向下降的主要原因是：(1)鼓励消费政策效应递减和部分政策调整变化。2009年出台的一系列鼓励消费政策，对促进居民扩大消费起了重要作用，同时也使部分市场需求提前实现。2010年以来消费政策效应逐步递减，今年汽车购置税减免、汽车下乡和以旧换新等政策不再延续，家电下乡和以旧换新的政策虽继续实施，但政策效应继续递减，这些都对大宗商品消费产生影响。今年上半年，汽车类销售增速比上年同期回落22.1个百分点，家具类销售增速回落8.5个百分点，家用电器和音像器材类销售增速回落7.3个百分点。(2)消费价格上涨对中低收入居民消费增长影响较大。2010年下半年以来，我国CPI涨幅逐步加大，去年全年上涨3.3%，今年上半年上涨5.4%，6月份涨幅达到6.4%。消费价格上涨主要是由食品、居住类价格上涨拉动的，中低收入居民由于恩格尔系数较高、食品和居住类商品支出比重较大，受到物价上涨的影响更大一些。有关研究测算表明，今年1－4月全国CPI上涨5.1%，但低收入家庭物价上涨6.3%，中低收入家庭物价上涨5.9%，分别高于平均水平1.2和0.8个百分点。这对中低收入居民的实际消费产生了较大影响。(3)房地产市场调整使商品住宅销售及相关消费增速回落。随着房地产市场调控持续推进，过热的商品房市场从去年下半年开始逐步降温，销售量增速下降到一位数。今年1－5月，全国商品房销售面积同比增长9.1%，比上年同期回落13.4个百分点；其中住宅销售面积同比增长8.5%，比上年同期回落11.4个百分点。住建部监测的40个重点城市商品房市场的变化更加明显：今年1－5月，新建商品房成交面积同比减少1.8%，其中住宅成交面积同比减少3.9%；二手房成交面积同比减少20.6%，其中二手住宅成交面积同比减少23%。商品房销售增速下降以至绝对减少，还影响了住房装修、家具、家电等一系列相关消费。同时，去年四季度以来货币信贷政策转向收缩，房贷、车贷等消费信贷逐步收紧，也在一定程度上抑制了居民的即期消费需求。

消费率尤其是居民消费率持续下滑，对经济运行、结构调整和长远发展都会产生严重影响。一是容易引起经济较大波动。消费增速回落过多或形成下滑趋势，会影响市场自主投资的增长，导致经济增速短期内降幅过大，或形成持续下行趋势。这会对就业、民生等方面产生冲击，影响经济和社会的稳定。二是导致投资和消费关系严重失衡。我国投资和消费关系失衡已持续很长时间，失衡程度已相当大，如果消费率继续下降，并且政府为了稳定经济增长继续扩大投资，投资和消费关系可能趋于恶化。这不仅会给资源、环境带来难以承受的压力，还会导致产能过剩的局面更加突出，并制约产业结构的调整优化。三是过度依赖外需的格局难以扭转。消费率太低、投资率过高，是我国经济发展过度依赖出口尤其是净出口的根源。如果消费率继续下降，投资率继续上升，依赖外需的状况将难以改变，而外贸顺差不能逐步减少，国家外汇储备继续增加，将加剧我国的国际贸易摩擦和人民币升值压力，同时导致外汇占款、基础货币投放、输入型通胀和物价上涨等一系列压力继续上升，加大我国金融和经济运行的不稳定性。

二、努力提高消费率特别是居民消费率的建议

我国最终消费率大幅度低于世界平均水平，其带来的影响已经引起普遍关注。这些年，国家在提高消费率方面采取了很多政策措施，但作用还不明显、持续性不强，消费率下滑的趋势尚未根本扭转。能否稳定和提高消费率，关系到我国经济能否保持平稳较快发展，关系到结构调整能否取得实质性进展，关系到中长期发展能否转入协调、可持续的轨道。因此，必须更加深入地研究提高消费率的思路，把短期政策与长期战略结合起来，特别是进一步转变观念、深化改革，加快建立扩大消费需求的长效机制。主要建议是：

第一，深入研究我国所处发展阶段居民消费变动的规律和特点。当前我国已处于人均 GDP 4000 ~ 5000 美元的发展阶段，但区域之间差别较大，一些直辖市的人均 GDP 已超过 10000 美元，一些沿海省区人均 GDP 达到 7000 ~ 8000 美元，而一些西部省区的人均 GDP 还只有 2000 美元左右。这么大的收入水平跨度，使消费市场表现出很大的丰富性、多层次性，也使各

地消费取向、热点等具有较大差异,同样的收入和消费政策会产生不同的效果。因此,我们要借鉴国际经验特别是其他大国的历史经验,结合我国的基本国情和消费传统,研究这个发展阶段居民消费水平变动、消费结构升级的规律和特点,为有针对性地制定消费政策提供理论依据。主要研究内容包括:一是收入增长与消费增长的关系,什么样的收入结构有利于消费需求持续扩大;二是人口城镇化对居民消费倾向的影响,哪些城镇化模式更能促进居民消费的增长;三是居民消费结构升级的不同特点,扩大消费的不同取向;四是大宗消费的构成、分布和发展趋势,热点消费的形成和转变;五是服务性消费的比重、构成和发展方向;六是老年消费的兴起过程、扩展速度和演化规律。这些方面,都要根据我国人均收入增长的趋势,区域之间消费市场的联系和演进特点,进行系统深入的研究。

第二,采取多种政策措施推进国民收入分配格局调整。我国最终消费率尤其是居民消费率低,根本性问题是收入分配结构不合理。一是在国民收入分配中,企业收入和政府收入的比重上升,居民收入的比重下降,使全社会可用于投资的部分过大,可用于消费的部分较小。二是居民收入分配差距呈扩大趋势,高收入群体储蓄率高、消费率低,而中低收入群体的消费增长受到收入增长的制约,导致整个居民的消费倾向较低。因此,要抓紧制定深化收入分配制度改革的方案,加大收入分配政策调控力度,着力推进国民收入分配格局调整,加快提高中低收入居民收入水平,稳定提高居民收入在国民收入分配中的比重。(1)加强对初次分配的调控和监管。初次分配是收入分配的基础和主体,也是分配制度改革和分配格局调整的重点,必须加强对市场机制的引导和调节,处理好效率和公平的关系。在初次分配中,要提高劳动报酬的比重,加大对劳动、技术等要素参与分配过程的支持和保护,加强对资本、管理等要素主导分配过程的调节和监管。要逐步提高最低工资标准尤其是最低小时工资标准,建立健全工资正常增长机制,完善农民工工资按时足额发放制度,促进劳动报酬与劳动生产率同步增长。同时,完善国有企业高管收入与经济效益挂钩制度,建立健全对垄断行业、垄断企业收入监管制度。(2)加大对再分配的调节力度。要进一步运用税收、补贴、转移支付、社会保障、公共服务等手段,调节收入分配关系,提高低收入居民收入,遏制收入差距扩大的趋势,大力促进社会公平。未来几年调节再分配的重点:一是积极推进个人所得税制度改革,在今年提高个人所得税起征点的基础上,加快建立综合与分类相结合的个人所得税制度,继续降低中下收入群体的税负,加大对高收入群体的调节力度。二是全面加快保障性住房建设,确保建设质量和公平分配,真正使低收入住房困难家庭受益;同时推进房地产税收体系改革,扩大和完善房产税制度,加强对房产性收入的合理调节。三是继续增加对城镇低收入群体和农民的补贴,完善对低收入群体发放价格补贴等机制,降低物价上涨对低收入居民的影响。四是全面推进城乡社会保障体系建设,增加公共医疗、教育等支出,推进城乡基本公共服务均等化,加强社会化养老体系建设,切实减少城乡低收入居民未来支出负担。(3)积极发挥第三次分配的作用。加快发展社会慈善事业,鼓励支持个人、企业、社会团体通过各种形式和渠道参与扶贫济困、救灾救难,帮助低收入群体提高生活能力。(4)多渠道增加居民收入来源。不论是初次分配还是再分配,都要多方面拓宽居民收入渠道,要在发展经济、活跃市场的基础上,加快扩大中等收入群体规模和比重。一是支持居民通过劳动、技术等要素增加收入。努力营造就业、创业、兼业的良好制度条件和政策环境,鼓励支持各类人群发挥劳动、技能、知识等优势,通过提供家庭服务、社区服务、市场服务等增加收入。特别要支持医疗、教育、科技、文化、法律等专业技术人员发挥自身特长,积极走进创业、兼业市场为社会提供专业性服务,在增加自身收入的同时带动服务业发展和繁荣各项社会事业,使医疗服务、教育服务、科技服务、文化服务、法律服务等社会所急需的各种专业性服务在市场机制的引导下向基层和家庭扩展。在很多国家中,专业人员都是中高收入阶层,而我国不少专业人才还属于低收入群体,这种状况需要尽快改变。现在我国经济持续较快发展,市场在不断扩大,尤其是家庭服务的需求已普遍上升,政府应当积极创造有利的政策条件。二是创造条件增加居民财产性收入。在市场经济条件下,中等收入群体财产性收入的主要形式是资本市场尤其是股票市场投资收入,过多的"炒房"收入是一种不正常现象。在当前市场流动性过多、物价和房价上涨压力较大的情况下,应当实施积极的资本市场政策,采取综合措施解决存在的突出问题,加快基础性制度建设,促进资本市场稳定健康发展,引导居民资金进入并获得合理投资收益。重要的是,要规定上市公司必须实行较高的分红比例(如达到净利润的40%～

50%以上),使全体股民都能共享经济快速发展的成果。这也是调整企业与居民收入分配关系的一项重要内容,有利于鼓励引导居民进行中长期投资,既提高全社会直接融资比重,支持民间投资和中小企业发展,促进经济结构战略性调整,又使相当一部分流动性稳定在资本市场,防止股市大起大落,减少对物价和房价的冲击。三是进一步规范收入分配秩序。要加强相关法律法规建设,切实保护居民合法收入,取缔非法收入,降低灰色收入比例,加快形成政策引导、市场调节和公开透明、公平合理的收入分配秩序。

第三,加快建立促进消费的宏观调控模式和机制。长期以来,我国的经济发展规划基本上都是一种增加供给的规划,投资被当作扩大生产和供给能力的方式,而消费需求则被当作一种自然的存在形式。宏观调控模式以投资和出口为主,促进投资和出口的手段较多,而对消费重视不够,调节消费的手段明显较少;财政支出模式也是以支持投资和出口为主,支持消费的方面明显较少。在应对东亚金融危机和国际金融危机的过程中,国家出台了一些鼓励居民消费的政策措施,但并没有建立起稳定的调控机制。特别是各级地方政府,在发展经济中习惯于把主要精力用在招商引资、增加投资项目上,很少从扩大消费上去考虑问题、采取措施。为了促进需求结构调整,扭转消费率下滑的趋势,必须尽快改变这些观念和做法,加强对消费需求的宏观调控,建立有效的调控模式和机制。一是把促进消费作为调控需求结构的重点。未来一段时期,我国需求调控政策的基本取向,是逐步降低净出口比重,保持投资稳定增长,下大力气提高消费率。加强消费调控的主要理由是,现阶段居民增加储蓄、各地扩张投资的趋势很强,市场机制难以有效促进消费扩大。最近美国经济学家鲁比尼指出,如果中国不使固定资产投资向消费转移,将有一天没有项目可投资。这是有道理的,扩大消费已成为我国投资可持续增长的重要依托。在国家"十二五"规划纲要中,对提高消费率的政策导向是明确的,但没有提出具体的数量目标,为了使政策导向落到实处,还要进一步在详细规划或专项规划中制定必要的发展目标,从宏观调控上做出合理安排,并综合运用金融、财税等手段来实现预期目标。二是提高财政支出用于支持消费的比重。政府财政支出要有利于推动需求结构的调整,改变长期形成的支持扩大供给能力的模式,逐步降低支持投资和出口的支出比重,提高支持消费的支出比重。这包括:要在保持公共投资稳定增长的同时,增加财政用于公共消费的支出;要在继续保障和改善民生、发展各项社会事业的同时,增加财政用于促进居民消费的支出。要进一步发挥民间资本在投资领域的积极作用,更多地把财政资金用于消费促进领域。三是推动地方政府建立扩大消费的机制。引导地方政府改变过度依靠投资发展经济的思维和行为模式,转向更多地依靠扩大居民消费来拉动经济。要促使各地政府把追求 GDP 增长转变为追求居民收入增长,采取有效措施增加低收入居民收入,改善公共服务,搞活市场流通,提高居民消费倾向,扩大消费市场规模,增强本地消费需求对经济发展的拉动力。

第四,进一步研究实施鼓励居民消费的中长期政策。今年鼓励消费政策有了一些调整变化,但不应该是消费政策的收缩或撤退。从多方面情况看,我国现阶段的消费政策不能是一种短期政策,而应当适度中长期化。主要理由是:一方面,当前消费需求变动的影响加大。世界经济复苏缓慢曲折,波动反复难以避免,我国面对的外部环境复杂多变,而 4 万亿投资计划已基本结束,投资不能再继续扩张,同时房地产市场进入深度调整期,需求收缩的压力加大、不确定性因素增多,如果消费增速持续性下滑,可能引起经济较大波动。另一方面,调整需求结构要依靠持续性政策的推动。我国内需与外需结构的调整已刻不容缓,投资与消费结构的调整也到了关键阶段,而短期内居民收入水平和消费倾向难以较大改变,前两年出台消费政策的效应已经递减,稳定和提高消费率是一个艰难的过程,需要中长期消费政策的推动。

进一步研究促进居民消费的政策,应当遵循的基本原则是:有利于改善低收入居民的收入和消费条件;有利于支持产业结构调整优化;有利于促进居民消费结构升级;有利于扩展现代消费方式;有利于改善经济发展的资源环境状况。综合起来看,可中长期实施的消费促进政策包括:一是家电下乡、汽车下乡的政策。家电下乡政策还要扩展到城镇低收入居民和进城农民工家庭。这种消费补贴政策可间接提高低收入居民收入和消费能力。二是家电、汽车等大宗商品以旧换新政策。这种消费政策既可带动相关产业调整升级,又能加快资源循环利用,减少环境污染。三是支持服务性消费政策。如支持文化消费、健身消费、旅游消费,以及社区服务、家庭服务、老年服务等消费政策,可带动相关服务业发展,带动居民消费结构升级。四是支持节能产品、新能源产品消费政策。政策范围可扩大到各类节能、运用新能源的家电、汽车、建筑等产品。五是支持消费信贷和新型消费业态发展政策。要在加强信用体系建设的基础上,扩大现代消费方式的规模和比重。实施这些消费政策,要坚持精心设计,规范运作,不断完善配套措施,增强政策的可持续性;还要努力降低商品流通、居民出行费用,改善消费服务设施,加强市场监管,优化消费环境。

同时,要研究减少高档商品消费限制的政策。长期以来,我国对进口的高档或名牌消费品实行高关税政策,使这些进口商品的价格大大高于国外。根据商务部调查材料,手表、箱包、服装、酒、电子产品等5类产品的20种品牌高档消费品的价格,我国内地比法国高出72%,比美国高出51%,比香港也高出45%左右。这实质上是一种限制消费进口高档商品的政策。近几年,随着我国居民收入提高和消费升级,对高档消费品的需求比重上升,国内居民每年要花掉2000亿元人民币从境外购买名牌商品。为了适应这种消费升级的趋势,有必要适当降低进口高档消费品的关税税率,引导境外购物需求向国内市场回流。这对我国关税收入、国产消费品市场的影响并不大,但有利于提升中高收入群体的消费倾向,带动国内高端消费和相关需求扩大,还有利于促进国内高档消费品的开发和生产,加快国产品牌的崛起和发展。我国制造业改革开放30多年来的实践证明了这一点。

*第五,着力增强城镇化对扩大消费的促进作用。*城镇化拉动需求的根本动能,不在于城镇自身建设和城镇居民消费的增加,而在于城镇发展为农民提供安居乐业之所和农民消费方式的深刻转变。我国在这方面的主要问题:一是进城农民工没有真正转化为市民,制约消费方式转变和消费需求扩大;二是城市建设脱离实际过度扩张,影响城镇化拉动消费的作用及可持续性;三是产业发展空间制约就业机会增加,弱化了城镇化拉动收入和消费增长的效果及稳定性。

加强城镇化对消费需求的带动效应,必须深化城乡体制改革,进一步统筹城乡发展,加快扭转城市自我发展的倾向,推动城镇建设与人口城镇化相互促进、协调发展,使城镇化真正转到带动农村人口有序进城、扩大就业、增加收入、转变消费方式的轨道上来。(1)合理选择有利于扩大消费的城镇化模式。要稳定和完善大城市的发展格局,继续发展中等城市和城市群,大力加快小城镇和小城市发展。加强大城市对中小城市、小城镇的带动作用,加强城市对乡村的带动作用,全方位扩大城镇化对消费的拉动效应。未来一段时期,加快城镇化并增强其对扩大消费作用的重点在中西部,潜力也在中西部。要在中西部一些资源环境承载能力较强的区域,培育和发展一批城市群,促进经济增长和市场需求空间由东向西、由南向北梯次拓展,增强城镇化拉动消费需求的可持续性。(2)加快完善有利于城镇化拉动消费的条件。一是逐步把符合条件的进城农民工及其家属转变为城市居民。要以有稳定就业岗位农民工和因城市建设征地失去承包地农民的身份转变为重点,加快解决农村人口在城镇落户的问题,使他们在劳动就业、工资待遇、子女教育、社会保障、医疗、住房等基本公共服务方面享有与城镇居民相同的待遇。研究采取措施激活农民拥有的资产,并在城乡间合理配置,增强农民进城的经济能力。二是因地制宜加强中西部小城镇投资建设。要改变城镇化投资过度向沿海大城市倾斜、中西部小城镇投资严重不足的状况,加大各级政府投入力度,完善土地、财税、金融、投资等配套政策,建立加快小城镇发展的体制机制。支持各地进行探索和创新,多种方式发展多种模式的小城镇,特别是搞活投融资机制,积极利用民间资本推进中西部小城镇发展。三是促进城镇房地产市场平稳健康发展。逐步把进城农民工及其家庭纳入城镇住房保障范围,加快廉租住房、公共租赁住房建设,增加中小套型、中低价位普通商品房供应,搞活二手房市场和住房租赁市场,抑制房价、房租过快上涨,多渠道满足低收入居民住房需求。(3)积极促进东部沿海产业向中西部转移。区域产业转移是解决工业化与城镇化矛盾的一个重要出路,有利于减少劳动力远程流动,提高城镇化对中西部就业、收入和市场的拉动作用,增强全国消费需求增长的动力。要深化改革和调整政策,加强中长期规划和政策导向,加大对中西部地区的支持,包括把原来在东部沿海实施的一些优惠政策应用到中西部有区位优势的地区,促进生产要素特别是资本向中西部回流,使区域产业转移尽快取得实质性效果。

2011 年 8 月 9 日

关于引导社会资金进入资本市场的思路和建议

郭克莎

我国的外汇储备已超过3万亿美元,外汇占款持续增加,流动性过多的压力加大。依靠提高存款准备金率等回收货币的政策措施,只能控制货币信贷投放的增量,难以从根本上解决货币存量过多问题,通胀预期依然突出;同时,短期内货币信贷收缩力度过大,还会加剧中小企业融资困难、影响实体经济平稳运行。因此,需要转变思路,研究"疏导"办法,采取措施引导社会资金向资本市场流动。这既可以减少货币存量对物价、房价走势的影响,又可以促进资本市场稳定健康发展,发挥扩大直接融资、支持民间投资、推动结构调整等积极作用。

一、当前引导社会资金进入资本市场的重要性

引导社会资金向资本市场流动,不仅可防止货币信贷调控力度持续加大影响中小企业融资和社会资金需求,保持经济平稳较快发展,还有以下多个方面的重要作用:

(1) 有利于合理吸收过多的流动性,缓解物价和房价上涨压力。我国物价、房价过快上涨有多方面原因,而流动性过多则是基础性动因。去年以来,我国资产市场出现了两种背离的走势:房地产市场和价格在严厉宏观调控下仍不断上涨,资本市场和价格在经济较快增长中却相对低迷。主要原因是:房地产市场具有持续的赚钱效应,吸引社会资金不断流入;资本市场没有稳定的赚钱效应,难以引起社会资金的投资兴趣。当前一线热点城市

住房市场实行限购政策，很多资金又转向二、三线城市房地产市场，成为推动当地房价上涨的主要因素。只有合理引导社会资金流向资本市场，才能使房地产调控政策落到实处，真正缓解全国房价上涨的压力，同时减弱资金对商品市场和价格的推升影响。

（2）有利于提高直接融资比重，减轻银行信贷压力和风险。截至去年底，我国M2总量接近73万亿元，明显超过美国（美国M2总量折算为人民币大约60万亿元）；而美国的GDP规模约为14.6万亿美元，是我国GDP（5.88万亿美元）的2.48倍。我国M2总量占GDP比重大幅度高于美国，一个重要原因是，我国金融市场总体上仍以间接融资为主，直接融资的比重太低。经济发展过度依靠间接融资，不仅增加银行货币信贷压力，而且使风险过度集中于银行体系。合理引导社会资金流向资本市场，加快提高直接融资比重，降低间接融资比重，是减轻银行信贷压力、分散金融市场风险的重要出路。

（3）有利于优化社会投融资结构，促进经济结构战略性调整。一是加快战略性新兴产业发展和产业结构调整升级。我国已确定了七大战略性新兴产业，作为推动产业结构优化升级和培育新的经济增长点的重要依托。目前中央部门和各地政府发展战略性新兴产业的积极性很高，已规划和准备上一大批“十二五”重大项目，但如何理顺和优化投融资机制的问题尚未解决。新兴产业投资规模大、周期长、风险高，发展初期投资回报率往往较低，如果继续走依靠银行体系融资的传统道路，将引起信贷规模过度扩张、风险过度集中于银行体系等问题；同时，我国风险投资企业和机构发展水平仍较低，资金规模相对较小，支持新兴产业发展的作用有限；而近年来迅速发展起来的地方政府融资平台，则存在过多依赖银行贷款、土地出让收入和融资成本高、风险大等弊端。在这种情况下，加快发展战略性新兴产业，要更多地依靠拓宽资本市场融资渠道，大量吸引社会资金进入，扩大直接融资规模、分散企业投资风险。二是推进需求结构调整和发展方式转变。通过资本市场利用社会资金，使大多数居民获得财产性收入，共享经济快速成长的成果，是加快调整国民收入分配格局，提高居民收入和消费水平，促进消费、投资和出口结构调整优化，增强消费需求对经济发展拉动作用的重要环节。特别是在调控房地产市场和抑制房价上涨、市场通胀预期增强而银行利率持续为负值的条件下,资本市场更是增加居民财产性收入、促进居民消费增长的基本条件。三是促进中西部投资建设和区域协调发展。加快中西部地区发展,仅依靠中央财政转移支付和有关区域振兴政策支持,还难以解决中西部发展中的投融资问题,很多中西部地区的资金净流出现象依然突出。应当拓宽思路,运用资本市场引导社会资金来推动中西部发展,如给予中西部企业优先上市融资优惠,支持东部沿海企业向中西部转移、兼并重组中西部现有企业并在当地上市,引导东部产业、资金向中西部流动,加快中西部地区投资建设。

(4) 有利于扩大民间投资渠道,激发民间资本发展活力。近几年,我们在扩大民间投资领域、支持民营企业发展方面采取了一系列政策措施,但至今为止,由于受规模、技术及有关体制的制约,民间资本仍难以进入不少行业和领域,民营企业尤其是中小企业仍面临贷款难、融资难问题。因此,应当进一步发挥资本市场破除所有制壁垒的作用,扩大民营企业直接融资比重和空间,鼓励民间投资通过资本市场进入许多仍受到限制的行业和领域,包括参股、控股和收购兼并国有企业,引导社会资金通过资本市场流入中小企业,增强民间资本的投资活力和发展动力。

二、引导社会资金进入资本市场的政策建议

美国股市和债市的总市值是M2的5倍多,而我国两大市场的规模只有M2的80%左右,我国资本市场尤其是股票市场具有吸纳货币的很大空间。目前我国A股市场平均市盈率为16~17倍,沪深300指数市盈率13倍多,很多大盘蓝筹股市盈率在10倍以下,基本上处于历史低位,总体估值基本合理,相对于我国经济的平稳较快发展,股市具有较好的投资价值。关键问题是,要使股市对一般居民具有吸引力,增强他们的投资信心,利于社会资金持续进入市场,必须采取有效的政策措施,建立鼓励中长期投资、促进股市稳定健康发展的机制,使股票市场和价格真正反映我国经济增长和上市公司业绩提高的基本趋势。只有这样,才能支持我国股市扩大融资和制度性建设持续稳定推进,包括增加中小板、创业板新股上市和扩大第三板市场、推出国际板市场等。主要建议是:

(1) 明确规定上市公司最低分红比例。上市公司分红比例太低甚至长

期不分红,是影响股市中长期投资的主要原因。2010 年上市公司年报显示:在 2175 家上市公司中,当年亏损的仅为 117 家,但年报不分红不送股的"铁公鸡"却达 798 家。从 2006 年至 2010 年,上市时间超过 5 年、且 5 年内从未进行过分红的个股达 414 家。这种状况,导致股市投资者只追求股票差价而不注重股息收入,不利于没有时间经常从事市场交易的居民进行中长期股票投资。有些居民购买股票后放上几年,股价坐了几次过山车,上市公司业绩翻了一番,但总的股息收入却远低于银行存款利息。应当通过必要的政策规定来改变这种现象。在国际股票市场上,上市公司的分红比例一般占净利润的 50% 左右,每年坚持高分红的公司往往吸引较多的长期投资者,股价也能持续走高。借鉴国际上有关做法,我国应从政策上明确规定:上市公司每年的分红比例必须达到净利润的 40% 或 50% 以上,并对违反规定的公司实行限制各种融资等处罚措施。这不仅有利于鼓励股市价值投资和中长期投资,减少对一些绩差概念股的短期投机炒作;还有利于促进国民收入分配结构调整,增加居民财产性收入,相应抑制企业投资的过度扩张。

(2) *进一步发挥机构投资者积极作用*。一是扩大股票型投资基金发行规模,在放开审批环节的基础上,简化申报备案程序,建立灵活吸纳社会资金进入股市的机制。二是研究提高股票型基金的最低仓位限制。很多国家对股票投资基金的最低仓位限制都在 80% 以上,美国股票型基金的仓位在最近 10 年来一直保持在 95% ~96.5% 之间的高位,股票基金的换手率大幅低于市场平均水平,这对减弱股市短期波动具有明显作用。为了促进股市稳定运行,我国对公募基金的最低仓位限制,应由目前的 60% ~70% 提高到 80% ~90%;对私募基金尤其是阳光私募基金的最低仓位水平,也要研究实行一定的限制或调节政策。三是适当提高社保基金、保险基金等机构可用于投资股票的比例,并研究建立一些对冲风险的机制,采取措施防范和分散投资风险。

(3) *采取措施增强股市投资氛围、抑制过度投机*。目前我国股市上,一些专业投资大户、私募基金专门炒作部分小市值的概念股,带动散户跟风、追涨杀跌;而对大市值股票,因一般资金难以拉抬股价,个人和机构投资者越来越少光顾,市场投资持续低迷。这造成市场投机气氛过于浓厚,价值投资理念明显淡化;股市结构出现长时间严重失衡,小市值股票估值存在较大泡沫,大市值股票估值处于历史低位;股市综合指数难以跟随经济增长稳定上行,整个股市和个股价格波动幅度过大。必须采取措施遏制这种过度投机行为和市场扭曲趋势。一是激活大市值股票交易。研究对上证 180 或上证 50 试行 T+0 交易制度,活跃大市值股票的交易,引导市场资金流向,抑制对小市值股票的投机炒作,改变股市结构持续性失衡的趋势。二是实施差别化税率政策。针对“大小非”快速大幅减持股票引起的股市波动以及对二级市场投资者积极性的影响,应研究引入差别化税率,如规定持股期限延长 1~3 年以上的,所得税税率可适度下调。同时,研究开征资本利得税,规定买入股票后持股 1~2 年以上的,可享受免除利得税政策。以此鼓励产业投资者长期持股,也引导社会资金进行长期性投资。三是改革完善新股发行制度。新股尤其是中小板、创业板新股发行市盈率过高,上市首日投机炒作氛围太浓,是影响二级市场稳定和理性投资的重要因素。这种现象最近虽有所好转,但尚未根本性改变,随时可能出现反复。应改进完善新股询价机制,采取措施对券商的投资银行行为加以制约。例如,可规定券商投行在承接上市公司 IPO 和再融资业务时,必须以同样股价购进一定比例(如 1%~5%)的融资份额,并锁定一定期限(如一年以上)。同时,积极研究引入做市商制度。四是进一步加强市场监管。加大对股市违法违规行为的查处力度,及时打击各种内幕交易活动,提高上市公司造假等违规成本。

2011 年 6 月 2 日

二、巩固和加强农业基础地位

持续释放农业劳动力的思考和建议

叶兴庆

最近几年，每当春节过后一些地方就会出现“招工难”。今年春节过后“招工难”现象再次如期而至，且呈现由东南沿海向中西部蔓延之势。“招工难”是不是我国劳动力、特别是农业劳动力供求关系的真实反映？现阶段应对“招工难”的着力点，究竟应放在需求方、逐步放弃劳动密集型产业，还是应放在供给方、继续释放农业劳动力？这是事关工业化、城镇化与农业现代化如何同步推进的大事，需要深入分析、准备判断、慎重决策。

一、我国农业劳动力转移已进入“刘易斯区间”

为分析农业劳动力向非农部门转移的变化规律，学术界普遍使用“刘易斯拐点”、“刘易斯区间”的概念。这是著名发展经济学家、诺贝尔经济学奖获得者阿瑟·刘易斯(W. Arthur Lewis)在《劳动无限供给条件下的经济发展》和《对无限劳动力的反思》两篇论文中提出的概念。刘易斯认为，二元经济国家的经济发展过程，是现代工业部门相对传统农业部门的扩张过程，在这个过程中有两个拐点：在经济发展初期，农业部门存在大量剩余劳动力，以极低的工资水平就可以吸引他们向工业部门转移，当工业部门只有明显提高工资水平才能继续吸引农业劳动力转移时，达到第一个拐点；随着农业劳动力继续转移，农业劳动生产率将持续上升，直至与工业部门相当，出现城乡一体化的劳动力市场，二元经济结构消失，这是第二个拐点。这两个拐点之间的发展阶段，称作“刘易斯区间”。

目前我国农业劳动力转移正处于“刘易斯区间”。从第一个拐点来看，大致出现在2004年前后。此前相当长一个时期，由于农业劳动力剩余程度严重，农民工工资在低水平徘徊。据2004年的一个典型调查，珠江三角洲地区外来务工人员月平均工资，12年来仅增加了68元。从2004年开始，东南沿海一些地区出现"招工难"现象，农民工工资开始进入上涨通道。根据国家统计局农民工监测数据，农民工月工资，2001年至2003年年均增长4.4%，2004年至2010年年均增长13.5%。特别是去年农民工工资上涨较为明显，人均月工资达到1670元，比2009年上涨18%。从第二个拐点来看，还有很长的路要走。2009年，我国第一产业占全国就业人员的38%、国内生产总值的10.3%。近2/5的农业劳动力，仅创造了1/10的国内生产总值，农业的比较劳动生产率仍然很低。目前，发达国家第一产业就业比重，美国、英国为1.4%，德国为2.2%，加拿大为2.5%，法国为3.4%，日本为4%，韩国为7%。我们离农业与非农部门劳动生产率大致相当的发展阶段还很远。

二、持续释放农业劳动力仍应是基本政策取向

面对年复一年的"招工难"现象和农民工工资上涨趋势，不少人主张我国经济发展必须尽快摆脱对廉价劳动力的依赖，加快产业转型升级步伐。持这种主张的人认为，我国农业剩余劳动力已转移得差不多了，劳动力短缺时代已来临；农业劳动力不能都进城，应该有人搞新农村建设；发展劳动密集型产业，使我国在国际产业分工体系中处于不利地位，在对外贸易中吃亏太多。

我们认为，尽管我国农业劳动力转移已迈过第一个"刘易斯拐点"，但目前我国农业劳动力总量仍然是过剩的，农业劳动力向非农部门转移的潜力还大得很。在整个"刘易斯区间"，仍应把持续释放农业劳动力作为国家的基本政策取向：

第一，将更多的农业劳动力释放出来，有利于工业化城镇化持续快速发展。劳动力资源从生产率低的农业部门向生产率高的非农部门转移，是我国过去30多年工业化城镇化快速发展的重要源泉。迈过第一个"刘易斯拐点"后，工资成本上升确实会对工业化城镇化带来影响，产业转型升级的经济合理性逐步增强。在强调加快转变经济发展方式的当下，推进产业转型

升级更容易引起重视。需要注意的是，产业转型升级的步伐要与资源禀赋条件的变化相适应。在农业劳动生产率仍然很低、大量农业劳动力就业并不充分的发展阶段，如果过快推进产业转型升级、过早放弃劳动密集型产业，不利于发挥我国比较优势。在农业与非农部门劳动生产率存在明显差距的条件下，继续促进农业劳动力向外转移，仍是保持我国工业竞争力的重要基础，仍是支撑我国工业化城镇化快速发展的重要源泉。

第二，将更多的农业劳动力释放出来，有利于提高农业劳动生产率，从根本上增加农民务农收入。当前我国收入分配的一个突出问题是城乡居民收入差距过大。“十二五”时期要做到“努力扭转城乡、区域、行业和社会成员之间收入差距扩大趋势”，特别是扭转城乡居民收入差距扩大趋势绝非易事。必须下决心在收入分配格局调整中着力促进农民增收，全面增加农民的工资性收入、家庭经营纯收入、财产性收入、转移性收入。其中，前两项是关键。从工资性收入来看，在第一个“刘易斯拐点”之前，主要靠外出务工人数增加；在“刘易斯区间”，工资水平将持续提高，如果外出务工人数也能持续增加，将为增加农民收入发挥更大作用。从家庭经营纯收入来看，主要是通过提高农产品价格和农业劳动生产率来增加农业生产经营纯收入，特别是要通过转移农业劳动力，使留在农业的劳动力占有更多土地资源，使务农收入增长建立在经营规模扩大、农业劳动生产率提高的基础上。

三、持续释放农业劳动力需要多方施策

在“刘易斯区间”，我国农业劳动力继续向外转移，既具有一般特征，如工资水平将持续上升；又面临特殊情况，如工资上升对农业劳动力转移的调动作用受一系列特殊因素制约。我国特殊的农地制度，使农业普遍处于小规模兼业经营形态，影响到农业劳动力的持续释放；特殊的城乡二元体制，使农民工难以融入城市，影响到中老年劳动力的长远打算；特殊的地区发展不平衡，使劳动力从内地向东南沿海长距离转移，影响到部分农业劳动力的转移决策。可以说，在“刘易斯区间”我国农业劳动力继续向外转移面临的问题，比其他国家在这个阶段面临的问题更多更复杂。应该从战略和全局的高度，采取措施促进农业劳动力继续向外转移。

（一）以农业机械化置换农业劳动力。在第一个“刘易斯拐点”之前，农

业劳动力处于绝对过剩状态,向外转移并不影响农业生产。在“刘易斯区间”,农业劳动力是相对过剩,如果不采取置换措施,向外转移将影响到农业生产。最有效的置换措施是推进农业机械化。前些年,每当农忙季节,不少外出务工农民要回家参加农业生产,这说明农业劳动力存在季节性短缺问题;现在与其回家参加农业劳动,不如雇请农业机械帮忙,这表明农业中机械替代劳动力的经济临界点已经到来。2004 年国家开始实行农机具购置补贴政策,现在看来这个时间节点把握得很准。这几年农业机械化步伐较快,耕种收综合机械化水平 2010 年已达到 52%,“十二五”期末将达到 60%左右。应当顺势而为,进一步加快农业机械化步伐。从国家政策的角度,主要是继续增加农机具购置补贴资金规模,向消耗劳动力较多的薄弱环节和关键农时,特别是经济作物生产所需机械倾斜;鼓励农民通过组建农机专业合作社联合购买农机具,提高农机使用率;促进农机工业发展,重点研发和推广先进适用、节能环保、区域适用性强的农机产品。

（二）*以土地流转解放农业劳动力*。实行家庭承包经营,实现了劳动者与生产资料的直接结合,极大地调动了农民生产积极性;同时,赋予农民自由支配劳动时间的权利,为农业劳动力转移提供了可能。可问题在于,尽管农业劳动力持续向外转移了近 30 年,多数地方土地流转步伐却迟迟难以跟上,小规模兼业经营格局趋于固化。尤其需要注意的是,由于人口增长和分家立户,全国农业经营户数不减反增,农业平均经营规模不增反降。1996 年与 2006 年两次全国农业普查对比,尽管全国耕地面积明显减少,但农业生产经营户数却从 19345 万户增加到 20016 万户。在“家家包地、户户种田”的格局下,虽然农业劳动力总量过剩,但具体到每家每户现有劳动力又难以从农业中完全脱身,形成“有剩余劳动时间,没有剩余劳动力”的尴尬局面。这导致农业经营规模、农业劳动生产率、农业劳动力有效利用率均难以提高,陷入“土地难以流转是由于农业劳动力缺乏就业门路,农业劳动力难以继续转移是由于现行农业经营方式不利于他们脱身”的僵局。打破僵局的根本出路在于促进土地流转。这在法律层面已没有障碍,关键在于建立健全促进土地流转的机制。应当加快土地承包经营权的确权、登记、颁证步伐,让无论是留在农村从事非农产业的家庭,还是全家进城落户的家庭,都能放心地转出承包地,不至于担心土地承包经营权被收回;积极培育土地流转市场，发展流转中介组织，为流转双方提供信息沟通等服务；鼓励有条件的地方实行流转补贴政策，调动承包户转出土地、经营户转入土地的积极性。

（三）以就地就近转移撬动农业劳动力。农业劳动力转移具有“精英移民”的特征，先出去的绝大部分是青壮年劳动力。据有关研究推算，2009年，30岁以下、31~40岁、41岁以上的农村转移劳动力分别为1.42亿、5124万、3699万，分别占同年龄段农村劳动力的92.9%、42.8%和16.2%。这意味着，今后能够转移出来的存量农业劳动力，主要集中在31~40岁和41岁以上两个年龄段。对这些人，特别是对41岁以上的人而言，决定其去留的因素，不仅包括工资水平，还包括对家庭的牵挂、对未来生活前景的担心。要想把这两个年龄段的劳动力转移出来，必须发展县域经济、走就地就近转移的道路。为此，要调整工业化、城镇化的战略布局，加快中西部地区县域工业化城镇化步伐。国家每年下达的新增建设用地指标应向中西部省份倾斜，各省应向县域倾斜；在集约节约用地、严格保护环境的前提下，对农业县的产业园区给予大力支持；推动劳动密集产业向中西部县域转移，加大对产业转移承接基地的政策支持力度。特别是要对过去30年一些地方发展乡镇企业的好经验、好做法，如块状经济、产业集群、一村一品等进行深入总结，处理好集中与分散的关系，防止农村产业空心化。

（四）以技能培训提高农业劳动力。随着产业转型升级的逐步推进，新增就业岗位对劳动力的文化素质和职业技能的要求会越来越高；随着农村文化程度较高的青壮年劳动力逐步减少，今后需要转移出去的劳动力年龄偏大、受教育年限较短的问题越来越明显。在“刘易斯区间”，加强农业劳动力转移就业培训尤为重要和紧迫。最近几年各方面对农民工培训问题比较重视，但主要是针对新进入劳动年龄的劳动力。应该根据农村劳动力结构的变化，重点开展中年劳动力培训，在培训内容、方式等方面更适合中年农民的需要，尽快提高他们的职业技能和就业竞争力。

（五）以公共服务留住进城劳动力。在“刘易斯区间”，除了要采取措施继续释放农业劳动力外，还必须采取措施留住已经转移进城的劳动力。这是我国城乡二元体制的特殊产物，也是我国现代化面临的特殊课题。目前第一代农民工已人到中年，上有老、下有小，除少数人能够在城市长期工作和生活下去外,多数人还处于“流动”状态。在对今年“招工难”的成因分析中,不少人认为部分农民工春节回家后不再出来是一个重要原因。解决好这个问题,关键是城市的大门要敞得更开一些,让进城农民工能够对未来的工作和生活有一个稳定的预期。应切实加快户籍制度改革步伐,降低落户门槛,给进城农民工市民身份,让他们有归属感;加快剥离附着在户口上的各种社会福利和公共服务,无论落户与否,都有平等接受城市公共服务的权利,给他们信心和希望,让他们有安全感。

2011 年 3 月 24 日

从玉米看粮食生产和市场变化

郭　玮　方松海

粮食产量增长,一般会抑制粮价。我国粮食连续8年增产,增产量超过2000亿斤,但与此同时,粮食价格基本保持稳定上涨的态势。这让不少人感到疑惑。

8年粮食增产中,产量增幅最大的是玉米,但玉米价格依然保持上涨,涨幅甚至超过产量增幅相对较小的小麦。从2003年到2010年,玉米产量年均增长6.2%,价格年均增长8.5%。分析玉米生产和市场供需的变化,我们能清楚地看到粮价上涨的内在必然。

一、玉米实现较大幅度增产

我国玉米产量2003年为2317亿斤,2010年增加到3545亿斤,增加1228亿斤,增幅达53%。玉米产量增幅大大超过粮食总产27%的增幅,也超过稻谷22%、小麦35%的增幅。全国2316亿斤的粮食增产量,有53%来自玉米增产。预计今年全国玉米将进一步创出产量新高。

玉米增产主要因素是:第一,种植面积扩大。玉米价格较好,农民种植积极性较高,全国玉米播种面积由2003年的3.61亿亩增加到2010年的4.87亿亩,增幅达35%。在玉米最大主产区东北和内蒙,不少地方农民开荒增加,土地租金上涨,种植面积明显增加。很多过去不愿种地的农民都反映,现在地不够种,找不到地种。第二,种植水平提高。全国玉米亩产2003年为642斤,2010年提高到727斤,增加85斤。近些年,新的生产技术推广加快,玉米生产科技含量提升,各地普遍采用了高产品种,种植模式也发生很大变化。如东北,玉米种植密度大幅提高,由原来的一般每亩不足3000株普遍增加到3500到4000株,大大促进了单产提高。第三,农业气候条件总体有利。全国没有出现大范围的大的自然灾害。在玉米主产区东北地区,威胁玉米产量的最大灾害因素是早霜和干旱。长期以来,一直有早霜每晚来一天,东北粮食产量能增加数亿斤的说法。这些年东北地区基本没有出现明显早霜。除2009年出现局部干旱造成个别地区减产外,气象条件总体较好。

二、需求快速增长对玉米价格上涨带来强力拉动

尽管近些年玉米产量增加较多,但消费也增加较多,2003年玉米消费2400亿斤,目前超过3600亿斤。玉米增产1200多亿斤,消费的增长也少过1200亿斤。过去,我国玉米略有出口,2003年曾出口320亿斤,但2008年后这种状况开始改变,出口转变为进口,2010年进口31.4亿斤,今年玉米继续净进口。

玉米的需求主要来自四个方面:种子用粮、食用、饲料用量、深加工用粮。种子用粮和食用玉米总量少,也相对稳定。饲料用粮、深加工用粮占到玉米消费总量的90%以上,不仅用量大、增长也快。

饲料用粮增长,主要源自畜牧业的快速发展。2010年全国肉类、禽蛋、牛奶、水产品产量分别比2003年增长23%、18.5%、105%、31.8%。同期,饲料用粮消耗玉米由1800亿斤,增加到2400亿斤,增幅33%。畜牧业生产规模的扩大增加了饲料的消耗,养殖方式的转变也增加了饲料用粮。农户散养时,饲料的来源相对多样化。规模化饲养的快速推进,使饲料消耗更加依赖商品饲料,饲料用粮的增长快于养殖业增长。

深加工用粮增长异常迅速。粮食的工业用途十分广泛。目前我国玉米深加工产品达200余种。主要的有淀粉类产品(含淀粉糖),占深加工产品的55%,酒精类产品,占30%,还有味精、玉米油等。2000年我国淀粉产量只有455万吨,2010年超过1900万吨。玉米淀粉被大量加工成工业醇类产品,果葡糖浆、麦芽糖、结晶葡萄糖等糖类产品,赖氨酸、柠檬酸等酸类产品。我国是世界第一大柠檬酸生产国和出口国,85%的柠檬酸以玉米为生产原料。近些年各地玉米加工项目上马很快、很多,由于原料需求大增,引起粮

价快速上涨，国家在2006年、2007年、2010年多次出台政策，限制违规玉米深加工项目，这包括严格控制以玉米为原料生产燃料乙醇。目前全国各类玉米加工企业有500～580家。很多主产区，玉米加工能力已经超过了玉米产量。2003年度我国深加工消耗玉米260亿斤，到2010达到900亿斤。市场不少测算甚至称，深加工玉米消耗超过1240亿斤。即使按照比较保守的统计900亿斤计，深加工玉米消耗也比2003年增加650亿斤，增长2.46倍，年平均增长19.4%。

从2003年到2010年，玉米的产量年平均增长6.4%，而用于饲料的玉米消耗年均增长4.1%，用于深加工的玉米消耗年均增长19.4%。需求的快速增长，已经使2008年之后玉米库存连续三年下降。供需关系的趋紧，是价格上涨的直接原因。2003年到2010年，玉米价格上涨77.4%。

三、成本增加不断推动玉米价格上涨

近些年我国粮食增产的过程，也是成本大幅提高的过程。

一是农业生产资料价格上涨较多。2003年尿素价格出厂价约1400元/吨左右，现在大部分地区达到2100元，上涨50%。国产磷酸二铵价格由每吨1700元，涨到3400元，上涨约1倍。柴油价格由每吨2700元上涨到7000多元，上涨超过160%。2003年到2010年，化肥价格指数上涨60.2%，农药价格指数上涨20%。

二是投入增加多。粮食生产在高产的基础上继续实现增产，需要增加物质投入，不断改善生产条件。这些年，不论是化肥、农药等的产量，还是农民使用量都在增加。

三是劳动成本增长快。2003年农民工月平均工资只有700元左右，2010年全国农民工月平均工资达到1690元，增长139%。过去农村劳动力多，农业用工价格比外出务工价格低，现在农村劳动力少，农业用工季节性强，用工时间短，农业用工的报酬一般要高于务工工资，农忙季节甚至数倍于务工工资。过去农民不将自己的劳动计入成本，现在打工机会增多，农民的成本意识明显增强，隐性成本变成显性成本。过去种地主要靠家庭劳动，现在主要靠机械作业，机耕、机收等生产作业都要直接支付现金。据统计，2010年与2005年相比，农业生产服务价格指数涨幅达46.8%。

投入增加和农业要素价格的上涨，造成农业生产总成本大幅上升。从2003年到2010年，全国水稻、小麦、玉米三种主要粮食平均亩成本由377元增加到672.7元，增长78.4%。其中，玉米的亩成本更是由347.6元增加到632.6元，增长82%。粮食成本上升的幅度超过了粮食价格上涨的幅度。

四、国际玉米涨价对国内玉米价格上涨有一定带动

我国玉米前些年少量出口，近几年少量进口，总量虽然不大，但市场影响不小。每次玉米进口或出口的消息，都会在国内期货市场引起较大反响。美国农业部每次发布农业报告，都会对国际粮食期货市场产生影响，也直接影响到我国粮食期货市场的波动。因此，国际市场价格对国内市场具有明显带动作用。看待我国玉米价格变化，绝不能脱离国际市场环境。各国在国内粮食市场与国际粮食市场间都建有不同形式的"防火墙"，大多数国家粮食价格的波动幅度要小于国际市场。我国玉米具有较高自给率和较强的调控手段，这使我们在一定程度避免了国际玉米市场出现的剧烈波动，但国内玉米价格走势与国际市场保持基本一致。近年来，国际玉米价格除了在几次暴涨后出现阶段性回落外，总的趋势是不断上涨的。目前国际市场玉米价格比2005年年底上涨160%。

五、我国玉米等粮食市场正处在一个涨易跌难的阶段

商品的价格总是有涨有跌，特别是鲜活农产品，价格的波动是一个常态。但是玉米作为一种特殊的商品，在一定阶段和条件下可能出现只涨不跌的情况。第一，玉米生产成本是一定的，农业生产的特点也决定了不存在某些生产者生产成本大大低于社会平均成本的情况。一旦价格低到影响生产，产量就会下降，未来价格就会回归，因此，玉米价格是有底线的，农民、企业对玉米的价格都有一定的预期。第二，玉米供给能力受耕地、水等自然因素的限制，受到农民种植习惯等影响，不可能像工业品那样短期大幅增长，而目前我国玉米市场需求是稳定的或者是稳定增长的，因此，玉米供过于求造成价格大跌的情况较难出现。第三，玉米具有耐储存性，当价格低于预期时，农民会选择暂缓出售，等待合理的价格，加工企业也会增加库存，这就会避免价格的回落。过去由于粮食收购的季节性、农民对种粮收入过度依赖，

以及收购主体事实上具有一定的垄断性，农民往往在价格较低的情况下，被迫出售粮食。随着农民收入的多元化和粮食市场的全面放开，农民在价格博弈中主动权增多，这有助于避免农民以过低的价格出售粮食。第四，玉米价格长期上涨趋势得到各方面的认同，有不少学者认为，全球正在进入高粮价时代，这为玉米等只涨不跌或少跌提供了良好氛围。第五，国家逐年提高粮食最低收购价政策，对玉米价格走势也起到一定的导向作用。2004 年国家出台粮食最低收购价政策，从 2008 年开始，每年都提高粮食最低收购价，小麦、稻谷最低收购价提价幅度均超过 40%，最高的粳稻提价幅度达 70%。目前，玉米还没有制定国家最低收购价，但粮食价格的连带性，使小麦、稻谷的价格政策对玉米市场的变化也具有指导意义。近些年，国家对主产区玉米实施临时收储政策，事实上使玉米价格也有了基本的托底价。

小麦、稻谷市场的状况，与玉米基本一致。需求的拉动、成本的推动、国际市场的带动，也是小麦、稻谷增产之后价格还持续上涨的基本原因。总体看，我国粮价仍然偏低。目前农民种粮每亩利润只有 227 元，只相当于一个农民几天的打工收入。我国农业正在处在要素快速转移，成本快速上升的时期，粮食价格的上涨是一个长期的趋势。价格是刺激粮食生产发展最主要的因素。这些年粮食连续增产，很大程度上靠粮价拉动。在粮食供给偏紧的条件下，保持粮食价格稳定上涨，是保障国家粮食安全最重要的措施，也是保持经济平稳较快发展最重要的基础。粮食市场的调控应促进粮食价格稳定上涨。

2011 年 12 月 5 日

促进棉花产业稳定发展的分析和建议

郭　玮　鹿生伟

棉花一直是主要农产品中市场波动较大的品种。棉花市场的剧烈波动,不仅影响农业生产,而且对纺织业和外贸出口、对物价稳定都带来很大影响。采取措施稳定棉花产业,对促进经济平稳较快发展,具有十分重要的意义。

一、棉花市场剧烈波动的情况

近一年多来,棉花市场出现历史罕见的暴涨暴跌。从2010/2011棉花年度开始,中国棉花价格指数从9月1日的18002元/吨一路飙升,17个交易日就突破20000元/吨,到2010年11月11日达到31302元/吨。此后高位运行,宽幅震荡,每次涨跌幅度都在20%以上。然而从2011年3月以后,棉花价格一路下滑,到2011年8月底,上一棉花年度结束时,棉花价格回落到19307元/吨。一年之中,棉花经历了典型的"过山车"行情。2011年9月1日新棉花年度开始以来,棉花价格继续下滑,到12月6日中棉指数降到19003元/吨。

供求关系变化是棉花市场波动的基本原因。第一,棉花连续两年减产,而需求增长,是2010年棉花价格上涨的拉动力量。2010年全国棉花在2009年大幅减产的基础上,再次减产,棉花种植面积比2006－2008年三年平均水平减少1325万亩,减幅达15.4%;产量减到596万吨,比2006－2008年三年平均755万吨减少159万吨,减产幅度达21%。连续两年减产,库存偏低,加上需求增长,特别是纺织品出口的增加,刺激了棉花价格回升。第二,需求增长放缓,2011年棉花生产增长较快,是今年3月以来棉花价格下跌的主要诱因。随着全球经济危机的加深,纺织品出口增长受阻,棉花需求增长放缓,加上国际市场低价棉花涌入,导致今年棉花价格下滑。受去年棉价上涨带动,2011年全国棉花种植面积扩大到7900万亩以上,总产预计755万吨,面积增长超过8.6%,产量增幅超过20%。这给棉花价格稳定带来很大压力。第三,国内外市场的相互影响,进一步推动了棉花价格的波动。2010年我国进口棉花312.8万吨,相当于棉花产量的52%,2011年1-10月又进口219.53万吨。这么大的进口量,不可能不受国际棉花市场的影响。当然,作为全球棉花第一大生产国、消费国和进口国,我国市场的波动对国际市场的影响也是巨大的。从棉花价格走势上看,国内市场与国际市场基本一致。

过度投机炒作对棉花市场波动起了推波助澜的作用。棉花供求关系变化对价格有直接影响。但是,近一年多来棉花市场波动幅度之大、波动速度之快,很难用供求关系的变化来解释。棉花价格暴涨暴跌,很大程度上是投机炒作的结果。这种投机炒作集中体现在大量企业参与到棉花市场收棉、囤棉上,体现在棉花期货市场的极度活跃上。2010/2011棉花年度,郑棉期货市场的基差、期现比率、价格波动率都远远超过往年平均水平。从反映期货市场与现货市场背离程度的主要指标——基差来看,2010/2011棉花年度基差最高达4822元/吨,且波幅极大,基差最高和最低相差7788元;而郑棉期货自上市以来基差常年在600元左右徘徊,2008年金融危机剧烈波动中最高也才2000元/吨。从期现比率来看,年度期货成交量9.85亿吨,是我国棉花消费量的近百倍。从价格波动来看,郑棉主力CF109合约结算价最高时达34540元/吨,比年初最低的19715元/吨高出75.2%。从成交结构来看,实物交割量占成交量的比重不到0.01%,远远低于2008年的0.8%和2009年的0.15%。

二、棉花市场剧烈波动对产业发展影响很大

棉花产业链条很长。价格剧烈波动,对棉花产业链条各个环节都带来很大损害。

对棉农,价格的大起大落难以保障生产和收入的稳定。价格下跌时,农

民往往增产不增收，甚至是收不抵支，出现亏损。而价格高涨时，农民往往抓不住市场最有利时机，涨价的好处被中间环节拿走。价格低了农民减少种植，价格高了又盲目扩大面积，极不利于农业生产的稳定发展。近些年，各大宗农作物中，面积最不稳定的就是棉花，年度间的增减幅度甚至达10%以上。

对棉花流通和初加工企业，价格剧烈波动加剧了企业经营的困难。很多在高价位买入棉花的企业，苦不堪言，不少企业出现巨额亏损，甚至血本无归，破产倒闭的例子屡见不鲜。剧烈波动带来的巨大风险，一方面使部分棉花流通和初加工企业畏首畏尾，不敢放手经营，同时也使一些企业产生赌博心理，囤棉赌市，破坏了市场正常的流通。

对纺织等棉花深加工企业，价格剧烈波动妨碍了企业的长远发展。剧烈波动使企业对原材料和产成品的价格走势难以把握，企业的风险和收益往往不取决于产品开发和质量的提高，而取决于及时购入原料和适时销售库存。企业很难把主要精力放到产品研发上，不敢接大单、长单，不利于企业的稳定发展。

对最终消费者，价格波动加重了负担。棉花价格上涨，总是会反映到最终消费品上，带动服装价格上涨。棉价涨时，服装价涨，棉价跌时，服装价难跌或少跌。去年棉花价格上涨中，各类服装价格有较大幅度上涨，现在棉花价格大跌，服装价格依然坚挺，已经引起群众的不满。棉花价格波动不利于物价的稳定。

三、促进棉花产业稳定发展的几点建议

棉花产业链条长，对农业、工业、外贸以及群众生活影响大，在我国经济社会发展中具有特殊的地位。尽管化纤使用增加，棉花地位下降，但在相当长的时期内，棉花都是我们不能放弃的产业。现在我国棉花自给率已降到70%以下，保持一定的棉花生产能力，稳定棉花产业发展，对整个经济平稳较快发展依然具有重要的战略意义。

*一要完善棉花收储制度，加强对棉农的保护。*棉花生产的稳定，是整个棉花产业链条稳定的基础。在棉花市场波动中，最容易受到损害的是棉农。要把保护棉农的利益放到重要位置，重视调动棉农生产积极性。2011 年开

始,国家制定了棉花临时收储政策,市场价格低于每吨 19800 元国家将敞开收购棉花,这对稳定棉花市场发挥了重要作用,必须认真执行这一政策,并逐步完善临时收储措施,将临时储备机制常态化。现有的临时收储主要针对棉花企业,收储价是皮棉的价格,对农民的保护是间接的。要深化收储价格改革,直接制定籽棉国家收储价,或者在国家皮棉收储价与籽棉收购价之间建立联动关系,使国家对棉农的保护更加直接。从长远看,应对棉花实施最低收购价政策,每年根据市场需求、农业生产成本等制定合理的最低收购价,保障棉农基本收益,防止棉花生产的大起大落。

二要加强对棉花生产的支持,建设稳定的棉花生产基地。根据我国棉花产业发展的趋势,合理布局棉花基地,对优势棉花主产区加强支持,努力提高国产棉花竞争力。现在国家对粮食生产的补贴种类多、数量大,但对棉花的补贴和支持相对较少。棉花生产一退再退。新疆一些地方退棉种粮,粮食生产增长快,但粮食消化难、调出难、储存难。棉花是我们必需的农产品,是国内生产缺口较大的农产品,应参照国家支持粮食生产的政策,加大对棉花优势主产区的扶持,切实保住基本的棉花基地。一是像粮食直接补贴一样,给优势主产区棉花生产以相应补贴;像对待产粮大县一样,对产棉大县实施财政奖励补助。二是加强棉花主产区水利等基础设施建设,改善棉花生产条件。三是加快棉花采收机械的研发和推广,努力缓解棉花用工困难。四是加大棉花科技投入,加快棉花种子培育和先进植棉技术的推广。近些年,我国粮食、油料等主要作物单产都有较多提高,而棉花单产一直徘徊不前,要重视挖掘棉花单产潜力。

三要增加国家棉花储备,完善进出口调节,全面加强棉花市场的调控。借鉴粮食储备的经验,扩大国家棉花储备规模,完善国家储备棉吞吐调节政策,努力平抑棉花市场波动。加强棉花主产区仓储设施建设,完善物流体系。支持国有大型棉花企业发展,充分发挥其在市场调控中的作用。合理掌控棉花进口配额的发放节奏,继续坚定不移地实施滑准税。认真研究棉花进口的安全临界,完善棉花进口政策,防止国际市场低价棉对我国棉花生产的冲击。完善棉花政策性信贷政策,经营、使用国产棉花的企业可以使用国家政策性贷款,进口棉花、使用进口棉原则上不提供国家政策性贷款。

四要加强对棉花期货市场的监管。建立期货市场的目的,是发现价格、规避风险。期货市场的投机行为是不可避免的，但过度的投机炒作，不但使期货市场难以起到发现价格的作用，而且还扰乱合理价格的形成；不但不能化解风险，而且还制造、放大风险。因此，对期货市场的过度投机炒作，绝不能听之任之。必须认真研究有力的政策措施，对过度投机炒作行为，给以打击和限制。要合理制定和灵活调整期货交易手续费、交易保证金标准，提高投机成本，加强市场风险提示。

五要加强对棉花企业的支持，引导棉花企业健康发展。大力支持有实力的棉花流通和收购加工一体化企业实行“产业+基地+农户”的产业经营模式，综合运用棉花生产技术服务、棉花预购等方法，延伸经营链条，降低市场风险。鼓励棉花加工、贸易流通、纺织等上下游产业的联合与合作。引导棉花企业、纺织企业把重点放在提高企业产品和服务质量上，努力提高企业的抗风险能力和核心竞争力。鼓励企业根据市场变化，合理安排生产经营，克服“赌市场”心态，建立稳定的客户关系，走稳健经营、持续发展之路。中国农业发展银行信贷资金，是棉花企业收购资金的主要来源，也是纺织行业经济运行资金的主要来源，在加强对棉花产业信贷支持的同时，要加强信贷资金的流向管理，严格防范信贷资金进入期货市场。

2011 年 12 月 9 日

关于加快完善
农村公路安保设施的建议

向东　唐元　李敢

农村公路"村村通"工程是国家统筹城乡发展、推进城乡公共服务均等化的重大民生工程。"十一五"期间,国家发挥中央和地方两个积极性,大力推进农村公路建设,五年内仅中央财政就累计投入资金1978亿元,年均递增30%,新改建农村公路186.8万公里,其中新增农村公路52.7万公里。截至2010年年底,全国农村公路总里程达到345万公里,乡镇、建制村通车率分别达到98%、88%,极大地改善了广大农村地区的生产生活条件,取得了举世瞩目的成绩。

但也要看到,农村公路在实现大发展的同时,交通安全事故也在同步大幅增加,成了全国道路交通安全的"重灾区"。2003年以来发生的一次死亡10人以上的重特大道路交通事故中,发生在农村公路的占54%。去年以来这一状况仍未得到扭转,而且还在恶化。据媒体报道,2011年前8个月,全国农村公路发生较大以上交通事故8起,共造成76死、84伤、2人失踪的重大损失。较为典型的有:福建邵武"2·4"重大道路交通事故,造成12死9伤;湖北利川"2·7"重大道路交通事故,造成10死9伤;湖南龙山"7·1"重大道路交通事故,造成5死13伤;山西宁武"7·2"重大道路交通事故,造成7死27伤;黑龙江松北"6·23"重大道路交通事故,7人全部死亡;江西全南"8·2"重大道路交通事故,造成10死9伤;云南福贡"8·17"重大道路交通事故,致7死1伤、2人失踪;河北尚义"8·28"重大道路交通事故,造成18死16伤等。据了解,农村公路发生5人以下死亡事故的更多,有的地方甚至没有列入统计。农村公路交通事故多发频发状况，造成大量农村居民死于非命，给众多农村家庭带来了深重的灾难。

调查表明，导致农村公路交通事故多发频发的原因主要有：

一是农村公路安保设施严重缺失。我国农村公路建设的实施主体是县乡人民政府，中央和省级政府对农村公路建设实行的是以奖代补政策，2010年前原则上按10万元/公里标准给予补助，从湖北省情况看，即使按照建设四级路的标准，每公里农村公路的建设成本也在30万元左右，有20万元/公里的资金缺口需要各级政府特别是县乡政府配套落实。由于地方政府尤其是中西部地区县乡政府财力十分有限，配套经费难以落实，为了达到"村村通"目标，近年来中西部地区农村公路建设的首要目标是以通为主，配套安保设施几乎没有建设。突出表现在：许多农村公路临崖临水等高危路段没有建设必要的防护栏、防护墩、防护墙等安全防护设施；弯急、坡陡、窄桥、村庄、学校、交叉路口等路段，缺少交通安全标志；乡间的"丁"字形路口、行人与公路的交汇处等地，几乎没有警示标志、防护措施，等等。据调查，农村公路安保设施缺失，是引发交通事故最为直接的原因。

二是农村驾乘人员安全意识淡薄。通村公路建成后，路面得到硬化，车跑得快了，但广大农民群众交通安全知识缺乏、安全意识淡薄，驾驶或搭乘不具备安全条件的农用车、三轮车、摩托车等情况十分普遍。特别是一些不法车主唯利是图，用不具客运安全条件的车辆非法载客，也不具备驾驶客运车辆的安全技能和操作水平，临危处置能力差，往往引发重特大安全事故发生。

三是农村交通安全监管缺失。目前，我国农村公路建设基本实行县道县管、乡道乡管、村道村管，普遍存在无规范、无标准、无设计、无配套、无监管现象，普遍存在"重建设轻管理"、"重主体轻附属"现象，建得多，管得少，及时养护则更少，农村公路建、管、养责任主体缺失，对农村运营车辆的监督管理基本上是空白，拖拉机、三轮汽车、低速货车无牌无证、违法载人现象十分普遍，酒驾、黑车非驾、人货混装、违法载人现象非常突出，对农村交通运输安全留下了极大隐患。

农村"村村通"工程是国家促进新农村发展的惠民工程。但是，农村公路交通事故多发频发的状况，不仅给国家惠民政策蒙上了阴影，更给许多农民家庭带来了灾难，必须引起高度重视。建议按照“长短结合、标本兼治、分步实施”的思路，发挥中央和地方两个积极性，采取紧急措施，加快安保设施建设，迅速清除影响农村公路交通安全的重大隐患，扭转农村公路安全事故高发频发势头，让农村公路真正成为造福农民的平安路、幸福路、致富路。具体建议如下：

第一，加快农村公路安保设施建设。这是消除农村公路交通安全隐患的当务之急。建议由交通运输部牵头，尽快摸清全国农村公路安保设施状况，立即启动全国农村公路高危路段安保设施建设大会战，要求全国各地交通运输部门迅速行动起来，加快农村公路安保设施建设，争取赶在今年冬季农村公路交通事故高发期到来之前，完成山区、丘陵地带临崖临水等高危路段的安保设施建设。

第二，多渠道筹集建设资金。这是加快农村公路安保设施建设的重要前提。建议按照中央和地方共同分担、中东西部地区有所区别的原则，解决农村公路安保设施建设的资金来源问题。据湖北省交通运输厅调查，目前湖北全省农村公路有 17. 6 万公里，要完成亟待解决的高危地段安全设施建设，大致需要 78. 32 亿元，按照目前全国有 345 万公里农村公路大致推算，全国完成高危地段安全设施建设大约需 1535 亿元，考虑到需要建设高危地段安全设施的地区多为贫困地区，建议中央对全国 22 个中西部省份按中央、省、县市 7∶2∶1 的分担比例安排专项补助，东部发达省份则建议由中央给政策，地方政府自筹资金解决。为此，建议国务院尽快安排一笔 700 亿元的专项建设经费，用于补助中西部省份农村公路高危地段安保设施建设。

第三，尽快制定和实施农村公路建设行业标准。建议由交通运输部牵头，研究制定具有基本安全保障能力的农村公路建设行业标准，并在新建农村公路中加以实施，明确在新建农村公路中，安保设施必须与主体工程同步设计、同步施工、同步验收，要严格农村公路建设程序，明确规定农村公路安保设施未经设计审查不得施工，未同步施工不得组织验收，未经验收合格不得投入使用，并把“三同步”建设程序与计划及资金拨付程序挂钩。

第四，加强对农村公路交通运输的安全监督管理。明确县级人民政府是农村公路交通安全监督管理主体，建立健全县、乡(镇)、村(组)、车主四级安全生产责任制和应急安全保障机制。公安交通管理部门切实履行交通安全管理职责，加强沿线车主的安全教育和管理，并将其安全教育情况作为证照、车辆年审的前置审批条件；加强交警、派出所及公路、运管机构综合执法和现场执法力度，着力加强事故多发路段的综合治理工作，提高道路通行能力，规范运输市场行为，确保百姓出行安全。

2011年10月15日

（唐元　李敢　湖北省交通厅）

城镇人口过半后的"三农"政策取向

孙梅君

城镇化是推动人类社会结构变迁的强大动力,是国家走向现代化的重要标志。2010年全国城镇人口已达到6.66亿,城镇化率49.7%,预计今年我国城镇人口将超过一半。这一历史性的转变,标志着我国整体上已从传统的农业社会初步迈入现代城市社会,由此带来农业农村一系列深刻变革。如何认识并有效应对农村出现的新情况新问题,是摆在我们面前的重大课题,迫切需要进行系统研究,做出政策安排。

一、城镇化带动农村经济社会结构发生重大变革

我国正在经历人类历史上最大规模的人口城镇化。大批农民工进城,既为我国经济社会发展做出了特殊贡献,也带来农村一系列转折性变化。

一是农村人口结构发生转折变化,带来农民分化和农村社会结构的转型。从2011年开始,农村人口占总人口的比重降到50%以下。与其他国家显著不同的是,由于家庭迁移成本高,农村人口流动表现出"青壮年流动、老年人留守,丈夫流动、妻子留守,父母流动、儿童留守"的独特现象,形成了"386199"的农村人口年龄、性别特征和半流动、半留守的农村家庭模式,以及专业大户、农场主、"农民工"等各具特色的农民社会分化。城市文明越来越多地渗透到广大农村,农户和农民越来越不是一个匀质性的社会群体,农村也不再是单一的同构性社会。农村人口和经济布局日益走向集中,在中心村、中心镇迅速形成的同时,越来越多的村庄走向"空心化"。这些变化在提高资源配置效率的同时,对家庭调适和乡村治理也提出了新的要求。

二是农村就业结构发生转折变化,带动农业生产方式剧烈转型。农村剩余劳动力大规模向非农产业和城镇转移,促进了农村分工分业的发展,兼业经营成为农户经营的主要形式,农业机械化、规模化、产业化水平大幅度提高。从2003年开始,农业从业人员占全部就业人员的比重降到50%以下。2010年农业耕种收综合机械化率达到52%,农业科技贡献率达到52%,土地流转面积达到16%以上,养殖业规模化经营比重达到60%以上。兼业农户比重快速上升,"公司+农户"、"合作社+农户"的经营模式迅速发展。在劳动力、耕地减少的情况下,农业产出效率大幅度提升,粮食实现历史性的"八年增"。

三是农民收入结构发生转折变化,食品消费结构和农产品供求关系呈现新格局。农村剩余劳动力转移就业,提高了家庭劳动时间利用和生产要素配置效率,在增加收入的同时也改善了收入结构。从2009年开始,家庭经营收入在纯收入中的占比已降到50%以下,工资性收入成为农民增收的主渠道。农民收入结构的变化,一方面增加了农产品的商品消费,"种粮的变成了买粮吃的,养猪的变成了买肉吃的";另一方面改善性需求明显上升。近10年来,农村居民人均肉、蛋、奶消费量分别增长21%、7.3%和2.3倍,且蛋、奶的消费增长大大超过城镇居民。这些变化深刻影响着农产品供求关系,也是近十年来粮食由相对过剩转入供求紧平衡的重要原因。

四是农业成本构成和价值构成发生转折变化,推动农产品价格步入上升通道。随着农业劳动力机会成本上升和农业生产方式的转变,从前几乎忽略不计的人工和土地费用,现在成了农业生产成本的大头。在农村人口向城镇集中的过程中,农业生产布局也向优势产区集中,跨区域流通量增大、运距拉长、费用增加,流通费用也成了农产品价格形成的重头。目前,粮食生产的人工和土地费用在总成本中的比重已超过50%;鲜活农产品流通费用在消费价格中的比重也超过50%。我国农业已进入高成本时代,农产品价格进入上升通道。这也是为何粮食"八连增"但粮价也"六连涨"的重要原因。

二、深刻认识农业农村发展面临的重大挑战

已然过半并将持续攀升的城镇化,不仅为农民就业增收和农村转型发

展提供了重大机遇,也带来前所未有的新情况和新问题。

第一,农业产能如何提升?家庭经营收入的占比降到了50%以下,农业的收入份额降到30%以下,这说明农业增收功能在不断弱化。从农民来讲,务农成本高、比较效益低、缺乏利益激励,自然选择"弃农",进城打工实现"增收";从国家来讲,人口增长、收入增加,农产品消费需求将不断扩大,而工业化城镇化,客观上又存在着与农业争地、争水、争钱、争劳力的问题,保障农产品供给的难度越来越大;从生产方式看,小规模分散经营固然缺乏效率,但大规模土地集中经营,如果政策不当又会导致回流农民"失业失地",带来更大的社会问题。如何实现"增产与增收"双重目标的统一,如何在"大与小"之间寻求平衡,不仅取决于政府的农业政策,也关系到未来农业发展方向。

第二,农田由谁来种?经过长期持续转移,农村劳动力已从最初的全面过剩进入到有限剩余、结构性短缺阶段,呈现"老龄化、女性化、没文化"趋势。2010年,全国2/3的农业劳动力年龄都在40岁以上,50岁以上的占到40%多,农业后继乏人问题日益突出。今后一个时期正是城镇化深入推进时期,青壮年劳动力、新生代农民工不想务农、不会种地、不愿回乡,20年后谁来种地?将是我国现代化面临的重要课题。

第三,农民怎样进城?多数预测认为,今后20年我国城镇化率将达到65%,全国城镇人口还要增加3亿左右。如何容纳这一庞大的人口,是对我国城镇化道路的重大考验。目前飘流在城乡之间的、超过1.5亿的"农民工",虽然已成为我国产业工人的主体,但他们既没有完全脱离农村,也没有真正融入城市。如何缩短并顺利完成农民工的市民化过程,避免出现一些国家的贫民窟、城市游民阶层显化问题,更是当前迫在眉睫的任务。这些既涉及农民"进入城市"的户籍、就业、住房、子女教育、医疗和社会保障等制度建设,也关系到农民"退出农村"后土地、宅基地以及其他集体资产处置的制度设计。

第四,新农村如何建?我国人口众多,即使将来城镇化率达到65%,也还有5亿人生活在农村,在推进城镇化的同时,必须把农村建设好。拉美国家在城镇化快速推进过程中,农业衰退、农村凋敝、小农破产最终沦为城市贫民,教训深刻,不可不鉴。当前一些地方对农村土地承包关系、农业经营主体的认识和政策存在误区，对工商企业大规模下乡租赁农地带来的风险缺乏警醒；农村“三留守”人员增加，“空心村”增多，青年人才短缺，基础设施建设机制不完善，乡村社会治理日趋复杂，这些都给农村社会管理带来新的挑战。如何稳定农村基本经营制度，如何完善村民自治和农村社会重构，是城镇化和新农村建设中必须着力解决的重大问题。

三、转型时期农业农村发展政策取向

我国农业农村发展正处在关键转折期，面临着走什么样的农业发展道路问题。虽然总的目标仍然是农业增产农民增收，但遇到的问题、所处的环境、提出的要求发生了变化。如果政策得当，我们就能安然渡过转型发展阶段，欣然迎接未来20年的城镇化进程，否则，农业就会出现大的波动，现代化进程就会受到影响。

这些年来，我们出台了一系列强农惠农政策，为粮食“八连增”、农民收入“八连快”提供了强有力的制度保障，要在梳理总结的基础上，对新形势下“三农”政策进行系统安排，以更好地适应人口城镇化所带来的农村经济社会结构变革。

第一，以完善农业补贴政策为重点，健全农业支持保护体系。农业补贴政策是各国支持保护农业的普遍做法，不断加大对农业的补贴，也是我国工业化进程中的必然政策选择。从2002年实施大豆良种补贴开始，短短8年的时间，直接或间接的补贴资金已达1400亿元，覆盖多目标、多领域。但无论是方法和机制，还是强度和范围，都需要进行完善。现阶段农业补贴制度设计，一要着眼于“保供给、保增收”双重目标，综合实施价格支持与直接补贴措施。稳步提高重要粮食品种最低收购价格，探索建立农产品差价补贴、价格稳定带机制等；现有“四补贴”要提高标准、扩大品种，新增补贴重点面向种养大户、专业合作组织、龙头企业等，推动农业朝着机械化、规模化、产业化方向发展。二要着眼于农业生产能力建设，强化一般服务支持政策措施。大幅度增加小型农田水利建设、中低产田改造、农技推广服务、新型农民培训等补贴；探索建立农户农业基础设施建设信贷补贴制度等等。这些方面有很大的空间，应作为今后农业补贴的重点。

第二，以农业科技推广为重点，转变农业发展方式。农业的根本出路在科技。人多地少水缺的基本国情和农产品需求持续增长的压力，决定了今后农业必须转变发展方式，依靠科技进步实现增产增收。农业科技进步要重点抓好“两端”：一是“前端”科技创新，力争在育种、生物技术等前沿领域取得突破，抢占农业科技和产业发展制高点。二是“终端”技术推广，促进技术供给与需求有机结合。要加快农业公共服务体系建设，启动农业技术补贴，调动农民和农技人员积极性，解决“最后一公里”问题。这些年我国农业机械化得到大发展，要重点研发和推广区域适用性强、节能环保的农机产品，进一步加大农机补贴力度，鼓励农民通过农机专业合作社联合购买农机具，在提高农机化水平的同时提高农机使用效率。

第三，以职业农民培养为重点，着力培育新型农业经营主体。现在留乡务农劳动力平均年龄超过45岁，再过10余年也将逐步进入老龄化。要及早启动实施新型农民培训计划，及时解决当前务农劳动力素质结构性下降和“将来谁来种地”的问题。一是对留乡务农的中年劳动力进行培训，重点开展农技指导服务，提高他们掌握先进农业技术的能力；二是实施青年农民培养计划，通过免费职业教育，吸引有知识的青年人成为种养能手扎根农村；三是发展农业专业大户、家庭农场、农民专业合作社等，培育多种形式的农业经营主体。

第四，以推进规模化经营和社会化服务为重点，持续提高农业产能。有规模才有效益。在户均耕地不到9亩的条件下，无论是提价还是增补，对农民增收致富的作用都是有限的，根本途径是提高劳动生产率，这需要继续释放农业劳动力，发展适度规模经营。现有的土地流转政策很明确，关键要健全土地流转市场，遵循依法自愿有偿原则，加强对土地流转的管理和服务，保障农民土地承包经营权长久不变，防止工商企业借机囤地。对于已经在城镇稳定就业立足安身的农民工，对于农业劳动力转移过程基本完成的发达地区，应实施更加积极的土地流转政策，鼓励将土地流转给种养大户经营。对于撂荒的耕地则必须强制流转。但规模化并不一定都是土地集中化，也可以不改变家庭承包经营格局，通过健全的农业社会化服务，在产供销各环节上进行统一组织，形成事实上的规模经营，获得规模效益。

第五，以农田水利建设为重点，全面加强农村基础设施建设。农村“两工”取消后，特别是农村劳动力大规模转移后，农田水利等农村基础设施建设和管护都面临许多新的难题。中央水利工作会议对新时期水利工作进行了全面部署,要切实抓好各项政策的落实,努力构建农田水利和农村基础设施建设长效机制。一要全面落实从土地出让收益中提取10%用于农田水利建设的政策;二要加大“一事一议”财政奖补力度,引导农民兴修农田水利;三要鼓励金融机构增加涉农信贷投放,通过政府贴息的方式,为农村建设提供低息贷款。

*第六,以创新农村社会管理为重点,推动农村社会重构。*农村社会是中国社会的基础,加强社会管理的重点在农村。要针对当前农民分化的特点和农村发展面临的新情况,整体提升农村社会管理和公共服务水平。积极探索集体经济制度下,农民合法产权的有效实现形式,并做出系统制度安排,既不能让农民裸身进城,也不能让农民净身出村。按照提高标准、扩大覆盖、强化对接的要求,健全农村社会保障体系。完善村民自治,探索新形势下村务公开和民主管理长效机制,健全农村社会矛盾协调化解机制,努力构建与农村和谐社会相适应的社会管理模式。要顺应城镇化大趋势,加强城镇社会管理创新,加快改革户籍制度,赋予进城农民与城镇居民在就业、居住、薪酬、社保等方面的平等权利。从实现国家长治久安的战略高度,重视并着力解决好新生代农民工问题,推进这一特殊社会群体与社会整体融合和良性互动。

2011年11月18日

加快推进农村金融改革发展,破解农村中小企业和农户贷款难问题

刘应杰

近年来,我国农村金融改革积极推进,特别是农村信用社改革和建立农村新型金融机构试点工作取得积极进展。但从总体上看,农村金融仍然是我国整个金融体系的薄弱环节,农村金融也是制约我国农村改革发展的一大瓶颈。因此,无论从我国金融改革发展来看,还是从我国农村改革发展来看,都必须加快推进农村金融改革发展。

一、我国农村金融发展存在的突出问题

第一,农村资金流向城市的趋势没有得到根本改变,农村存贷差的问题突出。农村大量的存款不是成为支农的资金,而是逆向流入城市,结果农村一些金融机构在很大程度上变成了"抽水机"而不是"蓄水池"。这样,农村资金供给不足,农民贷款难、农村融资难成为解决"三农"问题和全面建设农村小康社会的主要制约因素。

第二,农村金融服务机构和网点少,经营风险高,效益低。目前分布在农村县城以下乡镇的金融机构主要是农村信用社,全国只设有一家银行业机构网点的乡镇有8231个,仍有3302个乡镇没有银行业机构营业网点。农村信用社依然面临着资产质量较差、经营效益不好、资本充足率低、抗风险能力弱等诸多问题。

第三,农村金融市场发育程度严重不足,缺乏必要的市场竞争。从类型上看,农村金融机构有农业银行、农业发展银行、农村商业银行、农村合作银

行、农村信用社、邮政储蓄机构，还有试点成立的村镇银行、小额贷款公司和农民资金互助社，但大多对农村的信贷服务有限，有的职能单一，有的刚刚设立，主要的还是农村信用社。整体上看，农村金融市场在很大程度上仍然是卖方市场，服务动力不强，服务活力不足。

第四，农村金融环境较差，经营管理素质不高，社会信用问题比较突出。农村金融面向农民和千家万户，经营困难比较多。一方面，农村的信用环境不佳，欠账逃债和呆坏账现象容易发生；另一方面，农民信用担保比较困难。这些都是农民贷款难的症结所在。

第五，违法违规融资问题突出，地下钱庄和高利贷在一些地方长期存在。银行正常贷款无法满足需求，只好转入地下，有资金，有需求，就必然有生意。今年以来实行稳健的货币政策，银行控制信贷总量，中小企业贷款难问题显现。据调查，约有半数小企业通过民间借贷进行融资，而贷款利率大都在20%以上。温州地区民间资金高达6000亿元以上，大量融资都是通过民间借贷实现的。高息民间借贷正呈现蔓延之势，这其中隐藏着很大的金融风险。这从另一方面也迫使我们必须加快推进农村金融改革创新，规范发展民间借贷，打击非法集资，促进农村金融健康有序发展。

二、推进农村金融改革创新的基本思路

经过这么多年的探索发展，应该说在农村金融改革创新的一些基本问题上已经达成共识。推进农村金融改革创新，应该坚持以下几个原则：

第一，必须发展大量中小型金融机构来服务农村中小企业和农民。各国发展金融的经验都证明，大型金融机构一般很难从事普遍的大量的中小企业贷款，要满足大量中小企业贷款需求，就要发展量多面广的区域性中小金融机构。要在加强大型商业银行农业银行、政策性银行农业发展银行为"三农"服务责任的同时，积极稳妥地发展各种类型的区域性农村新型金融机构，来为"三农"提供更广泛全面的金融服务。

第二，农村金融发展必须立足于市场化和充分的市场竞争，建立公开、规范、制度化的农村金融体系。要从根本上改变农村金融发展滞后的局面，就要加快农村金融机构发展步伐，实现农村金融从卖方市场向买方市场转变。要打破垄断经营，公开市场准入，建立统一的准入标准，凡是符合资质

的都可以进入经营,并鼓励市场竞争,在竞争中有序发展。

第三,建立严格的监管制度,坚决有效防范金融风险。农村大量中小型金融机构的发展,最大的问题是监管。金融风险和混乱是经济发展的最大隐患,管不好就会出大问题。因此,发展既要积极,又要稳妥,特别是监管要跟上。要借鉴国外成功的监管经验,加强地方金融监管机构的职能。

第四,政府要实行扶持和优惠政策,鼓励和帮助农村金融稳步发展。"三农"始终是我国经济发展的薄弱环节,发展农村金融不能仅仅依靠市场这只看不见的手来进行调节,政府要发挥好调控作用,特别是运用财政、税收、货币等政策措施支持农村金融发展。

三、加快推进农村金融改革创新的政策建议

第一,在农村金融改革试点的基础上,稳步推进新型农村金融机构发展。现在全国新型农村金融机构包括村镇银行、小额贷款公司和农村资金互助社设立的数量还很有限,远远不能满足农村经济发展需要。要把发展农村小型金融机构作为解决农村融资难问题的重要突破口,在认真总结试点经验、切实加强监管的基础上,加快发展步伐。

第二,加大政策支持力度,建立和完善农村金融体系。在财政政策方面,可以考虑给予农村或农户贷款适当贴息。现在规定,农村小额贷款公司的贷款利率不高于央行公布的基准利率的4倍,其浮动幅度按市场原则自主确定。实际上是就高不就低,4倍利率就达到20%以上,这对许多中小企业和农户是很难承受的。为了鼓励金融机构向农村中小企业和农户贷款并有利可图,同时减轻企业和农民的负担,国家有必要给予适当贴息补助。在税收政策方面,现在农村信用社享受所得税减免、营业税减半的政策,下一步可以在县以下经营的金融机构都实行这一优惠政策;在一些贫困地区,如国家级贫困县,还可以实行更加优惠的政策,如更多地减免所得税和营业税。在货币政策方面,目前对农村信用社实施差别化准备金率并给予再贷款支持,下一步可以将这些政策继续保持下去,并且适当扩大实施范围。

第三,创新农村信贷模式,提高支持"三农"的服务能力。要加快发展以下几种信贷形式:一是"保险+信贷"模式。农业生产和农民生活受到自然灾害的影响很大,贷款隐含着较多风险。金融机构可以与保险公司开展合

作,利用“保险+信贷”的模式进行贷款服务,银行与农民、保险公司结成利益共同体。二是集中授信贷款模式。利用农业产业化“产供销一条龙”服务,特别是公司+农户的形式,对农民贷款集中授信,可以起到一举多得的效果。三是供应链金融模式。这与集中授信有点类似,但又不完全相同。“供应链金融”的最大特点是依托一个大的核心企业,为上下游供应链提供金融服务。服务对象既可以是供应链上的一串中小企业,也可以是供应链上的一群农户,把农村分散化信贷转变为集中化批量化信贷,实现农村信贷的集约化、规模化经营,以此来解决中小企业和农户的贷款难问题,并迅速有效地扩大银行的纵深服务,达到一种双赢或多赢的结果。对农户的供应链金融服务,一般可以利用“公司+专业合作社+农户”模式,利用“订单农业”和“农超对接”等方式,提供延伸化金融服务。这是今后农村信贷一个有发展前途的领域,金融创新在这方面可以有所作为。

2011年10月14日

三、加快推进经济结构战略性调整

我国汽车工业发展基本情况* 及若干重要问题的分析建议

工交贸易研究司

根据国务院领导同志指示，近日我们对我国汽车工业发展问题进行了专题研究，期间邀请国家发改委、工信部、中国汽车工业协会等部门和单位进行了座谈。现将有关情况和我们的分析建议报告如下。

一、当前我国汽车工业发展基本情况

过去10年特别是近年来，我国汽车工业持续快速发展，规模迅速扩大，已经成为国民经济重要的支柱产业。2001年到2010年，我国汽车产销量年平均增长率均达到25%，特别是在一系列鼓励汽车消费政策的作用下，2009年我国汽车产销量双双突破1300万辆，成为世界第一大汽车产销大国，销售量同比增长46%；2010年，我国汽车产销量均超过1800万辆，再次蝉联全球第一，销售量同比增长32%。2001年我国汽车产量只占全球产量的5%，2010年这个比重已提高到23.5%，成为名副其实的世界汽车工业大国。

截至2010年年底，我国规模以上汽车企业（含汽车、摩托车和零部件企业）1.5万多家。2010年，汽车工业实现工业总产值4.34万亿元，实现出口交货值2386亿元，实现增加值约1万亿元，占GDP的比重约2.5%。汽车行业相关税收占全国税收收入的10%以上。汽车行业从业人员超过370

* 此文获得国务院研究室2011年度优秀研究成果三等奖。

万，直接相关产业从业人员超过4000万，占全国城镇就业人数的12%以上。汽车零售额占社会消费品零售总额的比重已达10%。与此同时，汽车行业产业组织结构不断优化，2010年，4家汽车企业（集团）产销规模超过200万辆，占汽车销售总量的62%，前10家汽车生产企业集中度达到86%；自主创新能力得到提高；零部件产业配套体系基本形成；新能源汽车稳步推进；实施"走出去"战略初显成效，2010年整车出口56.7万辆，汽车零部件出口额414亿美元，10年来年均增速28%。

今年以来，受政策退出、货币供应趋紧、油价上涨、部分城市限购等因素影响，我国汽车工业生产销售增速出现了大幅回落。1－4月，汽车累计产销量分别为643.11万辆和653.39万辆，同比分别增长5.09%和5.95%，增幅同比分别下降58.71和54.56个百分点。特别是4月份当月汽车产销出现2009年2月以来的首次负增长，汽车产销量分别完成153.53万辆和155.2万辆，同比分别下降1.85%和0.25%，环比降幅均超过15%，其中商用车的降幅比乘用车更大。随着汽车产销增速放缓，今年汽车行业的经济效益增速也呈回落趋势。1－4月，汽车行业工业经济效益综合指数为492.43，比1－3月降低2.79。对汽车工业发展全年趋势，悲观的估计是全年汽车销售量将下降3%左右，汽车整车行业实现利润总额下降5%左右。乐观的估计是，全年汽车销售量增速将低于GDP增速，这也是近10年（除2008年金融危机外）首次出现的情况。

二、对若干重要问题的分析和建议

第一，关于汽车消费政策选择问题。汽车行业是对国家政策高度敏感的行业。是否调整当前汽车消费政策，取决于如何看待当前汽车市场销售趋势。2009年、2010年汽车消费出现井喷式增长，不是汽车工业发展的常态，也不宜作为分析问题和制定政策的参照系。如果今年汽车消费增幅保持在10%左右，仍应视为正常。因此，我们建议暂时不出台刺激汽车消费的政策，同时也不再出台抑制汽车消费的政策，以免出现政策叠加效果，使汽车消费市场进一步下行。

还应当明确，鉴于汽车工业在国民经济中的重要地位和作用，要保持政策的连续性、稳定性，促进汽车工业长期持续健康发展。今后一个比较长的时期内，作为一个汽车生产大国，总的政策取向应当是鼓励合理的汽车消费，而不是抑制消费。除北京、上海这样的特大型城市外，其他城市一般不应实行特殊政策，以保持汽车消费政策的统一性。

第二，关于汽车生产能力问题。对今后5年我国汽车生产能力是否会出现过剩，不同方面看法有很大分歧。有的研究机构的专家认为，到2015年我国汽车销售量不超过2500万辆，而到2015年我国汽车产能将达到3125万辆，显然存在比较严重的产能过剩。而根据汽车工业协会的分析，按年均消费10%～15%的增幅，到2015年我国汽车销售量将达到3000万辆以上，3000多万辆的产能并不过剩。我们认为，“十二五”期间我国汽车工业发展的基本背景没有改变，比如国民经济仍将保持平稳较快增长，工业化和城镇化继续推进，交通运输仍然处于较快增长时期；我国千人汽车保有量约58辆，不到世界平均水平的一半（世界平均千人保有量为130辆），不到发达国家的十分之一，需求潜力仍然巨大；在现有道路交通工具中，摩托车、拖拉机等非汽车产品仍占保有量的一半以上，消费升级也将为汽车产业发展提供很大空间。因此，“十二五”时期我国汽车市场将会继续扩张，汽车工业仍然有可能保持比较快的增长速度。综合分析，“十二五”时期汽车产销量年均增长10%～15%是完全可能的（这只相当于前10年汽车工业年均增长速度的一半左右），相应地，汽车产能的年增长速度也大体应当在10%～15%，到2015年达到3000多万辆。另外，对汽车产能的估计还要放在国际市场大背景下去审视，既要正确估价国内市场的供需变化，也要考虑国际市场需求变化和我国汽车产业的国际竞争力。

还应指出，现在我国前10家汽车生产企业占全部生产能力的86%，这些大企业经营管理水平较高、比较规范，扩大产能的决策也比较审慎，而且大部分企业并不是一次集中投资形成目标产能，而是跟踪市场变化实行滚动式发展。应该相信大型汽车企业作为市场主体，会对企业发展和员工利益负责，会根据市场需求做出合理的调整产能决策。但是，目前汽车行业的确存在投资热度过高的问题。这主要表现在一些地方政府片面追求经济增长速度，盲目攀比，出台了大量优惠力度很大的鼓励汽车投资政策，有些甚至强制地方汽车生产企业增加投资，扩大生产规模，这在新能源汽车上表现尤为明显。“十二五”期间，这种盲目投资带来的重复建设和产能过快增长的风险确实存在。因此,当前对汽车行业宏观调控的重点,应当是下大力气规范地方政府招商引资行为,禁止地方政府擅自出台不符合国家规定的优惠政策,制止地方政府利用行政手段干预企业内部决策和正常生产经营活动。

第三,关于加强技术创新问题。我国目前已经是世界汽车生产销售大国,但还不是汽车工业强国,更不是汽车技术大国。汽车行业自主创新能力不足,没有掌握汽车整车和零部件核心关键技术,发展过度依赖国外汽车技术,缺少具有国际竞争力的自主品牌。应当明确,提高自主创新和自主研发能力是实现我国从汽车制造大国向汽车强国转变的关键。特别是在目前汽车行业总体生产经营形势尚好、盈利水平较高的情况下,更要引导和推动汽车行业重视技术创新,加大研发投入,突破关键技术,形成持续的创新能力。我们建议:一要尽快提高发动机技术水平,加快实现先进的自动变速器、转向系统、制动系统、悬挂系统、汽车总线控制系统中的关键零部件自主化。二要推进信息化与汽车产业的深度融合,充分运用信息技术提升汽车产业水平,积极推动智能电子控制技术在汽车上的广泛运用。三要探索建立有利于自主创新的体制机制,特别要加快建立有效的行业关键共性技术研发体制。要强化企业在自主创新中的主体地位,完善以企业为主体、市场为导向、产学研相结合的技术创新体系。鼓励汽车生产企业围绕核心技术和关键领域组建创新联盟,吸引科研机构、高等院校参加,共同投资,共担风险,共享成果。四要加快创立具有国际竞争力的自主汽车品牌。

第四,关于加快发展新能源汽车问题。我国新能源汽车研究开发已经取得重大进展,但新能源汽车产业化仍面临重大障碍。例如,新能源汽车动力电池、电控系统等核心零部件技术还有待进一步突破;部分新能源汽车生产企业缺少核心技术,热衷于引进国外产品或技术,忽视自身能力建设;新能源汽车技术标准体系尚需完善;基础配套设施建设滞后等。新能源汽车是全球汽车工业升级转型的方向,也是各国汽车企业竞争的焦点,建议国家加大支持力度,完善有关政策,促进健康快速发展。一要尽快研究制定新能源汽车发展规划和配套实施细则,建立统一的技术标准,加强对汽车企业自主创新、技术升级以及投资方向的引导。二要适当放宽新能源汽车生产企业的市场准入条件,支持行业外掌握新能源汽车核心技术并致力于研发生产新能源汽车的企业进入。三要实施新能源汽车技术国家级创新工程,加大对新能源汽车关键核心技术研发、产业化支持,组织跨行业攻关,突破技术瓶颈。四要完善有利于新能源汽车发展的财税政策,包括对新能源汽车的研究开发、技术改造等提供财政补贴和贷款贴息,建立新能源汽车专项资金,减免纯电动汽车、插电式混合动力汽车、燃料电池汽车等的车辆购置税、车船税等。

第五,关于推进汽车节能问题。近年来,我国政府制定和实施了汽车尾气排放控制和燃料经济性标准、油耗公示制度及改革燃油税费制度等一系列措施,汽车行业节能减排取得显著效果。但是,目前我国汽车单车油耗和排放水平仍与欧洲、日本等先进国家存在较大差距。2009 年我国车用燃油 1.35 亿吨,单车 2.15 吨/年,而日本不到 1 吨。我国尾气排放标准实施时间落后于欧洲 5 年左右。目前机动车尾气排放已经成为我国大中城市空气污染的主要来源。我们认为,加强汽车节能工作,降低单车油耗和排放水平,可能减排效果更好,更容易取得突破性进展。建议采取以下措施:一要探索建立以节能为导向的、合理的汽车税收制度,比如逐步实行按实际耗油量征税的制度,在扩大汽车消费的同时,引导消费者购买使用低排量汽车,购买汽车后合理使用、节约使用。二要完善汽车燃油经济性标准,建立基于企业平均燃料消耗量的收费制度,促进企业生产低油耗、低排放、新能源汽车产品。三要对国产乘用车和进口乘用车实施统一的节能管理制度。目前我国对进口汽车耗油标准不加限制,导致大排量汽车大量进口。同时,对国产大排量汽车生产销售缺乏限制,导致 SUV 等大排量汽车增长大大快于小排量汽车。四要加大汽车以旧换新力度,加快淘汰已用车辆中排放标准过低的老旧车辆,有效降低汽车整体能耗和排放水平。

第六,关于“走出去”问题。我国汽车产业“走出去”已经取得初步进展,但目前总体上仍处于起步阶段,主要表现为出口规模小,出口方式以产品直接出口为主,海外设厂很少且以散件组装为主;出口产品低价格、低利润、低技术水平的格局尚未改变;大部分出口企业还没有制定和实施真正意义上的“走出去”战略。应加大支持骨干汽车及零部件企业实施“走出去”战略力度,扩大具有自主知识产权和自主品牌的汽车产品出口,提高企业出口增长的质量和效益。一要进一步规范汽车和摩托车出口秩序,提高出口企业准入门槛，减少我国汽车和摩托车在海外市场恶性竞争。二要帮助中国企业在海外建立汽车零部件产业园区，通过政府间的协商解决土地、税收、劳工等方面的问题，降低企业海外投资成本。三要成立汽车出口商联合会，组织有实力的企业在海外联合建厂，联合建立营销和售后服务网络，降低海外生产、物流、仓储、销售成本，提高产品国际竞争力。

2011 年 6 月 27 日

（执笔：马传景　张　泰）

关于进一步加强技术改造工作的建议*

工交贸易研究司

近日,我们对企业技术改造有关问题进行了专题研究,在北京召开了国家有关部门、行业协会座谈会,在上海召开了部分省市和企业座谈会,走访了一些企业。现将有关情况和我们的建议报告如下。

一、我国技术改造的基本情况

技术改造作为工业管理的一项制度是从改革开放开始的。1978 年,邓小平同志视察鞍钢时做出了"利用外资、引进技术改造企业,要成千上万地搞起来"的重要指示。从此,我国技术改造作为固定资产投资的重要组成部分,同基本建设一样列入国民经济计划管理。技术改造工作大致经历了三个阶段:第一阶段(1978—1988 年)是"挖潜、革新、改造"阶段,是相对简单的技术改造阶段。第二阶段(1989—2004 年)是"引进吸收、消化创新、优化结构、自主发展"阶段,是技术改造的深化阶段。期间,技术改造工作在应对亚洲金融危机、促进国有企业改革脱困中发挥了至关重要的作用。第三阶段(2005 年至今)是技术改造向"掌握自主核心技术、创建自主品牌、参与国际竞争、实现可持续发展"转变阶段。期间,2008 年以来的技术改造在应对国际金融危机,推动重点产业调整振兴中发挥了重要作用。在 2003—2007 年的一段时间里,由于政府机构改革,中央层面技术改造并入基本建设管理,技术改造专项资金取消,但绝大多数省市技术改造工作一直没有间断。

* 此文获得国务院研究室 2011 年度优秀研究成果二等奖。

"十一五"时期,全国累计完成技术改造投资约12万亿元,占工业固定资产投资的比重达1/3。2009－2010年中央安排技改专项资金400亿元,安排技术改造项目8966项,项目总投资约1万多亿元。值得指出的是,近年来地方和企业对技术改造工作越来越重视。各省区市出台支持技术改造的财税、金融、土地等配套政策超过100项,24个地区编制了重点技术改造项目导向计划,2010年省级财政安排专项资金规模达100亿元,北京、上海、山西等省市政府出台了加强技术改造工作的指导性文件。一些企业技术改造投入力度加大。如"十一五"期间湖南泰格林纸集团累计投入技术改造资金120亿元,广西玉柴机器股份有限公司投入29亿元,江苏长电科技股份公司实投资近20亿元。

近年来的技术改造工作取得了明显成效。

一是应对金融危机成效显著。据测算,每1元技术改造专项资金投入,可实现新增销售收入63元,新增税收4.3元;每100亿元专项资金投入,约新增就业60万人。中央技术改造专项资金对社会投资的拉动系数达到28倍,发挥了"四两拨千斤"的作用,提振了企业的发展信心,推动工业经济率先实现企稳回升向好发展。

二是促进了产业结构优化。通过大力实施技术改造,"十一五"期间,单位工业增加值能耗累计下降26%,工业固体废物综合利用率达69%。钢铁、汽车和船舶行业前10名企业产业集中度分别达到48.6%、82.2%和48.9%。

三是加速了企业技术进步。通过运用高新技术和先进适用技术改造现有企业,提升了企业工艺、装备和管理水平,突破了一批制约工业发展的重大关键技术和装备,传统优势产业升级步伐加快,部分新兴产业实现了规模化发展。

四是增强了企业竞争能力。通过技术改造,增强了新产品开发能力,提升了产品技术含量和附加值,加快了产品升级换代和产品质量提升,增强了企业竞争能力。

与此同时,当前技术改造工作也面临不少矛盾和问题。一是对新时期技术改造的认识有待深化。目前,在不同层面仍存在着技术改造只是应对金融危机权宜之计的模糊认识,对新时期技术改造的内涵认识不到位,对技术改造推动我国工业落实科学发展观、转变发展方式、加快结构调整、实现转型升级任务的长期性作用认识不足。二是加强技术改造的长效机制亟待建立。“十一五”期间，各地纷纷出台加强和完善技术改造的指导意见和配套政策，但国家层面对新形势下技术改造工作缺乏宏观指导，政策支持力度不足，统计体系尚不健全，管理体系有待完善。三是投资方向缺乏有效引导。技术改造一定程度上存在着“重眼前，轻长远；重生产，轻研发；重整机，轻基础；跟风趋同多，注重特色少”等现象，国家缺乏统一规划和产业政策导向。四是中央财政对技术改造投入不足。“十一五”后两年，中央预算内基本建设投资每年安排技术改造专项200亿元，仅占新增中央投资的2%左右，与工业在国民经济中的地位不相称，难以满足正确引导工业转型升级的实际需要。五是管理体制有待进一步理顺。应对国际金融危机临时建立的多部门管理、资金切块使用的管理体制，不能适应经济常态化、工作长期化的需要，中央技术改造投资管理方式有待进一步创新、完善。

二、新时期技术改造工作的地位、作用和特点

技术改造作为企业内涵式发展的重要手段，具有投资省、技术新、消耗低、工期短、见效快、效益好的显著特点，本质是技术创新实现产业化的过程和途径。从历史实践看，技术改造是推动我国工业持续快速健康发展的一条行之有效的宝贵经验。从今后发展看，技术改造是实现工业科学发展、推动工业转变发展方式的重要抓手，是促进我国工业经济由大变强的重要途径。技术改造工作不是反危机的短期措施，而是中国工业发展的一项长期战略，是中国工业发展的永恒主题，这项工作应该贯穿我国工业化进程的始终。我们应该从战略和全局的高度，充分认识技术改造工作的重要地位和作用。

“十二五”时期，以科学发展为主题、以转变经济发展方式为主线对企业技术改造工作提出了新要求；实现我国工业由大变强、提升产业核心竞争能力对企业技术改造工作提出了新挑战；各种所有制经济依法平等使用生产要素对企业技术改造工作提出了新希望；国际经济科技发展的新趋势对企业技术改造工作提出了新方向。与以往的技术改造相比，新时期技术改造的内涵、外延和管理方式已经发生了重大变化，需要科学分析和准确把握。

一是新时期技术改造要紧紧围绕科学发展这一主题，转变经济发展方

式这一主线。

二是新时期技术改造要以实现中国工业由大变强为主攻方向。加快工业经济发展由主要依靠资源消耗向创新驱动转变,一般加工制造向高端制造转变,产品竞争向品牌竞争转变,粗放式发展向集约化、绿色化和可持续发展转变。

三是新时期技术改造要适应新形势赋予新内涵。应由设备更新为主发展到对生产全过程和产品结构调整的总体改造;由单个企业的改造发展到整个产业链的配套改造;由单纯的生产制造环节改造发展到向研发、设计、营销、服务等生产性服务领域延伸;由对分散布点企业的改造发展到促进工业专业化、规模化、集聚化;由对企业个体的支持发展到对公共技术服务平台的支持。

四是新时期技术改造工作要采用新模式。要坚持以企业为主体,以市场为导向,把政府引导和市场配置资源的基础性作用有机结合起来,形成市场拉动、企业主动、行业助动、政府推动的良性工作格局。

三、进一步加强技术改造工作的建议

总的看,"十二五"时期技术改造工作要深入贯彻落实科学发展观,以加快转变工业经济发展方式为主线,以促进工业转型升级、提升产业竞争力为主攻方向,以改革开放和科技创新为强大动力,以企业为主体、市场为导向,以增量投入带动存量调整,加大投入,完善政策,加强引导,加快改造传统产业,培育发展战略性新兴产业,大力发展生产性服务业,努力促进我国工业由大变强。

(一)进一步统一思想认识。"十二五"时期是我国工业发展的关键时期。加强技术改造,实现工业转型升级,关乎我国经济的长远发展,关乎现代化的顺利实现。做好当前和今后时期技术改造工作,必须要把各方面的思想统一到科学发展上来。为此,建议以国务院的名义在近期召开一次全国性的工作会议或座谈会,以统一思想、提高认识、凝聚共识。

(二)进一步完善激励政策。企业是技术改造的主体,政府要通过政策引导激发企业技术改造的内在动力。长期以来,中央和地方在投融资、金融、财政税收、外经外贸、土地、人才等方面制定了一系列支持技术改造的政策措施,形成了不少好的经验和做法。但由于国家层面技术改造工作一度中断,有些支持政策不再执行。为更好地调动企业技术改造的积极性,建议有关部门对原有支持企业技术改造的政策进行系统梳理,一些行之有效的政策要恢复执行,并根据新形势、新任务的需要研究制定新的政策措施。

(三)进一步加大政府投入。政府投入对社会投资具有引导作用,中央投资对地方和企业投资具有示范作用。从各地实践看,虽然政府投入占技术改造总投资的比例很低,但却起着"四两拨千斤"的作用。2011 年作为重点产业调整振兴规划的延续,中央财政安排专项技术改造资金 150 亿元,但"十二五"后四年的技术改造专项资金还没有明确说法。建议"十二五"期间中央财政预算内每年安排一定数量的资金,设立企业技术改造专项,由工信部、财政部负责该项资金的管理、使用和监督,专项用于支持企业技术创新、品种质量提升、节能环保、公共平台建设、产业链延伸、新兴产业发展、淘汰落后等领域具有示范带动和战略意义的重点技术改造项目,并逐步建立起随国家财力增长不断增加的稳定增长机制。地方财政也要安排专项资金加大技术改造的支持力度。

(四)进一步加快推进体系建设。技术改造必须有完整的推进体系作为保证。综合部门、地方和企业意见,需要在以下几个方面开展工作。一是以国务院的名义出台一个"进一步加强工业技术改造的指导意见",明确新时期技术改造指导思想、改造重点、政策措施和体制机制。二是抓紧制定"十二五"时期工业技术改造规划,明确产业政策导向,引导社会投资。三是尽快恢复并完善技术改造工作统计体系,完善统计指标,形成工作基础。四是在条件成熟时,制订"企业技术进步法"和"企业技术改造工作管理条例",形成法律法规体系,为加强技术改造工作提供法律与制度保障。

(五)进一步完善体制机制。2008 年实施重点产业调整振兴规划以来,专项资金采取中央与地方切块、发改委系统与工信系统分别安排的管理方式。在国际金融危机严重、经济增幅大幅下滑的特殊情况下,这种管理方式在快速下达项目资金、尽快形成建设能力,拉动经济快速回升具有一定的积极作用。但从长远看,这种管理体制不能适应新形势下技术改造工作的需要,不能固定化。一是技术改造是产业发展政策而非区域协调发展政策,专项资金切块地方管理容易造成某些产业的重复建设,不利于产业升级和产业结构调整优化。二是技术改造历史上一直由工业管理部门为主归口管理,发改委系统缺乏成熟的工作体系、管理制度和操作经验。地方发改委也反映,由于其他工作任务较重,也没有太多精力放在技术改造上。因此,建议由工业主管部门统一归口管理技术改造投资,牵头负责全国的企业技术改造工作。同时,建议充分发挥工业协会熟悉行业、贴近行业的特点,在政策制定、重点选择、项目审查等方面充分发挥行业协会作用。

2011 年 7 月 6 日

(执笔:张军立　卫新华　马传景　张泰)

关于加强和改进我国工业标准化工作的建议

张军立　卫新华

标准是技术创新成果的高级表现形式，是产业核心竞争力的重要体现，是产业参与国际竞争的重要手段，也是政府部门实施行业管理的重要方式。加强和改进我国工业标准化工作对于加快转变我国工业发展方式，推动工业自主创新，实现我国工业由大变强具有十分重要的意义。近期，我们就工业标准化问题召开座谈会，听取了国家主管部门、部分工业行业协会和标准研究机构、企业的意见，现将有关情况报告如下。

一、当前我国工业标准化的基本情况

（一）管理体制。我国标准化工作实行统一管理与分工负责相结合的管理体制。国家标准化管理委员会统一管理全国标准化工作，负责国家标准的统一立项、审查、编号和批准发布。国务院有关行政主管部门分工管理本部门、本行业的标准化工作，承担国家下达的草拟国家标准的任务，组织制定、修订和监督检查行业标准。省、自治区、直辖市标准化行政主管部门统一管理本行政区域的标准化工作，负责制定和修订地方标准。

（二）工业标准的分类。目前，我国工业标准总数约为 5.47 万项，其中行业标准 4.07 万项，国家标准 1.4 万项。按行业归类分，工业标准包括 18 个行业，即化工、钢铁、有色金属、建材、机械、电子等。按标准级别分，工业标准分为国家标准、行业标准、地方标准和企业标准。按标准性质分，可分为强制性标准、推荐性标准和指导性技术文件。按标准类别分，可分为技术标准、管理标准和工作标准三大类。其中技术标准是指对需要协调统一的技术事项所制定的标准，主要包括基础标准、产品标准、工艺标准、方法标准、安全标准、卫生标准和环保标准等。

（三）工业标准的制定。国家标准多数由国家标准委直接组织制定并批准发布实施；部分工业领域的国家标准由工信部组织制定，报国家标准委批准发布实施。工业领域的行业标准由工信部组织制定和批准发布实施；地方标准由地方标准化主管部门批准发布实施。根据《标准化法》的规定，全国专业标准化技术委员会负责国家标准的草拟和草案的技术审查工作。专业技术委员会由生产单位、用户、行业协会、科研机构、学术团体和有关专家组成。部分行业标准除由技术委员会制定外，还可由相关标准工作组或协会制定。标准的制定一般经过立项、起草、征求意见、审查、批准编号发布、复审等六个阶段。一项技术标准从开始起草到批准发布一般需要 2 ~ 3 年时间，平均需要经费 10 ~ 15 万元。目前标准制定的资金来源主要有三个渠道：政府标准补助经费、参与标准制定单位的资金投入、地方政府对本辖区企业制定标准的奖励资金。

（四）工业标准的实施。根据目前规定，国家标准委统一负责全国标准实施的监督，国务院有关行政主管部门分工负责本部门、本行业标准实施的监督。强制性标准必须执行，不符合强制性标准的产品禁止生产、销售和进口；推荐性标准推荐使用，不做强制性要求。标准实施的手段主要包括产品认证、标准符合性检测、标准宣贯与培训、政府采购、市场监督检查等。

（五）工业标准的国际化。工业标准国际化的趋势越来越明显。截至目前，我国承担的国际标准化组织秘书处 50 个，担任主席和副主席 25 个，我国提出的国际标准提案总数 227 项，其中已正式发布的 103 项，我国实质性参与国际标准化活动的能力和水平明显提升。

二、当前工业标准化工作存在的主要问题

（一）体制机制与标准化的发展不相适应。目前标准化体制是 1988 年公布的《标准化法》及其配套规章确定的。实际执行过程中发现诸多问题：一是标准管理部门之间职能交叉、权责不明。主要表现在标准化工作不能很好适应技术和产业融合发展的需求，缺少总体规划和设计，条块分割，存

在标准重复立项、产业亟需标准缺失,以及各行业和领域标准之间的指标内容不协调、不衔接甚至冲突现象。比如,有时同一标准立项同时申报国家标准与行业标准;有些先报国家标准,国家标准不批时再转报行业标准;有些已有国家标准,行业仍重复制定行业标准。当国家和行业两套强制性标准并存且不一致时,造成市场准入门槛和监管尺度的不一致,企业无所适从。二是部分标准化技术委员会的设置和组成不合理。技术委员会的设置粗细度不一,运转僵化,相互之间的协调性不够;其成员代表性不强,行业内重要企业及有关利益方参与度不够,对技术、产业和市场的敏感度不强。三是部分行业标准没有严格按照《标准化法》的规定,在相应的国家标准发布后即行废止,行业标准报国家标准委备案率不足60%。

(二)标准制定缺乏与国家产业发展有效衔接。我国参与国际标准化活动尚未形成国家总体战略规划和强有力的协调推进机制,标准制定与国家产业发展、科技创新以及外经外贸、对外经济技术合作等方面缺乏紧密结合和有效衔接,政府、产业、企业、科研机构之间尚未建立有效的协调联动机制,没有形成合力,工业标准制定一定程度上存在就标准言标准、脱离产业、闭门造车等现象,致使标准在工业转型升级中的引导作用相对薄弱,基于自主创新技术的标准偏少,部分标准技术水平偏低,有些标准甚至不符合产业政策和产业规划,既不利于标准作用的发挥,也不利于产业的发展。

(三)标准实施缺乏有效的约束和激励机制。从标准实施的手段看,标准推广实施的力量较为薄弱,工业部门缺乏有效的政策引导和鼓励措施。标准实施过程中,需要行业主管部门、国家标准化主管部门、国家认证认可监管部门、市场监管部门和财政税收部门等共同推进,才能达到更好的效果。比如,标准在认证中使用须经国家认证认可监管部门认可,优先采购符合标准的产品必须经国家财政部门认可,标准实施的监督又需要市场监管部门执行等。但是,实际工作中相关部门之间还缺乏更为有效的协调。其结果,一方面,强制性标准企业执行不严,致使产品质量安全事故不断发生;另一方面,大量的推荐性标准企业实施率较低,标准作用未能得到很好发挥。

此外,由于标准本身存在的问题,如标准脱离产业实际而无法执行,不同标准之间冲突致使企业不知如何执行,也造成了标准贯彻实施的困难。

比如，当国家和行业两套强制性标准并存且不一致，即市场准入门槛和监管尺度的不一致时，企业无所适从，也会造成标准实施的困难。

（四）标准化工作缺乏持续稳定的经费保障机制。政府和企业对标准项目投入不足。以政府投入为例，目前工信部工业行业标准年度总经费约为1720万元，每年制修订标准近3400项，复审标准3000余项，平均每项行业标准制定补助经费约为0.4万元，远低于财政部规定的1万~3万元的标准制定补助标准和实际需要。何况，政府标准化经费是以补助性质投入的，这种方式延用40余年，与科技经费投入方式和额度相差甚远。而美、日、英、法、德等国家政府仅每年用于国际标准化活动的经费达3亿~4亿元。政府投入不足，导致标准化专业研究机构经费难以保障，直接影响了我国工业标准化工作的有效推进。

（五）实质性参与国际标准化工作的力度不够。一是我国参与国际标准化活动尚未形成国家总体战略规划和强有力的协调推进机制，国际标准化活动与国家外经外贸、对外技术合作等方面的衔接不够。二是多数企业对国际标准化工作的重要性认识不够，缺乏运用国际标准化平台提高企业竞争力的实践和经验，致使我国标准化水平与发达国家相比还存在较大差距。三在已参与的国际标准化工作方面，主导得少、跟随得多。目前ISO、IEC制定发布的国际标准，95%由发达国家主导制定。四是我国国际标准化人才缺乏，队伍建设和人员素质有待提高，特别是国际领军人物严重不足。

三、政策建议

（一）制定实施国家工业标准化战略。借鉴美国、欧洲等发达国家经验，注重顶层设计，加快制定我国工业标准化发展战略，确定国家工业标准战略的目标与方向，明确国家标准化政策与产业政策、技术政策的相互关系，通过工业标准化战略引导和支撑我国工业转型升级，促进工业科技创新和产业技术水平的不断提高。在信息技术、基础材料和绿色环保等战略性新兴产业领域高举标准化旗帜，建立起有利于我国产业发展的行业标准和重要产品技术标准体系，积极争取在国际标准化活动中的发言权，加大主导和参与国际标准制定的力度，为我国产业和经济发展争取更大空间。

（二）理顺工业标准化职能分工和工作机制。一是建议在国家标准委的“统一管理”下，参考国外发达国家工业标准化管理的经验，结合政府大部制机构改革的推进，按照“行业谁主管、标准谁负责”的原则，理顺现有工业标准化管理职能，明确工业标准化工作的行业牵头部门，并从工作机制、工作流程方面加以规范和落实，实现职责有机统一。同时，顺应产业融合发展的现实，研究建立统一的工业标准代号。二是完善工业标准制修订机制。坚持开门制定标准，鼓励产业链各方联合、产学研用各方联手共同开展重大标准的制定工作，进一步完善政府部门主管、行业协会主导、企业为主体、社会各界广泛参与的标准制定工作机制，共同建立健全科学统一权威的国家标准体系。三是建立重大标准问题协调与裁决机制。建议由国家标准委会同国务院有关行政主管部门，组成由行业主管部门、标准化技术委员会、行业协会等各方人员参加的协调与裁决机构，对重要技术标准的批准、发布，以及实施中遇到的重大问题和矛盾及时进行协调与裁决，着重解决不同标准之间相互矛盾的问题，提高标准制定和实施的权威性和公信力。四是加大标准实施监督力度。建立重大标准实施联合推进机制，加大强制性标准的执法监督力度，出台鼓励标准实施的激励措施，切实发挥工业标准在产业发展中的作用。

（三）加强重点领域的标准化工作。一是加快新兴产业领域的工业标准化制定工作。当前，要特别加强物联网、节能和新能源汽车、智能制造装备、三网融合、云计算、半导体照明等重要领域的标准制定工作，加快推动自主知识产权技术上升为技术标准，促进自主创新成果的转化和应用，抢占国际经济、科技竞争的制高点。二是加强标准化工作在工业转型升级中的引领和支撑作用。建立起结构合理、技术水平较高、符合产业优化与调整要求的标准体系，营造产业发展环境、引导行业发展方向、规范行业秩序。三是加强基础、通用等公益性标准的制定。扎实做好基础类、通用试验方法类、保障人身财产安全类等标准的制定。

（四）着力提高我国工业标准的国际影响力。一是推动我国技术成为国际标准。全面跟踪研究国际工业标准动态和趋势，充分发挥对外承包工程对国内设备和技术标准出口的带动作用，集中力量推动我国自主技术和标准成为国际标准或事实上的国际标准。二是积极参与国际标准化活动。

参与国际工业标准化战略、政策和规则的制定与修改,争取更多地承担国际标准组织中高层管理职务,加强各个国家和区域性标准化组织在工业标准化领域的合作与交流。三是建立工业国际标准化协调推进机制。建立由国家标准委、工信部、外交部、商务部、发改委、科技部、财政部等各部门和有关行业协会共同参与的协调推进机制,形成工作合力。

(五)加大政府对工业标准化工作的经费投入。逐步增加我国标准化工作经费预算,建立稳定的国家标准制修订经费保障机制。一是加大对工业标准化经费的总体投入,扶持产业发展重点领域标准、自主创新标准、基础性和公益性标准的制定与实施工作。二是在产业化专项、科技研发专项、科技成果转化项目中设立标准化专项经费,加强工业标准战略性和基础性研究工作。三是增加我国国际标准化活动的经费预算,对我国承担国际标准化组织技术机构主席和秘书处、主持和参与国际标准制修订,以及跟踪研究国际标准等,给予重点支持。四是加大对工业标准化研究机构的扶持力度,为产业发展提供公共平台,发挥其公益性作用。

2011 年 12 月 8 日

采取果断措施确保* 核电安全发展的建议

范必　唐元　王天龙　张焕波　刘向东

今年3月16日,国务院147次常务会议听取了日本福岛核事故情况及应对工作汇报,并作出重要决定。为贯彻会议精神,国研室组织了专题调研。调研结果表明,目前我国所有在役核电机组和大部分在建、拟建的核电机组,对照最先进的安全标准,在设计上均不同程度地存在差距。建议国家进一步加强核电的安全检查,特别要对核电站的设计、制造进行对标审查。根据对标差距,分类采取处理措施。存在严重隐患的核设施,要立即停建或关闭。未开工的核电项目,尽可能改用非能动安全系统。为了防止近期过多过快上马核电机组带来长期安全风险,建议到2020年核电运行装机容量控制在6000万千瓦左右。

一、确保核电安全必须采用先进技术

从表面上看,福岛核事故的起因是九级特大地震引发的海啸,是不可抗力造成的。但国际原子能机构认为,任何事故都是可以避免的,关键是要采用先进技术与进行科学的管理。因此,对核事故原因分析,不应停留在自然灾害层面,而应当从核电站安全系统技术特点等方面进行深刻反思。

造成这次福岛核事故,有企业应急措施迟缓、政府监管和反应不力等原因,但从根本上看,能动型安全系统失灵是主因。按照核电站的运行规则,

* 此文获得国务院研究室2011年度优秀研究成果二等奖。

出现事故后首先要实现停堆，然后将堆芯余热导出，这是确保核电站安全最关键的一步。如不能及时导出余热，就会发生堆芯熔化，严重的会引发爆炸、泄漏。在解决余热导出问题上，有两种技术路线，一种是能动型安全系统，一种是非能动型安全系统。能动型系统主要依靠外部电网或备用电源驱动，一旦全厂失电，冷却系统即告失效；非能动系统不依赖电源，而是依靠重力、对流、蒸发、凝结等物质固有的自然规律来带出余热。福岛核电站使用的是能动型余热导出系统，地震后反应堆实现了自动停堆，并利用柴油机驱动冷却系统工作。然而一小时后，海啸摧毁了柴油发电系统，导致其后一系列严重事故。

20世纪六七十年代全球开发的核电站，包括压水堆、沸水堆、重水堆、石墨堆等，使用的都是能动型安全系统，这些电站占世界在役核电站的绝大部分。核电界早已认识到，“能动型”安全系统在失去电源时存在“不能动”的隐患，虽然出现的概率很低，但必须予以解决。前苏联切尔诺贝利和美国三哩岛事故后，美国和欧洲分别制定了核电用户要求文件（URD和EUR），明确要求新建核电站堆芯熔化概率和大量放射性物质向环境释放的概率，要比原有核电机组降低两个数量级，以预防和缓解严重事故。符合这一标准的核电技术被称为三代核电技术。

经过长期探索，科学家对能动型安全系统做了很大改进，有的新建机型达到了三代标准，如法国的EPR。同时，科学家开发出了不依赖电力的“非能动”核电技术，极大地提高了核电站的固有安全性，成为第三代核电技术的重要发展趋势。目前，具有代表性的机型有美国西屋公司开发的非能动先进压水堆AP1000，以及GE与日立联合开发的经济简化型沸水堆ESBWR，俄罗斯开发的半非能动型压水堆等。中国在第三代核电招标中，经过多方比选，引进了AP1000机型。一旦发生事故，可以在72小时内无需电源和人工干预而自动冷却，遇到类似日本这次自然灾害能够避免发生重大核事故。同时在抵御恐怖主义、人为破坏核电站方面也有相当优势。这次事故表明，以非能动技术代替能动技术将是核电发展的主要方向，我国应当统一技术路线，坚持引进消化吸收AP1000技术，并自主开发新的机型。

一些同志担心，AP1000虽然安全理念先进，但最早也要在2013年建成发电，在首堆没有建成、其他国家没有运行经验的情况下，我国批量建设

AP1000 是否可行。经专家研究认为,这是完全可行的。因为 AP1000 的核蒸汽供应系统(除主泵外)都是基于二代的成熟技术,AP1000 与二代的差别主要是安全系统。AP1000 的非能动安全系统已在美国经过严格的台架实验验证,获得了美国核管会的审查批准,二代技术能动型安全系统也是采用同样的方法进行验证。所有的核电安全系统,不论是传统的能动型的还是新的非能动型,都无法进行事故实况下的破坏性试验。即便 AP1000 运行若干年,对验证非能动的安全系统也没有实质意义。国际上以往推出的新机型,都是在首堆建设的同时梯次推进、批量化建设。如法国的 EPR,在芬兰首堆建设的同时,在法国、中国、美国、印度进行批量化建设。我国 AP1000 依托项目一次建设 4 台,事实上已开始批量化。目前,美国已有 6 台 AP1000 项目签订了 EPC 总包合同,14 台正在申请建造许可证。随着主泵耐久性实验的完成,AP1000 进行批量化建设时机已经成熟,条件完全具备。

二、我国核安全面临的挑战

近年来,我国核电呈快速发展态势。与日本相比,我国在役机组数量较少,但在建、拟建机组数量较多,安全质量控制压力持续加大,核电发展配套能力、核安全监管和应急体系亟待加强,长期安全隐患不容忽视。

第一,采用能动安全系统的二代核电机组上得过多。在这一轮核电发展中,从 2005 年至今,国家已核准核电机组 34 台,装机容量 3702 万千瓦,其中 28 台是二代机型。另有 16 台机组已批准允许开展前期工作,其中 12 台是二代机型。其他上报国家能源局待批项目也大部分采用这类机型。这些二代机组经过改造,与大亚湾最早使用的原型堆 M310 相比,安全性有所提高,但仍无法解决全厂失电后会出现的严重安全事故。这些机组开工时间晚,运营周期可长达 40 ~ 60 年。如果在 2020 年建成,要到 2060—2080 年才能退役。在这期间,不仅二代核电已经被淘汰,三代核电技术也会逐渐落后,第四代具有固有安全性的核电技术将成为主流,甚至第五代可控核聚变核电技术也可能投入使用。由于世界各国现役二代机组大都在未来 20 年左右退役,之后的 40 ~ 50 年中,我国将成为世界上核电安全风险最大的国家。

第二,核电安全状况与最先进的标准差距较大。国务院常务会议决定,要按照最先进的核电安全标准进行检查。调研中专家一致认为,这一标准应当是国家核安全局发布的《核动力厂安全设计规定》(简称 HAF102)以及相关的 19 个导则。该标准与国际原子能机构和欧美现行的核电安全标准同步。对照 HAF102,除已开工建设的 4 台 AP1000 和 2 台 EPR 机组外,其他所有的核电机组均不同程度地存在差距,有的问题还比较严重。从历史运营记录看,尽管还没有发生严重的放射性泄漏事故,但大大小小的安全事件已发生多起,甚至出现过启动堆芯应急冷却系统的紧急情况。在正常条件下,大部分机组能够实现安全运行,但需要持续加强监督管理,区别不同情况进行处理。

第三,核电研发、制造、建设和监管力量跟不上。由于近年核电发展较快,极易造成安全隐患。主要是,有限的核电研发设计分散,影响了先进安全技术的标准化和推广应用。即使是二代加机组,也存在技术标准不统一,产品质量不稳定的问题。一些工程建设和装备制造企业安全意识不够强,质量保证体系不健全,重大质量问题时有发生。高端人才和专业人才不断稀释,有经验的技术和管理人才陆续退休,新人成长需要较长时间。乏燃料后处理能力薄弱,把过多的乏燃料储存在核电站,会面临福岛第一电厂 4 号机组乏燃料池放射性泄漏的潜在风险。尤其是核安全监管能力严重滞后,国家核安全局和国防科工局从事安全监管的人员数量不足,监管人员待遇远低于核电站工作人员,增加了吸引人才、稳定队伍的难度。

三、几点建议

从核电发展历程看,每一次重大核事故都带来了核电技术的升级,日本福岛核事故也完全可以成为开发应用更安全、更先进核电的动力和契机。当前,中国核电发展总体形势良好,虽然存在一些安全隐患,但不能因噎废食,应当坚持“十二五”规划确定的“在确保安全的基础上高效发展核电”的方针,坚决贯彻落实国务院第 147 次常务会议决定精神,按照安全第一、质量第一的原则,用最先进的标准对所有的核电设施进行安全评估,加强核电设计、建设、运营的全过程管理,消除一切隐患,确保万无一失。

第一,开展对核电站进行设计安全对标审查。建议这次核电安全检查中应明确,安全标准是《核动力厂安全设计规定》(HAF102)及相关 19 个导则。考虑到去年国家已经组织过对核电的运营安全和建设安全的检查，建议这次检查的重点是，对核电站的设计进行对标审查，从根本上摸清核安全家底。此项工作可由国家核安全局牵头组织独立专家委员会进行，而不宜由企业自查。根据对标差距，分类采取处理措施。对于存在严重隐患的核设施，要立即停建或关闭；存在一定隐患，可以改进的核设施，要限期整改。此外，应对在役、在建、拟建核电站厂址发生极端灾害事件的概率进行评估，提出应对措施。

第二，加强核电建设的统一管理。为贯彻中央关于核电发展的战略部署，防止各地不顾条件，过多、过快地上马核电项目，建议对已核准和批准开展前期工作的核电项目进行一次清理。所有未开工的核电项目，经评估后，只要条件允许就要坚决改用 AP1000 机组；今后所有核电项目开展前期工作，由国家能源局提出建议，由国家发改委核报国务院批准。初步估计，在已核准的 34 台机组中，有 4 台尚未颁发开工许可证，其中 2 台可以考虑转为 AP1000 机型；已批准开展前期工作的 16 台机组中，有 10 台可以考虑转为 AP1000 机型。

第三，明确编制核电安全规划与调整核电中长期规划的重点。建议在两个规划中明确以下几点：(1)到 2020 年，我国核电运行装机容量应控制在 6000 万千瓦左右，防止过多过快上马核电机组带来长期安全风险；(2)今后新开厂址和现有厂址的后续项目，均采用非能动安全 AP1000 系列机组；(3)加强大型先进压水堆重大专项研发和示范工程建设力度，尽快批准 CAP1400 开展前期工作；(4)大力推进第四代核电技术研发与示范；(5)积极参与国际 ITER 计划合作，加快可控核聚变技术研究。

第四，强化核电配套能力建设与核安全监管。建议统筹考虑核电发展规划与人才、燃料、制造等方面的关系，促进核电装机与相关产业的协调发展。充实国家核安全局力量，使其成为具有权威性的监管机构。加快核电应急管理体系建设，核事故应急系统与核电日常管理工作应当在机构和人员上统一起来。定期开展应急演练，确保所有应急对策与措施始终处于有效状态。总结这次事件中日本的经验教训，结合我国实际情况，修订完善《国家核应急预案》。

2011 年 4 月 7 日

进一步促进中小企业发展*应重点解决的六个关键问题

张军立　张　泰

最近，我们赴山东、安徽、湖南、广东四省，就进一步促进中小企业发展有关问题进行了专题调研，召开了有关部门和中小企业参加的座谈会，深入一些企业和中小企业服务机构了解情况，听取有关方面的意见。大家普遍认为，近年来党中央国务院和地方各级党委政府高度重视中小企业发展，制定了一系列政策措施，加大了工作力度，努力为中小企业发展创造良好的法制环境、市场环境和政策环境，中小企业呈现良好发展局面。大家同时也反映，当前影响中小企业发展的一些体制机制性和深层次问题（如市场准入、融资难、税费负担重）还未能得到根本解决，劳动力成本上升、原材料价格上涨、用地难、招工难等一些新问题又不断涌现，新旧矛盾交织，严重影响着今后时期中小企业的健康发展。

"十二五"时期是中小企业发展的关键时期，既面临着难得的历史机遇，也存在着各种风险和挑战。要充分发挥中小企业扩大就业主要载体、改善民生重要途径、促进社会稳定重要依托的作用，促进中小企业的健康发展，必须在进一步做好现有政策落实工作的同时，结合中小企业发展实际，重点解决以下六个方面的问题。

一、进一步加大对中小企业财税支持力度

近年来，各地方财政普遍加大了对中小企业的扶持力度，投入逐年增

---

* 此文获得国务院研究室2011年度优秀研究成果二等奖。

加，减免税政策逐步落实，中小企业负担有所减轻。但各地财政部门、国税、地税、中小企业主管部门和广大中小企业也普遍反映，各级财政用于支持中小企业发展的总体资金数量偏低、专项资金设置分散没有形成合力；税收优惠政策力度小；很难进入政府采购等。建议把中小企业作为结构性减税和优化财政支出结构政策的重点。一是加快设立国家中小企业发展基金。《中小企业促进法》已于2003年1月1日起施行，该法明确提出“国家设立中小企业发展基金”，并对基金来源和用途做出明确规定。时隔8年，该基金仍未建立，建议有关部门加快研究，抓紧依法设立基金，发挥财政资金引导带动社会资金支持中小企业发展的作用。各级政府在财力增加的同时，要逐步增加中小企业发展专项资金规模，适当整合各种财政性资金，加强协调配合，形成政策合力。二是进一步加大对中小企业的税收政策支持力度。目前执行的对年应纳税所得额3万元及以下小型微利企业减半征收企业所得税的优惠政策，企业反映优惠额度小，申报程度复杂，享受政策成本高，有些实行“定额征收”的企业实际上享受不到这项政策。小型微型企业数量众多，主要功能是解决就业问题，并不是主要税源，纳税额占税收总额的比重很小，适当加大减免税优惠幅度，对税收总额的影响不大，但受惠企业和个人数量很多，支持中小企业发展的效果非常明显。建议适当提高应税所得优惠额度，可考虑采取年应税所得低于10万元的，按10%缴纳所得税，对微型企业实行免税。三是完善政府采购支持中小企业的政策。总体上看，在同等条件下中小企业在招投标中处于劣势地位。建议提高政府采购信息透明度，制定政府采购扶持中小企业的具体办法，提高采购中小企业货物、工程和服务的比例，为中小企业创造更多的参与机会。四是支持重点逐步向小型微型企业倾斜。在新的企业划分标准出台后，政府应当对小型企业特别是微型企业给予更多优惠，政府扶持资金应当更多地用于小型企业特别是微型企业。

二、进一步加大对中小企业的金融政策支持力度

融资难仍然是企业反映最突出的问题，贷款规模偏小，比重过低，中长期贷款不足，其他融资渠道也有待拓宽。特别是在当前国家货币政策由适度宽松转向稳健的情况下，中小企业融资受到的影响最大，银行普遍不愿放

贷,贷款利率还要上浮20%～40%,其他融资方式的难度也在加大。缓解中小企业融资难,应当采取综合性的对策措施解决。一是建立和完善中小企业金融服务体系。鼓励民间资本发起或参与设立更多适应中小企业贷款需求的中小商业银行等金融机构,发展适合中小企业特点的村镇银行、小额贷款公司等新型金融机构。国有商业银行和股份制银行等金融机构都要设立小企业金融服务专营机构,完善中小企业授信业务制度,研究提出银行对中小企业信贷资金投放的最低比例。支持和鼓励各类银行到县城、集镇等设立分支机构。二是鼓励银行等金融机构扩大对中小企业的业务。建立小企业信贷奖励考核制度,制定差别化的监管政策,建立小企业贷款风险补偿基金。对金融机构发放小企业贷款按增量给予适度补助,适当调减对小企业贷款利息营业税。多渠道打通企业贷款担保难的瓶颈,积极探索股权质押、知识产权质押、动产质押、贷款户联保等。三是拓宽中小企业融资渠道。推动中小企业直接上市融资,稳步发展中小企业集合债券、短期融资券等直接融资工具。发挥融资租赁、典当、信托等融资方式在中小企业融资中的作用。支持和鼓励风险投资和私募基金等风险资本对初创型和科技型中小企业的投资。四是进一步加强中小企业担保机构能力建设。当前担保机构普遍存在放大倍数小、营业税负高、承担风险大等问题;企业通过担保机构获得贷款融资成本高、缺乏反担保、反抵押物等问题。因此要采取措施,适当放大担保资金放大倍数,建立银行、担保机构、企业贷款风险共担机制,建立财政风险补偿机制,适当降低担保机构税收负担,鼓励担保机构免除对中小企业融资担保的反担保。五是加快建立中小企业征信体系建设。尽快整合有关部门征信系统,实现资源共享,完善个人和企业征信体系,提供方便快捷的查询服务,缓解银企信息不对称现象,优化中小企业金融生态环境。

三、进一步加大对中小企业技术进步的支持力度

中小企业科研力量薄弱、产品质量水平不高、产品附加值低的问题较为普遍。促进中小企业转变发展方式,提高产品质量和竞争能力,向“专、精、特、新”发展,就必须制定更有重点、更有针对性的中小企业技术政策,全面提升中小企业技术水平。一是加大对技术创新型中小企业的支持力度。设立中小企业创新引导基金,支持中小企业研发。在固定资产折旧、研究开发

费用扣除时应允许采用有利于创新型中小企业的具体办法，促进中小企业知识产权保护、管理和开发利用，加大政府采购中小企业自主知识产权产品和服务力度。二是大力支持中小企业公共技术服务平台建设。财政资金的支持重点应由单个企业向公共技术服务平台转移。加大资金投入，重点支持地方建立政府引导、市场方式运作的技术创新服务平台，支持开展产品研发、检验检测、技术推广等方面的服务，为中小企业发展提供技术支撑。三是推动国家和省市级技术中心、工程中心设在中小企业。选择一批技术水平高、开发能力强、发展潜力大的中小企业，设立国家级技术中心和工程中心，推动产学研联合和研发资源整合，进一步提高中小企业研发效率，增强技术创新能力。四是鼓励大型企业积极向中小企业提供技术、人才支持，鼓励大中院校和科研机构向中小企业转移技术。

四、进一步加大对中小企业人力资源支持力度

在调研中，中小企业普遍反映，人才是企业发展成长的关键。但企业很难引进具有高级技术职称、掌握某项关键技术的高技术人才，很难招到高技能人才，高校毕业生也普遍不愿到地级市以下的中小企业工作。建议政府采取措施，解决中小企业人才短缺和招工难问题。一是支持中小企业引进高技术人才。加快完善期权、技术入股、股权、分红权等多种形式的激励机制，充分调动研发人员到中小企业工作的积极性和创造性。各级人民政府可对中小企业发展作出突出贡献的高级人才给予重奖。人力资源管理部门应加强和改善人才市场管理，积极为中小企业招聘人才提供服务。采取措施鼓励高技术人才和海外高层次人才创办中小企业。二是鼓励高校毕业生到中小企业工作。马鞍山市当涂县丹阳镇对企业招收大学生给予三年的社会保险补助，对吸引和稳定大学生到中小企业就业发挥了重要作用。这个做法值得借鉴。做好高校毕业生到中小企业就业工作，一方面要进一步清理影响高校毕业生就业的制度性障碍和限制，为他们提供档案管理、人事代理、社会保险办理和接续、职称评定以及权益保障、本地落户等方面的服务，解决大学生的后顾之忧；另一方面，政府可对企业招用高校毕业生，在就业扶持、社保补助、人才激励等方面加大政策支持力度，使企业招得进、留得住、用得起。三是加大中小企业职工职业培训力度。各级政府用于职业培

训补贴资金应向中小企业倾斜，对于中小企业新录用的符合职业培训补贴条件的劳动者，由企业依托所属培训机构或政府认定培训机构开展岗前培训的，按规定给予企业一定的培训费补贴。

五、进一步支持中小企业进园区实现集群式发展

各地对中小企业发展模式都进行了一些有益的探索，较为成功的一条经验是，“企业进园区，产业搞集群”。山东省制定了《中小企业产业集群发展规划》，整合中小企业专项资金和科技专项资金，采取集中资金、集约投入的方式，对重点产业集群进行资金支持，与工商银行、建设银行合作推出“产业集群贷”，三年拿出300亿元支持产业集群发展。到2010年年底，全省销售收入过100亿元的产业集群96个，过50亿元的161个，过10亿元的161个。安徽省积极推动中小企业进入创业基地和工业园区发展，在已经获得正式批准的开发区中，积极建设适合中小企业发展的省级中小企业示范园区和创业基地，依法节约集约使用土地，有效缓解了中小企业发展的土地瓶颈制约。推动“企业入园区，产业搞集群”，能够充分发挥园区的土地、资金、水电、人才、信息等方面的集聚效益，有利于资源要素的优化配置，有利于企业协作配套和产业链的延伸，有利于能源资源节约使用和污染排放的集中治理，也有利于政府更好地为中小企业提供公共服务。建议各级政府高度重视中小企业园区和产业集群发展，积极支持建设中小企业产业园，国家在用地指标方面给予重点支持和政策倾斜，加强园区内的交通、电力、给排水、污染治理的基础设施建设，鼓励围绕产业集群和产业园区搭建融资平台、公共服务平台。各级政府支持中小企业的专项资金要向园区和集群内的企业倾斜，鼓励高等院校、科研机构进驻园区加强产学研合作，支持园区建立技术研发中心，推动产业共性技术研发，对园区和集群的发展在税收上给予优惠。

六、进一步营造中小企业发展的良好环境

据济南市调查，办企业、上项目批准难问题十分突出，按规定的工作日期限，一点也不耽误，中小企业上个项目审批手续办下来需114天；到开工挖地槽的手续办下来，需211天。许多中小企业反映，某些行业和领域市场

准入还存在着这样或那样的障碍，企业非税负担重，乱收费、乱罚款和各种摊派时有发生，中小企业发展的外部环境并不宽松。为中小企业发展营造良好的发展环境是政府的一项重要职责，也是一项艰巨长期的任务。一是进一步加强对中小企业工作的领导。各级党委和政府应加强领导，统筹协调，把中小企业发展放在工作更加突出的位置，把中小企业发展纳入政府政绩考核指标。应进一步加强中小企业管理机构，增强中小企业管理机构综合管理职能，完善中小企业管理体系，加强中小企业管理队伍建设。二是减少针对中小企业的行政审批项目，简化行政审批程序，提高办事效率。三是进一步解决中小企业市场准入问题。要坚决贯彻公平准入、平等待遇的原则，凡是法律法规未禁止的行业和领域，都要允许中小企业和非公有资本进入，在某些行业和领域也可规定中小企业一定的市场比例，以解决“玻璃门”的问题。四是专项治理向中小企业的乱收费、乱罚款和各种摊派。对合理的收费，要努力做到合并收费项目，降低收费标准，做到能减则减，能免则免。坚决治理向企业的乱罚款和各种摊派。坚决打击向中小企业的“吃、拿、卡、要”违法违纪现象。

2011 年 6 月 27 日

中国应推动建立全球大宗能源资源市场稳定机制

范 必 等

能源资源价格波动,是造成和加剧全球经济波动的重要原因。尽管地球现有的能源资源储量和开采能力可以满足世界经济中长期发展需要,但受到货币体系、过度投机、垄断经营、地缘政治等因素的影响,其价格很大程度上脱离了实体经济的供求关系,出现大幅波动。保持能源资源市场稳定,符合新兴经济体、发达国家和能源资源输出国的共同利益,有利于消除经济危机的隐患。在全球经济治理改革中,应当建立全球大宗能源资源市场稳定机制,与国际金融体系改革一道纳入 G20 讨论的范围。建言中国国家领导人先在双边场合,就建立这一机制与 G20 国家交换意见。在达成普遍共识后,中国领导人可在适当的多边场合,向国际社会正式提出建立这一机制的倡议,并积极推动其付诸实施。与此同时,利用博鳌亚洲论坛这一平台,开展大宗能源资源的供应国与消费国的对话,为建立这一机制制造舆论、提供智力支持,逐步提高中国在全球经济治理和国际能源资源定价中的话语权和影响力。

一、能源资源价格波动对世界经济的影响

石油、天然气、煤炭等化石能源,以及铁矿石、有色金属等大宗矿产资源,是人类社会发展的重要物质基础。从全球来看,能源资源储量比较丰富。石油、天然气、铁矿石以现有速度可以再开采 46.2 年、58.6 年、98.4 年,煤炭、铝土矿的保障能力超过 100 年。随着科学技术进步和勘探水平提

高，大部分能源资源储量仍有上升空间，同时全球单位 GDP 能源资源消耗量却在下降。因此，现有能源资源储量总体上可以满足世界经济中长期发展需要。但全球能源资源分布不均衡，生产和消费集中度较高，这就决定了世界上没有一个国家可以完全依靠本国资源来满足发展需求，客观上需要对能源资源进行全球配置。

能源资源价格暴涨暴跌，对世界经济波动推波助澜。当全球经济处于扩张期时，能源资源贸易量价齐升，增大通胀和过热风险；当全球经济处于收缩期时，能源资源价格下跌，加剧经济增速放缓甚至出现负增长。譬如，20 世纪 70 年代以来，每次全球经济衰退，都发生在油价涨到峰值之后。这次全球金融危机中，能源资源价格高位急跌，与实体经济衰退相互作用加重了经济危机。在经济复苏时期，能源资源价格大幅上涨，推升通货膨胀，阻碍经济复苏。

中国是能源资源进口大国。这次金融危机初期，能源资源价格大幅上涨，使我国企业的生产成本上升，利润率下降，打击了企业的投资和生产积极性。随着危机加深，能源资源价格下跌，企业加快去库存，经济增速大幅下滑。在复苏阶段，全球流动性泛滥导致能源资源价格再次大幅上涨，输入型通货膨胀压力加大，影响经济健康发展。

是什么原因造成国际能源资源价格的剧烈波动呢？一般来说，在市场经济条件下，商品价格是由供求关系和边际成本来决定。但国际能源资源价格在很大程度上已经偏离了供求关系和生产成本，受到诸多因素的影响。

第一，国际能源资源市场过度金融化。随着全球金融市场和虚拟经济迅速发展，以能源资源为对象的复杂衍生品大量增加，投机活动增多，使能源资源价格偏离了供求关系，出现剧烈振荡。就石油而言，以投机为目的的大量机构投资者和巨额对冲基金参与石油衍生品交易，造成近年国际油价的大幅波动。

第二，全球能源资源及价格被垄断。少数国家和企业控制了一些重要能源资源的探明储量和供给数量，也掌握了其定价权。譬如，全球铁矿石三大供应商控制了国际贸易量的 70% 左右。2003 年以来，在他们的操纵下，铁矿石价格除金融危机期间短期下跌外，一直保持大幅上涨，极大提高了全球钢铁行业生产成本。

第三,国际能源资源问题泛政治化。能源资源消费大国为了保障本国供给,越来越多地采取政治、外交甚至军事手段。能源资源输出国则以资源为“武器”,谋求更高的国际政治地位和更大的经济利益。资源国不断提高市场准入门槛,正常的贸易、投资、并购活动往往受到政治上的限制和干扰,严重影响了能源资源的全球配置。

二、稳定全球大宗能源资源市场符合各国普遍利益

大宗能源资源市场剧烈波动,不但影响了新兴市场国家利益,也损害发达国家人民福祉,威胁到全球经济稳定。能源资源的争夺也往往是政治动荡、局部冲突的重要原因。保持全球能源资源市场稳定,无论对于生产国还是消费国,对于一国还是世界,都具有积极意义。

稳定全球能源资源市场,有利于我国经济继续平稳较快发展。2003 年以来,中国经济发展对国外能源资源的依存度不断提高,石油、铁矿石等能源资源价格成倍上涨,增大了工业原材料成本,压缩了企业利润,削弱了我国国际竞争优势,同时也带动了国内下游产品价格的提高。从长期来看,到 2020 年,在 45 种主要矿产品中,我国仅有 6 种能够基本自给。即使是我国储量丰富的煤炭资源,也将会出现大量进口。未来中国能源资源对外依存度会继续提高,保持国际能源资源价格基本稳定,有利于我国更好地利用国际国内两种资源、两个市场,减轻输入性通胀压力,把更多的资金投入到转变经济发展方式上来,延长我国发展的战略机遇期。

稳定全球能源资源市场,有利于新兴经济体保持良好发展势头。中国、印度等新兴经济体是能源资源消费大国,还有一些新兴经济体既是能源资源的生产大国也是消费大国,每年全球新增能源资源贸易量的大部分发生在这些国家。它们面临着加快发展、消除两极分化、提高国际竞争力的任务。能源资源价格大幅上涨,会加大资源消费国输入型通胀的压力,影响新兴经济体经济增长的稳定性。新兴经济体是全球经济增长的重要引擎,稳定的全球能源资源市场,可以保持其强劲增长,也可促进世界经济尽快复苏。

稳定全球能源资源市场,有利于发达国家的能源资源安全。发达国家是国际能源市场波动最早的受害者。长期以来,这些国家利用政治、经济、

军事手段和强大的资源型跨国公司，在世界范围内对各类资源进行争夺和角逐。20 世纪 70 年代以后，他们也试图通过一定的国际合作机制来稳定能源市场。但国际能源组织代表性日显不足，与欧佩克对抗性增强，其作用日渐式微。在其他资源领域，则一直没有形成有效的合作组织和机制。进入新世纪，中、印等新兴经济体与能源资源国开展广泛合作，进一步影响了国际能源资源市场既有格局。通过一定的国际合作机制实现能源资源市场稳定，有利于发达国家获得稳定可靠的能源资源供应，避免遭受诸如能源供应中断、价格突然上升或其他能源安全威胁。

稳定全球能源资源市场，有利于能源资源供应国获取长期稳定收益。价格波动对能源资源供应国来讲是一把双刃剑。价格大幅上涨时，这些国家经济增长加快，可以获得较大的收益。但同时也会影响全球经济复苏步伐，经济减速也会带来价格大幅下跌。在政治上，价格长期高位运行会使能源资源供应国和跨国公司遭到国际社会的谴责和政治压力，人们会将失业、贫困及环境恶化等问题与高价格和垄断暴利联系起来，把矛头指向这些出口国和跨国公司。而供应国的能源资源往往被少数寡头垄断，价格上涨的收益未能惠及全民，而衰退的代价则要全民负担。从长期来看，能源资源价格长期居高不下，必然会引发节约能源和寻找替代能源，促进资源循环利用，从而降低消费，影响整个行业的发展。国际能源资源价格保持合理水平，有利于供应国获得长期稳定的市场需求，从而促进其经济持续增长，提高国民就业和社会福利水平。

三、能源资源市场可以在 G20 框架下进行全球治理

如何保持大宗能源资源市场稳定已成为全球性问题。WTO、G20、联合国应对气候变化框架公约等很多合作机制的形成告诉世人，当国际社会遇到共同问题时，可以通过建立一个共同的规则，也就是全球经济治理机制来解决。所谓全球经济治理，是针对影响和将要影响全人类的跨国性问题，规范管理人类公共经济事务、应对全球经济问题与挑战的一系列规则、机制和方法。

当前，国际社会关注的全球经济治理机制主要是国际金融体系和全球自由贸易体系。金融危机后，在 G20 合作机制下，国际社会着手全球金融体

系改革,加强对金融创新、资本流动的监管。全球自由贸易体制改革在WTO机制下有多哈回合谈判。能源资源安全体系尚未得到足够重视,主要局限在行业国际组织、区域合作组织中讨论,没有一个全球性的合作机制。为了稳定能源资源市场,有必要建立一个包括能源资源供应国和消费国在内的集体安全体系。

在G20框架下对能大宗源资源市场进行全球治理是必要的,也是可行的。20世纪90年代以来,全球经济治理逐步从发达国家主导的G7、G8,向发达国家和发展中国家共同参与的G20转变。本次全球金融危机中,在G20框架下一些新的管理世界经济的规则出现,约束力不断增强,代表性、广泛性正在增加,国际社会普遍接受G20成为今后开展全球经济治理的主要平台。目前,G20的GDP总量约占世界的85%,人口约40亿,G20国家覆盖了主要发达国家和新兴经济体,也包括了主要的能源资源供应国和消费国,具备承担能源资源市场全球治理的基本条件。G20已经意识到稳定大宗商品价格的重要性。在今年2月举行的G20财长和央行行长会议上,已经将大宗商品问题列入公报,并设立了分析资金流动对价格影响的工作小组。同时,G20下还设置了化石燃料补贴、化石燃料价格波动、清洁能源和能效三个工作组。在11月举行的G20领导人戛纳峰会上,我国领导人强调,应当推动形成更加合理透明的大宗商品定价和调控机制,实现和保持大宗商品价格合理稳定。这一观点得到了与会国家和国际舆论的赞赏。这次峰会的公报也指出,G20国家认可国际证监会组织(IOSCO)改进大宗商品衍生品市场监管的建言,并认为应当赋予市场监管机构有效的干预权利,尤其是应当拥有和利用正式的头寸管理能力。虽然G20所谈的大宗商品只涉及能源和粮食,但这些举动表明,G20愿意成为稳定大宗商品价格的平台。

在G20框架下开展大宗能源资源市场全球治理,符合各国的普遍利益,也能够为各方所接受。在这个体系框架下,主要能源供应国、消费国、中转国坐在一起,共同讨论能源政策、市场建设、定价机制、运输通道安全等重大问题,形成有约束力的机制和共同行动计划,从而建立起一种集体安全体制。无论资源丰富国还是资源贫乏国,无论是发达国家还是发展中国家,面对全新的国际能源资源局面,都有可能支持国际能源资源市场稳定机制的建立。这里就主要国家对这一倡议可能的态度作一简要分析。

（一）发达国家的态度。G20中美国、日本、德国、法国、英国、意大利、加拿大这7个国家和欧盟都是能源资源的主要消费国家与地区。金融危机爆发后，发达国家经济问题凸显，希望采取措施，防止能源资源价格波动引发新的全球经济动荡。联合国、世界银行、国际货币基金组织、世贸组织等发达国家具有传统优势的全球治理机制中，基本都没有解决能源资源矛盾的功能。出于自身经济恢复和长远发展战略的需要，G20中这7个发达国家和欧盟完全可能接受新的国际能源资源协调平台，以保持其影响力和控制力。

（二）资源供应国的态度。从G7扩大到G20，新增加国家中俄罗斯、澳大利亚、巴西、印度尼西亚、沙特阿拉伯、南非6国都是资源输出型国家。除石油外，天然气、煤炭、铁矿石、有色金属等大宗矿产资源一直没有形成全球有效的产量、价格协调机制，而欧佩克的作用近年来也日渐下降。资源供应国为了保障长期经济利益，也在积极寻求解决途径。G20聚集了有代表性的资源供应国，便于他们协调立场，开展同消费国的对话，并且可以将产量、价格与世界经济波动周期结合起来考虑。资源供应国接受G20框架下的能源资源市场稳定机制，有利于维护和保障他们的长期经济利益。

（三）新兴经济体的态度。在G20中，中国、印度等新兴经济体占据11席。为了抵御能源供应和价格波动带来的风险，他们有强烈意愿维护国际能源资源市场的长期稳定。在世界银行、国际货币基金组织这些传统的国际组织中，新兴经济体的发言权十分有限。但在G20中，它们有着共同的利益，占有的席位也较多，各国又都普遍肯定他们在世界经济中的影响力，因此在G20框架下建立能源资源市场稳定机制容易得到他们的认可。

当然，也有一种担心是，通过全球治理的方式稳定能源资源市场，会影响我国对稀土的定价权，这是不必要的。首先，稀土不属于大宗矿产品。相比于原油、天然气、煤炭、铁矿石、铜铝等大宗矿产品，稀土的贸易规模显得非常小，其价格波动不会对世界经济波动产生重大影响，目前不应当纳入全球治理的范围。其次，中国一直没有掌握稀土的定价权。与石油、铁矿石等大宗矿产品不同，稀土没有出现过金融化、垄断定价和泛政治化等问题，不属于全球经济治理需要解决的范畴。最后，如果将稀土纳入全球治理，其他资源国也同样会受到影响。中国稀土储量只占全世界总储量约为30%左右。世界很多地方都蕴藏着丰富的稀土矿产,俄罗斯、美国、澳大利亚分别拥有全球约22%、15%和6%的稀土储量,印度、加拿大、南非以及巴西等国稀土储量也都非常丰富。随着这两年稀土价格快速上涨,美国、澳大利亚、加拿大等国已经重启本国稀土开采计划。因此,通过全球治理制定统一的规则,对这些国家同样适用。中国是大宗矿产资源的重要消费国,通过全球治理遏制了这些品种的过度金融化、垄断定价和泛政治化,有利于消除对中国发展的制约,总体上是利大于弊。

四、构建全球大宗能源资源市场稳定机制的设想

目前,全球经济治理改革正向纵深推进,稳定能源资源市场符合各方共同利益。国际社会应当抓住这一机遇,推动建立全球大宗能源资源市场稳定机制(Global Mechanism for Stabilizing Energy and Resources Market, GMSERM)①,并将其正式纳入G20峰会讨论的范围,与国际金融体系和自由贸易体系一起,相互配合协调,共同履行全球经济治理的责任,防止出现新的全球性经济危机。

(一)主要目标

在G20框架下,构建全球大宗能源资源市场稳定机制的目标可以概括为:建立公正、合理、有约束力的能源资源预警、调节、监督的多边协调机制,使全球能源资源市场更加安全、稳定、可持续。

——安全。包括供给安全,及时、充足、经济地在全球范围内配置能源资源;利用安全,在开发、生产、转换、仓储、运输、消费等各个环节没有危险、不受威胁、不出事故。

——稳定。包括价格稳定,减少暴涨暴跌引发风险;供需稳定,保持生产与消费供需平衡;政策稳定,有效协调各国政策及相关标准,减少不确定性风险。

——可持续。包括能源资源的合理开采、高效利用,全产业链相关参与方互利共赢、共同发展。

---

① 或Stabilizing Mechanism for Energy and Resources of Global, SMERG;或The World Energy and Resources Governance, WERG。

（二）基本原则

建立全球大宗能源资源市场稳定机制应坚持以下原则：

第一，自由竞争原则。健康的国际能源资源市场应当是一个消除垄断、充分竞争的市场。应当通过全球治理，减少政府对能源资源供给和消费的直接干预，打破产业资本与金融资本双重垄断，增加全球范围内的竞争程度，提高资源配置效率。

第二，广泛代表原则。全球能源资源市场治理的参与方应有广泛的代表性，主要包括发达国家和新兴经济体、资源供应国和消费国政府，以及企业、国际组织、研究机构等各个层面。

第三，互利共赢原则。秉承公平交易、合理配置的理念，避免一方受益他方受损的“零和游戏”，妥善解决贸易投资的纠纷争端，共同维护公平稳定的市场环境。

第四，可操作性原则。G20应当在充分协商的基础上，制定有约束力的规则。各相关参与方应当恪守承诺，接受相关机构的监督和检查，确保相关规则可实施和可操作。

（三）框架内容

初步考虑，全球大宗能源资源市场稳定机制可以包括以下内容：

1. 建立信息通报机制。在能源资源供应市场中，建立全球信息沟通机制，提高能源资源交易的透明度，减少或取消对能源资源市场的行政干预或垄断。建立全球能源资源交易数据库，协调各国通报能源资源的生产、消费数据，要求有关机构公布交易头寸、保证金数额等重要指标。加强对需求预测，引导合理消费，保障市场的稳定供应。

2. 建立价格协调机制。制定市场竞争规则，建立价格平抑机制。进一步放开价格管制，打破个别国家和企业对某些能源资源的价格垄断。建立能源资源期货市场和全球储备体系，当价格波动严重异常时，通过增加保证金头寸、动用储备等措施，缓解价格波动。建立各国能源资源的补贴、生产、贸易、投资政策的协调机制，防止各国单独制定政策产生的外部性。

3. 建立金融监督机制。将国际金融体系改革与能源资源市场体系改革联系起来，建立全球能源资源衍生品市场的金融监督机制，加强对资本流动和金融创新的监督，防止重要能源资源过度金融化和杠杆化，减少金融或矿业寡头对商品市场的大肆投机和价格操纵行为。

4. 建立安全应急机制。建立全球能源资源安全应急机制，制定必要的应急预案，针对能源资源运输供应过程中的突发事件开展联合演练。各相关国家要及时通报安全信息，例如威胁海、陆运输通道安全的犯罪活动，地震海啸等不可抗力引发的供应中断，以及其他原因造成的大范围环境损害等。

5. 建立合理消费机制。引导国际能源资源消费趋向清洁化、低碳化，在国际社会建立低投入、高产出，低消耗、少排放，能循环、可持续的国民经济体系。推行绿色生产方式、生活方式和消费模式，形成节约环保型社会组织体系。

6. 建立自由开放的贸易投资机制。改善能源资源的贸易和投资环境，进一步放开价格管制和管道限制，反对各种形式的保护主义，建立区域和全球能源资源统一市场。

五、实施步骤和政策建议

将全球大宗能源资源市场稳定机制纳入 G20 框架下，需要分步骤实施，分阶段推进，中国政府应当积极推动，有所作为。

第一，建议我国领导人在国际场合，就建立能源资源市场稳定机制积极磋商，适时发出倡议。在双边会谈中，我国领导人可与有关国家交换意见，针对发达国家、新兴经济体、能源资源生产国和消费国的不同关切，阐述这一机制对他们的意义所在，争取他们的支持。在达成普遍共识的情况下，选择适当的国际场合，由中国领导人正式就 G20 框架下建立能源资源市场稳定机制提出倡议。此外，国内智库和非政府组织也应当在国际交往中积极推荐这一方案，发挥其影响力，谋求广泛的共识。

第二，建议将博鳌亚洲论坛作为能源资源供应国与消费国对话的主要平台。由于博鳌亚洲论坛是目前少数把永久会址设在中国的国际组织，可以考虑将论坛作为主要的对话平台，参与者包括各国能源资源主管部门负责人、产业界、学术界三个层面。通过对话，更多地发挥外籍人士的作用，形成供需之间更多共识，也可以为建立能源资源市场稳定机制提供必要的智力支持。

第三，建议适时在中国建立能源资源期货市场。发挥期货市场的价格发现、风险管理的功能，提高我国在全球能源资源市场的话语权和定价权。

第四，加强全球经济治理的人才培养。由于中国是世界第二大经济体，在参加很多国际组织时可以直接派员担任高级领导职务，但我们往往很难找出胜任的人选，甚至连一些应当参加的工作组都派不出人。未来中国需要有国际视野的领导干部，今天向国际组织派出干部的重要性并不亚于中央与地方的干部交流。建议国家有计划地从有国内宏观经济部门、研究机构中选派熟悉国内情况、有一定工作经验的中青干部到国际组织任职，通过多种形式的培训和锻炼，为未来更好地参与全球经济治理储备人才。

2011年11月22日

（《建立全球大宗能源资源市场稳定机制》课题组：范必、王军、曾少军、张焕波、刘向东、马志扬、王冠群等，纪敏、刘树臣等参加讨论；执笔：范必）

我国物流成本过高的原因及政策建议*

李 伟 张昌彩

近期,我国不少地区蔬菜收购价暴跌,但城里蔬菜零售价却居高不下,从产地到零售,一些菜价上涨可达20倍。专家认为,物流成本过高是物价高企的重要推手;而路桥费高昂、公路上乱罚款、货车进城难、超市进场费用多等则是物流成本居高不下的主要原因。现将媒体报道的有关情况研究综述如下,供参阅。

一、我国物流成本过高

据统计,2010年我国物流总费用占GDP比重约18%,比发达国家高出一倍。以蔬菜为例,物流费用约占到菜价的八成。最近菜价暴跌,一些品种的蔬菜收购价才几分钱,但城里零售价格却依然维持在一元以上的高价。菜贱伤农,而市民并未得到低菜价的实惠。另据业内报告称,在农副食品加工业中,运输占物流成本一半以上,但物流业利润率却并不高,平均毛利率在10%以下。其中,仓储业为3%~5%,运输业为2%-3%,卡车运输、货运代理和一般物流服务业仅为2%左右。这说明我国物流成本过高。畸高的物流成本,不仅推高了物价,影响到人民群众的日常生活;而且严重影响了经济的运行效率和质量,甚至阻碍国家经济竞争力的提升。

二、物流成本过高的主要原因

(一)路桥费高昂。主要表现有:一是收费公路过多。全球收费公路共有14万公里,10万公里在我国。我国95%的高速公路、61%的一级公路、

---

* 此文获得国务院研究室2011年度优秀研究成果三等奖。

42%的二级公路都是收费公路，而美国仅有8.8%的高速公路为收费公路。二是收费站密度太大。比如，广州某地198公里就有7个收费站，其中最后25公里就有5个。三是收取费用太高。例如，沪渝高速1795公里，过路费达1200元，比飞机票还贵。河南一农民套用军车牌照拉沙营运8个月只挣了20万元，逃掉的过路费却高达368万元。四是违规收费普遍。国家审计署2008年审计结果显示，辽宁、湖北等16个省违规设置收费站158个，至2005年年底违规收费149亿元；浙江、安徽等7省提高收费标准，多收82亿元。五是收费期限过长。国家明文规定，高速公路最长收费期限不得超过30年，但目前审核认定的收费期限低于30年的基本没有。据国家审计署抽查，山东、北京等12个省市35条经营性公路，由于批准收费时间过长，获取的通行费收入高出投资成本数倍乃至十倍以上。郑州黄河公路大桥从1986年开始收费，1996年已偿清贷款，截至2008年已违规收费14.5亿元，至今仍在收费；而广东三水大桥，收费起止期长达50多年。

收费公路过多过滥和高昂的过桥过路费，对我国经济社会发展产生了重大负面影响。一是直接推高了运输成本。据中国物流与采购联合会介绍，各种过桥过路费占运输行业成本的1/3。二是使运输企业因面临"要么亏本，要么超载"的窘境而被迫超载。新疆路政海事局的执法结果表明，90%的大货车存在超载、超限现象，运输水泥、工业盐、矿石、煤的大货车则100%超载。超载超限、边罚边跑成为物流业的常态，很多企业甚至将超载罚款视作固定成本。三是造就了路桥收费业的暴利。有媒体曾评出2009年上市公司三大暴利行业，路桥收费业荣登榜首，超过金融、地产、证券、石油等行业。在沪深两市15家路桥收费业上市公司中，除一家业绩不佳外，其余14家平均毛利率64.2%，净利润率高达36.6%。在路桥收费业大赚其利之时，每年上万亿运输费用被打入整个社会的商品成本，助推物价上涨。四是形成公路财政。在很多二三线以下城市，公路收费是除土地之外最高收入来源。过路费承担着交警警费、交通补助、工资奖金甚至福利房等多种重任。

（二）公路上乱罚款现象严重。这也是导致运输成本居高不下的重要原因。罚款之"乱"主要表现在：一是罚款数额大。业内人士估算，我国每年公路上的罚款可能高达4000多亿元。据报道，拉一车煤跑一千公里，平均每吨煤约被罚款15元；一辆大货车每年罚款可能高达3万元；上海一家物流企业一年罚款达到4800万元。二是乱设卡、频繁罚款、重复罚款、无故罚款、罚款不开票等行为常见。一些货车司机反映，京藏高速内蒙古、河北等地都设置了滞超点，每个站点都要称重罚款，给票的罚200~300元，不给票的罚50~100元。三是执法部门多。交警、路政、林业管理部门甚至城管都有罚款的权力。四是“养鱼执法”现象普遍。根据规定，核定为超载的车辆须卸货到不超载为止。但执法部门往往只罚款不卸货，以此保证不断得到罚款收入。

（三）物流不畅，货车进城难。北京市物流协会调查显示，蔬菜从北京新发地批发市场到市区零售市场“最后一公里”的流通成本，比从山东寿光到北京的流通成本至少高出150%。在其他大城市，也普遍存在进城配送费超过长途运输费的现象。导致上述现象出现的原因之一是货车进城难。为治理交通拥堵，我国各大城市都对货车进城予以限制、禁行。对此，物流企业“被迫”通过改装客车、客货混装等违法方式完成送货。据介绍，北京每年2亿多吨城市货物配送，百分之七八十物品违法进城；而上海有时则靠打出租车送货。这无疑增加了交通成本，进而推高物流成本。此外，货车禁行后，上路的客车增多，不但没有减轻反而加剧了拥堵压力，并增加了尾气的排放。

（四）超市进场费名目繁多。目前，超市向供货商收取开户费、条码费、节庆费等进场费高达十几种。业内专家表示，供货商缴纳的各种费用一般占到大型超市销售额的40%~50%。据调查，杏仁等六种干果的超市价格是批发市场价格的2.85倍。高额的进场费，使许多我国制造的产品在国内超市售价比国外超市还要高，有的还高出许多。此外，超市还要收取高达百分之几十的“返点”，供货商为维持利润，也不得不把“返点”费用表现在涨价的商品上，直接转嫁给消费者。

（五）重复征税问题突出。物流业的特点是分工细、环节多，由于税制设计存在问题，物流业转包、外包中重复征收营业税和包租、转租中重复征收土地使用税的现象非常普遍，水路与陆路、公路与铁路联合运输业务更是重复纳税重灾区。为避免重复纳税，许多企业宁愿选择分工少的方式运营，这导致我国物流行业效率不高。重复征税，不仅直接增加了物流成本，而且阻碍了物流业发展壮大。

（六）物流联运“短路”。一般来说，铁路比公路便宜20%～30%，水路比公路便宜2/3，因此联运是物流成本最低的方式。但目前我国联运能力很差，港口每年集装箱吞吐量80%以上靠公路输送，海运铁运联合运输不足5%，远低于欧美国家海铁联运40%的水平。这种高成本、高能耗的运输方式，也导致物流成本居高不下。

此外，石油价格上涨也是推动物流成本上升的一个重要原因。目前，油费在运输行业成本中的比例高达40%。

三、相关政策建议

（一）尽快进行公路收费改革。一是彻底整顿全国收费公路，如下调高速公路收费标准、取消普通公路收费、酝酿取消一级公路收费、扩大政府还贷二级公路收费调整范围、适时取消西部地区政府还贷二级公路收费、设定收费企业利润最高限、严格执行收费年限和标准等。二是改变修路模式。在美国，公路建设和管理采用联邦资助、地方所有的体制。一般联邦政府资金在投资中占90%左右，州政府资金占10%。这一做法值得我国借鉴。

（二）彻底整治公路乱罚款。一是坚决切断地方财政与罚款的利益关联。公开地方财政预算决算，实行严格收支两条线。二是进一步理顺路政治超、林业检查、动物检疫等关系，完善执法体制和管理体制，治理多头管理。三是严格执法和加强监督。实行执法前移，坚决禁止违法车上路，从根本上解决以罚代管的问题。

（三）完善城市物流管理体系。一是在城市周边地区建立一些物流集散中心。二是采用共同配送方式，为同一区域的商家设立共同配送中心，统一调配运送货物。三是有关部门应指定一种车作为专门的城市配送车辆。四是减少对物流运输货车的限制。如香港对进城送货的车辆没有时间限制，24小时都可以送货；日本东京也是如此，送货车辆甚至和公交车辆一样享受财政补贴。五是在政策上给予道路运输业支持，包括税负减免、搭建更大的公共信息平台以提升车辆运行效率等。

（四）双管齐下解决进场费问题。一是强化政府监督管理，完善反垄断法律法规，对大型零售商滥用优势地位的行为进行明确界定，规范和限制进场费,并对违规者加大处罚力度。必要时,也可实行对大型零售商约谈制度。二是利用市场手段,通过优化商业网点规划、增加同一地区大型商场供给,促进同一业态充分竞争,消除零售商垄断地位。

（五）加快解决重复征税问题。一是在对物流业准确定性的基础上确定税收种类,统一物流业各环节业务营业税适用税率,仓储等业务应参照现行运输业3%的税率征收。二是将具有社会公益性特点的物流业的土地使用与传统房地产及一般租赁服务业加以区分,降低现代物流企业土地使用税税率。三是扩大并完善物流税改试点,逐步将物流业营业税转为增值税,通过成本抵扣,从根本上解决重复征税难题。

（六）不断提高物流联运能力。大力提高铁路运力,实现更多港口与铁路无缝对接。完善现有的全国现代物流工作部际联席会议制度,建立合作机制,加强协调,提高联运能力和效率。

2011年5月31日

应高度重视援疆建设中的大办钢铁问题*

张昌彩　党小卉

中央新疆工作座谈会以后，随着各地对口援疆建设力度的加大，许多企业在疆争上钢铁项目，出现了新疆建设中大办钢铁的现象。这不仅导致新疆钢铁工业盲目发展，也加剧了全国钢铁产能的进一步过剩。根据新疆自治区政府研究室提供的材料，并收集了一些专家学者的观点，现将有关情况整理如下，供参阅。

一、新疆地区掀起钢铁“投资热”

随着西部大开发战略和对口援疆工作的深入推进，新疆投资规模不断扩大，对钢材的需求明显增加，加之新疆铁矿石资源比较丰富，吸引着各地援疆钢铁企业纷纷投资，导致新疆钢铁工业的“投资热”。据初步统计，目前已有22个省区市的国有钢铁企业和非钢铁企业、民营钢铁企业和非钢铁企业进入新疆，进行铁矿石开采、钢铁生产。截至2010年底，新疆钢铁企业达到78家，已形成炼铁产能1355万吨、炼钢产能1020万吨、轧钢产能1010万吨。2010年新疆粗钢产量825.54万吨、钢材产量981.7万吨、生铁产量941.12万吨，分别比2005年增长2.69倍、3倍和3.64倍。

目前，部分钢铁企业还在扩能建设。宝钢集团八一钢铁有限公司正在实施“一体两翼”发展战略，即参股北疆伊犁钢铁有限责任公司形成北疆钢

* 此文获得国务院研究室2011年度优秀研究成果三等奖。

铁生产基地和投资建设南疆阿克苏地区钢铁生产基地，到2015年形成1200万吨生产规模。落户阿图什市的赣鑫钢铁有限公司，正在积极筹建300万吨钢铁项目。首钢伊犁钢铁有限公司正在加紧进行技术改造，将产能从200万吨增加到500万吨。此外，从媒体报道的情况看，还有一些钢铁投资项目正在酝酿之中。初步测算，如果这些项目按计划建成，到"十二五"时期末，新疆地区粗钢年总产能将超过3000万吨。届时，新疆地区人均年产钢将达1375公斤，这在发达国家也是没有出现过的。

二、新疆大办钢铁带来的主要问题

许多专家分析认为，新疆钢铁产业的盲目扩张，对新疆和全国都十分不利。其存在的主要问题有：

1. 产能过剩严重。据有关部门推算，"十二五"期间，新疆地区年粗钢消费量约为1200万吨，而规划投资的产能已达3000万吨，大大超过当地市场容量，届时产能过剩将不可避免。从全国来看，目前钢铁工业已属于产能过剩行业，新疆钢铁产业的扩张，必将使这种局面进一步加剧。

2. 企业规模小，布局散而乱。目前，除宝钢集团新疆八一钢铁有限公司规模较大外，新疆钢铁业多数企业规模普遍偏小，技术装备水平不高，产业集中度低。比如，八钢伊犁钢铁有限公司、八钢拜城钢铁有限公司和新疆金特钢铁股份有限公司年产能分别只有300万吨，巴州西姆莱斯公司和山东钢铁集团喀什项目规划年产能仅为100万吨。同时，无论是铁矿采选，还是钢铁冶炼，都出现了散而乱的局面，甚至是"山山建矿、县县建厂"。例如，巴音郭楞蒙古自治州的铁矿和冶炼项目多达19个，克孜勒苏柯尔克孜自治州多达11个。

3. 用水压力加大。新疆地区属于典型的大陆性干旱气候，许多地方水资源紧张，一些地方严重缺水。目前，新疆地区总用水量约460亿立方米，其中农业灌溉用水420亿立方米，加之生态用水必不可少，所剩的工业用水量十分有限。而钢铁工业耗水量较大，据测算平均每吨钢耗水量为4.43立方米，按照新疆每年增加2300万吨粗钢产量计算，新增消耗水量将超过1亿多立方米。这将对新疆地区用水产生极大挑战。

4. 交通运力大，物流成本高。新疆地区特殊的地理特征决定了，货物运输必须主要依靠铁路。目前,铁路在新疆承担着95%以上大宗货物运输任务,运力十分紧张。据估算,在新疆地区生产1吨钢,需要4吨左右运力。因此,新疆钢铁产业的盲目扩张,势必增加大量运输需求,从而造成运力更加紧张和物流成本居高不下。

5. 生态环境损害严重。目前新疆矿山资源的开发,已使许多地方山体伤痕累累、植被破坏严重,一些重要河道被废料堵塞。在5A级景区那拉提大草原,相继建起两座钢铁企业,污染物、废水废气、粉尘等的排放,对生态环境造成了极大影响。由于特殊的气候和土地条件,新疆地区环境承载能力较为脆弱,生态环境一旦被破坏将很难恢复。

三、几点建议

第一,科学合理制定新疆地区钢铁行业发展规划。有关方面应对新疆钢铁工业发展进行整体规划,既要考虑满足发展需要,又要避免全面铺开、盲目发展,尤其不能走我国钢铁工业"先建设、再调整"的老路。当前,在我国钢铁产能过剩的情况下,新疆地区应有序安排投资引进工作,合理控制钢铁工业投资规模,优化产品结构和地区布局。

第二,规范企业行为,推进矿产资源整合。目前,不少内地企业到新疆建钢铁厂的动机之一就是"跑马圈地"、抢占资源。有关方面应及早出台相应政策措施,严格规范企业资源开采行为。同时,要加快推进铁矿石、煤炭等矿产资源的整合,把优势资源优先配置给具有先进技术装备的钢铁企业。

第三,正确处理好钢铁工业发展与生态环境的关系。新疆水资源不足、生态环境脆弱,发展钢铁工业必须坚持统筹规划、科学管理。要正确处理好矿业开发、钢铁生产和生态环境的关系,把"资源开发可持续、生态环境可持续"作为实现跨越式发展和长治久安的根本保障。要以不破坏生态环境为目标,谋求钢铁工业发展和经济效益最大化。

2011年7月19日

促进农民工融入城镇的有关建议

马传景　胡　成

最近,我们围绕农民工融入城镇问题进行了专题研究。期间赴农民工输出大省四川和农民工输入大省浙江进行了调研,召开了有关部门参加的座谈会,与农民工代表进行了直接交流,并到部分农民工融入城镇情况较好的县(市)区实地了解情况。需要说明的是,我们研究的问题实际上有两种情况:在长三角、珠三角等发达地区是农民工如何融入当地,在其他地方是农民工如何融入城镇,但需要解决的问题大致相同。现将有关情况和分析建议报告如下。

一、应把促进农民工融入城镇作为农民工工作的重点

国务院领导同志曾明确指出,随着我国经济社会发展和农民工工作的不断推进,农民工工作形势正在发生深刻的变化。农民工已经由打工挣钱向打工进城转变,促进农民工融入城镇应当成为今后一个时期农民工工作的重点。我们这次调研中了解到的情况证明,国务院领导同志的判断是完全正确的。促进农民工融入城镇不仅有利于解决农民工最关心、最现实、最直接的问题,而且对于促进经济发展方式转变和社会和谐意义重大。

第一,农民工状况和诉求已经发生了重大变化。研究表明,近年来农民工外出就业由流动性较大向长期稳定就业转变,由个人外出打工到举家外出转变。目前半数农民工务工在5年以上,四分之三农民工是夫妻二人或带小孩、老人在务工地居住。特别是现在新一代农民工已经成为农民工的主体,约占外出农民工总数的60%。与老一代农民工相比,他们从未从事过

农业生产,对农村、农业不熟悉,没有感情,在思想观念、生活习惯、行为方式等方面更接近城镇居民,渴望市民身份认同、待遇平等和融入城市,迫切期盼实现“市民梦、创业梦、安居梦”。这些新变化、新情况表明,与过去单纯打工挣钱不同,融入当地生活、融入城镇,成为一些农民工特别是新一代农民工的根本诉求。

第二,促进农民工融入城镇是解决农民工最关心、最直接、最现实问题的关键。我们在调研中了解到,目前农民工最期盼得到解决的问题依次是住房、子女教育、社会保障、就业权益、城镇户口等。由于我国长期实行城乡分割体制,进城工作和居住的农民工不能平等享受附着在城镇居民身份上的各种权益。加快促进农民工融入城镇,实现与城镇居民同等待遇,是保障农民工就业、子女教育、社保、住房等权益,解决他们最关心、最直接、最现实问题的枢纽和关键。

第三,促进农民工融入城镇是加快转变经济发展方式的重要措施。加快城镇化进程,是扩大内需特别是消费需求的重要措施。有关方面研究表明,城镇居民和农村居民消费支出为3∶1。2010年,我国城镇化率为49.7%,其中有相当一部分城镇常住人口是在城镇和农村之间流动的农民工。根据国务院发展中心的研究,考虑到这一因素,我国实际城镇化率还要低10个百分点左右。由于农民工尚未能真正在城镇安家落户,其消费支出大大低于城镇居民。加快促进农民工融入城镇,将创造巨大的消费需求,有力促进经济发展由过度依赖外需向主要依靠内需转变。

第四,农民工融入城镇有利于加强社会管理。由于农民工群体长期不能融入城镇,就业、社会保障等权益难以保障,住房、子女教育等问题难以解决,文化和日常生活与城镇居民相互隔离,导致对城镇缺乏认同感,如果工作生活中遇到困难和挫折,容易行为过激。据浙江省公安厅反映,当地70%以上的治安违法案件来自于流动人口。加快促进农民工融入城镇,使他们安居乐业,有利于加强和改进社会管理,促进社会和谐稳定。

二、促进农民工融入城镇要积极推动、量力而为、分步实施

调研中地方同志反映,要深刻认识农民工融入城镇的长期性、艰巨性和复杂性,坚持从国情出发,充分考虑需要和可能,既要积极推进,也不能操之

过急。

第一,提高城镇公共服务承载能力需要一个过程。当前我国城镇尤其是大中城市公共服务承载能力是按城镇居民数量规划和建设的,短期内大规模实现农民工市民化,供水、供气、住房、道路交通、教育、文化等公共服务难以满足需要。比如,温州市近年来每年新增近2万名农民工子女入学,相当于每年要新建17所24个班级规模的学校,当地政府反映难以承受。在推进农民工融入城镇工作中,必须考虑城镇公共服务能力提高是一个过程,避免出现巴西、阿根廷等国家过度城市化产生的贫富差别过大、"贫民窟"遍布等种种严重的社会问题。

第二,农民工收入状况适应城镇支出水平需要一个过程。当前农民工整体文化程度、技能水平偏低。四川省外出务工农民工中,初中文化水平占35%,高中和中等职业文化占17%,大专文化仅占1%,51.1%的农民工没有接受过任何形式的技能培训。因此,农民工主要在城镇从事收入水平较低的工作,实际收入水平不足以支撑他们及家庭在城镇的生活。2010年,四川省城镇居民人均可支配收入约15461元,而在成都务工的农民工家庭人均可支配收入仅有5218元,仅为城镇居民的三分之一。农民工融入城镇,首先是要在经济上融入。但是,提高农民工自身素质、逐步增加收入是一个比较长的过程,决定了农民工融入城镇不可能一蹴而就。

第三,城镇居民完全平等接纳农民工需要一个过程。长期存在的城乡二元社会结构,导致"城里人"和"农村人"在收入水平、文化教育、生活习惯、文明程度等方面的明显差别。农民工文化教育水平、收入水平提高到城镇居民的水平,生活习惯适应城镇生活都需要一个过程。同时进城务工农民工大多在商业、建筑、餐饮、制造等行业就业,以体力劳动为主,社会地位不高,再加上城镇居民头脑中传统观念仍然根深蒂固,完全平等接纳农民工不是一朝一夕的事情。

以上分析表明,促进农民工融入城镇既是一项紧迫的任务,也是一个长期过程。要把农民工融入城镇与我国工业化、现代化、城镇化过程有机衔接,分步推进。有的同志提出,要争取用10年时间解决农民工与城镇居民享受平等权益问题,再用10年时间解决农民工从就业、社保、住房、子女教育到收入水平、文化水平、生活习惯、文明水平等各方面完全融入城镇问题。

三、促进农民工融入城镇的政策建议

农民工融入城镇不仅仅是由农民身份变成城镇居民身份,更重要的是要使农民工和城镇居民享受同等权益,实现在城镇安居乐业,在工作、生活、文化等方面全面融入城镇。党和政府要加强顶层设计,积极清除影响农民工融入城镇的各种制度障碍,为农民工融入城镇打开大门,积极创造条件。同时要充分尊重农民工意愿,视社会经济发展状况和农民工自身素质、收入水平提高,适时推进,不搞包办代替。

具体要采取以下政策措施:

第一,努力促进农民工稳定就业和增加收入。农民工融入城镇的前提,是能够获得与城镇支出水平相适应的稳定收入,要求稳定农民工就业,不断提高收入水平。为此,要切实提高劳动合同签订率和履约质量,加强劳动执法监督,加强对小型微型企业劳动用工的规范和指导。严格执行最低工资标准,完善职工工资集体协商制度,建立健全工资收入正常增长机制。各级政府要加大职业教育和农民工技能培训的投入力度,引导农民工积极学习科学文化技术,参加技能培训,提高劳动者就业技能和收入水平。

第二,着力改善农民工进城居住条件。住房问题是当前农民工最迫切要求解决的问题之一。要建立政府支持、企业主导、市场化运作机制,形成多种形式、多个层次的农民工住房供应体系,逐步解决农民工住房问题。鼓励企业建设农民工公寓或以企业名义统一为农民工租赁住房,政府给予适当补贴等方面的政策支持。通过试点,探索将在城镇稳定工作、居住一定年限、缴纳一定年限社会保险费的农民工纳入城镇住房保障体系。对建设农民工公寓优先提供土地,并适当减免有关税费。新建大企业、工业园区,规划时应预留农民工住房建设用地,规划建设好农民工生活配套设施。对于在城镇中有固定工作的农民工,在坚持自愿原则的前提下,逐步实行住房公积金制度。

第三,研究解决农民工老有所养、病有所医等社会保障权益问题。目前农民工参加社会保险比例还很低。比如由于转移接续不畅、缴费标准过高等原因,参加城镇职工基本养老保险的农民工只有不到20%。要在巩固养老保险省级统筹成果的基础上,研究提出基础养老金全国统筹办法,使农民工不论在哪里养老,都可以自由选择、享受权益。要适当降低城镇企业职工基本养老保险缴费标准,吸引更多农民工参保。

第四,切实保障农民工子女教育权益。农民工子女教育问题也是农民工关心的主要问题。要坚持以输入地政府管理为主、以全日制公办中小学为主,规范、扶持以接收农民工随迁子女为主的民办学校,保障农民工子女平等接受义务教育的权利。要探索学籍管理制度,研究解决农民工子女在输入地接受高中教育、参加高考的问题。要研究实行义务教育经费按实际入学学生数量拨付制度,减轻输入地财政负担,解决义务教育负担不公平问题。

第五,加快推进户籍制度改革。我国目前户籍制度改革已经迈开实质步伐,中小城市和城镇户籍已经基本放开,省会以上大城市仍设立了一定进入门槛,地方反映这基本符合我国实际。为了促进农民工由农村居民变成城镇居民,应明确城镇户籍准入与农民地权、林权等权利分离,或探索农村物权流转办法,引导农民工"带资进城",在城镇长期工作、生活,有序转为城镇居民。对不愿意把户口迁入输入地和城市,以及暂时不具备落户条件的农民工,可借鉴浙江、广东等地做法,实行流动人口居住证制度,使农民工与城镇居民一样享受在当地工作、子女教育、社会保障、住房等方面的主要权益。

第六,创新有利于农民工融入城镇的社会管理模式。大量农民工进入城镇工作生活,给社会管理带来了新的重大课题。要推动社会管理模式改革创新,不但使农民工在经济上融入当地城镇,而且要在政治、文化生活方面融入当地城镇。浙江省宁波市等地区在农民工集中的社区,由当地居民和农民工共同成立"和谐促进会"等自治组织,对加强社会管理、促进交流融合发挥了积极作用。要大力推广这种模式,鼓励农民工参与社区自治,增强作为社区成员的意识,提高自我管理、自我教育、自我服务的能力。要保障农民工的民主、政治权益,逐步增加农民工在输入地党代会、人代会代表和政协委员的名额,增强农民工的参政议政意识,提高主人翁意识,增强对当地城镇的认同感。

2011 年 9 月 27 日

关于开展产业化治沙的建议

范必　王飞　徐占忱　马庆斌

我国是世界上受沙化危害最严重的国家之一。近年来，一些企业开展了产业化治沙的探索，将一个原本单纯依靠政府投入的事业，变成了企业收益、生态改善、农牧民致富的新兴产业，成为我国西部地区转变经济发展方式的一个新亮点。为了应对严峻的土地沙化形势，建议国家组织开展产业化治沙试点示范，在沙漠土地使用权、财税政策等方面加大对产业化治沙的支持力度，使这项利国利民的产业能够健康和可持续的发展下去。

一、我国产业化治沙初具规模

土地沙化是我国面临的最为严重的生态问题之一。截止目前，我国沙化土地面积173万平方公里，约占国土面积的18%，主要分布于西北干旱半干旱地区的蒙新高原和青藏高原，以及东部部分河湖海沿岸地区，治理难度相当大。但是科学研究表明，并非所有的沙化土地都是不毛之地，相当一部分沙漠长有植物并有降水，有的沙化土地还可以从外部引水或抽取地下水进行治理。据测算，这类具有治理价值的沙化土地约占全国沙化土地面积的1/3。

长期以来，国家采取了一系列防沙治沙行动，取得了积极成效。主要包括，建立禁止滥樵采、滥放牧、滥开垦的“三禁”制度；实施“三北”防护林、全国防沙治沙、退耕还林、退牧还草、京津风沙源治理等一系列生态工程。在国家投入的同时，一些企业开始探索产业化治沙的途径。具体做法是，企业从农牧民手里转租沙地,以"反租倒包"的形式,同农牧民分别签订转租合同。之后,治沙企业通过生态建设投入和后续产业开发,获取治沙收益,并依合同与农牧民进行收益分配。经过多年实践,产业化治沙成为了经济效益、生态效益和社会效益都十分可观的产业。例如,内蒙古亿利资源集团从20世纪90年代初开始,对我国第七大沙漠库布其沙漠进行防沙治沙工作,目前已经绿化4000多平方公里。

产业化治沙使治沙工作从公益性事业,变为可以赢利的产业。我国治沙工作主要是依靠国家投入,而产业化治沙则是以企业为主体,以种植、养殖、加工、旅游为主要经营内容,形成上下游衔接的产业链条。目前,产业化治沙已开发出饲料、保健品、饮料、果品等沙产品,并带动了沙区加工、贮藏、包装、运输等相关产业的发展,此外,依托沙漠资源的旅游、医药、新能源等产业也显现了加快发展的势头。据不完全统计,近几年我国沙产业产值每年愈千亿元。

产业化治沙面积不断扩大,生态效果日益显现。由于产业化治沙有一定的经济效益,调动了企业和群众的积极性。内蒙古自治区培育了呼伦贝尔沙地樟子松基地、科尔沁沙地杨树基地,乌兰布和沙漠河套苹果梨与葡萄基地,毛乌素沙地沙柳、杨柴和柠条基地,科尔沁沙地山杏基地等经济作物种植基地。宁夏全区治沙面积在1500亩以上的企业有60多家,投入资金近10亿元,已开发治理沙荒地30多万亩。在这些地区,植被覆盖度和生态多样化显著改善,土壤侵蚀强度明显下降,风沙或浮尘天气明显减少,有效遏制了治理区沙漠化不断蔓延的势头。

企业和政府共同参与,增加了治沙投入力度和可持续性。现在国家生态工程治沙的投入基本是每亩沙地200元,不足部分由地方补充。由于各地自然条件不同,治沙成本也不同。从实地调查看,很多地方国家投入与实际治沙需要相比还有一定差距。随着近年来物价水平和劳动力成本的提高,国家投入的治沙资金越来越难以满足需要。现在,地方政府大都支持企业开展治沙行动。企业从经营需要出发,初期资金投入力度比较大。他们赢利后,将收入的一部分再次投入治沙,持续性得到保障,使治沙资金来源形成了良性循环。同时,企业通过整体规划、统一实施,运用先进技术装备,治沙质量比单纯依靠政府投入、农牧民实施有了很大提高。

产业化治沙极大地改善了农牧民生产、生活条件。由于沙区自然条件差，经济基础落后，致富门路少，农牧民收入增长一般要低于全国农民平均纯收入增长速度。各地在产业化治沙中，始终把发展沙产业与增加农牧民收入结合起来，使农牧民在获得沙地转租收益的同时，也逐步从第一产业进入第二、三产业，拓宽了就业门路，增加了群众收入。内蒙古毛乌素生物质热电厂通过每年营造15万亩原料林基地和收购20万吨生物质燃料，为当地农牧民每年提供近5000个就地劳动的机会，平均每户增收6000多元。亿利资源集团组织农牧民以沙地入股，吸收农牧民参与沙漠生态建设和产业化工程，每年解决农牧民就业10000多人，平均每户农牧民从企业获得收益3万余元。

二、产业化治沙存在的主要问题

由于产业化治沙还是一项新生事物，不少现行政策还没有形成有力的支持。主要表现在以下几个方面：

*一是治沙企业难以获得长期沙地使用权。*产业化治沙具有投入时间长、回报周期也长的特点。按照我国现行的土地政策，农牧民沙地承包期一般为30年。最早开始从事治沙产业的企业是从第一轮土地承包的中期开始与农民签约，签约期也就是20年左右。他们经过10多年的治沙投入，刚开始见到回报，就面临沙地使用权即将到期的问题。承包期满后，企业能否继续转包到现有沙地，仍需要和农牧民重新协商。这种不确定性极大地影响了企业长期治沙投入的积极性。特别是在一些地区，沙地中不长东西时，农牧民不管不问，一旦长出东西，就来主张权益。很多地方植被初步恢复后，牧民偷牧、滥牧现象又开始抬头。沙地使用权时间问题如不能得到很好解决，产业化治沙成果很难长期保持，也难以扩大治沙规模。

*二是各类税费负担较重。*按照规定，治沙企业对国有土地中的沙地进行治理，仍然要交纳土地出让金，土地资源管理费，并占用各地每年工业用地指标。此外，还要缴纳工商和农林特产税等税费。治沙本身带有一定的公益性，其盈利周期又较长，这些税费加重了治沙企业的负担。而工业用地指标在各地本来就十分紧俏，治沙用地面积又大，一定程度上影响了地方政府吸引企业治沙的积极性。

三是企业治沙无法得到国家的资金补助。国家生态建设资金，主要由中央财政下达到省级财政，再由省级财政逐级下达，最后由农牧民按承包沙地面积获得补助，原则上不能集中使用。由于资金补助对象不能是企业，治沙企业即使在国家生态工程区内治理同一片沙地，也不能获得国家生态建设补助资金。

三、促进产业化治沙的思路和建议

产业化治沙是一件利国、利民、利生态的好事，把好事办好需要国家在政策上给予必要的支持。当前，可以按照“谁投入、谁开发、谁受益”的原则，引入多元投资主体，制定各项优惠措施，实行差别化的土地政策，稳定企业收入预期，充分调动地方政府、企业和农牧民的积极性，吸引更多企业投入到产业化治沙工作中来，不断提高土地产出效益，从根本上改善治理区的生态环境。

第一，赋予治沙企业沙地长期使用权。建议国家出台政策，明确治沙企业在与农牧民合同期满后，如企业方无违约行为，企业向农牧民承租的沙地可自动延续到下一轮承包期结束，在产业化治沙试点地区将沙漠生态建设土地使用年限延长至70年或100年。

第二，国家生态工程投入与产业化治沙相结合。为了提高国家生态建设工程资金使用效率，可以考虑在部分地区进行试点，将生态建设资金交由治沙企业运营，国家监督使用。此举有利于增加企业治沙的投入力度。

第三，给予治沙企业各项优惠政策。主要包括，实行差异化的土地政策，在土地性质和用途不变的前提下，可出让撂荒土地和沙漠土地给有意治沙的企业或个人，并确定治沙期限和目标；返还企业治沙土地的土地出让金，免征土地资源管理费；企业治沙用地由各地自行审批，不占用各地工业用地指标；对企业和个人开展的防沙治沙及经营活动，在建设期内免征各项税费；允许治沙企业以林地、林木、草原使用权作抵押，申请治沙贷款。

第四，开展产业化治沙试点示范。建议在产业化治沙方面已经取得一定成效的地方，划出一定范围沙漠地块，综合运用以上各项政策，开展产业化治沙试点示范。库布其沙漠临近黄河，有一定的地下水资源，经过20年的探索和实践，库布其沙漠的产业化治沙已初步形成完整的产业链，建议首批试点示范可以考虑在这里开展。

第五，制定产业化治沙的政策措施。建议由国家发展改革委牵头，会同农业部、国土资源部、水利部、林业局等有关部门，提出促进我国产业化治沙的综合性工作方案。

2011 年 11 月 15 日

四、大力实施科教兴国战略和人才强国战略

以分类管理为突破口
加快推进民办教育综合改革

——关于民办学校分类管理改革试点的思考与建议

范绪锋　王烽

长期以来,我国民办学校法人属性与产权归属不清晰,规范管理和扶持政策落实面临困境,一个根本原因就在于没有建立起对营利性和非营利性民办学校进行分类管理的国家制度。《国家中长期教育改革和发展规划纲要(2010—2020年)》明确提出积极探索分类管理,并将其纳入国家教育体制改革试点范围。试点工作启动将近一年来,有关地区和单位进行了有益探索,但也面临不少困扰和问题,需要从政策和实践的角度进行总结分析,进一步理清推进改革的思路和对策。

一、改革试点的背景与进展

推进民办学校分类管理改革,是由我国具体国情和民办教育发展阶段性特征所决定的。我国《教育法》规定,任何组织和个人不得以营利为目的举办学校及其他教育机构;但现实中民办教育办学形式和产权构成十分复杂,大量逐利资本进入教育领域、出资办学占相当大比例是不容回避的事实。《民办教育促进法》坚持民办教育公益性质,同时允许出资者在办学结余中取得合理回报,就是利益与政策博弈的结果。这就造成了十分矛盾的现象:一方面,民办学校一致希望落实在非营利定位上形成的各种优惠政策,而一些举办者却回避或抵制作为非营利组织的规范要求,有的甚至利用现有“模糊地带”寻求更大利润空间；另一方面，有关部门对“合理回报”经济性质有不同认识，认为多数民办学校并非非营利组织，强调规范管理多，落实扶持政策积极性则不高。民办学校取得合理回报的具体办法8年未见出台，就是例证。不能清晰界定民办学校的营利性或非营利性，民办学校举办者的利益诉求与政府的政策走向存在错位甚至对立，已成为制约民办教育健康持续发展的重大障碍。实行营利性和非营利性分类管理，既是突破长期制约民办教育发展政策瓶颈的迫切需要，也将为民办教育开拓新的发展空间提供制度支持。这在国际上也是普遍的做法。

分类管理改革涉及民办教育价值理念的转变、体制机制的创新、推进策略的选择，是教育体制改革的难点和焦点之一。《教育规划纲要》出于既积极又稳妥的考虑，鼓励地方立足实际、先行先试，为构建民办学校分类管理体制进行探索。2011年1月，国办印发《关于开展国家教育体制改革试点的通知》，确定了上海市、浙江省、广东省深圳市等试点地区和单位。其中，上海市将民办学校分类管理作为独立项目，深圳市将民办学校分类管理作为“改善民办教育发展环境”的子项目，浙江省确定了宁波市、温州市作为分类管理改革试点地区。此外，福建省改革试点项目“建立和完善民办教育扶持政策”将“探索利用社会捐赠资产举办非营利性高等学校制度”作为总体目标之一，新疆、内蒙古、宁夏、甘肃、江苏、海南、吉林、辽宁、河北、天津、江西、安徽、湖北、湖南、河南、贵州、云南、重庆、四川等19个省（区、市）也在本地教育规划纲要中提出了探索民办学校分类管理。

各试点地区和学校提交的试点方案呈现出以下特点：一是注重分类标准的界定。上海市、深圳市、宁波市都把明确分类标准作为改革前期的基础性工作。二是注重配套制度建设。各地提出的配套制度清单，涵盖了分类审批登记制度、学校资产产权制度、学校财务制度、督导检查和社会监督制度、法人治理制度、教师人事制度、捐赠激励制度等，以及财政、税收、政府管理等方面的配套政策。三是注重改革的渐进性。福建提出了试点学校的初选范围，深圳提出引导不同类别的举办者自愿选择办学性质或申请改制的原则。

二、分类管理改革遇到的争论

目前，各方对分类管理改革的价值都充分肯定，将其视为民办教育综合

改革的重要突破口;但试点工作推进过程中仍然存在一些争论:

一是关于营利性与非营利性分类管理的可行性。这种争议在《教育规划纲要》研究制定过程中就一直存在。支持分类管理者认为,正是民办教育分类不清,才造成扶持和规范缺乏依据、政策模糊的现象。反对者以民办学校举办者居多,他们担心重新分类将调整既有利益格局,减少赢利预期,强调改革可能会引起民办学校不稳定,会阻碍社会资金进入教育,存在现有办学者抽逃资金等风险。

二是关于非营利性与营利性的区分标准。《企业所得税法实施条例》第八十四条、《非营利组织会计制度》、《财政部、国家税务总局关于民间非营利组织免税资格认定管理有关问题的通知》,对非营利组织的认定都有明确的标准。而部分民办教育界人士认为,《民办教育促进法》之所以肯定合理回报的法律地位,就是把捐资办学、出资办学甚至要求合理回报的民办学校作为非营利性学校看待。民办学校举办者对非营利性的理解,与学术界、政府部门的理解有明显差异,使分类标准问题成为继"要不要分类管理"之后民办学校举办者向政府和社会反映诉求的一个焦点。

三是关于营利性民办学校的经营范围。关于非学历教育可以举办营利性机构基本没有争议,目前突出的问题是学历教育能不能举办营利性机构。《民办教育促进法》和《财政部、国家税务总局关于教育税收政策的通知》,都对学历教育和非学历教育做了明显区分。而《国务院关于鼓励和引导民间投资健康发展的若干意见》提出,鼓励和支持民间资本参与和兴办包括高等学校、中小学、幼儿园、职业教育在内的教育和社会培训事业。一些民办教育举办者认为,既然支持民间资本以投资方式兴办各类教育,就应该允许举办实施学历教育和学前教育的营利性学校。

这些争论,反映了不同方面对分类管理改革必要性、重大思路和基本要求的不同理解,使得承担试点任务的地方和单位面临较大压力。改革存在争论是正常的,关键不能停留于争论,而要在争论基础上谋共识、在改革实践中找出路,这样才能真正达到试点目的。

三、思考与建议

综合上述情况可以看出,当前推进民办学校分类管理改革的主导方在政府,基层民办学校参与改革动力并不很足,甚至存在较大分歧。这就需要高度重视、及早研究,按照国家事业单位分类改革的总体要求,注重借助民办教育自身的发展诉求和变革力量,在坚持基本原则前提下采取更加灵活的推进策略,争取更为广泛的社会支持,确保试点工作的进度与效果。

第一,提前做好解疑释惑,减少对改革的顾虑。民办学校本身是市场机制的产物,出现优胜劣汰不可避免;分类管理改革作为民办教育转型时期的新探索,促使一些不规范办学退出是正常的。总体上,分类管理改革的风险基本可控,不宜夸大。从已有的经验看,风险的控制可通过技术手段来实现,一要加强沟通和宣传,及时了解民办教育界的呼声和动态,让民办学校举办者充分参与政策制定,掌握政策制定的过程和内容,避免由于信息不对称带来的猜疑和担忧。二要确定一些基本原则,如保护出资人合法权益的原则、试点学校遴选的自愿性原则等,让民办学校举办者安心。三要进行风险评估和管理。即使不进行分类管理试点,建立风险管理机制也是民办教育管理的当务之急。要将调查研究与风险监管、风险处置相结合,增强应对风险能力。

第二,引导举办者自愿选择,调动参与改革积极性。一些民办学校举办者对分类管理争议和担忧的焦点,在于现行法律法规对非营利性学校认定标准中的一些要件,如出资者对学校不享有任何财产权利等。目前,应当根据实际确定试点的有限目标,加大对试点学校的政策优惠和支持力度,让参与改革者尝到甜头,以制度创新来化解目前民办学校举办者的担忧。调动办学者积极性可以采取灵活多样的补偿和奖励手段,鼓励学校自愿选择加入试点。如,政府可根据办学投入、办学贡献,视情况给予一定额度的补偿或奖励;学校或校内标志性设施可以出资人或出资人家族、企业的名称命名,并且通过协议设定不得变更的期限;出资人可成立以本人、家族成员或企业命名的基金会,将学校财产的所有权转移到基金会名下等。

第三,发挥中央地方积极性,集中突破重大政策障碍。当前,一些地方政府加大对民办学校财政支持,有的设立民办教育发展专项资金,但资助对象与方式却难以确定,自发产生了对分类管理的需求。分类管理试点首先要解决制约地方民办教育政策的制定依据和合规性问题,不同的试点可以有不同的侧重,集中探索一系列重大问题的解决方案。这就需要在坚持基本分类原则前提下给予试点单位充分的自主权，不搞一刀切。允许地方冲破条条框框的束缚，激发地方改革的活力。同时，分类管理改革涉及教育、财政、税收、民政、土地、物价等多个政策领域，许多政策调整不是地方所能决定的。中央及有关部门必须加强宏观指导，制订推进分类管理改革的指导性意见，与试点单位建立顺畅的沟通机制，有效利用项目倾斜、财政支持等现有宏观政策调控手段对地方试点予以支持。

第四，注重以点带面，循序渐进推进改革。现阶段的分类管理改革，不是把辖区内的民办学校简单分类，而是以试点学校为中心探索建立分类管理的政策和制度体系。考虑到一些既不符合非营利组织认定标准、又不同于企业的民办学校类型还将长期存在，应为其留下过渡空间，并采取积极鼓励的措施。因此，试点的阶段性目标应是逐步完善政策和制度，体现出对两类民办学校特别是非营利性民办学校及其举办者的鼓励支持，逐步扩大参与分类管理的民办学校比例。试点地区可考虑要求所有新建民办学校按照营利性和非营利性分类管理的规范进行登记、实施管理，加大相应的扶持力度，吸引出资举办的民办学校向这两种类型发展。

2011 年 9 月 15 日

人大附中是如何开展素质教育的*

——人大附中素质教育调研报告之一

袁振国　杨润勇　李　萌　刘　畅

编者按：人大附中是北京市的一所重点中学，多年来通过改革创新办学模式，探索素质教育新路，以先进的育人理念和突出的办学业绩赢得了社会普遍赞誉，实现了向国内领先、世界一流中学的跃升。为总结名校实施素质教育的做法与经验，推动素质教育扎实有效开展，我司与教育部中央教育科学研究所组成联合调研组，对人大附中做了调研。调研组深入课堂听课，参与学生活动，实地考察“三高”足球基地等现代化校园建设；对学校369名初中学生、386名高中学生、162名教师、247名家长进行了问卷调查；对学校领导层、教师、员工、学生、家长共100余人次进行了访谈。在此基础上，全面总结了人大附中的办学理念、办学实践、鲜明特色和基本经验。

人大附中历史算不上悠久，却形成了鲜明的特色，赢得了社会普遍赞誉。在这所学校，确立了“爱是教育的最高境界、爱是自然流溢的奉献，尊重是教育的真谛、尊重是创造的源泉”的教育理念，以培养一流学生为目标，构建了促进全面发展的广度深度兼顾的课程体系，开辟了超常教育的实验田，打造了一支高水平教师团队，创造了第一个中学校园网、汽车模拟驾驶教室和中学生足球俱乐部，获得琴棋书画、体育艺术、发明创造、网络及学科等领域20多项世界冠军和20多个世界金奖，把我国中学教育带上了国际舞台。

---

* 此文获得国务院研究室2011年度优秀研究成果三等奖。

在这所学校，实现了素质教育和考试升学双赢。连续7年高考成绩在北京市名列榜首，6次摘得北京市高考文、理科状元；2009年获得北京市实行3+X考试以来唯一一个理综满分，2009、2010两年，全校360多人考入北大清华，80多人被哈佛、麻省理工等世界顶尖大学录取。随着素质教育的深入推进，学生的学习素养和学习能力大幅度提高，知识、能力、素质和情感协调发展，得到了中外教育界和广大家长的充分肯定。在这所学校，倡导尊重个性、挖掘潜能，教育不应是禁锢与管束，而应是尊重与宽容、欣赏与关爱、引导与激励、平等与合作，让学生彰显个性，生动活泼地发展。一批世界冠军和各门类具有拔尖创新潜质的学生脱颖而出，偏科和问题孩子也得到关爱、不断成长进步。调查问卷显示有59%的家长对于人大附中的办学实践“很满意”，加上“满意”的家长共占98%。

人大附中突出的成绩、发展的活力来自改革创新。多年来在办学过程中一手抓继承性的常规教学，一手抓改革创新，形成了一整套推行素质教育的做法，突现“五个打通”，即打通科学精神和人文精神、现实关怀和终极关怀之间的关节，打通信息、知识、智慧、能力之间的关节，打通考试与素质教育之间的关节，打通规定动作与自选动作之间的关节，打通感情凝聚与制度管理之间的关节，努力提升学校的核心竞争力和可持续发展能力，开辟了一条既符合教育规律、又具有自身特色的创新之路。

第一，推进课程改革，构建开放多元、有益于全面发展的课程体系。人大附中在办学过程中始终高举以学生为本的大旗，着眼于实现全面发展，整合开发课程资源，鼓励教师在国标课程的基础上进行教材改编重组和深度挖掘，开发适应不同年级、不同学生需要的校本课程和选修课。目前学校开设了包括创造发明、科学实践、现代少年、心理健康、外教英语等校本课程，包括自然科学、社会科学、综合实践活动、体育与艺术4个领域的150多门选修课程，形成了多元开放、课内课外有机结合的课程体系，调动学生学习的主动性，增加选择性，满足学生认知社会和掌握生活技能的需求。一是拓宽必修课内容。按照有益于学生终身发展的要求，除常规必修课外，开设了启发学生独立思考和创造思维的系列课程，包括心理健康、研究性学习、创造发明课等。二是开设丰富多彩的选修课程。强调选修课与校园文化、社区文化、中华民族文化乃至全球的文化相互关联，课程之间相互关联，具体开设由学校、老师和学生来决定，任课教师主要由本校教师担任，综合性比较强的课程外请教师，学校往届毕业生也会参与授课。宽口径、有特色的选修课体系，为学生们挖掘潜力、自主发展创造了条件，也为课堂教学和评价方式改革提供了宽松有效的实验空间。三是开设贴合学生实际的德育课程。注重德育的时代性和针对性，开设品德教育、法制教育等课程，并将班会课与德育联系起来，所有教师都注重在课堂教学中渗透德育，加强爱国主义和理想信念教育，培养学生的公民意识和社会责任感。四是开设综合实践活动课，强化学生创新精神和操作能力，培养动脑和动手相结合的习惯。问卷调查显示，82%的科学课教师常常把知识点与生活实际情况相结合，52%的学生经常运用所学知识解决生活中的问题。

*第二，以教学改革为突破口，激发学生自主学习的动力和潜能。*人大附中坚持通过教学改革提升教育质量，开展分层教学实验，提高课堂教学效能。一是转变育人理念。坚持"在承认差异的前提下对不同学生施以合适的教育，让他们获得最大限度的发展"。强调学校要从传统的传授知识、培养道德的地方转变为学生潜能发挥的舞台，教师要从知识传授者转变为愉悦学生身心的服务者，课堂教学要改变以教师为主体，注重传授、注重书本、注重死记硬背的模式，更加重视学生的自主性，重视课程内容与学生生活和社会生活的联系。二是将课堂还给学生。坚持启发式设疑教学，更加关注学生的学习需求，发挥能动性和创造性。问卷调查显示，在课堂上，94%的教师总是允许和鼓励学生持不同的观点，学生们经常提出超越教学内容的问题，论证自己的多种解题方式。积极开展研究性学习，进行系统的研究性学习方法训练、课题研究、社会实践设计与实施。启发性、研究性的课堂教学，不仅教给学生知识，还教会了学生如何学习；学生不仅从书本学，还主动学习课程以外的知识，培养了很强的求知欲和学习自主性。与学生与家长的座谈感到，人大附中的学生普遍阅读面广，独立思考能力强，乐于吸收新鲜知识，敢于质疑和提出问题。三是将培养超常学生的先进方法向一般教学领域辐射。人大附中20多年来对超常教育进行了系统探索，不仅有许多学生获得国内外学科竞赛大奖和创造发明奖，还有许多学生参加了"三高"足球队（道德品质高、文化素质高、运动水平高）、国际象棋队、健美操队和学生艺术团（包括交响乐团、合唱团、舞蹈团以及行进管乐团、电声乐团等），他

们既特长突出，又全面发展。超常教育实验形成了独具特色的教育理念和教学模式：如弹性化教学培养自主学习能力，研究性学习培养独立精神和创新能力，个性化辅导发展学生特长，开放的课堂培养科学精神和文化素养等，这些做法被扩展到学校教学的各个领域，成为全面推进素质教育的重要抓手。四是建立科学的评价体系。提出"全面发展 + 突出特长 + 创新精神 + 高尚品德"的学生培养目标，重视考试成绩，更重视学生的道德、情商、意志和动手能力，为整个教育教学树立了全面发展的导向。

第三，突出"动手"和"创新"，强化学生能力培养。学校从解决应试教育带来的动手能力不强、创新精神不足问题入手，将创造教育融入课程教学，鼓励支持学生参与国内外高水平科技竞赛、发明比赛和科学研究，提高学生解决实际问题的能力。开设了科技类必修课 11 门，选修课近 40 门，如创造与发明、纸模设计、平面设计、汽车模拟驾驶课、智能机器制作、设计与技术，学校建立了青少年科技俱乐部、少年科学院，让学生有更多的时间接触社会，接触生活，对培养动脑思考、动手实践能力起到了极大促进作用。学校创造条件让学生进入中国科学院、北京大学、清华大学等国家实验室，与科学家一起开展科研。1998 年，12 名学生参与了破译人类基因图谱的研究实验，研究成果在世界最权威科学杂志《Nature》上发表。近年来，人大附中学生参加各类国际青少年科技发明竞赛，共获得国际金奖 6 项、银奖 5 项，国际特等奖 1 项。在世界中学生科技创新最高水平的英特尔国际工程大赛中，人大附中有 10 人次参加并获奖。

第四，丰富课外活动，为学生施展各类才华创造条件、搭建舞台。人大附中倡导"每个人都希望有一个表现自己的舞台，尽情地展示自己的精彩，学校则是那个搭建舞台、为学生拉开大幕的人"，把学生放在广阔的背景下实施素质教育，通过开展丰富多彩、蓬勃向上的课外活动，使学生找到最喜欢最擅长的领域，在快乐成长中全面提高素质。学校开设了音乐、舞蹈、形体、绘画等艺术课程，举办了艺术节、电影节、文化节，每学期都会花一两个月时间组织开展校园系列文化活动，时间跨度长，覆盖面广，涉及学习生活各领域，成为学生们展示自我、欣赏自我、释放自我的舞台。人大附中的课外活动有几个特点：一是以传统文化活动培育人文素养。通过开展寻找中华传统文化之源、思想论坛、中华传统文化推广讲座、华夏文化节、吟诵唐宋诗词、背诵《论语》等活动，加强传统文化熏陶，形成了富有校园气息的中华传统文化学习之风。二是以国际性活动拓展视野。国际青年领袖训练营项目“模拟联合国”、英语角、英语剧、奥林匹克文化节等活动，融入更多时代和世界的元素，引导学生用开放胸怀吸纳世界优秀文明成果。三是以社会化活动增强责任感。建立人大附中红十字会机构和全国青少年牢记教育发明创造专业委员会。学生多年来坚持到敬老院、儿童福利院开展尊老爱幼活动，多次自发组织大规模募捐活动，为灾区、社会薄弱群体以及家庭困难的同学奉献爱心。每年暑假很多高中毕业生自愿去山西省岢岚县义务支教。在课外活动中，学校充分尊重和发挥学生的主体性。无论是电影节、文化节、体育节、圣诞晚会、诗歌朗诵会，还是主持人大赛、歌舞嘉年华、团歌比赛、文明礼仪展示比赛、英语演讲比赛、灵动知识竞赛，每一项活动都是学生自主创意。为了办得有声有色，学生们主动出点子，每次精心准备，从设想到实施都周密考虑，学会克服困难、付出努力，学会沟通配合、团队协作，不仅能够充分发挥特长和潜力，更能得到全面的锻炼和教育。问卷调查显示，97%的教师、87%的家长认为校园文化活动和各类实践活动对学生的全面发展帮助很大。近年来，人大附中交响乐团、合唱团、舞蹈团、管乐团、行进乐团、电子轻音乐团六大艺术团多次走上国内国际舞台，在美国、英国、法国、奥地利、俄罗斯多个国家和港澳地区获得了好评。交响乐团在第35届维也纳国际青年音乐节上获得艺术节交响乐组金奖第一名，舞蹈队被国外媒体赞为“具有世界顶级水平的中学生舞蹈表演”。国际象棋队两次获得世界中学生国际象棋竞赛团体赛冠军，围棋获得世界围棋棋王赛冠军。“三高”足球基地创造了体教结合的成功经验，获得世界青少年足球锦标赛冠军，很多队员考上了名牌大学。

第五，拓展对外交流，培养学生的世界眼光和国际交往能力。培养学生的国际视野和跨文化交流能力是人大附中实施素质教育的一个重要内容。学校以“国内领先、国际一流、创世界名校”为办学定位，创设多种方式促进学生成长为国际化人才。一是开设内容丰富、门类多样的外语选修课。学校首先从建设国际化水平的教师队伍入手，外语教师从外聘兼职发展到专兼职并存，教学内容从单纯教授外语发展到相关学科用外语授课。开设法、德、日、韩、俄、荷兰、西班牙、意大利、阿拉伯、芬兰10种第二外语以及英语数学、英语戏剧等18门学科英语课，并通过非语言课程学习语言，让学生理解各种文化，尊重不同的价值观。在校内合作交流班中把国外学生与本校学生安排在同桌，鼓励学生之间相互帮助和合作。二是通过多种形式帮助学生认识和了解世界。与国外名校合办外语班，与友好学校开展校际交流，参加国际化学术交流活动，组织国际青少年夏令营，与加拿大、美国、日本等世界知名中学合作实施多媒体交互式远程教学，让学生直观了解国外的民族风情、历史文化和学科知识。三是创造条件让学生“走出去”直接体验国外学习生活。开办澳大利亚三一文法学院短期学习班、新加坡莱弗士书院留学班、美国的菲利普斯学校留学班，交响乐艺术团美国义演，三高足球队出国友谊赛等，促进学生融入其他国家生活和文化，真正置身其中去学习体验，培养学生把握国际发展趋势的思维和敏感性。四是强化语言能力实践锻炼。鼓励高中生以班为单位，排演英语话剧，拍摄英文电影，让学生实际运用外语，接纳多元文化价值。每次接待外宾，学校往往请学生担任翻译或服务工作，这些学生的外语水平与国际眼光常令外宾赞叹。

第六，重视心理健康教育，促进学生身心健康和快乐成长。人大附中针对当今独生子女的特征，把学生的心理健康工作提到了学校工作的突出位置，提出“一切为了学生的健康，一切为了学生的发展”的理念，心理健康教育起步早、措施实，对于培养具有独立人格、丰富心灵和健康心理的学生起到了重要作用。一是建立心理健康教育中心。设有心理咨询室、宣泄室、测评室，成为全国中学为数不多的集心理治疗与心理咨询于一体的咨询中心。中心面向全体学生开放，通过正规的咨询与治疗制度、案例记载与讨论制度、同辈督导制度，及时化解学生的心理问题。二是开设面向全体学生的心理健康课程。建设了一支专兼职结合的心理健康教师队伍，开设了中学生心理导向、灵感与心态调节训练、高中生心理卫生、心理健康教育、自我管理与职业规划等课程，同时开展心理讲座、心理咨询、心理沙龙、团体训练、团体辅导、同伴教育、家长学校活动，全方位进行心理健康教育。三是加强心理危机干预。针对个别学生心理问题的复杂性和严重性，建立由校长、书记、班主任、年级组长、德育处、住宿处、保安处和心理教师参加的危机干预机制，在学生出现严重心理问题时及时启动，形成强有力的干预。人大附中曾出现过暴力、自杀倾向和行为不良的学生，但学校坚持不放弃每一个孩子，甚至为有严重暴力倾向的学生开设“一个人班级”，最终有效化解了这些学生的心理问题。受益于完善的心理健康教育体系，人大附中学生普遍具有良好心态，能有效缓解压力，抗挫折能力强，善于处理人际关系。

第七，积极承担社会责任，促进优质教育资源的辐射。人大附中在自身搞好素质教育的同时，还自觉履行社会责任，把优质资源放大到社会。学校通过与托管薄弱校、帮助培训师资、接收薄弱校学生、开展远程教育、教师结对、学生结对等形式，扶助薄弱学校，努力把社会责任发挥到最大化。比如，先后与中西部七个省市12个地区的中学“手拉手”联合办学；接纳了这些地区和北京周边薄弱校的学生数百人到人大附中短期“留学”。比如，为促进北京城乡基础教育的均衡发展，2007年，人大附中选派11名骨干教师到延庆永宁中学支教，他们的课堂几乎节节有人听课，仅一个学期就达1800多人次，并通过网络延伸至延庆所有高中。2010年，这届学生参加高考，56人考入大学本科，而在此之前，这个数字仅为零。人大附中还与专门招收宁夏南部贫困山区学生的六盘山高中合作建立“人大附中宁夏实验学校”，与湖南韶山中学、新疆和阗中学、西藏拉萨中学等开通远程教学，帮助边远地区学校提升教学水平。比如，发起成立“国家基础教育资源共建共享联盟”，现已联合全国1000多所优质中学，将优质课件输送到西部12省市的薄弱学校，供他们无偿使用。比如，积极开展中小学校长培训，建立“中国基础教育卓越校长、卓越教师培训基地”。

人大附中在履行社会责任的过程中特别重视教师交流。学校认为，教师是学校的核心资源，对其他学校最大支持是把优秀教师派出去，因而率先尝试选派骨干教师到兄弟院校任教，让他们把人大附中的先进教育理念和教学经验传播开来。通过长期不懈的努力，人大附中帮助许多薄弱学校提高了水平，让更多的学校分享了优质教学资源，借鉴了办学经验。

2011年2月22日

人大附中是如何保障素质教育实施的*

——人大附中素质教育调研报告之二

袁振国　杨润勇　李　萌　刘　畅

人大附中能够跳出应试教育的局限,全方位地开展素质教育,关键是调动了各种积极因素,营造了有利于推进素质教育的整体环境。学校不仅找到了素质教育的突破口,而且从领导力量、师资配备到硬件建设、科学管理建立了完备的保障体系,使教育教学的每一个环节都能以素质教育为导向,落实德智体美全面发展的要求。

第一,打造高水平专业化教师团队。名师是名校的中坚,一流学校必须有一流师资。人大附中把打造高素质专家型教师团队作为落实办学理念的关键环节,根据素质教育的需要建立了有本校特色的研究型教师队伍,实施名师工程,形成了良好的教师专业发展保障机制。一是以名师为核心建立高水平教师团队。将名师的传帮带作用直接体现在教学实践中,通过集体备课和青年教师拜师等帮扶制度,优秀教师和特殊贡献者表彰等激励制度,带动教师整体水平的提高。为培养青年教师,学校曾争取北京市众多特级教师和名师每周两次到校传帮带,建立流动式、带徒弟的培养模式。二是加强教师培训。通过校本培训和进修培训相结合,构建针对性强、自成系统的培训体系,为教师的专业发展搭建平台,让学习成为教师的第一需要。针对不同教师进行各类常规业务培训,开发教师"自主选择式培训",如英语口

* 此文获得国务院研究室 2011 年度优秀研究成果三等奖。

语、第二外语、课件制作及网络应用等。聘请大学教授、中科院、科学家、中外教育专家来校讲学，开阔教师的视野。三是以科研带动教学、以教学促进科研。在教学改革中十分重视教学模式和方法研究，提倡“为了不让学生跳到题海里，教师必须跳到题海里”，“教师要给学生一杯水，自己的杯里要有一片大海”。学校进行“一标多本”（一个课程标准，多种课程版本）的比较研究，提高教师对教材二度开发能力。专门成立科研中心，每年召开一次科研年会，提倡教师将教学过程中的困难困惑筛选后立项为研究课题作深入研究，指导教师有效掌握教材精髓和科学授课方法。四是敞开入口广揽人才。在基础教育领域率先引进和培养博士群体和科技教师群，先后聘用百余名外籍教师，形成了以“博硕士群”、高级教师、国家和省市级骨干教师为中坚力量的队伍。五是把师德建设放在首位。始终坚持教师是人格之师，实行“师德欠缺，一票否决”制。即使是特级教师，如果师德不好也依据程序坚决辞退。与学生、教师和家长的访谈感到，人大附中的教师普遍有着崇高的精神境界和积极的进取精神，教育理念先进，教学水平精湛，善于学习，善于研究，讲奉献能创新，教师之间习惯于相互取长补短，有一股极强的向上的合力。

第二，构建强有力的干部团队。人大附中围绕素质教育的目标，全方位开展学校管理改革实践。强化党团组织作用，发挥党委政治核心作用，建立党政联席会议制度，负责决策审议。通过党团工会教代会组织发挥协调、宣传、监督功能，起到上情下传、下情上传的作用，让教职工民主参与学校管理，学校重大事件教职工代表大会讨论并决定。把岗位责任制作为规范管理的重要抓手，不胜任不适宜者坚决调换，形成执行力强，独挡一面的管理者队伍。促进学生组织发展，为培养学生的自主管理能力和主人翁意识，成立学生代表机构，校学生会下设立年级学生会，将管理权力进一步下放。每年召开的学代会上，学生代表就学校各方面工作提出提案，学校专门开会研究解决，对优秀提案予以采纳和嘉奖。用团队精神凝聚整体合力，打造“奉献、热爱、追求卓越、敢为人先、锲而不舍”的团队精神，使之融入每个“附中人”心中。教职员工怀着对教育的深厚感情，自加压力，迎难而上，全身心投入，用无止境的追求实现人大附中盛名不坠。从领导到中层、从教师到后勤，只要学校需要，节假日都能第一时间赶到学校。虽然没有任何形式的奖励,但教师下班后仍然习惯自主加班,问卷调查显示,在校工作每天超过8小时的教师占86%。学校的科学管理概括起来,就是用综合创新实现全面突破。熔铸中外精华,推行综合创新,实现办学思想、办学定位、教学方法、教学内容、教学效果评价等方面的全面突破,积极回应了社会发展与学生个性发展对教育的需求。

第三,建设卓越领导团队。人大附中成为国际一流学校,离不开一支热爱教育、尊重教育规律、锐意改革创新的领导团队。与师生员工和家长的访谈中,大家有一个共识就是刘彭芝校长教学理念先进,办学经验丰富,懂教育、善管理,务实忘我,既是学校教育教学改革一线的长期实践者,又是不断推动素质教育深化的引领者。她倡导用世界眼光和历史眼光看教育,率先提出世界一流中学的“十个一流”条件和具有鲜明特色的办学思想,落实到育人全过程和学校管理的各环节。领导团队发挥引领先行作用,健全学校领导机构,领导团队作为示范者、发动者,规划设计学校发展愿景目标,打造精英教师团队。落实和创新校长负责制,校长作为学校法人实施决策权、指挥权、人事权、管理权,在党支部领导下,与教工民主管理有机配合,充分发挥行政管理功能,定期召开校务会议,日常工作由校务委员会集体讨论决策,使学校管理更有效率、更为民主,基层的意见更容易得到反映和采纳。

第四,打造现代化数字校园。人大附中实施现代教育技术工程,努力占据一流学校制高点,推动教育教学和学校管理信息化,建设了以电脑网络为基础、以图书馆为信息源、以数字化为模式、以现代教育技术为手段的现代化教学环境,成为全国现代教育技术示范校和加入国家级“网络教育关键技术及示范工程”的唯一中学。一是发展远程教学和交流。学校开通与北京市十个远郊区县中学的远程教学,与湖南两地三校远程教学,将课程教学资源以网络形式辐射到全国。2003年“非典”停课期间,学校通过远程教育网服务全体学生,做到了停课不缺课,学生不掉队。学校还通过网络开展与世界名校的教学交流活动,开中国中学远程教学先河。与加拿大理德高中远程视频电话教学,与美国纽约州立大学进行网络多媒体交互式远程教学试验,与美国堪顿中学进行英语、数学和生物等学科的远程经常性双向教学,开通与日本的远程教学,实现在全球范围内共享教学资源。二是建立特色实验室开发学生综合素质。与中科院院士和科学家共同设计建设虚拟科学实验室，使用极为先进的 ICT 信息交互技术，设备操作和应用软件全是英文操作界面，可进行实验设计和实时数据处理，对宇观、微观甚至理想实验进行模拟仿真。建设平面设计教室，可以借助计算机软件，从任意角度观察物体的内外结构，将想象中的东西设计出来。建立全国首个无线网络实验班，网络阅览室可方便地实现多媒体教学，为网络教育在中学的实践作出重要探索。三是将信息技术与课程教学、研究性学习相结合。建成学科教学资源库、课件库、音像资料库、书目数据库和学校网站，成为教师备课的好助手。问卷调查显示，63% 的教师经常使用多媒体进行教学，81% 的教师经常使用网络查找课程资源。现代信息技术带来的不仅是教学手段的更新，还有教育内容、形式和效益的提升。

2011 年 2 月 22 日

人大附中素质教育的探索给我们的启示*

——人大附中素质教育调研报告之三

袁振国　杨润勇　李　萌　刘　畅

人大附中作为示范学校的代表，其创造的丰富经验不仅是广大中小学校层面可学习、可操作、可效仿的，也给整个基础教育发展带来了深刻启示。

第一，基础教育阶段也要形成办学特色，保持现有高水平学校的可持续发展。基础教育改革发展的突出任务，就是缩小城乡、区域和校际差距，推进均衡发展。这对于缓解社会主义初级阶段优质教育资源与人民群众旺盛需求之间的矛盾、促进教育公平具有重大现实意义。同时也要看到，优质校往往要经过长期的积累和努力，并且是由一系列关键性要素集合而成的，比如先进教育理念、成熟教育体系、高素质教师团队、优秀校长和良好文化环境，这些因素相辅相成、互为补充、共同作用、缺一不可。有许多发达国家也有许多特色鲜明的名校，在引领整个基础教育水平中发挥着领头羊作用。因此，缩小差距不能简单地削峰填谷，推进教育均衡应抬高底部、大力扶助薄弱学校；同时鼓励优质校办出特色和水平，使其发挥引领示范作用，倡导办学多样化。只有薄弱学校提高水平，优势学校办出鲜明特色，基础教育才能形成健康发展、充满活力的局面。

第二，促进教育均衡、扩大优质教育资源覆盖面要坚持政府和学校两条

* 此文获得国务院研究室 2011 年度优秀研究成果三等奖。

腿走路。促进教育均衡既靠政府主导,也要充分发挥学校的积极性主动性。政府要结合适龄儿童人口变化和城镇化趋势,结合经济社会发展规划,对中小学发展作出统筹安排,增加教育投入,合理配置教育资源,促进教师区域内流动,特别是加强薄弱学校建设,改善硬件、配备好的校长和教师。但是,推进教育基本公共服务均等化,政府不可能包打天下,强校有能力有义务发挥辐射带动作用,校际合作蕴含着巨大潜力。可以鼓励强校和薄弱学校之间结对子,对口支持,以强带弱。也可以组建教育集团,或采取托管的办法,以名校为核心,实行教案、教学方法等优质教育资源共用共享,对薄弱学校教师进行培训。人大附中在这方面的积极探索和良好成效,证明这条路不仅行得通,而且是事半功倍的双赢选择。总之,在基础教育均衡发展中,政府应管全局、管统筹城乡、管资源配置、管基础建设,是持续稳定的支持力量;学校间互帮互助则应灵活、多样化开展,能够因地、因时制宜。二者完全可以统一于促进教育公平的实践。

第三,既要学习国外素质教育的经验,也要保持中国知识、科学等基础教育的优势。现在世界基础教育改革有两个现象:一是在西方,强调提高学生的数学与科学能力,美国、日本等国都把提升学生数学和科学能力作为教育改革的重要方向。二是在中国,强调加强素质教育。我国的基础教育在长期发展实践中形成了自己的优势,其中学生具备较扎实的基础知识,特别是科学、数学和阅读能力强,是全世界普遍赞誉的优势。这两种现象都是立足于解决自身存在的问题提出来的,反映了世界人才培养的共同趋势,就是既要使学生个性得到彰显、素质全面发展,又要培养扎实的科学数学等基础能力,才符合人才成长的规律。最近美国教育部常务副部长 Anthony Wilder Miller 先生到人大附中参观,他表示:“人大附中与美国学校成为合作伙伴,让我看到了教育的未来。人大附中将学科教育和艺术教育如此完美地结合起来,促成了学生全面发展的素质教育景象。当看到人大附中这个楷模实现梦想后,我问自己的问题是,我们如何帮助全美国的每一所学校发展得和人大附中一样好。”因此,在吸收借鉴国外先进办学经验的同时,中国基础教育所创造的好经验、形成的好传统一定不能丢。知识教育与能力教育并重,知识基础与综合素质同步提升,才能构筑起科学全面的素质教育体系。

第四,现阶段推行素质教育需要处理好素质教育与应试教育的关系。处理与应试教育的关系是现阶段推行素质教育的难点。在现有高考体制下，人大附中采取的是一条兼顾的办法，比如高中一、二年级开展素质教育，三年级强化应试能力培养，努力让学生既学得快乐，又学得出色；既能获得长远的持续发展能力，又不失去眼前升入理想学校的机会。人大附中的实践说明，必须坚持素质教育的方向不动摇。素质教育搞得好，不仅不会影响升学率，反而会对教育质量的提高起到促进作用。

第五，培养学生健康的心理和承受能力，应作为素质教育中至关重要的环节。我国基础教育阶段的学生正呈现出不同于过去的面貌与特点：大多是独生子女，生活条件优越，成长环境宽松，视野开阔，思想活跃。同时，学生背负着家长的殷切期望，承受着较重的课业负担和考试压力，心理包袱并不轻松。沉重的负担，青春期的叛逆情绪，部分独生子女娇惯、脆弱、孤独、离群的特质，加上社会风气和网络文化的影响，如果缺乏正确的引导教育，容易诱发心理问题甚至导致犯罪。一些学生出现抑郁自闭、伤害自己和他人等现象，大都与心理问题分不开。学生心理健康状况已经到了必须认真面对的时候了，而心理素质教育作为素质教育的重要内容，长期以来却并未得到应有的重视。人大附中把心理教育摆在学校教育的重要位置，引入课堂教学，建立正规的教育咨询治疗与危机干预制度，以温暖的爱心融化坚冰，有效防范和妥善处理了部分学生的心理问题。人大附中的探索充分表明，只有具备健康的心理、健全的人格，学生才能快乐地成长、自由地发展、活跃地创造。只有抓住人生的黄金时期，把心理健康教育融入教育教学全过程，才能塑造未来德智体美全面发展的新一代。

第六，教育家是教育发展的宝贵资源，要珍惜和用好这笔财富。陶行知先生曾讲过，校长是学校的灵魂。人大附中实现跨越式发展，成为令中外教育界瞩目的一流名校，与刘彭芝校长的“领跑”和一支卓越教师团队的作用密不可分。刘彭芝从教 40 多年，做过班主任、当过 8 年副校长、14 年正校长，她在教学管理实践中把握教育规律，借鉴国内外先进经验，探索出一条素质教育的成功路子。人大附中的办学实践启示我们，应把造就一批优秀的教育家作为推进素质教育的关键环节。要探索发现和培养机制，为优秀校长和一批教育家的涌现提供制度保障，让先进教育理念和优质教育教学方法影响更多学校、惠及更多孩子。有越来越多懂教育规律、富有爱心、能够大胆改革创新的教育家，我国基础教育水平的提高就大有希望。

2011 年 2 月 22 日

从美国科技创新政策看如何突破我国科技成果产业化瓶颈*

苑衍刚　卫新华

美国是世界上创新资源最雄厚、创新机制最完善和科技成果转化最高效的国家之一。最近,美国推出了新版国家创新战略。奥巴马说,美国半个世纪以来的研发和教育政策,释放出一系列创新波,创造了大批产业和数百万工作岗位,为赢得未来,美国将把激励创新及其产业化发展作为首要支柱。美国创新成果转化的成熟经验做法,对我国建立和完善科技成果产业化的政策和制度体系,提升科技对经济贡献率,很有借鉴意义。

一、美国促进科技创新与成果转化的基本做法

作为信奉自由市场经济的国家,多年来美国的科技创新及产业化政策集中体现在两大方面:市场机制和政府支持。

——市场机制维护。美国始终把市场作为激发创新活力和转化创新成果的基本制度。一是产权机制。美国立法明确了知识产权持有、使用、处置、收益、转让机制,最早建立了股权激励机制,从而为科技成果转化建立了基本规范。政府部门和大学、联邦实验室等政府投资的机构基本不保留知识产权,成果归研发单位和个人所有,听其带入市场。正如制度经济学家科斯所说:"一个人的贡献和他本人取得的报酬差距越小,越容易激发创造性。"

---

* 此文获得国务院研究室2011年度优秀研究成果三等奖。

二是需求机制。美国对创新成果的需求，一方面是来自国防部、能源部、宇航局、国家自然科学基金会等国家机构，每年拨款项目总额大约3000亿美元、占国内生产总值的2%。这些项目很大程度上体现着美国的国家意志和对创新方向的引导，比如计算机、互联网、全球定位系统等最初都是基于国家或军方需求形成的研究成果向民用领域的转化。另一方面更多的需求来自企业和个人获取垄断利润和竞争优势的欲望。大企业拥有研发机构、实验室和大量专利，依据市场形势进行技术优化和批量生产，中小企业和个人持有大量原创成果，期待出售、转让或借助资本力量转化为产品。所有成果的价值取决于进入市场的“惊险一跃”。

三是风投机制。美国是风险投资最为发达的国家，其国内生产总值的1/5以上是由接受风险投资公司支持的公司创造出来的。目前，全美有460多家风险投资公司、数百亿美元的风投基金，数百万从事评估、策划、金融、管理方面的人才，投资对象80%以上是创新型中小企业，思科、雅虎、微软、eBay等公司都是由风投孕育而壮大的。一般来讲，风投在企业上市获利后即退出企业运营。风投公司所得税率则远低于一般企业。许多人认为，风投是美国历史上的伟大发明，甚至决定了国家技术成果转化率的高低。

——*政府支持引导*。除市场机制在创新资源配置和创新能力激发方面的基础作用外，美国还不断强化政府在科技创新和产业化中的作用和地位。一是立法明确政府对科技创新的责任。罗斯福新政以后，美国经济政策由自由主义向政府干预转变，创新首当其冲。20世纪40年代杜鲁门发表《科学——无止境的领域》报告后，“科学是政府职责范围内的事”成为历届政府的共识，此后美国形成了包括技术创新法、技术转移与促进法、专利法等在内的完整法律体系，实施了阿波罗计划等一批科技发展计划。

二是确定政府在创新活动中的界限。1980年著名的《拜杜法案》提出，即使研究经费来自政府或其他机构，项目承担单位和个人也拥有科研成果的所有权、收益权和处置权，从而大大激发了科研人员的热情。政府支持的科研项目，鼓励个人自由发挥，不会干预研究过程，更不会指定技术路线。美国还是第一个实施研发支出抵扣所得税的国家，现在抵扣范围已扩展到研发人员工资、设备、职工培训等多方面，许多大企业研发支出占其销售收入的15%～20%，抵扣所得相当可观。个人取得股权、期权等则不需缴税。

三是把政府支持科技成果转化的重点放在中小企业上，从资金、市场、税收、土地等各方面提供全方位服务。美国联邦层面有中小企业署，州政府层面有市场通入中心、技术转移办公室、各类孵化组织等，这些组织职责明确、协调有效，形成了完善的平台系统。同时，联邦各部、州、市和高校、科研机构都设有专门支持中小企业的资金。还给予政策优惠，如规定联邦机构研究预算支出超过1亿美元的，必须留出2.5%给中小企业，政府采购重大项目必须拿出20%分包给中小企业等。政府在支持中小企业创业时不遗余力，而一旦成果进入产业化阶段即刻退出，交由商业资本运营。

二、我国科技成果转化中存在的主要问题

近年来，我国自主创新能力和知识产权活跃程度不断提升，科技成果数量迅速增长，专利申请量跃居世界前列，但科技成果产业化率同发达国家相比严重偏低，科技尤其是具有自主产权的技术对经济的贡献率较小。据统计，我国每年约有一半科技成果不可转化，能够成功转化的仅为20%，成功推广的则更少。一方面，各类产业尤其新兴产业领域亟需大量技术创新，另一方面，大量创新成果被束之高阁，或在转化过程中夭折，难以成为现实生产力。

究其原因，一是转化动力不足。科研成果权属不清、科研人员主体地位不突出，高校、国家或地方研究机构自身定位于事业单位，研究人员不能自主处置其科研成果知识产权，也难以取得股权收益。高新技术企业和民营科研机构研究人员取得股权奖励不能享受税收优惠。对企业自主研发活动的政策支持力度，也远低于发达国家。

二是转化体系不完善。我国科研成果市场化的转化体系如立项评价体系、转化中介服务体系、转化扶持政策体系等尚不完善。科研立项、成果转化、市场开发有所脱节，未形成以企业为主的成果转化体系；高校、科研机构成果立项和评价过于强调学术，形成自我封闭循环，现实性和市场性差；政府、民营资本、非营利性组织等缺乏转化中介服务，现有孵化器、科技园普遍缺乏资金、专业化服务水平低；尚未形成支持科技成果转化的财税、金融、产业、政府采购、科研管理等一整套的政策体系。

三是转化过程受阻。科技成果在中试和产业化阶段尤其需要资金投入

和专业服务指导，但目前科技金融创新产品缺乏、政策支持不足，少量风险资本“锦上添花多、雪中送炭少”。同时，产权交易不畅通，尤其是中小企业和个人由于规模小、经验少、抵押物缺乏、融资渠道窄，成果更难转化。

四是转化无形壁垒多。我国不少创新产品具有较高的市场推广价值，但由于起步晚、知名度不高，在同跨国公司相对成熟的技术竞争中往往受到打压而难以占领市场。在政府采购和企业采购、重大科研和工程项目实施中，也存在“国货歧视”等问题，亟需建立保护和扶持自主创新成果的政策机制。

三、促进我国科技成果产业化的政策建议

（一）依法完善科技成果转化的激励机制。立足科研成果产权制度改革，着眼激发科研人员的创新活力，改革科技成果所有权、处置权和收益权，各级财政支持的科研项目成果，除涉及国家安全和公共利益有明确规定的外，都由项目承担者自主处置和收益，并拥有完整知识产权。同时在知识产权入股、期权及相关税收政策方面给予鼓励。据此抓紧修订《促进科技成果转化法》并制订具体实施条例，使技术转移制度化、规范化、透明化。

（二）壮大创业风险投资和产权交易规模。降低科技型风险投资公司准入门槛，采取降低所得税率、适当给予政府补贴、提供担保等形式帮助风投公司做大做强。除创业板、中小企业板外，还要建设更多的产权交易平台或技术交易平台，完善股权登记、托管、知识产权评估、企业信用评价等服务，加快产权流转，促进技术和市场快速有效对接。

（三）改革科研立项和经费管理体制。在探索完善基础研究管理和经费保障等体制机制的基础上，加快建立以产业化和对经济社会发展贡献率为主要导向的科研成果立项、经费分配、评价奖励体系。行业重大共性关键技术攻关面向所有主体实行公开招投标。各类科研项目申报向企业主体倾斜。科研项目一经立项，研究过程、技术路线、经费分配由承担单位或个人自主决定，杜绝或减少外部干涉。

（四）加大财政和政策支持力度。完善和推广研发及相关支出（如职工培训等）加计抵扣所得税、加速折旧等制度，逐步替代和取消目前仅在高新技术企业实施的减免税制度。研究建立对产学研合作项目、企业设立研发

中心和实验室、中试基地等的财税激励机制。各级政府尤其是高科技和经济技术开发园区都应建立科技成果转化专项资金。完善我国将重大专项和重大工程项目与自主创新相结合的成功做法，鼓励更多符合资质的中小企业和民营企业进入。进一步完善和切实落实“首台套”扶持政策，在 WTO 规则下研究建立政府采购自主创新产品的政策。

（五）创新科技与金融结合机制。根据中小企业有技术缺资金的实际，探索知识产权质押、供应链融资、科技担保、科技保险、高新区债券、创业投资和多层次资本市场等多种融资方式。支持各级政府逐年增加科技投入，通过建立贷款贴息、科技成果转化基金、创投基金、科技担保代偿基金、科技保险补助资金等形式，分散成果转化风险，引导各类资金投入。

（六）建设技术转移公共服务平台。鼓励各级政府和高校、科研机构、公益组织等智力资源集中地，建立更多技术转移中心、孵化器等平台，提供信息、中介、专利、法律、财务等服务，同时支持各类资本采取企业运作方式专门从事成果转化。结合当前事业单位分类改革，对承担公益性、基础性和营利性研究的科研单位建立不同的运营模式。鼓励行业联盟、协会、中介等建立技术交流和成果对接机制。

（七）推进科技成果产业化改革试点。建议对上述政策以及人才引进等方面，采取试点先行、逐步推开、鼓励跟进的模式，首批可选择一些高新区如北京中关村、上海张江、武汉东湖等先行先试，取得经验后在创新型城市、综合配套改革试验区以及国家级和省级高新技术园区、经济技术开发区推广，最终辐射全国。

2011 年 7 月 7 日

五、加强社会建设和保障改善民生

从“民工荒”到“刘易斯拐点”的思考和对策

刘应杰

近年来,我国春节过后都会出现“民工荒”现象,今年更是来势迅猛,呈现从沿海地区向内地蔓延之势。如何看待“民工荒”现象?它会对我国经济发展带来怎样的影响?我们需要采取什么样的对策?这些问题需要引起我们的高度关注。

一、我国农村劳动力供求关系正在出现转折性变化

我国从1989年开始出现大规模的“民工潮”,大量农村剩余劳动力进入城镇打工,一年一度,潮起潮涌。而从2005年起,东部沿海部分地区开始在春节过后出现“民工荒”现象,到今年“民工荒”不再局限于东部地区,而开始蔓延到中西部地区,到处都出现抢工现象。春节刚过,一场不见硝烟的“民工争夺战”在我国东中西部展开。

据记者调查,今年珠三角地区缺工可能达到500万人。上海用工缺口约20%,部分行业缺工呈常态,如餐饮行业缺工20%以上,电子、制衣、玩具等劳动密集型企业也缺工。上海一些企业已连续几年组团到安徽、江西等地上门招工。不仅东部劳动力输入地出现招工难,中西部劳动力输出地也出现缺工现象。安徽省人力资源和社会保障厅的统计显示,截至2010年底,安徽全省缺工超过50人的企业达2300余家,缺工总数达到25万人。湖北省劳动就业管理局披露,今年湖北省劳务输出人数预计将收缩10%~15%,至少“缩水”100万,湖北省内的用工缺口就达60万人。重庆共有430

万农村富余劳动力在其他地区就业，而今年重庆市内的企业对劳动力需求将增加55万，这意味着要挽留几十万返乡农民工，为此春节过后就在火车站组织大规模招工活动。

在出现这样“民工荒”的大背景下，如何判断我国的就业形势？我国是否已到了一个农村劳动力供求关系的转折点？对此还存在着不同的看法。但无论如何，“春江水暖鸭先知”，种种迹象表明，我国农村劳动力向城镇的大规模流动已面临一个转折点，劳动力供求关系正在发生历史性的变化。

美国著名经济学家、诺贝尔奖获得者刘易斯在二元经济论中提出，随着现代工业部门发展，传统农业部门大量剩余劳动力不断转移出来，劳动力从无限供给最终转变为短缺，与此同时劳动力价格开始上升。后来，一些学者概括提出“刘易斯拐点”，即农村劳动力从供大于求转变为供不应求，从无限供给的大量剩余到出现短缺现象。

我国是一个典型的二元经济国家，作为一个具有13亿人口的大国，大量丰富的劳动力资源是我们的一大优势。我国成为世界第一出口大国，主要得益于此。随着我国经济社会快速发展，农村剩余劳动力大量外出就业，目前总数已达2.42亿人，其中新生代农民工约1亿多人。现在农村青壮年劳动力已所剩很少，在农村找人干活变得困难，每天工资达到50元左右甚至更高。“民工荒”现象已经延续几年，说明我们已经到了一个“刘易斯拐点”，农村劳动力无限供给时代正在走向结束。这一点已经越来越明显地表现出来。

总体上看，我国劳动力仍然供大于求，当前乃至整个“十二五”时期就业形势依然严峻。“十二五”时期我国人口将达到13.7亿人，劳动年龄人口在2014年达到最高峰9.97亿人，劳动力供给将持续增加并保持在高位，就业压力很大。但与此同时，就业结构性矛盾相当突出，主要是每年总数达700万人的高校毕业生就业困难，不适应市场需求。另一方面，大量技能型劳动力短缺，甚至年轻型普通劳动力也出现短缺，农村剩余劳动力的供给正面临一个转折点。当然，“刘易斯拐点”的到来，并不意味着劳动力供求马上就会出现全面紧缺，这一转折性变化是一个长期的过程，但它所呈现出来的变化趋势需要引起我们的高度重视，并未雨绸缪加以应对解决。

二、“民工荒”的成因及其带来的影响

“民工荒”从刚开始出现时的偶发现象，到今天大规模普遍出现，以至到今后某个时期成为常态，其发展演变有其自身的规律。分析“民工荒”的成因，主要有几个方面：一是从源头看，经过这么多年中国经济高速发展，农村剩余劳动力大量转移出来，目前农村青壮年劳动力已经所剩很少，无限供给已经转化为有限供给。二是从劳动力需求看，我国从2009年成为世界第一出口大国，对大量廉价劳动力的需要还在增加，随着东部沿海地区“民工荒”的出现，一些劳动密集型产业开始向中西部地区转移，对中西部劳动力的需求随之增加。三是从人口结构和发展趋势看，我国计划生育政策实行30多年来的效果已经越来越明显地表现出来，虽然人口总数还在增加，但在很大程度上表现为离退休的老年人口的不断增加，“人口金字塔”下部的青壮年人口特别是80后、90后20～30岁的劳动力开始减少，人口结构的变化必然带来劳动力供求关系的变化。

“民工荒”的出现，特别是它背后所隐含的农村劳动力供求关系的转折性变化，必然会给中国经济社会发展带来深远的影响。首先，最直接的是企业招工困难，随之劳动力成本上升、工资上涨，这会带来两方面的后果：一方面，可能造成企业开工不足，订单难以完成，产量无法扩大，同时企业成本上升，产品价格上涨，这会对中国出口带来影响；另一方面，劳动者工资上涨，带来收入增加，提高了购买能力，相应带动居民消费，这必然有利于扩大内需和经济发展。同时，劳动者的待遇环境也会在竞争中得到改善，包括劳动条件、住房、社会保障等都会向着有利于劳动者的方向转变。其次，企业缺工和工资上涨，一方面会引起国外特别是周边国家低成本劳动力进入国内；另一方面也会引起国内产业包括外资企业向国外低成本劳动力国家转移，现在已经出现这样的苗头，当然这是一个长期性趋势，除了劳动力成本之外，还取决于市场环境等综合性的优势。

我们的一个基本判断是：中国农村劳动力供求关系的变化已经面临一个转折点，这必然会带来我国经济发展方式的很大转变。劳动力的工资收入开始进入一个上升阶段，这就决定了我们必须逐渐从依靠低成本廉价劳动力向更多地依靠科技进步和劳动者素质提高的方向转变，从生产大量低

端劳动密集型产品向更多地生产技术含量高的高附加值产品转变，从制造业大国向制造业强国转变。我们必须适应这一转变，在很大程度上调整我国的经济社会政策，包括对外贸易方式、利用外资、走出去战略，以及城镇化和农民工的许多相应政策。

三、应对"民工荒"的政策建议

我们要更加清醒自觉地认识从"民工荒"到"刘易斯拐点"的出现，深刻理解这一转折性变化的战略意义，加快转变经济发展方式，在新的基础上促进我国经济长期又好又快发展。

第一，实施更加积极的就业政策，解决我国就业面临的新矛盾和新问题。鉴于我国就业面临的总体形势仍然严峻，必须千方百计扩大就业，不能因为"民工荒"的出现就错误地认为劳动力总体上已经供不应求而放松就业，要坚持不懈地把创造就业作为宏观调控的重要目标，切实解决就业问题。同时，面对就业结构性变化，要更加适应市场就业需求，一方面加强农民工的职业技能培训，把大批劳动者的技能和素质提高到一个新的水平上，为我国成为世界制造业强国创造条件；另一方面加强教育改革，培养更多适应市场需要的高校毕业生，使我国真正成为一个人才强国。

第二，把提高劳动者的收入作为扩大消费的重要着力点，更大程度地改善劳动者的环境条件。随着我国80后、90后劳动力进入市场并逐渐成为劳动者的主力，他们已经有了更多过上美好生活的新期待。必须适应他们的新期待，提高工资待遇，改善生产生活条件，加快健全社会保障体系，使得我国经济发展成果更多地惠及千千万万普通劳动者，进而培育和发展我国更加广阔的消费市场，为经济发展创造更加健康稳定的条件。

第三，加快改变城乡二元结构，积极稳妥地推进城镇化。从"民工潮"到"民工荒"，一个重要的体制性原因是我国的城乡二元结构，许多农民工像候鸟一样一年一度在城乡之间飞来飞去，这造成了春运和招工大潮的世界奇观。要进一步采取政策措施把在城镇有长期固定工作和居所的农民工逐步纳入城镇生活，实现"农民工"向"市民"和"工人"的转化，使他们真正安居乐业，这是解决"民工荒"的长久之计。

第四，统筹城乡和区域协调发展，实现就业的均衡发展。我国改革开放以来，实施梯度发展战略，从沿海到内地到西部呈现梯度发展的格局。近年来实施区域发展总体战略，产业转移逐渐向中西部扩展，统筹城乡也带来了中小城市（镇）和农村的发展。就业转移必须适应产业转移的需要，在创造更多就业空间的同时，促进地区之间和城乡之间就业的均衡发展。

2011 年 3 月 1 日

劳动报酬比重下降和宏观税负偏重的判断依据

——国家企业个人收入分配格局研究之一

俞肖云

党的十七届五中全会提出,要努力提高劳动报酬在初次分配中的比重。这是调整收入分配格局的重要目标,对于形成合理的收入分配格局至关重要。近年来,劳动报酬在初次分配中的比重相对较低且呈下降趋势,宏观税负偏重、垄断行业与民争利等争议越来越多。数据分析显示,劳动报酬比重下降和宏观税负偏重的判断虽然有被高估的可能,但其发展趋势值得重视。调整初次分配中的国家、企业、个人比例关系,必须科学评价生产环节的税收负担和企业盈利水平的合理性,在减税和让利之间找到一个平衡点,提出有针对性的政策措施,逐步提高劳动报酬所占的份额,最终达到提高居民个人收入的目标。

一、初次分配的基本格局

在国民收入的初次分配格局中,国家、企业和个人的分配关系,体现为生产税净额、营业盈余和劳动报酬三者的比例。从 1994 年以来的数据(见表一)可以看出,劳动报酬比重在 20 世纪 90 年代是上升趋势,2000 年左右达到峰值,随后有所下降;生产税净额的比重经过了一个上升过程后,近几年一直保持在相对高位。

表一 1994 年以来初次分配情况 (%)

年份	劳动报酬	生产税净额	营业盈余
1994	56.98	13.64	29.38
1995	57.56	13.30	29.14
1996	57.86	14.87	27.27
1997	58.73	15.11	26.17
1998	58.71	16.24	25.05
1999	59.61	16.90	23.49
2000	59.51	16.43	24.06
2001	58.49	17.76	23.75
2002	59.43	16.96	23.62
2003	58.91	17.58	23.52
2004	50.63(59.00)	15.38	33.98(25.62)
2005	50.37(58.69)	15.66	33.97(25.64)
2006	49.17(57.30)	16.04	34.79(26.66)
2007	48.12(56.08)	16.37	35.51(27.55)
2008	47.93(55.85)	16.12	35.96(28.03)

注:根据历年《中国统计年鉴》中的资金流量表计算,其中误差项均归入营业盈余。括号中为调整后的可衔接数据。

需要指出的是,根据第二次全国经济普查结果,国家统计局对 2004 年及以后的资金流量表进行了调整,个体工商户的一部分收入不再计入劳动报酬,而作为混合收入计入营业盈余。因此,与前期数据在衔接上出现一些问题。为了提高数据的可比性,我们尝试用原口径对 2004 年以后的数据进行了推算。2004 年以前,劳动报酬占比的 3 年平均数为 58.94%,5 年平均数为 59.19%,由此推算 2004 年原口径的劳动报酬占比约为 59%,再根据这一年新旧口径的比例关系,推算以后年份的可比数据(见表中括号),营业盈余占比也作相应调整。可以看出,在计算口径调整一致时,劳动报酬占比的下降幅度明显缩小,营业盈余占比也只是回升到 1994—1995 年的水平,并没有出现大幅上升,两者的变动趋势更为平滑。

二、劳动报酬比重偏低的判断

（一）国际比较。以上对数据进行的调整是针对个体工商户的混合收入，目的是衔接国内数据，但在进行国际比较时，必须采用口径一致的数据，保证指标的可比性。国家统计局对2004年以后个体工商户混合收入数据的处理是符合国际惯例的，但对农户混合收入数据并没有做类似处理，其原因是多方面的，主要是考虑到我国经济总量中农业还占有相当大的份额，农业人口庞大，因此对农户劳动报酬核算数据的处理有自己的特点。按照国际惯例，必须将农业（含农牧渔业）人口的劳动报酬一并列入混合收入，归入营业盈余。根据2007年的资金流量表，我国农牧渔业的劳动报酬已经超过2.7万亿元，将其视为混合收入后，初次分配中的劳动报酬比重就会降至38%。

表二　初次分配国际比较（2008年）　（%）

国别	劳动报酬	生产税净额	营业盈余
欧元区	47.79	11.65	40.56
日本	52.23	7.88	38.01
美国	56.43	6.94	35.67
墨西哥	28.01	10.61	61.38
捷克	44.28	9.03	46.69
俄罗斯	45.64	20.25	34.11
中国*	38	16.37	45.63

注：中国数据是按国际惯例调整后的2007年可比数据。

同样是在工业化阶段，美国1850—1920年的劳动报酬比重平均为76%；日本劳动报酬比重1910年为55%，1960年达到67%；韩国1970年为41%，1990年升至55%。因此，可以得出这样的结论，在我国的初次分配格局中，劳动报酬所占的比重偏低，其下降的趋势与其他国家工业化进程中劳动报酬份额上升的通常情况相反。另外，相对于发达国家，我国初次分配中生产税净额的比重明显偏高。

（二）相关数据的佐证。国家、企业、个人的分配关系，体现在国民经济核算体系和资金流量表中是比较抽象的，我们可以通过居民收入、职工工资、财政收入和企业利润等数据（见表三），从侧面佐证收入分配格局的发展趋势。

表三　1990 年以来国家、企业、居民主要收入数据对比

年份	国内生产总值(亿元)	城镇居民人均可支配收入(元)	农村居民人均纯收入(元)	城镇职工平均工资(元)	财政收入(亿元)	工业企业实现利润(亿元)
1990	18668	1510	686	2140	2937	560
1995	60794	4283	1578	5348	6242	1635
2000	99215	6280	2253	9333	13395	4393
2005	184937	10493	3255	18200	31649	14803
2010	397983	19109	5919	37147	83080	42358
八五年均增幅	26.63	23.18	18.13	20.10	16.27	23.90
九五年均增幅	10.29	7.95	7.38	11.78	16.50	21.86
十五年均增幅	13.26	10.81	7.64	14.29	18.76	27.50
十一五年均增幅	16.56	12.74	12.70	15.34	21.29	23.40

注:1. 表中增幅均为名义增长速度。

2. 工业企业统计范围:1997 年以前为乡及乡以上独立核算工业企业,1998 至 2006 年为全部国有及年主营业务收入在 500 万元以上的非国有企业,2007 年起为年主营业务收入在 500 万元以上的工业企业。2010 年度工业企业利润数据根据 1—11 月累计数推算。

"八五"时期,由于物价涨幅较大(1993、1994、1995 年居民消费价格指数分别达到 114.7%、124.1%、117.1%),出现了城镇居民收入增长快于职工工资增长、农民收入增长快于财政收入增长等异常情况。排除价格扭曲的影响,从 1996 年以来的数据看,工业企业的利润增幅最大,增幅的波动也最大(1996、1998 年工业企业利润同比是下降的),这主要是受宏观经济形势的影响。财政收入增幅居次席,比经济增长快 5 个百分点左右,且有加速的趋势,"十一五"的年均增幅已经达到 21.29%,比"九五"快了 4.79 个百分点,比"十五"也快了 2.53 个百分点,甚至超过了同期工业企业的利润增幅(21.27%),显示出很强的刚性。城镇职工工资增幅与国内生产总值增幅基本同步,城镇职工作为经济活动的主要参与者之一,比较充分地分享了经济发展的成果,但"十一五"期间,城镇职工工资平均增幅已经一改"九五"、"十五"期间高于经济增幅 1 个多百分点的态势,反而低了 1 个多百分点,这个趋势值得关注。城乡居民收入增长加快,特别是农村居民人均收入在"十一五"期间有了大幅度的增长,与城镇居民人均收入虽然在总量上还有不小的差距,但速度差几乎消失,这说明近几年来国家对"三农"的重视和投入在缩小城乡居民收入差距方面已经收到成效。但也要看到,相对于财政收入、企业利润的大幅增长,城乡居民收入的增幅始终都低于经济增幅3~4个百分点,这也从一个方面佐证了劳动报酬比重下降的判断。

三、税收负担过重的判断难以成立

(一)*税收负担的总量与趋势*。对于我国税收负担的轻重,政府和研究机构有着不同的判断。从生产税来看(见表一、表二),我国的生产税净额在收入分配中的比重相对较高,且呈上升趋势,但并不能由此得出税收负担过重的结论,因为不同国家的税收结构不同,对生产税、所得税和财产税的倚重程度不一。以美国为例,其联邦税收的80%来自个人所得税。税收负担的轻重,主要判断依据应该是整体税收负担。对于整体税收负担,有不同的计算口径(见表四),但基本趋势是一样的。1996年以来,我国大、中、小口径的税收负担都明显呈上升趋势,近年来还有加快的倾向。

表四　1996—2007年中国税收负担(税收/GDP,%)

年份	小口径	中口径	大口径
1996	9.7	10.4	17.8
1997	10.4	11.0	17.9
1998	11.0	11.7	18.9
1999	11.9	12.8	20.1
2000	12.7	13.5	21.3
2001	14.0	14.9	21.7
2002	14.7	15.7	21.6
2003	14.7	16.0	22.3
2004	15.1	16.5	22.0
2005	15.7	17.2	23.9
2006	16.5	18.4	24.8
2007	18.6	19.3	30.2
2008	18.4	19.5	28.87
2009	17.5	20.1	30.20
2010	18.4	20.9	34.85

注:1. 2007年以前数据来源于郭庆旺、吕冰洋的《中国税收负担的综合分析》——新华文摘2011年第4期。其中,小口径为税收收入,中口径为财政收入,大口径还包括预算外收入,即各级政府和部门以各种形式取得的收入总和。

2. 2008年以后,大口径税收负担包括财政收入、政府性基金收入(含国有土地使用权出让金)和五项社会保险基金(不含农村社会保险)收入。

（二）税收负担轻重的判断。2009年，国际货币基金组织（IMF）测算中国的宏观税负约为30%（其中，国有土地使用权出让收入占4.2%，社会保险基金收入占3.8%），这与我们的测算结果非常接近。以此方法测算，2010年，我国的宏观税负（大口径）已经达到34.85%，一年之间提高了4.65个百分点，主要是因为政府性基金收入比上年增长了1倍，社会保险基金增长16.8%。2010年，政府性基金中，国有土地使用权出让金收入达到28197.7亿元，是预算数的2.26倍，相当于国家税收收入的38.5%、财政收入的33.4%、宏观税负的20.3%。

30%～35%的宏观税负究竟高不高？需要从两个方面进行判断，一是国际比较，二是财政收入和支出结构的合理性。据国际货币基金组织2008年的数据，23个发达经济体的平均税负（税收及非税收入占GDP的比重）为43.3%，24个新兴和发展中经济体的国家和地区为35.6%。比较而言，我国的宏观税负并不算高。在结构方面，我国财政收入中生产税和非税收入的比重过大，结构不尽合理。以间接税为主，生产税比重过大，所得税和财产税比重低，不利于对收入分配的调节；非税收入比重过大（约占宏观税负的40%），对预算外收入管理约束偏软，直接影响财政支出的使用效率。相对于财政收入的高增长，与财政支出紧密相关的公共管理、公共服务水平难以尽如人意。税收收入、财政收支快速增长与公共服务、社会保障发展相对滞后的矛盾，是人们质疑税负过重的重要因素。（需要指出的是，在部分宣传报道甚至一些研究报告中，税收、财政收入的增长都是名义增长，而与之对比的国内生产总值、居民收入都是扣除价格因素的实际增长，这无形中扩大了速度差距，加深了人们对于税收负担过重、财政增长过快的印象。在市场经济条件下，财政支出是政府用来购买公共服务的，也应该考虑物价水平的影响。）

附注一、初次分配的基本概念。在资金流量表中，生产税净额即非金融企业部门交纳的生产税扣除生产补贴的净额，数据连续性和可比性较强；劳动报酬受国情和统计方法的影响较大，因为在资金流量表和以收入法计算的国内生产总值中，农户和个体工商业者的收入很难归入劳动报酬或营业盈余，其中有一部分属于财产收入，一些国家将其作为混合收入，列入营业盈余项。营业盈余在资金流量表中接近于平衡项（其他项），主要是受混合收入是否记入、如何记入的影响。

附注二、从“混合收入”到“劳动报酬”。农业从业人员即农民的收入是否应该计入劳动报酬，应该从国际惯例和中国国情两个方面考虑，劳动报酬在西方的资金流量表中也可译为“雇员报酬”，农民、个体工商户属于自我雇佣，由于其收入难以区分是劳动所得还是营业盈余，所以在一些国家的资金流量表中，这部分收入以“混合收入”的形式，与营业盈余归并处理。我国农业增加值的比重相对较大（2009 年我国农业增加值占 GDP 的比重为 10.3%，世界平均水平约为 3%），从业人员较多，在可以核算出劳动报酬的情况下，将其作为混合收入强行并入营业盈余，并不合适。将农民收入视为劳动报酬，没有改变我国初次分配中劳动报酬比重偏低的局面，但可能对劳动报酬比重的变化趋势产生影响，因为在工业化、城镇化过程中，农业增加值的比重逐年下降，农业人口日益减少，劳动报酬中农业部门的贡献率呈下降趋势。但这些从农业转移出去的劳动力，其劳动报酬已经体现在二、三产业的核算中，并不影响国民经济的整体核算结果。

2011 年 9 月 28 日

调整收入分配关系提高劳动报酬比重的政策方向

——国家企业个人收入分配格局研究之二

俞肖云

四、收入分配关系的调整方向

收入分配关系取决于国家所处的发展阶段，还取决于发展模式。我国正处于工业化、城镇化快速发展的时期，城乡差距还比较大，工业反哺农业，城市反哺农村，是缩小发展差距、推动全面小康建设的重要手段，保持相当实力的国家财政是非常必要的。同时，以公有制为主体、政府主导的经济发展模式，决定了国家在收入分配中的优先地位，也保证了财政来源的相对稳定性。调整收入分配关系，要以提高劳动报酬和居民收入为中心，兼顾发展的阶段性和我国财税体制的特点，适当控制税收增速和非税收入规模，逐步改变垄断行业与民争利的局面。

（一）提高劳动报酬乃至居民收入，必须采取综合措施，确保劳动报酬增长与经济增长同步，提高低收入就业人群的实际工资，增加民生投入，推进社会保障均等化。劳动报酬是初次分配的概念，而国家、企业、个人的收入分配关系，则是初次分配与再分配的统一。个人收入可以来自初次分配的劳动所得和财产收入，也可以来自再分配的转移收入。国家财政收入增加，一方面压缩了企业盈余和劳动报酬，另一方面也增强了再分配的能力，如果使用得当，转移支付更有效率，将有助于缩小居民收入差距，提高公共服务和社会保障水平。企业营业盈余是扩大再生产的重要来源,保持合理的比重相当于"做大蛋糕",在市场经济条件下,还有利于发挥"效率优先"的激励作用。

提高劳动报酬所占的比重,首先必须确保劳动报酬的增长与经济增长基本同步。目前我国城镇职工平均工资的增幅已经接近经济增幅("十一五"期间城镇职工年平均工资增幅比经济增幅低 1.2 个百分点),但城乡居民的人均收入增幅与经济增幅还有不小的差距(相差 4 个百分点左右),这一方面说明城镇职工之外的就业者(农民及农民工、个体和私营企业职工等),其劳动报酬的增幅低于平均水平;另一方面也说明就业人员的抚养负担较重,非经济活动人员、新增人口的收入(财产性收入以及养老金、失业保险、社会保障等非劳动所得)增长较慢。提高这些群体的劳动报酬和收入,一是依靠政策支持,二是要加大投入。要通过加大投入和政策倾斜,改善农村生产生活条件,提高农业生产率,稳定提高农产品价格,增加农民收入。要加强个体和私营企业的扶持和引导,通过改善个体和私营企业的市场生存环境,提高产品和服务的附加值,增加经营收入。

提高农民工的收入,要落实最低工资制度,提高实际工资水平,以同工同酬为目标,逐步缩小与城镇职工的工资差距。以最低工资标准最高的深圳市为例,其 2000 年、2005 年、2010 年的最低工资分别为 547 元、690 元、1200 元,"十五"期间的累计增幅(名义增长)仅为 26.1%,"十一五"期间为 73.9%,同期当地物价上涨 2.6% 和 14.4%,地区生产总值实际增长 77.8% 和 64.5%。扣除物价因素后,最低工资标准的增幅分别低于经济增幅 54.3 个百分点和 5 个百分点。尽管近几年最低工资标准增长明显加快,今年又提高了 10%,但历史欠账较多,有关制度还需完善。

增加非经济活动人口收入,必须加大民生投入,调整再分配结构,提高社会保障整体水平。非经济活动人口的收入主要依靠二次分配,提高这部分人口的收入,就必须加大财政在民生方面的投入。"十一五"时期,国家财政用于与人民群众直接相关教育、医疗卫生、就业、社会保障等方面的支出占全部财政支出 30% 以上。但由于人口基数大、起点低,民生方面的投入大多处于加强基础设施建设和扩大覆盖面的阶段。在居民收入中,转移性收入基本上属于再分配所得。2010 年,城镇居民收入中,人均转移性收入

5092 元，占总收入的 24.2%，比 10 年前提高 1.3 个百分点，比 20 年前提高 2.6 个百分点；农村居民收入中，人均转移性收入 549 元，仅占总收入的 6.8%，比 10 年前提高 2.1 个百分点（1990 年无转移性收入）。当年城镇居民人均转移性收入是农村居民的 9.2 倍，而城镇居民总收入是农村居民的 2.6 倍。也就是说，在政府财政主导的再分配中，城乡差距非常明显，转移性收入不仅没有缩小反而是扩大了城乡差距。缩小城乡差距是解决收入分配问题的关键，必须改变再分配的反向调节作用，调整再分配结构，使财政支出向民生倾斜，向“三农”倾斜，促进社会保障均等化。

（二）适当控制宏观税负增长速度，使税负水平与经济增速相适应，降低政府非税收入的比重，加强各级财政的预算化管理。有研究表明，一国的税负水平与该国的人均 GDP 呈正相关关系，达到一定水平后趋于稳定。也就是说，随着经济增长，我国的宏观税负很有可能继续提高。我国财政收入在“八五”、“九五”时期，年均增幅在 16% ~17%，“十五”上升到 18% 以上，“十一五”年均增幅超过 21%，财政收入增幅始终比 GDP 名义增幅高 5 个百分点左右。宏观税负增幅与经济增幅的差距更大，2010 年宏观税负比上年增长 34.7%，比当年 GDP 名义增长 16.7% 快 18 个百分点。这其中，贡献最大的是非税收入中的国有土地使用权出让金。需要指出的是，国有土地使用权出让金收入属于政府性基金，是政府向国有土地阶段性使用权获得者收取的费用，属于一次性收取、多年使用，其中很大一部分还要用于拆迁安置和补偿。但由于各级政府在出让土地使用权的过程中，普遍存在没有长期规划、缺少预算制约等问题，政府行为短期化，加上新拆迁条例施行的倒逼机制，造成了宏观税负的非正常快速增长。要使宏观税负与经济增长相协调，减税是一个方面，控制非税收入的增长才是关键。因为根据有关研究，我国税收的增长快于经济增长，主要是征管环节加强、征管手段进步的结果，而税种并没有增加，平均税率是下降的。

（三）完善垄断行业产品定价机制和国有企业利润上交制度，放宽市场准入，限制优势企业利用非市场手段与民争利、排挤竞争者。在企业盈利方面，目前盈利主要集中在一些垄断行业和中央企业，如金融保险、石油石化、电信、烟草等。2010 年，156 家央企实现利润 1.13 万亿元，四大商业银行实现利润 5003 亿元。这些企业所取得的巨额利润，除了企业经营管理水平提高外，很重要的因素是依靠资源类产品开采权和政府定价等因素，如成品油、居民用电、电信服务、车辆通行费等，以及银行存贷款利率差等等。一些实行专营、专卖的行业，如烟草、食盐、殡葬服务、出租车运营牌照等等，在缺乏市场竞争的环境下，利润率也相当可观。在红利分配方面，2010 年，财政收取中央企业国有资本收益 558.7 亿元，相当于 156 家央企实现利润的 4.94%。2011 年，中央企业国有资本经营预算收入为 844.39 亿元，比上年增长 51.1%。其中，156 家央企的国有资本预算收入约为 630 亿元，仅相当于上年利润的 5.58%。这还是在大幅度调高“红利”收取比例的基础上(其中，资源类央企的国有资本收益收取比例由 10% 提高到 15%，一般竞争类央企收取比例由 5% 提高到 10%)。在预算的支出安排中，用于国有经济和产业结构调整支出 495.5 亿元、兼并重组 80 亿元、新兴产业发展支出 45 亿元等，用于补充全国社会保障基金和社会保障方面的支出共 55 亿元。应该说，大多数还是用在央企的发展上，只有 6.5% 用于补充社会保障资金，仅相当于预算中增收部分的 19.3%。由于拥有相当自主的盈利支配权，这些行业内的职工平均收入高，对社会的贡献主要体现在税收上。需要解决的是国有企业利润支配权的制度化管理，以及企业如何回馈社会的问题。在一些竞争性行业中，由于成本上升等原因，出现了利用行业协会、价格联盟等形式集体涨价的行为，也应该引起管理部门的重视。

五、提高个人收入比重的政策措施

提高收入分配中个人收入的比重，是一项长期、艰巨的任务。除了国家财政更多地向民生领域倾斜之外，还应该从以下几个方面着手，研究系统性的解决办法。

（一）建立职工工资正常增长机制。将国家机关、公共事业单位的职工工资增长与经济增长、物价水平挂钩，也就是与名义经济增长速度衔接，变“几年一议”为“一年一调”，从“大步慢走”到“小步快跑”。使工资增长更加透明，劳动者的收入增长可以预期。

（二）提高职工的工资集体协商能力。完善工资宏观调控指导体系，发挥工资指导线、劳动力市场工资指导价位和行业人工成本信息的调节作用。逐步在各类企业尤其是非国有企业建立工资集体协商制度，健全并落实最低工资制度，完善劳动定额管理。一方面，要完善工会的相关职能，支持职工用合法手段维护自身权益；另一方面，要完善企业信用机制，将职工权益保护作为企业履行社会责任的重要因素。

（三）深化垄断行业和国有企业改革。放宽市场准入，引入新的竞争因素，不断弱化垄断性经营力量，创造平等竞争环境。健全国有资本经营预算制度和垄断行业特别收益金制度。从成本核算开始，完善土地、矿产等资源产品定价机制，用部分超额收益建立平准基金，平抑国际市场原材料价格大幅波动对行业平均成本和利润的影响，稳定国内市场供应。加强公路收费站、加油站、彩票经营网点等牌照型垄断企业的管理，限制经营权的多次转让、空壳运营，或将短期经营长期化的行为。同时，加强国有企业中高级管理人员的薪酬管理，限制过高收入，明确职务消费标准；逐步消除对非正式职工的薪酬和福利歧视，缩小行业内收入差距。在国有企业基本实行股份制、央企纷纷整体上市的情况下，维护国家经济利益与保障股东权益有可能出现矛盾。要把超额收益征收制度转变为法律化的税收制度，对垄断企业的上市特别是海外上市行为加强监管，对已上市企业可采取回购方式，减少垄断企业的利润流失，将更多的收益用于社会保障事业。

（四）改革税收制度，发挥二次分配的调节作用。实行综合与分类相结合的个人所得税制度，考虑家庭综合税负能力，以家庭为单位进行计征和抵扣。完善企业所得税制度，对有利于就业的中小企业给予税收优惠，将减税负与促就业有机结合起来。适时开征不动产税（房产税）、遗产税、赠与税，加大对高收入群体的税收调节力度。适当增加政府货币转移支付，并且更多地向低收入群体倾斜。

（五）适度控制各级政府非税收入的规模和增幅。土地出让金是地方政府非税收入的重要来源，要实行预算化管理，尝试编制土地出让和资金使用的中长期规划，限制短期行为。

（六）完善公共服务体系，提高公共服务质量和水平，促进公共服务均等化。着力解决教育、就业、基本医疗服务和社会保障等公共服务领域的机会公平问题，加大对基础教育尤其是农村基础教育的投入，保障每个家庭的孩子都有公平接受优质教育的机会。职业教育和技能培训要向困难群体和低收入人群倾斜。加强基层公共卫生服务网络建设，完善城乡社会保障体系,扩大覆盖面,逐步拉平全社会保障水平,实现从"碎片化"向"一体化"的转变,解决社会保障待遇差别过大的问题。

(七)加快公益、慈善事业的社会化进程,增强三次分配的调节作用。要逐步减少公益、慈善机构的公办色彩,完善审计等监督机制,增加透明度,提高公信力。对捐资建立公益性或慈善性基金,按国际通行做法给予税收优惠,鼓励慈善事业发展,充分发挥第三次分配体系对缓解收入差距扩大的作用。

(八)加强收入分配监测体系建设,提高居民收入和财产的透明度。建立全国薪酬调查和信息发布制度,完善特定人群的财产申报和高收入人群的收入申报制度。加强对大额资金流动的金融监控,逐步减少市场交易过程中现金支付的比例,最终达到取缔各种非法收入、使灰色收入透明化的目标。

2011年9月28日

建立可比性工资制度

——工资制度改革研究

邓文奎

建立可比性工资制度是解决当前工资分配秩序混乱、差距不合理、公平性矛盾突出问题的有效办法，有利于改善工资分配结构，规范工资分配秩序，处理好初次分配领域公平和效率的关系。

一、什么是可比性工资制度

先谈一下工资的可比性。这主要是指各行各业以及各种岗位的工资收入（包括最低工资标准），可与一些基本的参照因素进行比较，并可以这些因素为媒介互相比较。

从国际上看，这些基本因素主要包括：一是与人均国民生产总值或国内生产总值比较，用以反映名义工资与经济增长、劳动生产率变化的关系。国际上把人均国民生产总值每1%的变动所对应的工资变动的百分数，称为“工资相对国民生产总值的弹性”，简称“工资弹性”。总体的和不同就业群体的工资弹性，反映了总体的和不同就业群体的工资变动与经济增长、劳动生产率之间的关系，是衡量工资是否合理增长的重要参照。与此相关的比较，国际上还使用“工资份额”这个概念，即指工资总额占国民生产总值的比例，略相当于我国“劳动报酬占初次分配的比重”。如果整体的劳动报酬增长落后于经济增长，通常就表现为工资份额下降，同时也意味着更多盈利成为利润。这不仅被认为是一种不公平现象，也被认为会对经济社会发展造成负面影响。国际劳工组织通过对各国工资份额变化进行分析后认为,工资份额下降已成为长期趋势,并估计出1995以来下降的“趋势系数”为0.05,即国民生产总值每增长1%,工资份额平均下降0.05%。国际上一些著名经济学家认为,近年来国际金融危机的深层次、结构性原因,是危机前若干年工资份额下降、低工资群体扩大、收入不平等加剧而导致总需求下降。现在,“工资份额”问题已引起许多国家重视,对政府工资政策的影响越来越大。

二是与社会平均工资或工资中位数比较,用以反映工资分配的公平状况。这方面的比较,国际上广泛使用的一个重要指标是“工资差距指数”,往往还同时使用“低工资就业比率”,以此衡量一个国家或地区工资分配的公平性。“工资差距指数”是工资十分位数的高位数与低数位的比率(D9/D1),或中位数与低位数的比率(D5/D1),往往同时也对照高位数与中位数的比率(D9/D5)。D9表示最高十分位数下限的数值,即有10%的人工资高于此数;D1表示最低十分位数上限的数值,即有10%的人低于此数;D5是中位数位。比率数值越低,表明工资分配的公平性越好。“低工资就业比率”是指低工资就业人数占全部就业人数的比率。“低工资”的标准,一般以占平均工资或工资中位数的比例来确定,但各国标准有所不同。欧盟曾使用过占平均工资75%以下的标准;国际劳工组织使用的标准是占工资中位数2/3以下,现在多数国家包括欧盟都使用这个标准。

三是与通货膨胀率或消费者价格指数比较,用以反映实际工资变化状况。一般认为工资增长应当与通货膨胀率保持一致,但实际上常常不是这样。就总体的工资增长来说,或就政府工资政策取向来说,有时甚至相反。当通货膨胀率较高时,政府为了控制物价,或企业为了控制成本,往往都不倾向于增加工资;而在通货膨胀率较低甚至为负数时,政府为了扩大需求,往往更倾向于增加工资。从实践中看,工资增长特别是中高工资群体的工资增长,很难判断在多大程度上与通货膨胀率相关。但通货膨胀率仍然是判断工资是否合理增长的一个重要因素,特别是对最低工资标准和低工资群体的工资调整,更有直接的重要意义(有些国家也使用食品价格指数),因而也是政府制定工资政策、维护低收入群众利益的一个重要依据。

以上只是几个基本方面。一般来说,通过这些基本参照因素,就可以对各行各业、各种岗位工资标准的合理性、对社会工资分配的公平性进行判断。在实践中,一些行业和职业群体之间往往可以直接进行比较。

建立可比性工资制度,是指各行各业、各种岗位的工资标准,特别是最低工资标准和低工资就业群体工资标准的确定和调整,都要根据具体情况与国民经济增长速度、社会平均工资或工资中位数、消费者价格指数等具有可比性的联系;对高工资群体和低工资群体之间,能以社会平均工资或工资中位数等为参照进行比较,通过法律、行政等措施,将其差距控制在合理范围内。建立可比性工资制度是政府对工资分配进行管理、维护工资分配公平的重要手段,是建立工资正常增长机制的前提和基础。合理调整国民收入分配格局,规范收入分配秩序,逐步扭转收入分配扩大趋势,也必须加快建立可比性工资制度。

二、建立可比性工资制度的重点和难点

建立可比性工资制度涉及工资制度多方面的改革,以下三个方面是重点和难点,必须率先突破。

(一)建立可比性最低工资制度

最低工资制度是政府保护处于工资分配最低端劳动者的利益、改善工资分配结构、促进收入分配公平的重要的政策手段。最低工资标准是工资结构的低限,被一些学者称为“工资地板”,往往也是工资集体谈判的底线。目前世界上已经有90%的国家实行了最低工资制度。

近年来我国各地最低工资标准提高较快。但突出问题是:各地调整最低工资标准时随意性较大,缺乏科学性、规范性。把各地最低工资标准与按规定应当参照的低保标准、职工平均工资、劳动者平均抚养人口、人均消费支出等进行比较,几乎找不到可比较的规律性。就全国而言,在最低工资标准与影响这一标准的主要因素之间,还没有相对一致的稳定的联系,还缺乏相对统一和规范的测算基础标准。

最低工资的确定和调整必须有一套可比较的客观参照标准,这样才能更好地发挥最低工资制度的作用,也可以使最低工资制度更加科学和规范。确定和调整最低工资标准确实需要考虑许多因素。国际劳工组织综合与最低工资相关的各种因素,提出了一些参照指标,其中最重要的有三项:一是

最低工资占平均工资或工资中位数比例,称为“卡托资指数”;二是占人均国民生产总值的比例;三是最低工资的实际购买力,即与通货膨胀率或消费者价格指数的联系。此外还有受最低工资影响的低工资劳动者比率等。

根据国际劳工组织《2008/2009年全球工资报告》,世界最低工资占平均工资和国民生产总值比例情况见下表:

	2000—2002最低工资占平均工资(%)	2004—2007最低工资占平均工资(%)	2000—2002最低工资占人均国民生产总值(%)	2004—2007最低工资占人均国民生产总值(%)
发达国家平均	39	39	38	37
发展中国家平均	36	40	76	68
世界平均	37	39	68	60

下表是我国的有关情况:

	2004年	2009年	2010年
月最低工资标准(全国平均)	449	637	759
占城镇在岗职工平均工资(%)	33.6	23.4	24.5
占人均国内生产总值(%)	43.7	29.9	30.6

注:2004年月最低工资标准为直辖市、省会城市平均数,2009和2010年数据为截至年底前执行的标准,对分档地区取平均数。占城镇在岗职工平均工资比例和人均国内生产总值的比例,2004和2009年根据中国统计年鉴有关数据算出,2010年按国家统计局提供的数据算出。

从以上两表看:(1)2004—2007年间与2000—2002年间相比,最低工资占平均工资和人均国民生产总值的比例,发达国家总体上保持稳定。全球最低工资占平均工资的比例从37%上升到39%,其中发展中国家从36%上升到40%,表明全球范围内工资分配的公平性在改善;全球最低工资占人均国民生产总值的比例从68下降到60%,这主要是发展中国家下降带动的。对此国际劳工组织解释认为,这主要反映了发展中国家劳动生产率有力增长没有相应地转化为低端劳动者收入增长。(2)我国最低工资占职工平均工资和国内生产总值的比例,明显低于世界平均水平,更明显低于发展中国家平均水平。(3)近两年我国最低工资标准占职工平均工资和国内生产总值的比例在上升,但仍然明显低于2004年的水平(表中2004年的最低工资标准是直辖市和省会城市的平均数,会略高于全国平均数);这表明我国工资分配的公平性与2004年相比明显下降了，低端劳动者的工资没有随经济增长而增长。

尽管从全球范围看，各国最低工资占工资平均和国民生产总值的比例差距较大。但是这两个比例数，仍然是衡量、评价最低工资水平最重要比较性指标。作为一个维护低工资群体利益、促进工资分配公平的政策工具，确定最低工资标准应当全面、平衡考虑各种影响因素，但鉴于其复杂性，国际劳工组织从统计上的经验考虑，推荐了一个简单的办法，即占平均工资的40%左右，希望成为各国确定理想的最低工资标准的有价值的参考。

与最低工资标准相关的另一个重要指标，就是通货膨胀率或消费者价格指数。从各国情况看，在过去若干年里，包括一些发达国家都不把通货膨胀率作为确定和调整最低工资的依据，从而导致实际最低工资下降。近年来，大多数国家已开始把通货膨胀指数作为调整和评价最低工资标准的一个重要指标。

综上所述，建立可比性最低工资制度，应当比较的因素虽然较多，但最重要的有三项：一是与平均工资或工资中位数比较，同时这个指标可以用来评价减少工资分配不平等的工作成效；二是与人均国内生产总值比较，这个指标可以用来评价保障低端劳动者共享经济增长和劳动生产率提高成果的工作成效；三是与通货膨胀率或消费者价格指数比较，这个指标可以用来评价对低收入群体生活的关注和所做的工作。

因此建议：(1)从我国实际出发，借鉴国际经验，认真研究最低工资标准占平均工资和人均国内生产总值的比例问题，提出一个能够逐步实现的指导性目标，逐步把以上两个比例调整到合理水平。(2)要求各地调整最低工资时，要把上年度职工平均工资增长率、人均国内生产总值增长率、通货膨胀率或消费者价格指数作为主要依据，使最低工资标准随着经济增长而保持合理增长，保证低收入群体的购买力不下降或合理提高。(3)基于以上两点，应当建立规范的最低工资调整机制和评价体系。建立统一的最低工资测算基础标准，为各地确定和调整低工资提供规范，同时使各地的最低工资标准可以进行合理性比较和评价，提高确定和调整最低工资标准的客观性和科学性。

（二）建立可比性企业工资制度

一般来说，由于企业职工就业市场化程度高，其工资标准最能反映劳动力市场供求关系和劳动力市场价格。因此建立可比性企业工资制度，最直接的办法就是推行工资集体谈判制度。

工资集体谈判制度实质上就是一种比较工资制度。集体谈判表面看是单纯的双方利益关系的直接博弈，其实背后有多种因素在不同程度地发挥作用，包括企业经营效益、劳动生产率、劳动力市场供求关系、同行业以及不同行业工资水平、社会平均工资水平、物价变动情况和劳动者及其家庭的生活水平等。这种复杂而且是动态的比较性关系，政府通过行政手段是很难掌握好平衡的，往往费力不讨好，甚至会扭曲工资分配关系，导致劳动关系不平衡。另一方面，集体谈判制度不健全或覆盖率偏低，从实践看，就会形成“强资本、弱劳动”的局面，也会扭曲工资分配关系，导致劳动关系不平衡，甚至恶化、引发社会矛盾。

从政府来说，推进工资集体谈判制度，是建立市场配置人力资源、形成市场决定劳动力价格（工资）机制的重要突破口，更是改善工资分配结构、促进收入分配公平的一个重要政策工具。在市场经济条件下，劳动关系双方只有通过平等协商谈判，才能找到双方利益关系的平衡点，形成反映劳动力市场供求关系和企业经营效益的工资决定机制和增长机制，使双方的利益都得到合理有效维护。

劳动关系平衡、不平衡或矛盾突出，主要体现为工资总额在企业盈利、劳动生产率提高和国民经济增长中的份额和关联度。从国际经验看，工资集体谈判对于这种份额和关联度具有至关重要的影响。集体谈判覆盖率高的国家，其工资弹性明显高于覆盖率低的国家。据国际劳工组织 2008 年对各国工资数据的调查统计，1995—2007 年间的工资弹性平均为 0.75。他们以工资集体谈判覆盖率 30% 为线，把所调查的国家划分成两部分，两部分国家数量大致相同。结果高于 30% 的国家工资弹性平均为 0.87，低于 30% 的国家平均为 0.65。可见工资集体谈判覆盖率较高的国家，工资的实际增长与经济发展的关系更为密切。

工资集体谈判不仅可以加强工资与经济增长、劳动生产率的联系，也有助于缩小工资差距，减少低工资发生率。据国际劳工组织对各国 2009 年以来有关数据的统计分析,集体谈判覆盖率与低工资发生率呈逆向关系,即集体谈判覆盖率越低,低工资发生率越高。具体情况是:集体谈判覆盖率低于15%的国家,低工资发生率为25%;工资集体谈判覆盖率15% ~50%的国家,低工资发生率为22%,下降得并不明显;但工资集体谈判覆盖率超过50%的国家,低工资发生率只有12.3%。

这表明,工资集体谈判与工资合理增长密切相关。集体谈判覆盖率越高,工资增长与国民经济增长的关联度就越高。从实践看,推进工资集体谈判,必须得到政府的有力支持,并由政府制定规则,才能更好地实施。由于担心劳动力成本提高影响竞争力,许多国家政府都对工资集体谈判表现得犹疑不定,资本方也不欢迎集体谈判,因此多数国家工资集体谈判覆盖率都不高。目前多数亚洲国家通常在15%以下,比较高的是欧盟国家,一般都超过70%;在奥地利,由于政府强力推动,达到了100%。在我国,加快实施工资集体谈判制度,提高工资集体谈判覆盖率,无论对当前解决我国工资分配领域突出问题,还是建立长远的维护和谐劳动关系的体制机制,都具有十分重要的意义和作用。

(三)建立可比性国有企业工资制度

国有企业特别是部分垄断性国有企业职工和高管收入问题,是当前收入分配领域被广泛关注的焦点之一。据有关部门统计,2009年全国机关事业单位人均工资收入36442元,其中中央国家机关公务员人均工资收入38000元;全国企业在岗职工人均收入31622元,其中中央企业58820元,中央金融企业91496元。中央企业职工平均收入比全国企业在岗职工平均收入高86%,比全国机关事业单位平均年收入高62%,比中央国家机关公务员高54.8%。中央金融企业在岗职工平均年收入比全国企业在岗职工平均收入高189.3%,比全国机关事业单位平均年收入高151.1%,比中央国家机关公务员高140.8%。据中国统计年鉴,2009年全国城镇单位在岗职工平均工资32736元,与之相比,中央企业人均收入高79.7%,中央金融企业人均收入高179.5%。

国企经营的是国有资产,一些企业还带有行业垄断性质,或凭借强大的国有资本和国家支持获得竞争优势。就一些国企的收益来说,经营管理因素固然重要,但行业垄断、国家支持这些非市场因素同样是重要来源。所以国企职工收入与普通企业职工收入差距过大，人们就会认为不公平。特别是国企就业市场化不充分，缺乏公平竞争机制，实际上还存在铁饭碗、大锅饭问题，人们就更觉得不公平。就国企负责人来说，往往都是由党委政府任命的，许多人是从党政机关转任的；从党政机关转入企业，收入立即增长十几倍甚至几十倍，也显然是不公平的。

鉴于国企经营和高管任用并不完全取决于市场竞争的特殊性，建立可比性国企工资制度，我们认为要比较的因素主要是三个方面：第一，国企职工、管理人员的收入要与社会平均收入保持合理关系；第二，国企高管与公务员收入要保持合理关系；第三，在国企内部，职工收入与高管收入差距保持合理比例关系。

近年来，我国对国企高管的薪酬加强了管理。2009 年人力资源和社会保障部等六部委下发了《关于进一步规范中央企业负责人薪酬管理的指导意见》，规定中央企业负责人薪酬主要由基本年薪、绩效年薪和中长期激励收益构成，以基本年薪和绩效年薪为主。主要负责人的基本年薪以上年度中央企业在岗职工平均工资 5 倍为基数，结合薪酬调节系数确定，薪酬调节系数最高不超过 1.5。企业其他负责人的基本年薪区别不同情况按主要负责人基本年薪的 605 ~ 90% 确定。绩效年薪以基本年薪为基础，按考核情况在基本年薪的 3 倍以内确定。这样算下来，一名中央企业主要负责人基本年薪和绩效年薪两项加起来，如果都取高限，等于在岗职工平均工资的 30 倍，按中间值算也是 15 倍。再加上“中长期激励收益”，国企负责人的收入还会更高。我们认为这样的差距是不合理的。还有一个重要问题，《指导意见》规定只与中央企业在岗职工比较，不是与社会平均工资比较，也不与国家机关公务员和公共事业部门比较。中央企业和中央金融企业在岗职工平均工资本来就比全国企业在岗职工平均工资高出许多，2009 年分别高 86%、189.3%；也比中央国家机关公务员平均工资高，2009 年分别高 54.8%、140.8%。所以管理国有企业负责人薪酬，仅与国企在岗职工平均工资比较也是不合理的。

建立国有企业可比性工资制度，建议：(1)参照全国企业职工平均工资和同行业职工平均工资情况，把国企职工平均工资控制到合理水平。这就必须加快推进国企人员就业和工资市场决定机制的市场化改革，打破体制分割的界限,充分引入竞争机制;对管理岗位和负责人要定期评估,建立规范的面向社会公开招聘和竞争上岗机制。(2)合理规定国企高管与同级别公务员平均工资的比例关系。如法国是2~3倍,我国也不宜过高。虽然企业都取消了行政级别,实际上我国对国企管理和国企人事任用还是有行政级别参照的,所以这件事做起来至少在级别对应上并不困难。(3)对垄断性公共服务性企业,由于其直接涉及群众利益,可将其发展成为非营利性的社会企业,由政府直接确定和管理高管薪酬和职工工资体系。高管可直接由政府委派或面向社会招聘,职工实行市场化就业。(4)所有国有独资、控股企业和国有垄断性公共服务性企业,一定层级高管薪酬和普通职工平均收入,一律向社会公开,接受公众监督。

(四)建立可比性公务员工资制度

公务员整体上不是低收入劳动者,因此其工资标准确定、调整和评价,不必像最低工资标准那样直接与社会平均工资、人均国内生产总值等因素挂钩,但是也要有一个直接的可比性标准。由于公务员主要承担公共管理服务职能,工资收入是由公共财政资金支出的,其工资水准还要为社会公众认可和接受。

从各国特别是西方国家普遍采用的办法看,公务员工资标准的主要参照,是私营部门相同工种或相同工作性质职工的工资。就是说,公务员的工资与私营部门相同工种或相同工作性质职工的工资要有可比性。同工同酬,是其基本原则。例如美国,联邦政府公务员工资制度的主要依据是1990年11月生效的《联邦公务员可比性工资法案》,该法案提出了确定公务员工资标准的四项原则:一是在同一地区必须不折不扣地实行同工同酬;二是在同一地区工资的等级差别取决于岗位性质和业绩;三是联邦政府公务员必须与同一地区私营部门同等工作性质职工工资标准一致;四是必须彻底消除任何联邦政府公务员与私营部门职工工资不平等现象。这四项原则的核心,就是公务员工资要以私营部门为参照,严格实行同工同酬。

各国公务员工资标准一般都是政府决定的。以私营部门为参照,就等于使这一标准有了市场基础。公务员工资偏低,不利于吸引和留住人才,偏高则容易造成人浮于事。这也使公务员与各类社会职业有了通畅交流的基础。

我国公务员工资高低,社会上有各种不同看法,主要是比较标准不同。合理选择比较标准,才能做出正确评价。我们认为,在我国,合理的比较标准应当是企事业单位同等工作性质人员的工资。但是与企业人员比,还有一个与哪类企业比的问题。特别是我国一些国有企业带有行业垄断性,就业和工资决定机制市场化不充分,工资分配与贡献、绩效甚至与企业经营状况联系不紧密,即使在国企内部和国企之间,也存在着比较突出的工资分配不公平问题。所以要确定公务员工资与企业同等工作性质人员工资的可比性标准,并不是一件容易的事。

这里根据人力资源和社会保障部有关统计,将2009年全国公务员与全国企事业单位人均收入比较一下:这一年全国公务员人均工资收入为44547元,事业单位34350元,企业在岗职工31622元;据《中国统计年鉴》,2009年城镇就业人员平均工资为32244元。从总体看,全国公务员人均收入比事业单位人员高29.7%,比企业职工高40.9%,比包括公务员在内的城镇就业人员平均工资高38.2%。下面再将上述公务员、事业单位人均收入数与《中国统计年鉴》上2009年按登记类型区分的城镇单位就业人员平均工资从多到少列表比较一下:

公务员	44457元
股份有限公司	38417元
外商投资单位	37010元
事业单位	34350元
有限责任公司	28692元
港澳台商投资单位	28090元
股份合作单位	25020元
其他内资单位	21633元
城镇集体单位	20607元

当然,通过这种简单比较就认为公务员工资收入偏高并不合理。因为公务员整体上平均受教育年限长,人均工资肯定高于社会平均工资。从国外情况看,公务员平均收入一般也都在社会平均水平以上,但是一般要低于私营部门等同工作性质人员的水平。例如美国,据美国劳工部统计,2009年联邦政府雇员平均年收入74403美元,州和地方政府雇员平均收入69913

美元，私营部门员工平均收入61051美元。据美国劳工统计局2011年3月的一份分析报告，联邦政府雇员工资平均低于私营部门员工2.1个百分点。可以对比的是2002年11月美国国会预算办公室的报告显示，多数联邦政府雇员工资低于私营部门类似岗位的收入，其中85%的行政人员和专业人员工资低于私营部门20%以上，多数技术类文职人员的工资也低于私营部门的同类岗位，相同岗位收入高于私营部门的只有30%。可见美国政府雇员工资收入略低于私营部门同类人员是一种常态。据我国学者研究，美国政府雇员工资增长与私营部门同类性质员工收入相比滞后1～2年。但有些美国学者认为，联邦雇员工资水平实际上要高于私营部门同类人员，因为公务员的加班费、带薪休假、失业津贴以及医疗保险等福利都好于私营部门人员。

从我国实际出发，借鉴国外的一些做法和经验，我们认为，我国公务员工资制度改革的一个重要目标就是建立可比性工资制度。(1)公务员要与同一地区企事业单位同等工作性质或同等资质人员实行同工同酬，使两者之间具有可比性。(2)建立公务员工资正常调整机制。改变要么连续多年不调整，一旦调整幅度就很大的现象。建立按年度调整的机制：一是每财政制度末或年初，由国务院提出调整建议，报全国人大审议批准。政府不能自行决定公务员工资调整，就是说公务员不能自己给自己涨工资。二是主要参照和比较上年度社会平均工资、企事业单位平均工资及社会上各类岗位职工平均工资增长情况，还有消费者价格指数变动情况，确定公务员是否应该增加工资或增加的比例。(3)规范公务员工资以外的各类福利。对工资以外货币和非货币形式的各类福利，进行认真清理并加以规范，合理的转为工资，变暗补为明补，不合理的取消。(4)推进公务员收入公开。不仅工资，包括各类福利，都应向公众公开。公务员的职业是公共管理和服务，工资是由公共资金支付的，人民群众有权知道公务员薪酬情况。

2011年11月16日

合理调整收入分配关系*

邓文奎　刘文海　乔尚奎　俞肖云　孙慧峰

深化收入分配制度改革、合理调整收入分配关系，要全面贯彻落实党的十七大和十七届五中全会相关部署，采取切实措施，解决好目前收入分配领域的突出问题，保证人民共享改革发展成果，促进社会公平正义。

一、当前收入分配领域存在的主要问题及原因

改革开放以来，我国收入分配制度改革不断深化，打破传统经济体制下平均主义“大锅饭”体制，确立按劳分配为主体、多种分配方式并存的分配制度，实现了收入分配制度向适应社会主义市场经济体制的转变。实践证明，我国收入分配制度改革方向是正确的，极大地激发了全体人民的积极性、主动性和创造性，解放和发展了社会生产力，促进了经济持续快速发展，城乡居民收入不断增加，生活水平不断改善。没有收入分配制度的改革，就没有充满活力的社会主义市场经济，就没有蓬勃发展的中国特色社会主义事业。

但是我们也要清醒看到，由于收入分配及相关领域体制改革还不到位，收入分配领域逐渐积累了一些突出问题。一是居民收入差距呈扩大趋势。从城乡看，1979 年人均收入差距为 2.53 倍，1983 年下降到 1.82 倍，2009 年扩大到 3.33 倍。从行业看，平均工资最高的前 10 个行业与最低的后 10 个行业，2005 年的差距是 3.5 倍，2009 年扩大到 4.1 倍。从社会成员看，2000 年城镇 20% 高收入家庭收入是 20% 低收入家庭收入的 2.1 倍，2009 年扩大

* 此文获得国务院研究室 2011 年度优秀研究成果二等奖。

到5.7倍,农村由6.5倍扩大到7.5倍。二是国民收入分配格局中居民收入呈下降趋势。居民收入在国民总收入中的比重、劳动报酬在初次分配中的比重下降。根据国家统计局2000—2010年资金流量表数据,劳动报酬在初次分配中的比重由53.3%下降到47.8%,在国民收入中,政府收入占比由14.5%提高到18.0%,企业收入占比由17.9%提高到21.6%,居民收入占比由67.6%下降到60.4%。三是收入分配秩序不规范。突出问题是侵犯劳动者权益,一些生产要素超额分配,隐性收入和非法收入等问题比较突出。部分行业企业高管人员收入畸高,与一般员工收入差距过大。在自然资源开发、房地产开发、资本市场、国有企业改制等领域,通过内幕交易、操纵市场、商业贿赂等违法活动谋取非法利益问题比较严重。一些权力比较集中的公共管理领域和国有企事业单位,以权谋私、权钱交易问题依然突出。

对于收入分配领域的这些问题及其成因,我们要有清醒认识。一方面要看到,作为一个发展中大国,在改革发展过程中出现这些问题,一定程度上有其客观必然性,也反映了我国发展的阶段性。一是我国区域之间自然条件不同,资源禀赋差异很大,客观上存在发展不平衡问题。二是我国城乡二元结构明显,在工业化、城镇化快速发展过程中,一定时期内城乡收入差距扩大难以避免。三是长期以来我国劳动力供大于求,资本、技术、管理等要素相对短缺,在市场机制作用下,容易形成这些要素收益挤占劳动报酬现象。四是我国在国际分工中总体上处于产业链中低端,激烈的国际竞争也使提高劳动报酬面临较大压力。五是在体制转轨过程中,由于各种主观和客观原因,一部分人的财富较快积累,使居民财富差距扩大。

另一方面也要看到,收入分配领域的一些突出问题,很大程度上也是改革滞后、政策不完善造成的。一是经济领域改革滞后,市场机制不健全。资源价格形成机制不合理,一些资源性行业企业以低成本甚至无偿使用公共资源。一些行业竞争不充分,一些企业依靠垄断获取超额利润。国有企业改革不到位,就业市场化和要素流动不充分。一些行业门槛过高,限制社会资本参与竞争,固化了行业收入差距扩大趋势。二是收入分配制度改革滞后,工资制度不完善。企业工资决定机制不健全,最低工资标准偏低,随意性大,强制性不够。机关事业单位工资制度改革滞后。三是再分配领域改革滞后，调节机制不完善。税制改革滞后，调节收入分配功能较弱。分类个人所得税制难以充分发挥调节作用，调节居民财富的税制不健全，不能发挥对存量财产调节的作用。财政支出用于基本公共服务的比重偏低，均衡性转移支付比例较低。社会保障体系不健全，城乡和不同社会群体之间的保障水平差别较大。这些问题都是改革不到位和发展过程中的问题，因此必须用改革发展的办法去解决。

二、合理调整收入分配关系的主要目标

按照党的十七大和十七届五中全会部署，必须坚持以科学发展为主题，以加快转变经济发展方式为主线，保持经济平稳较快发展，继续做大做好社会财富“蛋糕”，同时要通过建立公平合理的收入分配制度分好“蛋糕”，努力提高居民收入在国民收入分配中的比重，提高劳动报酬在初次分配中的比重，实现居民收入增长和经济发展同步，劳动报酬增长和劳动生产率提高同步，加快形成合理有序的国民收入分配格局，切实缩小收入分配差距。

为此，整个“十二五”期间以至2020年，都要坚持把深化收入分配制度改革、合理调整收入分配关系作为一项事关全局的大事来抓。一是基本分配制度更加完善。按劳分配为主体得到更充分保障和体现，资本、技术、管理等要素按贡献参与分配的制度进一步健全，初次分配既重视效率，同时更加公平。二是政府对收入分配的调节更加有力、规范。以税收、社会保障、转移支付为主要手段的再分配调节机制更加健全。三是国民收入分配格局更加合理。居民收入在国民收入分配中的比重和劳动报酬在初次分配中的比重提高到合理水平。四是逐步扭转收入分配差距扩大趋势。低收入者收入显著增加，绝对贫困基本消除，中等收入群体明显扩大，过高收入得到有效调节，城乡、区域、行业、社会成员的收入差距逐步缩小。五是收入分配秩序更加公正有序。收入分配关系基本理顺，合法收入得到有力保护，隐性收入得到规范，严厉打击非法收入取得明显成效。

三、合理调整收入分配关系的重点任务

当前合理调节收入分配关系，要进一步完善按劳分配为主体、多种分配方式并存的基本分配制度，在此基础上抓好两个重点：一是着力提高城乡低

收入群体的收入，二是加大收入分配调节力度。初次分配和再分配都要处理好公平和效率的关系，再分配要更加注重公平。

*一是改革完善工资制度。*工资制度是按劳分配的基本实现形式。要通过改革完善工资制度，促进初次分配公平，逐步缩小社会群体之间的收入差距。促进工资收入公平，从世界多数国家经验看，就是建立可比较的工资制度。即职工工资标准（包括最低工资标准）的确定和调整，与国民经济增长、与社会人均收入、与职工平均工资或工资中位数、与通货膨胀率或消费者价格指数等，要有可比性并保持相应比例或同步调整；各行各业、各类岗位的工资收入，高工资收入群体和低工资收入群体之间，都能以社会平均工资或工资中位数等为参照进行比较，并通过法律和市场机制的作用，将差距控制在合理的比例范围之内。

改革完善工资制度，要重点抓好以下几个方面：首先，完善最低工资制度。最低工资制度是政府在初次分配领域可以直接采取干预措施、保护弱势劳动者的有效政策工具，为世界绝大多数国家所采用。目前我国各地虽然普遍建立了这项制度，但突出问题是标准偏低，强制性弱，标准的确定和调整主观随意性大。建议我国也应当采取其他国家通行的做法，主要参照国民经济增长速度、社会平均工资或工资中位数、通货膨胀率或消费者价格指数来确定和调整最低工资标准。这样就可以形成最低工资的正常增长机制，可以有效保证弱势劳动者的收入可以随国民经济增长同步增长，不至于同社会平均工资差距过大，并在物价上涨情况下保证其实际收入和购买力不下降。

第二，改革完善企业工资制度。重点是推进工资集体协商制度，确立劳动关系双方平等的协商主体地位，以此形成反映劳动力市场供求关系和企业经济效益的工资决定机制和工资正常增长机制。保证企业职工劳动报酬增长与企业利润增长、与劳动生产率提高保持同步，提高劳动报酬占初次分配的比重。这里还有一个重要方面，就是加快推进垄断行业和企业改革。要完善和落实好工资总额和工资水平的双重调控政策，推进就业市场化，形成就业竞争机制，使这类行业企业工资与其他行业企业工资具有可比性。

第三，改革完善公务员工资制度和事业单位收入分配制度。建立科学合理的公务员工资决定和正常调整机制。进一步规范公务员津贴补贴，统一同一地区同级政府不同部门的津贴补贴项目、标准、资金来源和发放办法，尽快实现同城同待遇。加大对基层公务员倾斜力度，适当提高艰苦边远地区津贴并建立动态调整机制。建立公务员与企业同等工作性质人员工资水平的可比性制度。加快推进事业单位分类改革，完善适应事业单位特点、体现岗位绩效和分级分类管理的工资分配制度，健全工资正常调整机制。

二是健全资本、技术、管理等生产要素分配制度。关键要处理好按劳分配为主体与资本、技术、管理等生产要素按贡献参与分配的关系。首先，要加大对劳动报酬的保护，以体现按劳分配在我国基本分配制度中的主体地位。优先保障劳动报酬在企业分配中的合理比例，在此基础上决定其他生产要素按贡献分配的份额。坚决禁止权利、行政垄断等非市场因素参与分配。

第二，进一步深化改革，健全要素市场和制度环境。打破垄断和地区分割，促进生产要素自由流动，更好发挥市场机制在生产要素价格形成中的基础性作用，形成主要由市场决定生产要素价格的机制。加强知识产权保护，保障技术成果在收入分配中的应得份额。健全主要由市场评价企业经营管理人员绩效的机制，加强对国有企业负责人的绩效考核，防止因非管理因素获取超额收入。

第三，完善资源占用及其收益分配机制。建立健全资源有偿使用制度和生态环境补偿机制。完善公平公正公开的公共资源出让机制，防止通过行政手段或垄断等无偿或低价占有和使用公共资源。建立国有公共资源出让收益全民共享机制。建立国有资本收益全民分享机制。

三是构建更加有力的再分配调节机制。加快完善以税收、社会保障、转移支付为主的再分配调节机制，缩小城乡、区域和社会成员之间的收入差距，促进收入分配公平。

首先，加大对城乡贫困群体的转移支付力度。集中更多财力用于保障和改善民生，保证城乡贫困群众的生活改善快于全社会的平均速度。城乡差距是我国经济社会发展和社会群体收入差距中最为突出的问题，“十二五”期间要坚持把解决这一问题作为重中之重。大幅度增加对“三农”的转移性支出，促进城乡基本公共服务均等化。大幅度地增加扶贫投入，加大扶贫开发力度，帮助贫困地区人民群众稳定脱贫致富。加快城镇化步伐，加大对中小城市和小城镇建设投入，加快将符合条件的农业转移人口转为城镇居民，促进城镇化与经济社会发展和农村现代化建设相适应、相协调。

第二，进一步深化税制改革，调整完善税制，规范非税收入。提高直接税在税收中的比重。改革个人所得税制，创造条件实施综合和分类相结合的个人所得税制度，切实减轻中低收入者纳税负担，有效调节过高收入。建立健全调节存量财富的税收制度。

第三，加快健全社会保障制度。完善城乡低保制度，保障贫困群体的基本生活。加快建立健全覆盖城乡居民的基本养老、基本医疗保障制度，保障广大居民老有所养、病有所医。推进事业单位养老保险制度改革。抓紧研究公务员养老保险办法。稳步提高社会保险待遇水平。促进慈善事业发展，发挥慈善事业在调节收入分配和作为社会保障制度重要补充的作用。

2011 年 7 月 19 日

推进基础养老金全国统筹的初步考虑

胡　成

“十二五”规划纲要提出要在规划期内实现“基础养老金全国统筹”。实现这一目标，将是我国养老保险制度的一个重大突破，也是解决当前养老保险制度转移接续困难、地区待遇差异过大等问题的内在要求。近期，我们针对这项工作进行了专题研究，并邀请了财政部、人力资源社会保障部有关同志进行座谈。目前来看，“十二五”实现这一目标还存在许多实际困难和问题，推进这项工作必须谨慎决策、科学设计，还需要下大决心、花大力气。

一、基础养老金全国统筹具有重要意义

当前，我国基本养老保险统筹层次偏低，造成劳动力跨统筹地区流动时，基本养老保险关系无法顺利转移；不同统筹地区基本养老保险基金无法调剂使用，基金结余和赤字并存；不同统筹地区管理体系不统一，管理办法各有不同，地区待遇差别明显。尽快实现基础养老金全国统筹具有重要意义。

第一，提高我国养老保险制度的互济性。全国统筹是层次最高的统筹，能最大程度地发挥大数法则的作用，通过统一调度使用基金，增强基金规模效应。有利于在大范围内分散风险，提高资金使用效率，提高养老保险基金的安全和稳定性，更好地应对人口老龄化的挑战。

第二，真正解决保险关系转移接续问题。实现养老金全国统筹后，全国统一制度模式，有利于实现养老保险关系在全国范围内顺畅转移接续，从体制上消除影响劳动力跨地区合理流动的障碍，有利于创造公平的市场环境，

促进人力资源有效配置,进一步推进全国统一的劳动力市场形成。这将极大提高农民工参保的积极性,解决当前农民工参保率较低的问题。

第三,有利于缩小地区间的待遇差距。全国统筹后,由于基金真正实现了全国范围内的互济,可以进一步发挥基础养老金的再分配作用,逐步提高欠发达地区养老金水平,缩小待遇差距,最终实现工作平等、收入公平、保障均衡,有利于构建和谐社会,实现共同富裕。

第四,促进养老保险制度健康可持续发展。通过基础养老金全国统筹,可以进一步加强国家对养老保险事业发展的宏观管理,在全国范围内统一和优化制度,明确各级政府的责任,完善管理体制机制,使劳动者享有更加便捷、高效、持续的养老保险,实现养老保险事业的健康可持续发展。

二、清醒认识当前存在的现实困难

目前,我国养老保险制度体系基本建立,全面建立了省级统筹制度,制定实施了养老保险关系转移接续办法,养老保险扩面征缴推进顺利,基金累积结余超过万亿,推进基础养老金全国统筹具备一定工作基础。但总体而言,还面临较多现实困难和问题:

一是各级政府事权难以划清。将基础养老金责任上收到中央后,可能出现两个消极倾向:一方面地方政府将各地养老保险责任全部上交中央,地方政府不再负责,导致中央政府承担所有的养老保险责任;另一方面地方政府在养老保险基金的征缴和发放中,由于缺乏激励机制,失去推动工作的积极性。此外,目前全国大部分地区个人账户基金空账运行,如何在中央和地方政府之间合理划分个人账户历史欠账的转制成本,将成为推进基础养老金全国统筹的一个障碍。

二是资金结余地区分布不均。尽管企业职工养老保险基金累计结余总额已经达 1.43 万亿,但各地差异显著。如果除去财政补助,将有 1/3 的省份存在基金缺口,而广东、浙江、江苏等东部省份则存在大量基金结余。如果统一归集基金,可能导致东部各省存在抵触情绪,甚至在政策出台之前突击花钱。如果不统一归集,基金则不能实现大范围的基金调剂,基金养老金全国统筹也将失去意义。

三是省级统筹尚未真正实现。各省虽然已经建立省级统筹制度,但省级统筹尚未真正实施到位，许多地区都只是建立了省级调剂金制度。一些地方还是按照分级负责的原则来明确所要承担的责任，人、财、物都未实现统一管理，基金的筹集还由地方各级政府分级承担，许多地方实际上仍处于县级统筹。省级统筹在全国未完全实现，全国统筹的难度更大。

四是养老金水平难以统一。目前全国各地养老金水平差异较大，如2011年北京市为2268元/月，海南省只有1310元/月，之间相差近千元。由于养老金水平"能上不能下"的刚性特点，基础养老金全国统筹后，统一全国养老金水平存在较大困难。

五是各地区企业负担不平衡。目前我国企业缴纳基本养老保险费比例为企业工资总额的20%左右。但各地执行情况各异，浙江省为16%、山东省为19%、上海为22%。广东省省内也不尽一致，深圳为13%，珠海、东莞市为10%，佛山、中山等均低于13%。基础养老金全国统筹后，统一企业缴费比例，势必将增加部分地区的企业缴费负担。

六是相关信息系统尚不完善。基础养老金全国统筹必须实现配套信息系统全国"互联互通"，做到实时管理和动态管理。但实际上目前我国只有少数几个省份实现了数据大集中，绝大部分地区信息系统尚未实现联网和对接，尚不足以支撑基础养老金全国统筹的运行。

三、正确认识基础养老金全国统筹工作

一是尽快统一思想。全国统筹工作比较复杂、面临困难较多，涉及利益调整，社会关注度也较高。必须统一思想，克服畏难情绪，进一步明确实现基础养老金全国统筹的必要性和重要作用，明确作为我国养老保险制度改革发展的目标和方向。

二是科学界定内涵。我们认为真正意义上的基础养老金全国统筹，就是指在全国范围内统一归集养老保险金的征缴、管理和使用，其内涵包括统一的制度模式、统一的缴费比例、统一的养老金计发办法和统一的管理经办机构四大要素。但四个统一是最终目标，可以根据工作实际，在实施中不断完善，分阶段逐步完成各项目标。

三是分步推进实施。应遵循循序渐进原则，明确"十二五"的主要目标任务是初步搭建制度框架体系，顺利实现新旧制度的平稳过渡，避免一步到

位。制度起步时要兼顾现实情况和长远发展需要，兼顾各地区、各类人群利益。要有利于新旧制度转换，有利于明确中央和地方、历史和现实的养老保险责任，有利于减少政策执行阻力。

四、当前推动全国统筹的几点建议

1. 加快实现真正意义上的省级统筹

要进一步巩固和推动当前的省级统筹工作，真正建立省级政府为主体的养老保险制度。制定和实施全省统一的养老保险政策，建立省级养老金基金预算制度，养老保险信息管理系统全省集中，实现统一制度、统一管理、统一调剂。新农保和城镇居民养老保险试点，也应尽快实现基金省级管理。要充分利用省级统筹的工作基础，逐步提升和完善工作体系和机制，在省级统筹成果的基础上推动全国统筹的步伐，以保持工作的连续性和稳定性，减少改革成本、方便操作。

2. 探索试行中央调剂金制度

在实现完全省级统筹的基础上，可以按照目前省级统筹调剂金的模式，探索试行中央调剂金制度，为全国统筹奠定基础。通过对各省缴费工资、参保人数、经济实力等因素进行测算，合理确定调剂金上解比例，并在全国各省中统一调剂使用。要对统筹基金和个人账户进行分账管理，统筹基金在全国范围内调剂使用，最终目标是实现统收统支。中央调剂金除了发挥对各省养老保险待遇均衡、调剂作用之外，还可以对个人账户空账进行一定比例的补贴，弥补部分历史欠账。

3. 大力推进信息系统建设

大力推进具有配套支撑能力的信息系统建设，逐步实现全国联网的基本养老保险基金全国统筹系统，为未来制度推进打好技术基础，减少改革过程中的技术环境障碍。“十二五”时期社会保障卡发卡量将达到 8 亿张，覆盖 60% 的人口。因此，要以“一卡通”工程为重点、社会保障卡为载体，推进配套的信息系统建设，实现全国养老保险信息系统互联互通，参保人使用全国统一的社会保障卡参保、缴费和领取养老金。

4. 有关部门尽早设计制度方案

有关业务主管部门应当尽早着手研究符合我国国情的基础养老金全国

统筹制度方案,明确“十二五”我国基金养老金全国统筹目标的实现形式、制度模式、时间步骤。制度设计既要统一规范,又要适合各地特点,给地方留有调节余地,充分发挥中央和地方两个积极性。方案设计过程中,一是要广泛征求地方政府意见,力争取得共识;二是加强对重点问题的研究,包括:制度模式选择、企业缴费比例、平衡地方养老保险待遇等;三是针对基金运行的不同模式,引入精算分析,对制度运行进行数理佐证和支撑。

5. 几个具体问题的建议

一是中央、地方合理分责机制。必须厘清中央、地方各级政府的责任,形成既分工负责又调动各方积极性的激励约束机制。在制度设计上,可以考虑保持社会统筹与个人账户相结合这一基本制度模式不变,统筹账户由中央政府负责管理运营,个人账户由省级地方政府负责管理,由中央设立机构负责统一运营,增值收入归地方个人账户基金所有。这样既实现基础养老金中央统一管理,又使地方政府保留一定积极性。

二是个人账户历史欠账。合理划分中央政府和地方政府对个人账户历史欠账的分担比例。可以按照东三省做实个人账户试点方案的思路,中央政府分别承担东、中、西部地区25%、50%、75%的比例,其他由地方政府负担。地方政府可在历年基金累积结余中安排一定比例补助历史欠账。

三是调整企业缴费比例。一方面要推动缴费比例过低的省份逐步提高企业缴费标准,缩小与20%比例的差距。另一方面,要研究在国家统筹层次前提下,下调企业缴费比例的可能以及下调的范围。笔者初步测算,由于基金统筹层次提高和参保人数逐渐增加,适当下调企业缴费比例1%~4%,不会影响基金的稳定运行。

2011年10月28日

加大对农村残疾人扶贫开发的政策支持力度

乔尚奎

农村贫困残疾人是困难群体中的特困群体,是社会成员中最需要关注、最需要帮扶的部分。搞好农村残疾人扶贫开发,改善农村贫困残疾人生活状况,是我国缓解和消除贫困战略的重要内容,是促进社会和谐和全面建设小康社会的重要举措。

一、过去十年农村残疾人扶贫开发成效显著

2001 年,国家针对残疾人贫困群体专门制定了《农村残疾人扶贫开发计划(2001—2010 年)》,明确提出尽快解决农村贫困残疾人的温饱问题。《计划》执行十年来,农村残疾人扶贫开发工作取得显著成效。

——1300 万农村残疾人摆脱贫困。十年间,全国累计扶持农村贫困残疾人 2015.7 万人次,通过扶贫开发与社会救助有机结合,实际解决温饱 1318 万人。全国初步建立起了以县乡残疾人服务社为主体的残疾人扶贫服务网络,承担扶贫服务的专兼职工作人员达到 2.4 万人。全国共建立残疾人扶贫基地和各种形式的残疾人经济实体 4575 个,集中安排和直接带动、扶持贫困残疾人累计 217 万人。

——农村残疾人社会保障有所加强。近四年残疾人状况及小康进程监测数据显示,2010 年,农村残疾人参加新型农村合作医疗的比例由 2007 年的 84.4% 上升到 96%;领取最低生活保障金的比例比 2007 年增加了 16.1%;新农保试点地区农村残疾人参加比例为 73.8%;得到救济的比例比

2007年度提高了1.1%;农村残疾儿童义务教育阶段入学率比2007年提高了7个百分点。

——农村贫困残疾人住房状况明显改善。国家通过实施保障性安居工程、抗震救灾、易地搬迁、危房改造、小城镇建设等工程,着力解决城乡低收入群众住房困难,使大批农村贫困残疾人受益,共改善了54.6万户农村贫困残疾人家庭居住条件。其中2004年国家开始实施的彩票公益金农村残疾人危房改造项目,中央累计投入5.85亿元,带动地方投入41.2亿元,共为23.4万户农村贫困残疾人户实施了危房改造。

——农村贫困残疾人家庭收入和自我发展能力不断提高。2010年农村残疾人家庭人均可支配收入4739.2元,比2007年增加了1638元。目前有1749万农村残疾人实现就业获得稳定收入。累计有783万贫困残疾人接受了农村实用技术培训,23.3万贫困残疾人在残疾人扶贫基地、合作组织就业或得到帮扶。国家累计投入80亿元康复扶贫贴息贷款,扶持140余万贫困残疾人通过开展种、养、加工和家庭副业项目增加收入。相当一部分农村贫困残疾人不再单纯依靠家庭供养和社会救济,精神面貌发生可喜变化。

——初步形成了社会各界支持参与残疾人扶贫的格局。全国各地建立贫困残疾人家庭帮扶对子11.8万个,结对帮扶贫困残疾人88万人次,投入帮扶资金和物资折合29亿元。

二、农村残疾人扶贫开发的艰巨性和紧迫性

由于农村残疾人生产生活环境普遍较差,又面临着特殊困难,自我发展能力较弱,总体生活状况与社会平均水平仍有很大差距,还有大量农村残疾人尚未摆脱贫困,扶贫开发任务十分艰巨。

（一）农村贫困残疾人数量多,扶持难度大。按照2010年国家确定的扶贫标准年人均纯收入1274元统计,2010年年底我国仍有农村贫困残疾人1089万,占全国6225万农村残疾人总数的17.5%,在农村贫困人口中占较大比重。由于身体障碍、劳动能力低,文化程度普遍不高、接受技能培训和发展能力较差,加上医疗康复费用支出高、自然环境限制等多种因素,导致残疾人因残致贫、脱贫难度大、返贫率高,扶贫成本高、工作难度大。

（二）农村贫困残疾人生活水平与社会平均水平存在较大差距。全国残疾人状况监测数据显示，2010 年，农村残疾人家庭年人均纯收入较全国农村居民人均纯收入低近 10 个百分点，贫困地区农村残疾人家庭年人均纯收入仅占当地居民年人均纯收入的60%。农村贫困残疾人生活救助需求率高达 65%，未就业农村残疾人仍靠家庭供养和邻里接济的达 76.9%。2010 年农村残疾人家庭恩格尔系数高于全国农村居民家庭 6.4 个百分点，人均医疗支出是全国农村居民医疗支出的 2.09 倍。

（三）农村残疾人社会保障水平低。统计显示，2011 年农村应纳入最低生活保障范围的残疾人为 980.3 万，已纳入的 680.8 万，还有 299.5 万残疾人未纳入最低生活保障范围，一些地方特困残疾人不能全额领取低保金。大部分贫困残疾人对于参加新农保个人缴费的支出还很困难。很多贫困残疾人病残贫叠加，需要长期服药维持正常生活，但一些地方新型农村合作医疗制度报销门槛高，报销比例低，缺少针对残疾人康复治疗特殊需要的政策安排，63.5% 的残疾人有医疗救助需求。农村贫困残疾人危房改造标准低、设施配套差，全国仍有近 50 万户贫困残疾人家庭居住在危房中。

（四）针对农村贫困残疾人的特惠政策匮乏、投入严重不足。一是农业税和村集体各项提留费用取消后，基层救济扶助贫困残疾人的原有资金来源中断，由于没有新的资金来源政策，一些没有集体收入的村基层无法对生活困难的残疾人家庭给予扶助。二是各级财政用于残疾人扶贫的投入严重不足。一些西部地区由于财政紧张，很难将残疾人扶贫资金列入预算。扶贫项目补助标准偏低，如农村残疾人家庭危房改造一般每户要 3 万 ~4 万元，而中央补贴资金每户仅有 3000 元，加上地方补助也相差甚远，一些符合条件的贫困残疾人家庭只能放弃危房改造的机会。扶贫贷款和贴息规模小，中央财政安排的上百亿扶贫资金中，仅有 3000 万元用于农村残疾人康复扶贫贷款的贴息，2011 年扩大到 6000 万元，但许多地方仍因贴息资金总量的限制，影响到贷款规模的扩大。由于抵押担保等行业规定限制，贫困残疾人获取贷款资金的难度较大。三是扶持就业培训力度不够。培训能力和资金短缺，培训覆盖面窄、内容针对性不强，培训后配套服务跟不上，就业率不高。

三、政策措施建议

深入贯彻中央关于促进残疾人事业发展的一系列政策措施，落实《中国农村扶贫开发纲要(2011—2020年)》，加快制定农村残疾人扶贫开发规划，围绕改善农村贫困残疾人生活状况，提高社会保障水平，增强自身发展能力，采取更有力政策和举措。

第一，坚持政府主导，与国家扶贫战略统一安排，同步实施。各级党委政府要高度重视农村残疾人扶贫开发工作，切实列入议事日程，纳入地方扶贫开发总体规划。积极构建良好的扶贫开发政策体系，整合资源，形成合力，在城镇化改造、劳动力转移培训、产业化扶贫、科技扶贫、移民扶贫、危房改造等项目中统筹规划，同步实施，优先安排安置贫困残疾人。在深化农村改革、完善农村社会保障体系与救助体系等一系列改革和举措中，及时将贫困残疾人纳入，出台具体扶助政策措施，创新扶贫开发方式，突破重点和难点，增强实际效果。以帮助解决贫困残疾人的基本生活、基本需求和基本保障为立足点和出发点，加强残疾人扶贫开发长效机制建设，促进农村残疾人与全国人民一道奔小康。

第二，切实提高农村残疾人社会保障水平。残疾人作为一个特殊困难群体，在基本生活保障方面的需求要多于健全人，对社会保障的依赖程度更深。要努力提高以“四保一救”(低保、新农保、新农合、保障性住房和救助救济)为主体的农村社会保障对残疾人的保障水平，实行普惠基础上的特惠政策。一是将农村贫困残疾人全部纳入最低生活保障范围，做到应保尽保。同时，各地方应尽快出台分类施保政策，将贫困残疾人作为重点对象优先保障，并针对残疾人提高低保标准。二是提高农村贫困残疾人基本医疗康复保障水平。完善新农合制度，应充分考虑贫困残疾人家庭生活负担重和医药费用支出大的实际，降低报销的起报点，提高报销比例，并将残疾人基本医疗康复费用纳入新农合报销范围。三是扩大残疾人参加新农保个人缴费政府代缴范围。目前，各地普遍对重度残疾人参加新农保个人缴费按最低档给予全部或部分代缴，但其他大多数非重度贫困残疾人还没有享受政策优惠，应将此项优惠政策扩大到所有贫困残疾人，并根据财政实力逐步提高参保档次。四是实施危房改造要充分考虑残疾人家庭的实际需求，降低残疾人家庭承担费用比例，对居住环境进行无障碍改造，提供水、电等基础设施，添置必要的生活设施必需品，切实改善贫困残疾人的基本生活条件。五是加大对贫困残疾人家庭的生活救助，逐步建立贫困残疾人生活津贴和重度残疾人护理补贴制度。

第三，多渠道增加农村残疾人扶贫开发投入。一是加大财政扶贫资金投入。建议中央及地方在财政扶贫资金中确定一定比例专项用于农村残疾人扶贫开发，特别要加大对中西部农牧区的扶持力度。强化对各类扶贫资金的监管力度，提高使用效益。二是强化金融贷款扶助贫困残疾人的作用。加大康复扶贫贴息贷款和贴息资金的投入，在目前中央每年10.3亿元康复扶贫贷款计划的基础上，适当增加贷款规模，提高项目贷款和到户贷款贴息比例，在更多地区实现农村残疾人小额贷款零利率。进一步降低贷款准入条件，增加适合残疾人特点的金融产品和金融服务。三是积极探索试行残疾人信贷风险担保制度，引导更多社会资金投入。由于许多贫困残疾人无法提供银行存折、资产等抵押或信用担保，很难获得贷款和相应的信贷服务。有关部门应加快研究建立适合贫困残疾人贷款的担保机制，尝试开展农村残疾人个人信贷担保金试点，切实解决贫困残疾人贷款难问题。

第四，大力扶持贫困残疾人提高自我发展能力和收入水平。一是强化农村残疾人实用技术培训，提高就业能力。中央和地方财政应加大培训补贴力度，整合相关部门的培训项目资源，结合残疾人的认知水平和当地产业特点，开展多层次、多形式的实用技能和职业培训，帮助贫困残疾人获得实用技术和经营本领，提高参加生产劳动的技能和经营管理能力。建立培训与就业、生产扶持为一体的后续服务支持体系，扶持残疾人通过劳动实现自食其力、脱贫致富。二是扶持农村残疾人扶贫基地建设。残疾人扶贫基地可以有效整合扶贫开发的各项政策，发挥资金、技术优势，降低经营风险，可以直接安置残疾人就业，还可发挥辐射带动作用，是帮助贫困残疾人摆脱贫困的有效载体。目前，全国已建立农村残疾人扶贫基地4021个，安排贫困残疾人就业和直接扶持贫困残疾人30.1万人，但扶贫基地在数量和规模上还远不能满足需要。由于缺乏政策和资金支持，难以扩大规模，导致相当一部分基地的辐射带动作用难以发挥。中央有关部门应安排专项资金扶持残疾人扶贫基地发展，进一步发挥基地辐射带动贫困残疾人发展生产增加收人的作用。

第五,动员社会力量广泛参与,营造帮扶残疾人脱贫解困的浓厚氛围。完善残疾人扶贫开发领导和工作体制,落实扶贫工作目标责任制。探索以网络化的信息体系为平台、社会化的运作体系为手段、法制化的政策体系为保障和特殊性困难救助救济体系为补充的残疾人扶贫开发工作新格局。加强残疾人扶贫法规制度建设。进一步完善党政机关、企事业单位包村,党员干部结对包户,志愿者、街坊邻里、富裕户一帮一、众帮一等帮扶模式。加强社会舆论导向,鼓励引导社会各界积极参与残疾人扶贫,促进形成全社会扶残助残的良好风尚。

2011 年 11 月 22 日

完成今年保障性住房建设任务关键在抓落实

张定龙　王昕朋

今年的《政府工作报告》强调，今年要开工建设保障性住房和棚户区改造住房1000万套。这是一项以考核问责为保证，从上到下逐级签定了责任书的硬指标。截至5月底，全国统计开工率为34%，高于去年同期水平，但从全国范围看，也有一些地区开工率不到20%，完成今年任务的形势依然十分严峻。特别是今年全国县乡面临换届，部分省市出现干旱、洪涝灾情，确保任务完成更不可掉以轻心，应当进一步抓好落实。

一、保障性住房建设面临的主要问题

一是资金来源渠道狭窄。从多数地方的反映看，中央对建设保障性住房的补助，占实际造价的比例相对较低。江西省统计仅占实际造价的35%，地方需要配套65%以上。对于经济欠发达地区，配套资金的压力更大。在各级政府持续加强房地产调控的情况下，不少房地产开发商有参与保障房建设的愿望，但是由于在土地划拨、政府贴息、税费减免和信贷扶持等条件上存在着不优惠、不同等的问题，真正进入保障性住房建设领域比较困难，因而持观望态度。廉租房、公租房缺乏还贷保证，银行放贷的积极性不高。

二是储备建设用地不足。由于今年开工建设的保障性住房面积比去年大幅提高，一些城市受地理位置和土地条件限制，加之地产市场法律法规内在结构不完善，出现了保障性住房建设用地紧缺、选址困难的问题。广东一些地方反映，当地保障性住房对象希望的是"住得更好一些"，而城区土地储备不足，建在郊区或者交通、生活设施相对差一些地方，建筑品质相对低的保障性住房，反而出现了闲置率高的现象。一些地方还存在着被征地居民补偿要价过高，协调难度大的问题。

三是管理与监督体系不完善。随着保障性住房建设步伐不断加快，以及保有量不断增大，一些地方因管理机构、管理队伍和工作经费不落实，造成监督管理体系不完善，出现了目标有人定、工程有人干、监督没人管的情况，直接影响工程建设。

四是相关政策缺乏可操作性。对保障性住房准入与退出制度进行规范的法律法规较少，缺少可操作性的实施细则；对申请保障性住房对象的家庭也缺乏科学规范的衡量标准，以至一些地方出现高收入、高消费者住保障房的现象，引起真正需要保障性住房群体的不满；公租房、廉租房公有产权和限价商品房建设等相关政策也不明确、不具体。

二、一些地方加快保障性住房建设值得借鉴的经验

各地在推进保障性住房建设中，积极探索，不断创新，加快保障性安居工程建设。江西省到2010年年底已累计解决64万户家庭住房困难，惠及低收入人口超过200万，实现人均住房建筑面积10平方米以下低收入家庭应保尽保。四川省攀枝花市，截至5月底保障性住房建设开工率为目标任务的77.5%，建设进度居四川全省21个地（州、市）首位。河北省秦皇岛市，今年27个保障性住房建设项目，截至目前开工率已达到年度目标任务的101%。这一省两市的经验，概括起来主要有以下几个方面：

一是制定保障性住房建设的优惠政策。江西省政府出台政策规定，保障性住房一律免收所有行政性收费和政府性基金，经营性收费按底线减半征收，所征税收中地方所得部分全部用于项目改建，免收市政基础设施配套费用。廉租房建设项目列入省重点工程管理，享受省重点工程优惠政策。攀枝花市出台政策支持房地产开发企业参加保障性住房建设，以不高于3%的利润承建政府主导集中修建的经济适用住房项目，建设前期资金由开发企业垫付，减轻政府资金压力；对参与公共租赁住房、廉租住房建设的民营企业给予政策支持和协调指导；在城区范围内通过招、拍、挂新取得土地使用权的商品房开发项目，开发建设单位按规定配建一定比例的保障性住房，

由政府回购面向符合条件的困难家庭供应。河北省秦皇岛市将所有保障性住房建设项目列为“应急工程”，开设“绿色通道”，最大限度地压缩审批周期，提高审批效率，切实保证开工建设进度。

二是拓宽保障性住房建设的资金渠道。江西省赣州市对政府直接掌握的城市土地、交通运输、供水供气、公有住房等各类资源进行整合、包装，打造完善的融资平台，再引进战略合作伙伴搞资本运作，成功发行了15亿元的全省首只企业债券，实现了房产的证券化和资本化。包括赣州在内的江西省一些市，正在组建保障性住房投资控股集团，通过将优质资产打包上市、发行债券和设立城市建设投资基金等方式，解决保障性住房建设资金困难。四川省攀枝花市和河北省秦皇岛市推行配建方式，在商品房开发项目中配建经济适用住房和廉租住房，在土地出让时设置前置条件，明确规定在商品房开发中配建一定比例的经济适用住房和廉租住房，对配建套数、户型、面积及建设标准、回购价格等提出具体要求；土地成交价款扣除与各部门结算的土地成本后，剩余资金全额返还，用于回购经济适用住房和廉租住房。秦皇岛市创新保障性住房建设模式，发挥国有企业的担当责任，将项目原则上交由各级国有房地产企业建设，政府给予相关优惠政策支持。

三是将保障性住房建设用地单独列入计划。江西省政府要求各地在每年第四季度提前安排好下一年保障性住房建设用地指标，各市、县政府在土地年度供应计划中，单独列出保障性住房建设用地并优先安排，应保尽保。廉租房、经济适用房和公共租赁住房的建设用地，实行行政划拨方式，建立保障性住房用地审批“绿色通道”，规定有关审批在11个工作日内完成。南昌、赣州、抚州等市还把工矿企业棚户区改造与保障性住房建设相结合，既有效地解决了保障性住房建设的土地不足问题，又有效地解决了改造地块中低收入家庭的住房困难，同时推进了城市化的进程。攀枝花市按照“保障低端、调控中端、限制高端”的基本原则，建立梯次供应的保障体系，结合“十二五”经济社会发展目标和城乡总体规划、人口增长预测、城镇化发展规模、国家和省住房保障政策等方面内容，制订保障性住房土地利用规划。

四是建立保障性住房监督制度。江西省对保障性住房实施情况实行每周报告、每月调度、每季督查、年度考核，并定期通报排名情况，对进度缓慢和不能按计划完成建设任务的，采取全省通报、领导约谈、考核否决等措施。

此外，建筑质量安监部门每年至少要对保障性安居工程质量进行两次安全检查。抚州市房管局与市检察院联合下发了《关于印发廉租住房和经济适用房建设中共同预防职务犯罪联系协调制度的通知》，并聘请特邀群众监督员，自始至终对建设速度、质量、小区环境、审核、摇号等全过程进行监督。攀枝花市建立了分级考核奖惩机制，有力地促进保障性住房建设的顺利推进。秦皇岛市印发了《2011 年全市保障性安居工程建设项目形象进度调控表》，建立旬报告、月通报、季调度等制度，对进度慢、有问题的点名批评，对相关责任人进行约谈，并由市监察部门视情况启动问责程序进行问责。

五是创新保障性住房可持续发展机制。四川省攀枝花市制定了保障性住房申报的三级审查、两级公示制度和准入、退出管理制度。江西省上饶市开展了入住前教育，增强低收入人群对保障性住房小区的认同感；赣州市在廉租住房小区开办了爱心服务社等公益机构，创新帮扶困难家庭的救助新机制；九江、景德镇等市通过保障性住房小区配建的商铺租金用于补贴物业管理经费，创新物管费用增补新机制；抚州市通过将原有直管公房管理所转变为保障性住房管理机构，解决了保障性住房管理人员不足、职能管理不健全的问题。

三、确保今年保障性住房任务完成的关键在抓落实

今年保障性住房建设任务重、时间紧、压力大，能不能完成任务与各级党委、政府和有关部门重视不重视，或者说重视到什么程度，政策措施是不是真正落到实处关系密切，结果大不一样。总结江西省、河北省秦皇岛市和四川省攀枝花市保障性住房建设的做法和经验，我们认为，搞好保障性住房建设，各级政府要做到“四个舍得”：

一是要舍得投入。从调研情况看，一些开工率较低或进展较慢的地方，存在着等、靠、要思想。作为经济欠发达的江西省，则是千方百计落实保障性住房建设配套资金，通过省市县联动，采取财政预算安排、财政补助、国债转借、土地出让净收益、住房公积金增值净收益、调动社会参与积极性等多种方式筹措资金。河北省秦皇岛市今年通过财政安排专项、土地出让净收入、住房公积金增值收益、国债资金等，共筹集保障性住房建设资金 8.52 亿元，不足部分由市、县财政兜底安排。据财政部最新数据，今年前 5 个月全

国财政收入达4.68万亿元，同比增长32%。政府财力增加很大，对保障性住房建设提供了坚实基础，关键在于各级政府舍不舍得投入。

二是要舍得给地。土地是保障性住房建设最基本的条件。舍不舍得给地，能不能及时给地，给什么样的地，直接关系保障性住房建设进展和任务能不能完成。河北省秦皇岛市最大限度地利用存量土地资源建设保障性住房，在省下达保障性住房建设用地指标356亩的基础上，又从市用地指标中调剂出94亩，采取以净地供应为主、按高限指标核定容积率等条件做好规划，确保了保障性住房建设用地。江西省赣州市的保障性住房选址大多在市中心，交通、生活、教育、医疗等资源相对好的地方，同时，对建设施工队伍严格把关，把地产最好的资源向保障性住房优化。

三是要舍得给政策。中央对保障性住房建设给予了很多优惠政策，地方应当不折不扣地执行，而且应当根据本地区实际情况舍得给更加倾斜的特殊政策。但是，有些地方不仅没有制定自己的优惠政策，在执行中央政策过程中出现偏差，有的甚至出现把保障性住房建设资金、住房公积金挪用给商品房开发商使用，没有做到把各项优惠政策向保障性住房建设倾斜，相反侵占了保障性住房优惠政策。

四是要舍得花精力。保障性住房建设是一项重大的民生工程，各级党委、政府和有关部门，都应当高度重视，要舍得花时间、花精力把工作落到实处。但是，有些地方领导只是在相关会议上讲讲话，在相关文件上作批示，不深入基层调研、现场研究解决问题，不掌握保障性住房建设实际进度，不了解存在的问题和困难。也有一些地方由于对政策执行力情况的监督机制不完善，部门之间的信息交流工作不顺畅，致使政府对各个阶段的目标任务完成情况掌握得不准确。说到底，这也是不抓落实的具体反映。

四、加快保障性住房建设的几点建议

一是进一步强化地方政府建设保障性住房的职责。建议有关部门建立保障性住房进度通报制度，按省排名，逐月通报；同时，加大对保障性住房建设的专项巡查制度，鼓励媒体加强舆论监督，对于在保障性安居工程建设中不作为，或者问题较多的地方政府，要坚决给予处理，以提高中央方针政策执行力及政府公信力。

二是创造条件吸引社会资金参与保障性住房建设。配套资金困难是困扰保障性住房建设的主要难题之一。但是只要政策到位,条件合适,吸引社会资金参与保障性住房建设是完全可以做到的。比如政府相关部门通过公开招标,选择一个项目公司,与其签订建设廉租房的合约,以法律的形式规定政府(政策)支持和回购、项目公司投资和承建等内容;再比如政府对企业、个人持有的闲置住房进行收集,采取免收或减少房租税收,给予供电、供水、供暖等市政配套方面的优惠,扩大公共租赁住房的房源。

三是合理确定保障规划和目标。今后几年,国家在保障性住房方面的建设力度将逐步加大,因此,保障性住房的可持续问题应当引起重视。由于我国幅员辽阔,南北气候差异较大,加之各地人口分布、收入水平等条件不同,对保障性安居工程的要求也不同,如攀枝花市属典型的亚热带气候,夏季时长、气候炎热,受居住空间窄小限制,室内空气流通不畅,舒适度相对较低,从长远角度考虑,小户型保障性住房难以满足市民对住房条件"改善"需求。广东、浙江、江苏一些地方的保障性住房,已开始从"救济型"转变成"改善型"。建议有关部门对不同地区的情况进行深入研究,根据各地低收入家庭实际住房需求,结合地方财政承受能力,在满足城市总体规划和用地发展规划的前提下,合理确定年度保障规划和目标,并且允许各地根据不同的条件,适度放宽单套保障性住房建筑面积。

四是进一步加快保障性住房建设与管理方面的立法。我国于2005年发布《城镇最低收入家庭廉租住房申请、审核及退出管理办法》,但因没有上升到法律层面,管控效用并不大,以致保障性住房分配中申请弄虚作假、申报不实以及工作人员协助弄虚作假,不按规定程序和条件审批、不认真履行职责、失职渎职等现象层出不穷。在保障性住房问题上,一些地方政府重建设、轻管理现象非常普遍。对保障性条件动态管理的缺位,将会引发公共资源新的一轮分配不公。从国际经验来看,许多国家都是通过立法,在法律层面上确定严格准入及退出机制管理,实施有效的动态监管,保障公共资源的分配公平。因而,在立法上健全保障性住房的动态管理机制,是住房保障工作得以正常运转、可持续发展和社会公平得以体现的根本性措施。

五是进一步加大房地产市场监测和调控力度。房地产调控与保障性住房建设密切相关,建议继续加强房地产市场监测分析,建立健全房地产市场信息系统和统计制度，准确把握房地产市场走势，及时发现市场运行中的新情况、新问题，提高调控措施的预见性、针对性和有效性。比如利用税收等政策，遏制房地产暴利，逐渐缩小商品房的利润；鼓励或要求房地产开发企业在普通商品房建设项目中，配建一定比例的公共租赁住房，并且可以持有、经营或由政府回购；在土地出让时，不仅要看开发商的出让价，而且要把商品房售价、配建保障性住房的比例（包括套数、户型、面积及建设标准）捆绑在一起来衡量，"以赢补亏"。

同时，进一步挖掘土地潜力，如结合城市旧厂房、旧民居等改造，增加公租房土地供应；可以通过新建、改建、配建、收储、转化等，拓宽保障性住房尤其是公租房房源。

2011年6月27日

关于大力发展住房合作社的建议

刘文海

住房合作社作为解决中低收入者住房的互助性、非营利性社会团体组织,在国外已有100多年的成功实践,特别是在一些欧洲国家,住房合作社提供了大约1/3的住房。鉴于住房合作社在提供住房保障方面的重要作用,国外政府普遍予以大力鼓励和扶持。在当前我国各大城市房价居高不下、政府保障性住房建设压力很大的背景下,借鉴国外经验,积极发展住房合作社,有利于更好地实现人民群众居者有其屋的目标。

一、目前我国住房供给是"双轨制"

我国自1998年实行以取消福利分房为标志的房改后,一个时期形成了世界上少有的由房地产开发商主导的、基本完全市场化的住房供给模式,形象而言就是"单轨制"。截至"十五"期末,全国仅有32.9万户城市最低收入家庭被纳入廉租住房保障范围,占城市住房供应总量的比重微乎其微。"十一五"期间,国家明显加快保障性住房建设。特别是2007年国务院出台《关于解决城市低收入家庭住房困难的若干意见》,召开了全国城市住房工作会议,提出要切实将解决城市低收入家庭住房困难作为政府公共服务的一项重要职责,进一步建立健全廉租住房制度,改进和规范经济适用住房制度,加大棚户区、旧住宅区改造力度,多渠道解决城市低收入家庭住房困难,逐步改善农民工等其他住房困难群体的居住条件;同时继续加强和改善房地产调控,稳定住房价格,促进房地产市场健康发展。这可以认为是住房制度从"单轨制"向"双轨制"转变的重要标志。截至"十一五"期末,通过各类保障性住房,全国1500万户城镇中低收入家庭住房困难问题得到解决。“十二五”期间,我国规划新建各类保障性住房3600万套,占住房供应总量的比重达到20%,这将有效缓解城市住房压力。

概言之,现在我国城市住房供给模式是“双轨制”:其一是由完全市场化的房地产开发商提供,占据了八成以上的份额;其二是政府提供的各类保障性住房,占比不到二成。这种模式的弊端是显而易见的:一是住房供给过分倚重房地产开发商,没有形成多元化的住房供给体系。二是现阶段房地产开发并非充分竞争的市场,存在寡头性垄断,暴利惊人众所周知,总体上抬高了住房价格。三是房地产商的逐利本性,决定了其难以有效履行社会责任,导致出现典型的“逆向选择”:越是有住房需求的人群,往往因为购买力不足,越得不到房地产商的“青睐”。现实中常常是“豪宅”遍地,但老百姓真正需要的中小户型、中低价位的普通商品房却难觅踪迹。

二、住房合作社是住房供给多元化的重要一环

近些年来的数轮房地产调控,虽然取得了积极成效,但尚没有解决住房供给主体多元化、“土地财政”、房地产税收结构不合理等实质性问题。其实在我国,由于土地、规划、质量标准等关键要素为政府所掌控,而建设者又是纯市场化的“第三方”,也即具备资质、受政府监管的建筑公司,因此,开发商建房与政府建房、单位建房、合作建房甚至个人建房,并没有实质性的区别,没有必要保留房地产开发商“一枝独秀”的特殊地位。我们认为,在现阶段加强和改善房地产调控、有效遏制房价过快上涨的一个重大举措,就是要加快形成多元化的住房供给体系,除了目前已经明确的政府和开发商“双轨制”供给外,还应当允许单位建房、合作建房和个人自主建房等。其中,最有前景的是半市场、半保障属性的“住房合作社”模式,政府应当大力鼓励和支持其发展。

邓小平同志在1980年4月2日同中央负责同志就建筑业和住房问题谈话时指出,城镇居民个人可以购买房屋,也可以自己盖……建房还可以鼓励公私合营或民建公助,也可以私人自己想办法。我们理解,“民建公助”其实就是走半市场、半保障的路子,而发展非营利性的住房合作社就是比较好的选择。我国在20世纪80年代,“住宅合作社”曾被作为城镇住房制度商

品化改革的重要内容,在当时的国务院房改文件中已有所体现。实践中大体上有两种类型:一类是系统型或单位型住宅合作社,由本系统或本单位利用已有或国家划拨的土地,为解决本系统或本单位职工住房困难而成立的住宅合作社;另一类是社会型住宅合作社,主要是由当地人民政府的有关机构如建设部门、工会等牵头成立,面向本行政区域内无购房渠道的单位及职工,一般由合作建房管理机构统一制订建房计划,统一划拨土地,统一施工,建房规模较大。随着1998年后经济适用房制度逐步建立和完善,住宅合作社开始被纳入经济适用房的范围内予以管理,成为经济适用房的重要组成部分。此后住宅合作社发展基本上处于停滞阶段。例如,2005年春北京的于凌罡个人集资合作建房的建议被媒体披露以后,在社会上引起很大反响,上海、成都、厦门、南京、郑州等地纷纷响应。但由于没有政府的有力支持,结果必然是不了了之。住宅合作社是我国特定历史条件下的政策性产物,是住房商品化改革时期的过渡产品,带有强烈的行政色彩和福利房性质,还不是真正意义上的"住房合作社"。

相对于政府保障房和市场商品房,住房合作社有独特优势和较强的竞争力。政府保障房由于面临资金来源、房屋管理等方面诸多困难,短期内规模难以做大,难以满足中低收入群体庞大的住房需求,相比较而言,合作建房开辟了一条不需要增加政府财政负担而提供住房的"第三条渠道",且在户型、面积、功能等方面也更适合群众需求。相对于纯粹市场化的商品房,合作住房价格比较便宜,原因是由合作社社员集资自建、自用、自我管理,免除了房地产商的中间"盘剥",加之政府实行"民办官助"、给予贷款贴息等,合作建房的成本也相对较低。国外的成功经验也完全证明了这一点。

三、建议我国大力发展住房合作社

解决城市住房问题政府不宜包揽太多。如果按目前的"双轨制"住房供给模式,一方面提供占比20%的保障性住房,对政府财政始终是一个巨大压力;另一方面占比80%的商品房,对于广大中低收入群体来说仍然是不堪重负。发展住房合作社,相当于在政府和开发商之外,扶植住房供给的第三种力量,其积极意义是不言而喻的。这不仅是对当前过高房价的有力回击,也是解决城镇中低收入者住房的一条重要途径。建议：

第一，明确住房合作社的功能定位。它是一个法人，但既不是政府机构，也不是企业，而是非营利性的社会团体组织。住房合作社具有民间性和自主性，社员具有充分的参与权。合作社自筹建房资金，主要来自社员储蓄和财政补助等。合作社设有理事会、监事会以及法人代表，分别履行各自职责，负责房屋的建设、分配和日常管理，政府则负有监管职责。符合条件的社员享有住房使用权、继承权，但是不能上市买卖，因此不会产生投机炒作引起房价大起大落。在适应性方面，住房合作社也比较广泛，收入高的人可以参与建档次高一点的房子，收入低的人可以建档次低一点的房子。总之，住房合作社并不是一般意义上的“合作建房”或“单位集资建房”，而是有一整套制度和规范的。

住房合作社功能定位一旦明确，当务之急是加快相关立法和制度建设。目前，除1992年建设部发布的《城镇住宅合作社管理暂行办法》以外，尚缺乏其他法律规范。但该暂行办法问世时，我国还没有实行市场经济，暂行办法明显过时。因此，应结合房地产市场发展的实际，借鉴国外发展住房合作社的经验，尽快出台《住房合作社法》，明确住房合作社的法律地位，规范责、权、利，为发展住房合作社提供法律保障。

第二，加大政府对住房合作社的支持力度。住房合作社不同于一般的商品房开发企业，不以营利为目的。如果没有政府的强力支持，其生存发展都很困难。政府可以通过以下措施加以扶持：一是税收减免。如在美国，政府给予住房合作社相当大的减税优惠，其税率一般只有应交赋税的15%左右。二是通过政策性银行向住房合作社提供低息贷款。在欧美不少国家，住房合作社通常只需要自筹一定比例（如20%）的住房投资建设费用，其余资金都可由政府低息贷款补齐，利率通常比市场利息率低2%～3%，且贷款期限较长（如45年）。三是政府协调银行、财政、税务、土地、城建等部门，在规划、建设用地等方面对住房合作社予以支持。总之，如果通过政府的各种优惠政策，使合作社提供的住房价格能够比市场价格优惠三成左右，那么住房合作社就一定是有竞争力和生命力的。

第三，大力发展住房金融。重点是发展住房储蓄银行。住房储蓄银行与商业银行是有区别的，它是专门经营住房金融业务，为房地产业发展提供服务的银行。住房储蓄银行一方面为住房合作社社员提供低息贷款,使之用于购房、修房或与住房有关的费用开支;另一方面,也为住房合作社提供资金来源。此外,鼓励普通商业银行为合作社社员提供低息购房贷款(政府财政可以给予利息补贴),并通过简化贷款手续、延长还款期限、降低贷款利率等措施,支持住房合作社实现良性发展。

2011 年 8 月 22 日

关于住房租赁市场的分析及建议*

郭克莎　高振宇

住房租赁市场是房地产市场的重要组成部分，加快发展住房租赁市场对完善住房市场体系、推行租售并举政策、提高住房资源利用率等都有积极作用。近期，我们对住房租赁市场问题进行了研究，对北京、上海、广州、深圳、南京、杭州等城市做了一些重点调研，得到一些初步判断，并提出有关政策措施建议。

一、我国住房租赁市场发展中存在的问题

近年来，我国住房租赁市场快速发展，在解决城镇居民居住问题中发挥了重要作用。目前，北京市出租住房约占全市存量住房总规模的30%，解决了近760万人的住房问题；广州市有700多万人通过租赁实现“住有所居”；上海市出租房屋租住人数也超过了350万。但总的看，各地住房租赁市场发展程度仍较低，运行还不规范，存在一些共性问题亟待解决。主要是：

（一）住房租赁市场供求矛盾比较突出。一是很多城市住房租赁市场供求矛盾突出。一方面，很多城市尤其是一线热点城市外来人口持续增加，如近年来北京市每年新增外来人口达50万左右，其中大多数通过租赁解决居住问题，房价高企也导致部分购房需求暂时分流到租赁市场；另一方面，一些城市如北京、广州、深圳、杭州等对“城中村”改造和城郊结合部整治力度加大，对中低端出租房屋供给形成挤出效应，而大规模的公租房建设刚刚

* 此文获得国务院研究室2011年度优秀研究成果一等奖。

开始,尚未形成稳定房源供应。二是中小户型、中低价位租赁住房供应不足。这是一线热点城市中比较普遍的现象。以上海为例,目前住房租赁需求主体是新青年职工、引进人才和外来务工人员等,到2010年底,该市居住半年及以上外来常住人口接近830万,每年新增约30万人,其中超过40%需要租赁中低价位住房,但抽样调查显示,该市市场供应的中小户型住房比例较低,60平方米以下小户型房源比重不足10%,难以满足持续增长的租赁需求。三是租赁住房存在季节性、区域性供应不足。如在春节后农民工返回、暑期大学生毕业等时点,很多大城市住房租赁需求集中释放,可租赁住房供给不足压力明显增大;在地铁、公交沿线等交通便利地带,住房租赁也普遍存在供不应求问题。

(二)租赁住房供应主体零星分散。目前各地住房租赁房源均以个人持有住房为主,机构持有经营租赁住房比重很小,住房租赁市场专业化、集约化程度低,稳定性和规范性不足,管理难度较大。如北京市现有110万~120万套出租房屋,基本由约90万户家庭提供,机构出租住房所占比重很低;上海市住房租赁也以个人出租为主,从事住房租赁的专门机构较少且规模有限。主要原因:一是缺乏鼓励机构经营住房租赁的税收政策。现行税收政策客观上有利于住房出售,如企业经营租赁住房,除需缴纳营业税和企业所得税外,还要缴纳4%的房产税,税负占租金收入30%左右,企业积极性不高。二是缺乏长期稳定的融资渠道。与出售住房相比,机构投资经营租赁住房需要长期占用大量资金,投资回收期长达几十年。在现行金融体制下,长期性政策贷款支持不足,企业投资经营租赁住房融资困难。

(三)住房承租人合法权益保障不足。我国住房租赁的相关立法规定,主要分散于《合同法》、《商品房屋租赁管理办法》等中,缺乏专门适用于住房租赁交易的完整、配套法律法规,住房承租人的一些合法权益难以得到保障。主要表现为:一是租赁住房可居住性不乐观。这一情况在很多城市都普遍存在。如天津市对住房租赁市场的调查发现,该市租赁住房主要以旧房为主,住房设施相对简陋。问题在于,现有租赁市场中大量住房为已售公房,其户型结构、设施配备、物业管理等条件较差;同时,多数大城市的住房租赁市场供求偏紧,出租人提高住房出租服务动力不足。二是承租人在租金谈判中处于被动地位。在租赁期满续约时,出租人大幅提高租金的情况时有发生。租赁押金的管理和使用也缺乏明确规定，一些出租人存在随意滞留、抵扣押金行为。三是租赁关系稳定性保障明显不足。很多地方反映，出租人在租赁期间不按合同约定随意解约、租赁期满见利逐客的情况经常出现，缺乏安全感和稳定感是很多承租人面临的突出问题。

（四）住房租赁市场秩序较为混乱。一是为规避税收征管，大量私房租赁进入地下市场。据调查估计，目前南京市住宅租赁达20万套以上，但租赁登记备案率仅30%左右；北京等城市的登记备案率更低。二是租赁行为不规范，租赁合同责任约定不清，各种租赁纠纷易发多发。三是存在违法出租房屋问题。一些出租住房在质量、消防、卫生等方面存在安全隐患，社会治安等问题较为突出。四是租赁中介侵害当事人权益的行为时有发生。一些中介公司发布虚假信息、骗取中介费、暗地“吃差价”、擅自改变房屋格局、“一房多租”以及从事未授权业务等屡见不鲜。总的看，统一规范的行业标准尚未建立，执业道德评价体系尚未形成。

（五）政府管理和服务还不到位。一是管理力量比较薄弱。主要是住房租赁管理机构不健全，专业人员不足，覆盖面有限。二是管理手段相对落后。有些地方还停留在收费办证的简单管理层面；对于不办理租赁备案、不报送租赁信息等违规行为，缺乏相应惩处手段。三是相关信息资料不足。各地住房租赁市场的规模、租金等资料不全，信息公示、查询平台不完善，对租赁双方和管理机构都产生影响。四是缺乏解决租赁纠纷的有效渠道。对承租人、出租人和中介机构之间发生的纠纷，主要依赖司法途径解决，缺乏便捷、有效的调解机制。五是集体土地上房屋租赁大多没纳入管理体制。如上海集体土地上的农民住房租赁面积约占住房出租总量的38%，杭州市农居点和城中村合计占比达40%以上，但都尚未纳入现行《商品房屋租赁管理办法》的管理范围。

二、一些国家发展住房租赁市场的主要做法

住房市场比较完善的主要发达国家，都重视发挥住房租赁市场在住房消费中的重要作用。2009年，美国有30%左右的居民通过租赁解决居住问题，德国有一半以上的家庭是租房户。这些国家住房租赁市场的主要特点是：

（一）住房租赁市场体系和机制比较完善。发达国家的住房租赁市场是在工业化和城市化进程中发展起来的，先后经历了自由租赁市场为主、公共租赁市场为主、以及自有和公共租赁市场相结合三个发展阶段，目前总体已经比较完善。一是租赁住房房源相对充足多样。经过多年建设和发展，主要发达国家住房存量规模较大，很多国家的户均住房套数达到1以上，形成了分层次、有梯度的住房租赁市场，较好满足了高、中、低端各类住房需求。如在美国、德国，既有一些政府提供的、供低收入群体租住的公共住房，也有大量面向中等收入居民的普通租赁住房，还有面向高收入阶层的高档租赁公寓和别墅。二是租赁住房供应主体多元化。在发达国家住房租赁市场中，社会租赁住房和私人租赁住房比重有所不同，但供应主体多元特征明显，各类机构占有重要地位，其租赁住房具有长期性、稳定性和规范性特点。如在德国，私人住房出租占66%，合作社、基金或保险公司以及专业租赁公司分别占22%、8%和3%，其余1%～2%为政府公共出租房。日本1998年租赁住宅占全国住宅量38%，其中由市场提供的占七成，其余由地方政府、住宅公团及特殊团体供应。三是住房租赁中介组织比较发达。国外房产中介历史悠久、发展成熟，很多发达国家的住房租赁交易主要通过中介组织进行。中介机构形式通常是事务所合伙制，自由进入市场，质量、信誉和品牌至关重要，很多企业积极开展连锁经营。中介行业个人准入资格受到严格限制，如美国房地产经纪人应具备大学学历和一定工作年限，并通过应试才能取得执照，每年还要再接受教育和相关考试；德国的住房中介从业人员大都经过职业培训，许多是住房中介者协会成员。

（二）住房租赁市场法律法规比较健全。发达国家都重视住房租赁立法，通过法律明确和保护租赁当事人权益。很多欧美国家在立法中都将住房租赁与经营性租赁区分开来，并突出对住房承租人的保护：一是确保住房可居住性。美国法律规定，房东不仅要保证住宅建筑结构的牢固与安全，还要提供一系列相关服务，保证租户生活舒适与健康。英国2004年制定了“住房健康和安全评估体系标准”，注重从生理心理等层面关怀承租人，建立了细致的可居住性评估体系。二是住房承租人具有安宁享受权。依据美国、德国等国家的法律规定，出租人要保证承租人在租赁房屋时不受包括出租人在内的任何人打扰，如未经租客许可，房东不可擅自进入已出租的房屋。三是杜绝房主见利滥逐住客。德国对逐出租客的程序有严格规定,即使租客有欠租等违约行为,业主也必须出示相关证据,获得法庭令后方可逐出租客,并须由执法人员具体实施。美国租户在一定程度上享受默示的续约选择权,即在租赁期满后,住房承租人可以要求更新租约,除非存在法律认可的正当理由,如收回自住、拆除房屋、重新装修或永不再出租该屋,否则房东不能拒绝。日本法律也规定,"建筑物之出租人非有自用之必要或其他正当理由不得拒绝租赁契约之更新或终止租约"。同时,各国法律对出租人的合法权益也有所保护。德国《住宅法》规定房客应缴纳 3 个月房租作为押金以防止擅自中止合同;房客如中途中止合同,必须提前 3 个月通知房主;房客应对其造成的住房损坏进行修复或赔偿。此外,各国关于住房中介行为的法律法规也较完善。如美国自 1917 年起相继颁布了《州执照法》、《一般代理法规》等,规定了房地产经纪人取得执照的条件、资格、标准等;德国制定了专门的《住房中介法》,引导和约束中介组织的行为。

(三)积极实施支持租赁市场发展的政策。从鼓励增加租赁住房供给看,一是采取财税政策支持。美国从 1981 年起,对出租房屋的税收实行部分豁免,出租房屋的业主不仅可以从出租收入中扣除正常经营开支、州税、地方财产税和住房抵押贷款利息,而且可在 15 年内对房屋加速提取折旧,后于 1986 年改为年限 27.5 年的直线折旧,优惠力度有所减弱;对于按政府规定标准建造廉租房的开发商,其建房成本也可以部分获得联邦税收抵免。二是积极进行金融支持。德国政府对建设社会福利住房的社会团体、企业和个人进行资助,向住房建设投资者提供偿还期长达 30 年至 35 年的无息住房建设贷款,还贷期结束后,房屋所有人可以按市场价格出租或出售房屋。一些国家的房地产投资信托基金(REITs)比较发达,也可以为住房租赁发展提供长期稳定资金来源。三是政府直接参与公共住房建设。日本从二战结束后到 1996 年共建造住宅 5115 万套,其中公共住宅占 45.7%。新加坡建屋发展局曾于 1964 年推出"居者有其屋"计划,先后完成了 6 个五年计划,建成 70 余万套公共住房,住房短缺得以明显缓解。从对租赁住房承租人的支持看,一是对租房税收进行抵扣和减免。为了使低收入者能租得起住房,美国国会 1986 年通过了低收入者租房税收抵扣法案,并在 1993 年成为永久法令。二是对低收入群体发放租赁补贴。美国很多地方采取发放住房券的方式来对低收入群体进行住房保障,持券人可以自由选择居住地,房租超过个人收入30%的部分由政府补足。德国对低收入群体的住房租赁也有一定补贴。

（四）对市场房租水平加以引导和调控。在发达市场国家,住房租金水平与住房价格之间具有显著正相关性,对租金价格的调控可以在一定程度上影响房价。尽管关于房租管制的合理性及其效果一直存在争议,但各国在房屋短缺时期和地区,都曾采取过房租控制政策,以确保居民尤其是低收入居民能承受房租支出。主要措施有两方面:一是对房租定价绝对水平加以管制。德国《民法典》规定各镇级政府应每四年制定一次租房价格表,在新租赁合同签订时,当事人原则上可自由确定租金,但最后的价格必须在标准价格规定的范围内浮动,如果大幅超出将被处以重罚。美国的许多地方也曾颁布过租金控制条例,由相应政府机关根据房屋的房龄、结构、位置等因素来确定该房屋租金的最高数额。二是对房租涨价幅度和频率进行管制。德国《民法典》规定房东不得随意提高房租,如需涨价房东须书面陈述涨价理由,并且在一般情况下还须举出3个同类住房涨价的例证;如果该房屋的租金低于其相似房屋租金,且连续15个月没涨过价,房东可以适当提高租金,但单次涨幅一般不得超过10%,3年内不能超过20%。在美国,很多城市或州都有租金管制法,对租金涨幅进行一定限制,房主若要增加租金,需提前30天向租客发出书面通知。近年来,随着住房供求矛盾缓解,很多发达国家房租上涨压力明显下降,住房租金管制相应放松,租金价格逐步回归市场调节。

（五）对住房租赁市场进行规范管理。一是相关信息资料比较完善。德国政府对房屋出租信息真实性提出了很高要求,任何个人或中介如果提供虚假信息将受到严惩,行业协会也将吊销其从业资格。二是减少并妥善处理租赁纠纷。很多发达国家都对可能引起住房租赁纠纷的问题进行合理明确的规范,当事人会签订详尽而规范的合同,清晰界定各方权利和责任。对于已发生的租赁纠纷,尽量通过简易便捷程序处理。英国设立了专门的仲裁机构,通过简易程序来处理租赁纠纷。三是严格规范住房中介行为。各国普遍对中介组织侵犯租赁当事人权益的行为制定了严厉惩罚措施。德国有关法律规定，中介组织不得违规收取费用，如发现中介随意提高中介费用或收取合同没有规定的费用，将处以最高2.5万欧元的罚金。美国的房地产经纪人如果发生损害当事人的欺诈行为，会因巨额赔偿而倾家荡产，且很难继续在这个行业中从业谋生。

三、加强我国住房租赁市场制度建设的建议

进一步规范和发展住房租赁市场，对于完善我国住房市场体系，推行租售并举政策，引导住房合理消费，提高住房资源利用率，调节住房供求关系，稳定住房价格和租金水平，乃至促进房地产市场长期健康发展，都具有十分重要的意义。要把短期调控政策与中长期发展战略结合起来，加快构建住房租赁市场的制度和机制，既增强市场发展动力和活力，又推动市场规范有序运行，充分发挥住房租赁市场的积极作用。主要建议如下：

（一）*着力推进住房租赁市场信息系统建设*。为了有序推进住房租赁市场发展，必须加快建立相关的统计体系和信息平台。中央政府有关部门要加强政策支持和引导，各地城市政府要多措并举推进这一基础性工作。主要内容包括：一是摸清住房租赁市场的底数。尽快通过租赁住户调查和登记备案资料，全面查清住房租赁市场的基本情况，包括现有租赁住房的规模和构成、市场租金水平和结构、租住人群的数量和类型等数据，建立起住房租赁市场的基础统计资料，并在实践中逐步完善和系统化。二是建立健全住房租赁登记备案制度。要依托社区物业、居委会、公安、工商、税务、社保、房管等部门，协调住房租赁中介等机构，引导住房租赁双方到统一管理部门登记备案。有关部门要加强签约、登记和备案服务，简化有关手续。这既有利于保护住房租赁双方的合法权益，又可以为租赁市场管理提供基础材料。三是对住房租赁资料实行联网运作和信息共享。城市内部的各个区域乃至各个城市之间，都可通过互联网互通住房租赁市场的信息，包括租赁房源、需求、价格等可供查询资料，形成统一、有效、快捷的信息平台，实行住房租赁的公开、公平交易，为租赁双方提供便利条件，也增强租赁过程的安全性。四是建立住房租赁市场动态监测和信息发布系统。要依据住房租赁市场的准确统计数据，及时或定期公布租赁供求、结构、租金等变动情况和相关政策动向，加强趋势性、季节性监测分析，合理引导和稳定市场租赁

预期。

（二）抓紧制定住房租赁市场中长期发展规划。最近我国已基本明确“十二五”期间的公共租赁住房发展规划，但不论政府保障性租赁住房（包括公租房和廉租房）的规模如何扩大，都只能是整个住房租赁体系的一个组成部分，还必须继续发挥住房租赁市场的积极作用。研究制定住房租赁市场的中长期发展规划，是落实住房租售并举政策、改善居民居住条件的一项重要举措。重点要明确以下几个方面：一是总体目标和思路。根据我国人口城市化、老龄化等发展趋势和就业人群流动、子女就学迁居等因素影响，研究预测未来5～10年住房租赁市场的需求规模和增长趋势，确定住房租赁市场发展的中长期目标、基本思路和年度计划。二是结构性安排。从我国基本国情、发展阶段和居民消费习惯出发，研究租售并举的主要模式和政府住房保障的基本水平，确定租赁住房占整个住房消费的比重、政府保障性租赁住房占整个租赁住房的比重、以及这些结构水平的发展变化。三是市场发展框架。主要是依据住房租赁市场演进的规律性趋势和特点，研究面向不同收入和消费群体的租赁市场发展方向，确定低端、中端和高端市场的发展规模和速度，更好地满足住房租赁市场的不同层次需求。四是中央和地方政府的职责、权限。中央政府和地方政府都要制定住房租赁市场发展的中长期规划，并加强各级规划之间的综合协调。中央政府主要负责全国发展规划的总体导向和支撑体系，解决宏观层面的政策和法律法规问题；地方政府尤其是城市政府主要负责制定政策细则和配套措施，推进本地发展规划的有效实施。

（三）加快培育住房租赁市场要素和体系。推进住房租赁市场发展，根本问题是加快培育市场要素和主体，完善市场体系和机制。重点是：

（1）多渠道增加市场租赁房源。在公共租赁住房方面，要加大政府对公租房的投资建设力度，鼓励各类产业园区管理机构建设和经营公租房，支持各类社会单位利用存量土地投资建设和部分经营公租房，探索农村集体组织利用闲置建设用地发展公租房的可行途径，并纳入政府统筹管理。在私人租赁住房方面，采取合理政策措施引导居民将空置房屋出租，引导房地产开发企业变单一的销售方式为租售结合的经营方式，增加市场可租赁房源。

（2）培育发展租赁市场多元供给主体。针对当前住房租赁市场以私人出租为主、供给主体过于分散的状况，要大力培育发展住房租赁企业和机构，改善市场供给结构，推动住房租赁业走上规模化、规范化经营之路。一是积极发展住房租赁经营服务公司，代理经营分散业主的住房租赁活动，同时引导个体租户委托或参与、参股租赁服务公司经营。二是加快培育专业性的住房租赁公司。采取扶持政策和优惠措施，鼓励引导企业、机构和社会资本投资经营住房租赁业，特别是引导产能过剩的工业企业、民间投资进入这个行业。三是鼓励房地产开发商投资经营住房租赁业务。在住房买卖市场进入调整期的情况下，要完善相关政策和动力机制，支持房地产开发企业拓宽经营发展空间，部分或全部转向住房租赁市场。四是在限制国际资本流入国内房地产市场投机炒作的同时，鼓励引导外商直接投资国内住房租赁业，长期经营租赁业务。

（3）稳定扩大租赁市场需求群体。要改变千军万马涌向买房市场的状况，鼓励引导城镇居民尤其是年轻人走进住房租赁市场，提高租房群体占全部居民的比重。一是强化对承租人权益的保护。加强住房租赁市场管理，全面提高租赁住房的安全性、可居住性，保护承租人的安宁享受权，禁止房主随意调高租金甚至见利逐客，增强承租人的安全感、稳定感。二是提高住房租赁需求支付能力。建立健全对低收入无房群体的房租补贴标准，并根据经济增长、物价变动等因素提高补贴水平，使租房群体具有稳定支付能力。调整职工住房公积金主要用于购房的政策，允许提取家庭成员公积金支付住房租金。三是推进与住房相关的公共服务领域改革。加快扭转买房有户籍、租房难入户的现象，为租房家庭解决租房过程中面临的现实问题，使租房者享有与买房者一样的社会待遇和公共服务。

（4）促进租赁市场中介组织规范发展。我国住房租赁市场秩序混乱的一个突出表现，是中介组织发育不充分、行为不规范、作假欺诈现象较多，下大力气促进市场中介规范发展已刻不容缓。一是推进租赁中介组织建设。建立住房租赁中介机构准入制度，严把资质审核关。加快发展专业化的租赁中介企业，鼓励引导信誉好的房地产经纪机构拓展租赁中介业务，加强中介组织的自律作用。二是严格执行租赁中介人员职业资格制度，加强从业人员职业培训,提高行业服务素质和职业道德水准。三是健全中介服务市场规则,规范中介服务行为,真正发挥提供租赁信息、降低租赁成本、保障租赁安全等积极作用。

(四)加大对住房租赁市场政策导向和支持。创造一个良好的政策环境,对于引导各类市场主体的进入,加快住房租赁市场的发展,至关重要。基本政策取向是:使住房租赁的投资者和经营者有稳定的投资回报,使租房群体以合理支出获得符合需求的居住条件。

(1)实行财税优惠政策。研究调整住房租赁税收政策,除了公共租赁住房外,其他市场化的住房租赁也要适当降低综合税率。一是合并税种并降低税率。除印花税外,将目前所有相关税种归并为住房租赁税,将现行各种税率合并为综合税率。借鉴上海、北京、深圳等城市的做法,将普通住房租赁的综合税率降低至租金收入的5%以内,并将政策范围由个人出租者扩大到各类住房租赁企业和机构。二是参考国外做法,对普通住房出租实行个人所得税减免,从租金收入中扣除经营开支、抵押贷款利息、其他税收等各项成本,允许加速折旧。三是对中小户型、中低价位住房出租实行税收优惠。由城市政府研究设定单套出租住房面积、租金标准,低于标准的住房出租可享受税收优惠。四是对提供廉租房的出租人实施税收减免或财政返还政策,既鼓励普通空置住房低租金出租,又降低廉租对象经济负担。

(2)实行金融支持政策。住房租赁业需要长期大量投入资金,应从融资政策上给予必要支持。一是对投资经营公共住房、普通住房租赁的机构和企业,提供中长期、低成本融资条件,包括一定比例的长期、低息或财政贴息贷款。二是拓宽融资渠道,支持符合条件的租赁机构和企业开展住房信托基金、长期企业债券等新的融资产品试点,并在防范风险的基础上逐步扩大范围。三是允许部分住房供求矛盾突出的城市,将一定比例的住房公积金贷款用于公共租赁住房、普通租赁住房的投资建设。

(3)合理调控租金水平。保持合理稳定的住房租金水平,是引导出租者、承租者进入,促进住房租赁市场平稳较快发展的客观要求,政府要加强对市场租金的引导和调控。一是城市管理部门要根据住房租赁市场成本、供求等情况,定期发布指导性房租水平,以基准租金为标准,允许一定幅度浮动,逐步形成合理的租金。二是及时公布住房市场租金平均水平和上涨幅度,对短期性租金过快上涨进行调节和干预。三是采取必要的经济、法律和行政手段,禁止住房出租方在租赁期间内单方面上调租金。四是推进房改租金和市场租金并轨,逐步实现租金市场化、补贴显性化。

（五）加快完善住房租赁市场法律法规。借鉴国际上有关做法和经验,从中央政府和城市政府两个层面同时推进制度建设,把保障承租人利益作为立法宗旨,加快建立健全住房租赁市场法律法规,规范和约束市场主体行为,维护租赁当事人合法权益,使加强市场管理有法可依。一是落实《商品房屋租赁管理办法》、《房地产经纪管理办法》等已有法规,研究制定相应配套规章和实施细则。应当将住房租赁与其他房屋租赁区分开来,明确住房租赁市场运行、管理和执法的各项规定。二是强化住房租赁统一登记备案管理,明确登记备案的法律效力,规范住房租赁交易行为;统一制定住房租赁标准性合同,增加对合同解除权的限制,明确经过备案的租赁合同具有对抗第三人的效力;加强对违反住房租赁备案、合同及其他违规行为的处罚力度,细化有关法律责任规定。三是完善房地产经纪人特别是住房租赁经纪人职业资格制度,加强对住房租赁经纪机构和经纪人员的法律法规约束规定。

（六）加强和规范住房租赁市场监管。有关政府部门要将规范管理融入有效服务之中,把对住房租赁市场的全过程监管与对租赁双方当事人的全方位服务结合起来。一是建立对住房租赁市场的综合协管机制。加强房管、工商、物价、税务、公安、街道等有关部门的沟通、协调和配合,充分发挥租房者协会、出租者协会和新闻媒体的监管作用,探索建立多元化的租赁纠纷解决机制。二是加强对住房租赁中介的监管。加强对中介机构和人员资质证书的年度审核,把行为规范作为资质认证的重要条件,开展中介机构资信评级活动。建立经纪机构、经纪人员的信用档案系统,将经纪活动中的不良行为记入信用档案,以适当方式向社会公示,强化社会监督。加大对中介违法违规行为的惩处力度,坚决取缔各种非法中介机构。三是研究规范对集体土地上住房租赁的监管。要围绕城乡结合部住房租赁的现实问题,研究加强集体土地上房屋所有权登记管理,协调好相关利益机制。

2011 年 9 月 1 日

全面改革我国房地产税制体系的政策建议*

潘国俊　王检贵　肖炎舜

我国现行房地产税制是20世纪90年代中期逐步定型的,与我国市场经济和房地产业快速发展的形势越来越不相适应。近期,我们对20多个国家的房地产税制进行了比较研究,深深感到,破解房地产调控困局,仅仅靠一些短期手段和房产税一个税种的改革,很难达到目标。建议着眼长远,借鉴世界各国经验,革新我国房地产税制体系,更好地发挥财税政策在促进房地产市场健康稳定发展中的作用。

一、国外成熟房地产税制的基本特征

从各国情况看,房地产税制是由不同环节的一系列税种构成的完整体系,主要有以下几个特点:

1. 从课税目的看,成熟的房地产税制兼具筹集地方财政收入、调控房地产市场、调节财富分配三个基本功能。一是筹集地方财政收入。大多数国家地方政府在确定计税依据和税率,以及评税方式等方面,有较大的自主权,一些国家的地方政府甚至享有房地产税收的立法权。在美国,房地产税是地方财政的主体税种,占地方税收收入的70%左右。在英国、加拿大和澳大利亚等国家,绝大部分地方税收收入也来源于房地产税收。二是调控房地产市场。一般都是在开发环节实行低税负,鼓励开发商建房,增加住房供

* 此文获得国务院研究室2011年度优秀研究成果一等奖。

给。在保有环节,尽管各国开征税收的名称不一,但主要目的是增加持有成本,抑制房地产投机,如韩国的综合房地产税和土地增值税、美国的房地产税、日本的固定资产税,也包括我国香港特区的差饷等。在房地产销售环节,各国侧重对短期投机行为课以重税。美国历史上对资本利得税税率进行了数次调整,但基本与持有期限挂钩,目前1年以内房产转让利得的最高边际税率,比1年以上的税率高出20个百分点。德国以持有房地产期限为依据,对10年内出售的房地产征收资本利得税,超过10年不征收。日本对超过5年的房地产转让收益征收的个人所得税和居民税,大幅低于5年内转让的税率,并对超短期的课以惩罚性重税。三是调节财富分配差距。房地产是居民最主要的财产,发达国家普遍通过征收房地产税、遗产税和赠予税,缩小财富差距,缓解两极分化矛盾。在日本,继承房屋遗产时,允许先减免3000万日元,超过部分与其他遗产合计后征收遗产税,最高边际税率达70%。韩国有房户再继承住宅,需要缴纳最高50%的累进遗产税。

2. 从税种的设置看,覆盖房地产开发销售、保有、转让等全过程。(1)在开发销售环节,主要包括销售税(不动产取得税)、印花税、登记许可税(费)、所得税等。(2)在保有环节,每年对土地和房屋所有者征税。有的国家土地和房屋分设税种,有的是合并征收。(3)在转让环节,征收资本利得税,对无偿转让的房地产通常征收遗产与赠予税。

3. 从征税范围看,各国都不约而同地选择宽税基。一是征收范围广。不仅包括经营性房地产,也包括自住房屋;不仅局限于城镇内,也包括农村;不仅针对房产,还针对土地。二是严格控制减免税。在美国,只有教堂、学校、医院以及老年人、残疾退伍军人等享受税收减免;在日本,只有政府、皇室、学校、自然资源、公园、历史名胜可以免税;在新加坡,也仅对宗教场所、公立学校等少部分房地产实施免税;在香港,只对政府财产、农业用地、宗教财产、乡村住房实行免税。三是科学评估税基。各国一般不以住房面积和房产原值作为税基,而是以房产现有价值为税基,定期评估一次。

4. 从征管基础看,必须有健全的财产登记和评估制度作保障。发达国家房地产价格评估体系和财产登记制度较为完善,能够得到居民的普遍认可,房地产税制往往能够成功实施。我国香港特区每一套住房的信息十分齐全,什么时候建的、多大面积、什么时候交易过、什么价格都很清楚,而且对外公开。相反,一些发展中国家由于基础条件不好,房地产税的实施效果很不理想。巴西的房地产登记制度没有覆盖到所有住房,圣保罗市约1/5的高收入人群住房没有登记,大量偷逃税款。泰国税务部门只是简单根据住户申报价格课税,纳税人特别是部分富人偷逃税款严重,老百姓意见很大。

二、我国房地产税制存在的主要问题

我国目前与房地产行业有关的税种有10个,既包括营业税、企业所得税、个人所得税、印花税、城市维护建设税等5个具有普遍调节功能的一般税种,也包括耕地占用税、土地增值税、城镇土地使用税、房产税和契税等5个房地产行业特有的税种。这一税制框架是在20世纪90年代中期确立的。随着我国土地和住房制度改革不断深化,特别是最近几年房地产市场的爆发性增长,传统的房地产税制越来越不适应形势发展的需要。主要表现在:

1. 税种结构不合理,不利于有效调节房地产市场供求。在涉及房地产行业的10个税种中,在开发和交易环节有8个税种,而保有环节的税种只有房产税和城镇土地使用税两项,且免税范围极大。2010年,房地产总税收1.53万亿元,保有环节税收只占10%左右。房地产流转环节的税收过于集中,当住房供不应求时,卖方处于强势,这些税收很容易转嫁给买方,势必抬高住房成交价格。房地产保有环节税种少,对土地的保有税负过低,使许多无偿取得的土地仍然近似无偿地被持有,不利于增加有效供给;个人住房保有环节不承担税负,也不利于抑制投资投机性住房需求。

2. 税种设置不严谨,不利于抑制投机和调节收入分配差距。目前涉及房地产的税收空白地带主要有:房产税和城镇土地使用税主要局限在部分区域,个人非营业房产免征房产税,拥有多套住房或者高档住房不用承担税负;尚未对房地产转让和继承开征遗产税与赠与税,不能发挥税收调节社会财富的再分配作用;没有相应税种调控开发商"囤地"行为,开发商闲置土地等待升值的动机强烈并成为较为普遍的现象。同时,我国多年来按照房产原值和土地面积分别计征房产税和土地使用税,没有按照市场价格计征,有悖于税收公平的原则;城镇土地使用税和耕地占用税实行从量定额征收,不能随土地市场行情变动而动态调整;对财产交易中的个人所得,统一实行20%的单一个人所得税税率,而不是国外通行的累进税率,难以有效调节因房价高涨带来的短期投机获利。

3. 税收收入结构不合理,助长"土地财政"现象。目前来自房地产的税收已经成为不少省级以下地方政府的主要收入来源之一,但房地产保有环节的税种并没有培育成地方主体税种。一些地方热衷于高档房地产开发建设,主要是为了得到高额土地收入和相关税收。同时,这些税收主要集中开发交易环节,受经济周期等因素影响,波动性较大。当一些大中城市中心区域的土地供给接近极限时,房地产税收收入持续增长隐含着很大的风险。

4. 收费项目繁多,成为推高房价的重要因素。目前,在我国房地产开发建设、销售、保有等环节,除中央批准的15项收费基金项目外,各省还出台征收一些收费项目,多的达到10多项,此外,还存在多种经营服务性收费。一些本该取消的收费仍在征收,部分经营性收费和非经营性收费区别不明显。过多的收费,不仅不符合"简税制"的原则,而且增加了住房开发成本,最终都要在房价中体现出来。

5. 征管配套制度不健全,不利于房地产税制改革顺利推进。我国房地产产权登记制度已经初步建立,但登记制度还不够严密,税收征管的基础信息不容易获取,税源情况无法全面掌握,难以满足税收征管需要。房地产价格评估制度不健全,为二手房交易中签订"阴阳合同"以及各种形式的偷逃税提供了巨大的空间,也为实施房地产税改革带来了巨大的困难。

三、完善我国房地产税制的主要思路和建议

推进我国房地产税制改革,要以形成覆盖房地产各个环节的税收体系为目标,有步骤、有重点地向前推进。

1. 取消土地增值税,并入企业所得税。现行土地增值税的主要目的,是调节土地增值收益,降低开发商利润空间,进而打击土地投机。但房地产开发商大都计提这部分税收作为开发成本,并转嫁到房价中,不仅没有遏制开发商的投机行为,反而推高了房价。建议将土地增值税改革成真正的资本利得税,与企业所得税一并课征。

2. 合并现行房产税、城镇土地使用税，统一开征房地产税，实行累进税率。明确为市县以下地方税收，省级财政不参与分成，缓解分税制改革后地方主体税种缺失、过于依赖土地出让收益的问题。实施累进税率，对第一套普通住房实行零税率，重点增加第二套以上住房或面积较大的奢侈住房的持有成本。房产税覆盖到城市、县城，以及一些经济发达的镇，农村住房暂免征收。改变现行从价、从租、从量计算计税依据的混乱局面，一律改为从价计征。赋予地方适当税收管理权限，中央出台指导意见，各省出台实施方案并报财政部门审批。

3. 开征土地闲置税。我国1994年颁布的《城市房地产管理法》就明确规定，对闲置土地征收土地闲置费，管理权限、收入所得都归地方政府。由于地方政府更关心卖地，而不是开发建设，这项政策一直得不到有效落实，"囤地"、"炒地"等行为屡禁不止。建议将土地闲置费改为土地闲置税，作为中央税种，由国税系统征收。

4. 把个人所得税改为累进税，研究开征遗产税和赠予税。在适当降低房地产转让营业税税率的同时，对个人住房转让所得实行累进税率，重点打击短期投机获利。同时，研究开征遗产税和赠予税，促进社会公平。

5. 完善相关配套政策。一是健全房地产信息登记系统。房地产信息登记部门和户籍管理部门建立联系，并实现全国联网。建立土地位置、权属及面积台账，尽快实行房屋和土地产权证书合一制度，理清管理关系。建立全国联网的政府间信息共享和交换平台，整合分散在不同部门的房地产及产权人信息。二是建设高素质的房地产税征管队伍。加强对房地产价格评估理论和方法的研究，逐步形成一套符合我国国情的房地产估价方法体系。在税务部门内部建立评税机构和专职评税人员队伍，加大房地产税收征管的力度。三是清理不合理收费。对于应当通过其他渠道安排资金或属于管理性的收费，比如用于城市绿化、水土保持等基础设施建设的收费项目，要逐步取消；对于一些经营性收费项目，比如城市规划、工程施工图纸等服务费，要适当降低征收标准。

6. 认真治理"土地财政"，增强地方参与房地产税制改革的动力。2010年全国土地出让收入高达3.04万亿元，相当于地方本级财政收入的75%。土地收入快速增长，客观上缓解了地方财力不足的难题，同时刺激了地方政府走“卖地生财”的捷径，这是房地产税制改革难以推进的一个重要原因。“土地财政”也带来了推高房价、“寅吃卯粮”、征地拆迁等方面的问题。建议进一步加强对土地出让收益用途的管理，细化土地出让收支预算编制，特别是细化项目支出预算的编制。土地出让收入除用于征地拆迁、土地开发等必要的成本补偿外，要将净收入并入地方一般性预算进行统筹安排。同时，逐步改变将民生领域等方面的支出与土地出让收入直接挂钩的办法。这是因为，土地出让收入是非经常性收入，而民生领域的支出是刚性支出，应该在一般预算中予以安排。

2012 年 9 月 2 日

借鉴国际经验完善我国住房保障制度的政策建议*

肖炎舜 高振宇 汪文祥

住房保障制度是一个国家住房制度的核心,也是社会保障制度的重要组成部分。过去我国住房制度改革的重点是推进住房商品化、市场化,今后一段时间要把住房保障制度建设作为重点,促进两个方面协调推进、相辅相成。我国正在大规模推进保障性安居工程,城镇化也进入关键阶段,加快完善住房保障制度,关系到房地产市场长期平稳健康发展,关系到社会财富的公平分配、人民群众的基本福祉,关系到经济社会的长期发展和稳定,是一项十分紧迫的任务。必须结合我国社会保障制度建设的需要,抓紧进行全面系统的制度设计,进一步健全保障性住房建设、配置、运营、退出等管理体制,切实加强住房保障管理,尽快建立起与我国发展水平相适应的住房保障制度。

一、从国际经验看,完善的住房保障制度必须具备一些基本要素

一是明确把保障基本居住需求作为住房保障的核心目标,实施与本国国情相适应的住房保障模式和保障标准,保证住房保障体系可持续运转。

二是比较完善的法律制度,为住房保障政策实施提供法律保证。美国、英国、法国、日本、新加坡等国家,都制定了比较完善的住房法律体系,为公共住房政策的实施提供法律依据和保障,在推动住房保障方面发挥了不可

* 此文获得国务院研究室2011年度优秀研究成果一等奖。

替代的作用。

三是职责明确的管理机构，确保各项住房保障政策落到实处。比如，美国全部房屋中只有 1% 属于公共房屋，由联邦政府出资、地方政府建造和管理，地方设立财政归中央管辖的公共住房管理机构，负责具体落实联邦政府拨款的使用，同时监督公共住房的建造，并保证将住房配租给符合条件的低收入家庭。在美国“住房选择优惠券计划”中，2000 多家公共住房管理机构所组成的庞大网络，又在美国政府住房和城乡发展部管理下，负责管理等候名单、支付补贴和实施住房质量勘查等。

四是多元化的保障投入，为住房保障发展提供必要的资金和房源支持。各国中央政府普遍采取适当方式对住房保障发展给予直接或间接的财政支持，很多国家还通过税收和土地等方面的优惠政策鼓励机构投资者出资参与建设保障住房。有的国家要求新建住房中必须有一定比例是面向中低收入家庭的“可支付的”住房，而地方政府则以在一定程度上放松土地使用的分区管制来弥补开发商的经济损失。

五是普遍对享受住房保障设置了严格的准入标准，如收入水平、资产规模、居住条件、家庭状况等都应符合要求，而且这些标准以及配置保障性住房的程序都是公开透明的。

六是严格执行的退出机制，促进提高公共资源的配置效率。如美国租住政府廉价公屋的低收入者，一旦家庭收入超过设定标准，便会被要求搬出，否则租金将会被大幅提高至 5 倍以上。我国香港地区针对租住公屋制定了系统的退出政策，如果家庭收入或资产超过限额，便要按照实际情况缴纳 1.5 倍或 2 倍的租金；如果两方面都超过限额，便要按照市场价格缴纳租金，持续若达一年就要搬出公屋。凡是在公屋居住满 10 年的租户，以后每 2 年必须申报收入一次，房委会有权对所有家庭成员的收入进行调查。

二、从我国实践看，现行住房保障制度面临的一些矛盾和问题

10 多年来，随着住房市场化改革的推进，我国房地产市场快速发展，极大地改善了居民住房条件，这说明住房制度改革的基本方向是正确的。同时，我国初步形成了包括经济适用房、廉租房、公租房、“两限房”等政策在内的保障性住房政策体系，在一定程度上缓解了中低收入家庭住房困难问题，

并在探索中积累了一些有益经验,也是值得肯定的。但是必须看到,与住房市场化改革快速推进相比较,我国住房保障制度建设存在“短腿”现象,也缺乏系统性,由此导致了一些矛盾和问题。

1. 政策目标不清晰,保障范围不明确,影响住房保障政策的顺利实施。比如,1998 年提出“建立和完善以经济适用住房为主的住房供应体系”,“中低收入家庭购买经济适用房”;2007 年提出“经济适用房供应对象为城市低收入住房困难家庭”,但同时一些地方又出台了“两限房”政策,为购买普通商品房和经济适用房之间的所谓“夹心层”提供出售房屋,实际上是替代了原经济适用房的部分功能;与廉租房相比,目前公租房的保障对象也没有明确标准。住房保障目标群体在“低收入家庭”和“中低收入家庭”间摇摆,反映了社会认识的不一致,有关方面各取所需,也降低了政策的针对性,容易使保障政策重点落不到实处。

2. 制度设计缺乏顶层考虑,过于繁琐和复杂,不利于具体操作和管理。现行住房保障体系是在探索中逐步形成的,很大程度上是住房市场化改革的附属产物。目前具体保障方式名目繁多,诸如经济适用房、廉租房、棚户区改造房、公租房、“两限房”等政策,既有区别、又有交叉,各地执行起来更是千差万别,不仅老百姓不容易弄清楚,市场难以形成明确的预期,有关部门在实际管理和具体操作上也面临不少困难。

3. 准入、退出机制不完善,政策执行不严格,不利于保障性住房运作形成良性循环。现行经济适用房和廉租房管理办法,对准入、退出和封闭运行都有一些规定,但过于原则,在实际执行中并没有落到实处。一些地方对廉租房退出管理,或者没有细化规定,或者只是流于形式;对经济适用房,部分城镇正在尝试进行封闭运行的“政府回购制度”,但房产增值收益在原购买者和政府之间如何分配争议很大,很难进入实际操作;对“两限房”,至今没有关于其上市交易后增值收益如何分配的政策性文件和措施。

4. 中央和地方住房保障事权和支出责任划分不清楚,保障性住房供应缺乏有效的财力保障。目前,住房保障无论从中央来看,还是从地方来看,都不是重要事权,在预算安排上都处于靠后位置。去年全国财政住房保障支出只有 2357.5 亿元,仅占公共财政支出 2.6%,其中一半还是住房改革支出。在全国政府性基金支出中,政府住房基金支出和国有土地使用权出让金支出中的廉租住房支出加在一起才 628.1 亿元，占政府性基金支出 1.9%。中央和地方支出责任划分也不明确，中央要求地方切实负起责任，地方又将希望寄托在中央提供更多的财政支持上。加上地方普遍存在“土地财政”现象，保障性住房建设占用土地的机会成本较高，地方政府的积极性也难以提高。

5. 政府与市场作用边界划分不清，保障不足与过度并存，影响政策实施效果。过去经济适用房中的相当部分为中高收入者甚至是高收入者获得，这是人们对住房保障政策不满意的重要原因。政府在财力不足情况下，采取一些与市场职能交叉的住房保障模式，并借助行政力量让房地产企业参与其中，表面上看是扩大了住房保障范围，但信息不对称往往导致政府监管困难和定价扭曲，不仅付出了宝贵的土地资源，实际保障效果也不好。

三、系统开展制度重建：完善我国住房保障制度的政策建议

1. 尽快明确住房保障范围和保障水平。考虑到目前不少城市房价过高，许多居民在短期内难以通过市场解决自身的住房问题，住房保障范围不能定得太窄，应逐步对低收入住房困难家庭实行全覆盖，并以适当方式向部分中等收入家庭扩展。特别是经济适用房和“两限房”是满足置业需求的保障性住房，而过低收入家庭一般是买不起房子的，因而其保障对象的确定要因地制宜，面向部分中等偏下收入家庭。同时，住房保障标准和水平不能过高，不管是哪种类型的保障性住房，都应当坚持采取小户型，重点用于满足居民的基本居住需求。

2. 简化保障性住房体系。我国没有能力通过市场租赁或购房解决居住问题的中低收入家庭中，许多是阶段性住房支付能力不足的新入职人员，发展公租房是正确选择。但廉租房、公租房都属于政府补助的租赁房，只是补贴标准不同，因此可以把廉租房、公租房政策并轨，统一进行精细化管理，实行多层次的租金补贴。同时，经济适用房和“两限房”性质也是相同的，都是出售房屋，都享受了政府大量补贴，建议把这两项政策统一起来，严格建设标准和产权界定，确保只满足基本居住需求，确保购买家庭只拥有比例明确的部分产权、今后出售时也只能获得相应增值收益。

3. 合理划分中央和地方住房保障的财政支出责任。对于公共租赁房的建设,地方政府必须提供土地,可以土地作价和部分资金入股,中央提供补贴资金,吸收社会资金形成股本,并通过各种融资渠道筹集所需建设资金。公共租赁房由地方政府和社会投资者拥有产权,可按照土地作价部分不参加利润分配、其他资本设定合理的回报率的方式确定租金水平,保证公共租赁房可持续运转。同时,由中央和地方财政对合资格入住者按不同标准进行租金补贴,把租金补贴作为财政的一项经常性支出。对于公共出售房,中央财政原则上不给予补贴,可由市、县政府根据当地房地产市场情况组织实施,并承担财政责任。公共出售房在出售给合资格人士时明确标出其相对于市场价的折扣率,今后若上市交易购买者必须按折扣率补交差价,使地方政府能够在及时收回建设成本或确保今后收回土地成本的基础上向中低收入家庭提供住房。

4. 多种渠道筹集保障性住房房源。一是城市或市区政府成立专门投资经营公司建设公租房,财政投入部分资金支持和保障其持续发展。二是鼓励各类产业园区管理机构建设公租房,面向用工单位或园区就业人员出租,解决引进人才和外来务工人员住房困难。三是支持各类社会单位利用存量土地投资建设公租房,土地可采取协议租赁方式,建成后由社会单位自行持有经营,优先解决本单位符合条件的住房困难职工需求。四是积极采取住房保障部门组织、社会或企业参与的 BT、BOT 和代建总承包等方式加快公租房建设,缓解保障性住房资金难题,提高项目管理的进度和效益。五是要求商品房配建公共租赁住房,引导和鼓励在建和未开工的商品房项目,均按住宅总面积一定比例配建公共租赁住房。六是收购和租用部分价格、位置、户型符合要求的二手住房。

5. 完善公开公正公平的准入、退出机制。一要切实加强保障资格审核。完善申请人收入、资产、房产等方面的核定标准体系。实现保障性住房与房屋交易、权属、住房公积金、民政、公安车管、社保、金融、地税等系统数据的信息比对,提高审核准确性。二要实行严格的轮候和公示制度。发挥公众和舆论监督,进一步加强对申请人的审查和甄别,减少和防止利用虚假资料进行申请。三要加大对违规申请者的惩处力度。对以虚假材料骗购、骗租的,违规申请者,一经查实应立即取消其申请资格,并对未来申请做出限制，对于违规情节严重的，应采取行政和法律手段进行处罚。四要切实加强退出政策执行。确定收入、资产、房产等方面的量化指标和期限指标，对于享受住房保障满一定年限、收入和资产水平超过保障条件的，应提高继续享受保障成本，不给予租金补贴。对于明显不符保障条件而长期拒不退出的，必要时应采取行政和法律手段强制退出。五要加强住房保障动态监管。对享受住房保障的家庭进行定期审查，并适时进行抽查。

6. 尽快建立完善的保障性住房管理机构。建议在中央层面设立公共住房管理局，作为住房保障工作的执行机构，由住房和城乡建设部归口管理；在地方层面，相应设置专门的住房保障管理机构，统筹各类保障性住房的建设、监督和管理，配备必要的监管人员，并将其职能延伸到街道和社区，充分依靠基层力量实现动态监管。

7. 加快推进住房保障立法。借鉴主要发达国家住房保障立法理念和法律框架，以法律形式明确住房保障体系建设的目标，界定各级政府的责任，规范保障住房的分配、维护、退出、流转等，为有关部门加强住房保障管理提供必要的法律依据。

2011 年 9 月 2 日

创新征地补偿安置机制的成功实践

——海南省陵水县征地补偿安置的做法与启示

王昕朋

完善征地补偿安置机制、维护好被征地农民合法权益，既是解决征占地过程中主要矛盾和突出问题的关键措施，也是当前深化征地制度改革的关键内容。自2010年以来，海南省陵水黎族自治县积极创新和完善征地补偿安置机制，让被征地农民由誓死保卫土地到积极参与征地，实现了高效征地、发展征地、和谐征地，受到有关方面的充分肯定和高度评价，被一些媒体称为“陵水模式”。不久前，我们对海南省陵水县征地补偿安置机制进行了调研，现将有关情况与建议报告如下：

一、陵水县创新征地补偿安置机制的主要做法

1. 制定统一的较高征地补偿标准，确保土地权益人现有经济利益不受损。为解决征地补偿标准偏低、相邻地块差异大、具体执行中随意性强等被征地农民反应强烈的问题，陵水县不仅大幅提高了征地年产值标准和征地青苗补偿标准，而且在同一类区域内推行统一的补偿标准。按照经海南省人民政府批准实施的《陵水县征地统一年产值标准和征地青苗补偿标准》，一类区域的年产值补偿标准为5.7983万元/亩，二类区域4.8237万元/亩，三类区域4.1664万元/亩，平均比国家规定的最高标准（按前三年农作物平均产值的8倍、林业平均产值12倍计算）提高了近3倍，有的地方提高了6倍多。在具体实施中，本着“让利于民”的原则，对征收集体农用地的统一按

照5.7983万元/亩的最高区域标准执行，对依法收回农村集体经济组织长期使用的国有农用地或收回闲置建设用地，以及交原农村集体经济组织使用的国有存量建设用地，均按征用集体农用地补偿标准的60%（即3.4789万元/亩）补偿给使用土地的集体经济组织。

2. *实行地上青苗附着物补偿拆迁捆绑包干实施办法，充分调动农民参与征地拆迁和监督抢建抢种的积极性。*为提高征地拆迁工作效率、防止农民在被征地上抢建抢种，陵水县在积极引导被征地村集体成立村办股份有限公司的基础上，将地上青苗附着物的补偿费（统一按照每亩2万元的标准）、征地拆迁工作经费（按照青苗附着物补偿费的10%计算）和不可预见费（按照青苗附着物补偿费的10%计算）统一打包给被征地村集体，节余的包干费用作为村集体的产业和公益事业的发展资金，所有被征地农民都是村办股份有限公司的股东，对青苗附着物补偿拆迁有充分的知情权，并参与管理和监督，节余下的补偿和工作经费由他们共同拥有，充分调动了他们参与拆迁和监督抢建抢种的积极性。海南国际旅游岛陵水海洋主题公园项目规划区内的黎安镇大墩村，村民不仅主动参与征地拆迁，而且自发组织起监督抢建抢种的巡逻队。他们不仅得到了6000多万元的青苗附着物补偿费，而且还用节约下来的800多万元包干费办起了混凝土搅拌站和节能环保砖厂，已经建成投产并产生了效益。

3. *推行"留地安置"、"换地安置"等长远发展安置方式，让被征地农民发展权得到有效落实。*为让被征地农民分享项目建设发展成果、防止在征地补偿费花完后长远生计无着落，陵水县不仅积极帮助分散的被征地农民组成发展二、三产业的经济实体，而且优先将发展机会和发展资源配置给被征地农民，大力支持被征地集体经济组织创业。在发展机会上，明确要求征地项目开发建设中要将村集体可以经营的工程如园林绿化、土石方、建材、土地平整等交给村办企业实施，项目建成后要将风险较小、收入较稳定的如出租屋、商铺等产业交给被征地集体的股份公司建设经营。在发展资源上，对被征地在城市规划区内或园区规划区内有商业发展机会的，按被征地面积8%的比例先变为国有再留给被征地村集体使用；对被征地在城市规划区或园区规划区外没有相应的商业机会的，按照8%的比例在具有相应商业机会的地块置换给被征地村集体。农民虽然失去了农用地的发展资源，但通过产出更高、效益更好的发展机会和发展资源仍然可以有效保障发展权的落实。

4. 强化就业和社会保障服务,让所有失地农民都有优先就业机会和稳定可靠的养老保障。为让被征地农民尽可能充分就业,陵水县除了要求村办企业和项目建设中的就业岗位要优先吸纳被征地农民外,还将被征地农民全部纳入全县再就业培训体系,并明确规定每个新上的建设项目吸纳被征地农民就业人数不少于该项目用工人数的30%,每年提供给被征地农民的公益性岗位不少于全县年度新增公益性就业岗位总数的30%。为让被征地农民真正老有所养,陵水县除严格按照《海南省被征地农民基本养老保险暂行办法》规定,将符合条件的所有被征地农民纳入社会保障体系外,还出台了《陵水县被征地农民基本养老保险实施方案》,建立了被征地农民基本养老保险统筹准备金制度,明确要求从国有土地出让金总价款中提取10%的资金作为被征地农民基本养老保险统筹准备金,确保被征地农民的基本养老保险待遇按时足额领取。

二、陵水县创新征地补偿安置机制取得的主要成效

1. 提高了征地效率、降低了征地成本。在创新征地补偿安置机制前,陵水县被征地农民对征地抵触情绪很大,千方百计阻止征地,甚至以死相争。实施新征地补偿安置机制后,被征地农民不仅不抵制甚至主动参与征地组织,在不到60天的时间内,顺利完成了海南国际旅游岛陵水海洋主题公园和陵水高新技术产业园项目1.4万多亩的地上青苗附着物的补偿拆迁工作,实际征地成本也从以前的每亩15万元降到现在的9万元左右。当地土地管理部门和镇村负责人深有感触地说:“以前我们这儿的征地拆迁纠纷不断,好几个月都征不下来,现在这么大面积的征地只用了20天就完成了拆迁评估和协议签署,并且没有一户因征地拆迁而上访,真正实现了高效征地、和谐征地。”

2. 促进了项目建设所在地经济社会发展。海南国际旅游岛陵水海洋主题公园项目所在地黎安镇大墩村,虽然被征用了3108.56亩的农用地,但获得了248.68亩的预留用地,加上通过新农村建设节约的389亩地,共得到637.68亩位于“海南陵水海滨风景名胜区智慧城”内可用作商住一体的

建设发展用地。大墩村委会将其中的389亩进入市场“招拍挂”，得到6.1462亿元的土地出让收入，为大墩村新农村建设和村办企业赢得大量建设发展资金。目前，大墩村社会主义新农村建设工程已全部动工建设，每户230平方米的小洋楼即将全面封顶，敬老院、幼儿园、卫生院、文化体育活动中心、农家书屋等配套公共设施建设一应俱全，经济社会发展水平明显迈上一个大台阶。越来越近的幸福美好生活，使大墩村农民发自肺腑地感谢党的好政策，他们在安置小区的广场上立起了一座碑，上面写着醒目的红色大字——共产党万岁。

3. 保障了被征地农民长远生计。目前，大墩村委会经营的40辆出租车已经解决了80多个村民的就业问题，村办企业的混凝土搅拌站和节能环保砖厂已建成投入生产，按照设计的生产规模，每年利润可达3500万元，全村每人每年可分到利润1万元。英州镇天堂村委会的村办企业每年盈利近500万元，全村每人可分利润0.47万元。此外，项目开发建设单位已经录用了被征地农民1800多人，县政府通过公开竞岗安排了被征地农民100多人在公益性岗位就业。就业和增收渠道的不断拓宽，为被征地农民收入稳定增长提供了可靠保障。正如被征地农民所说：“我们的芒果树是没了，西瓜也不能种了，但我们将有商铺、酒店、厂房这些能下蛋的‘鸡’，日子会越来越好过。”据介绍，一些外出务工人员和本地走出去的大学生也纷纷回乡创业。

三、陵水县创新征地补偿安置机制的启示与建议

1.“土地权益人利益不受损、发展权有保障”，是当前深化征地制度改革必须坚持的基本原则。征地涉及各方面重大利益调整，科学合理的征地制度既是顺利推进土地征收工作的基本要求，也是保证土地资源配置效率和社会公正的基本条件。当前，在我国对基础设施投资、土地用途改变等形成的土地增值收益尚未建立有效的调节机制的情况下，应将维护群众的土地权益特别是被征地农民的发展权作为深化征地制度改革的出发点和落脚点，不论是确定征地范围和规模，还是制定征地补偿标准和安置方式，都要以此为依据。否则，不仅会造成土地权益人与受让人利益分配不公影响土地征收工作，而且会造成大量公共产品投资形成的价值严重受损。正如当地负责人所说：“陵水的创新其实就是认真落实中央关于‘确保被征地农民

生活水平不降低、长远生计有保障’和‘逐步建立城乡统一的建设用地市场’的要求。只要各地把党中央、国务院的政策用好，征地拆迁工作中的矛盾和问题就大大减少。”

2. 充分发挥被征地农民参与征地补偿安置的积极性，是实现和谐征地、高效征地的有效举措。征地拆迁补偿安置难，主要难在利益分歧大、工作环节多。传统征地拆迁和补偿安置方式，完全将被征地农民排除在外，不仅使被征地农民缺乏参与权、知情权，产生强烈的抵触情绪，而且还因对违规违建等缺乏有效的监管而产生大量的额外成本。政府在加强指导、宣传和协调保障的同时，要积极培育被征地农民合作组织，创新征地补偿安置工作方式，让农民成为征地拆迁的实施主体，使被拆迁人成为拆迁人。这种将保障土地使用效益提高和维护被拆迁人利益有机结合的实施方式，既可以避免政府与农民之间的直接对立，又有利于化解拆迁过程中出现的矛盾和问题，还能够发展壮大农村集体经济。

3. 留足发展机会和发展资源等促进长远发展的征地补偿安置方式，是落实被征地农民发展权、实现发展成果共享的根本途径。在当前我国社会保障体系尚不完善的情况下，土地仍是农村发展的最基本生产资料，是农民长远生计的最根本依赖。被征地农民获得的补偿，必须能够替代基本生产资料和基本生活保障两大功能。要改变仅仅给被征地农民发放一笔安置补助费、让他们自谋出路的“一脚踢”做法，除了给予一定的货币补偿外，还应根据被征地后农民失去的农用地发展权留置或置换相应的建设用地发展权，并在规划、产业等方面给予相应的支持，确保被征地农民发展权益的实现。通过给被征地农民优先配置产出更高、效益更好的发展机会和发展资源来确保发展权的有效落实，让他们有条件共享工业化城镇化发展成果。

4. 提高征地补偿标准、规范征地补偿安置程序，是确保被征地农民利益不受损的重要保障。以土地上的粮食等作物年产值为基点确定征地补偿费标准的办法一直延续至今，不仅与农民的受偿意愿有很大的落差，也与经济社会发展的现实状况不相适应。按现行的做法测算下来的补偿安置费用，既不能满足被征地农民保持原有的生活水平不降低、长远生计有保障的要求，也不能满足被征地农民的受偿诉求。要根据土地价格的形成原理，构建按照用途定价格、定权益的新同地同价同权体系，对被征用土地所有人的各项权利的内在价值和因规划用途管制、公共设施建设辐射带来的土地增减值等进行全面核算，严格细化征地补偿标准。同时，要完善征地办法，创新补偿安置工作方式，加强征地前、中、后的全程监督监管，明确政府、国土管理部门、农民集体、农民个人等不同主体的法律责任。

2011 年 12 月 1 日

对征地制度改革的看法和建议*

叶兴庆

30多年来，我们在土地制度改革方面采取了许多重大步骤，如实行农村土地承包经营制度、国有土地使用权有偿出让制度等。但迄今为止，也还存在一些没有进行实质性改革的环节，征地制度是其中最突出的一个。如何改革集体土地和集体土地上房屋的征收与补偿制度，已成为社会各方面广泛关注的焦点。我们认为，无论是当前修订土地管理法中关于征地制度的相关条款，还是下一步制定集体土地征收与补偿条例，都必须跳出现行法律框架和近些年来完善征地政策所遵循的思路，对征地制度"动大手术"，重新进行整体设计，立足于从制度上解决问题。

一、现行征地制度既不利于节约土地，也不利于保护农民权益

长期以来，大量农村集体土地低价转为城市建设用地，为推进我国工业化城镇化作出了巨大贡献。同时，以存在明显缺陷的征地制度大量征收农民土地，引发了一系列尖锐的社会矛盾，带来了一系列严重的社会问题。

1. 导致城市建设用地粗放。实行国有土地使用权有偿出让制度以后，市县政府通过"计划价"征地、"市场价"供地，获得大量土地出让收益，形成所谓的"土地财政"。这既为城市基础设施建设提供了重要资金来源、促进了城市发展，也为市县政府征地提供了利益激励、导致征地面积快速增长。1997年至2009年，全国依法批准的建设占用耕地4000多万亩，其中70%

* 此文获得国务院研究室2011年度优秀研究成果一等奖。

是征地。据一些专家观察,我国城市建成区面积扩张速度明显高于城镇人口增长速度,呈现"土地城镇化快于人口城镇化"、"城市人口低密度化和分散化"趋势。另据国土资源部最近组织的调研,2011 年全国 31 个省区市全年需要新增建设用地 1616 万亩,而年度新增建设用地计划指标仅 670 万亩。这既与"十二五"开局之年各地新上项目较多有关,也与《国有土地上房屋征收与补偿条例》施行后城市存量土地利用成本大幅提高有很大关系。

2. 导致农民土地财产权益严重流失。按现行土地管理法规定,征收耕地的土地补偿费和安置补助费的总和,不得超过被征收前三年平均年产值的 30 倍。征收其他土地的土地补偿费和安置补助费,以及地上附着物和青苗补偿费的标准,由各省自定。按这种方式进行补偿,不仅不足以使被征地农民保持原有生活水平,而且使农民不能分享土地增值收益。

3. 强制征收拆迁现象较为普遍。一些地方在征收农村集体土地时没有按规定征求农民意见,土地往往在农民不知情的状况下被征收。一些地方在征收集体土地过程中程序不透明,有的甚至与企业签订供地协议之后,才与农民签订征收合同。一些地方习惯动用行政力量强征强拆,动辄采取断水、断电、断路等野蛮手段。

由于上述这些问题的存在,近年来各地因征地问题引发的信访居高不下,群体性事件和恶性案件时有发生,严重影响社会稳定。特别是《国有土地上房屋征收与补偿条例》出台后,一些地方城市建设更加倾向于外延式扩张,城市拆迁矛盾大量转化为农村征地矛盾。现在,不仅被征地农民强烈要求改革现行征地制度,学术界改革现行征地制度的呼声也日渐高涨;不仅从事"三农"工作的人强烈要求推进征地制度改革,从事其他工作、对"三农"问题稍加关注的人也有这种期盼。

二、推进征地制度改革必须迈过三道坎

征地之所以带来诸多问题,有操作层面的因素,但根源在于征地制度本身存在缺陷;征地制度之所以存在缺陷,根源又在于过去一个时期我国土地制度设计深受城乡二元体制和赶超战略的影响。城市土地属于国家所有、不分用途一律行使征地权、按原用途补偿,是现行征地制度的三个核心,也是征地制度改革必须迈过的三道坎。为对这几个重大问题取得统一认识,

需要仔细梳理新中国成立60年来征地制度的演变过程,对问题的来龙去脉和时代背景有清晰了解,以达到追根溯源、正本清源的目的。

（一）必须迈过"城市的土地属于国家所有"这道坎

现行征地制度的一个基本规定,是城市建设需要占用农村集体土地时,必须首先征收为国家所有,再由国家划拨或出让给用地者;换句话说,集体土地要进入城市化进程,必须先把土地所有权转给国家,再由国家把土地使用权交给用地者进行开发建设。之所以如此规定,是因为宪法规定"城市的土地属于国家所有"。

事实上,在1954年、1975年和1978年宪法中,都没有明确城市土地属于国家所有。1954年宪法第六条规定:"矿藏、水流,由法律规定为国有的森林、荒地和其他资源,都属于全民所有";第十三条规定:"国家为了公共利益的需要,可以依照法律规定的条件,对城乡土地和其他生产资料实行征购、征用或者收归国有"。1975年宪法第六条规定:"矿藏、水流、国有的森林、荒地和其他资源,都属于全民所","国家可以依照法律规定的条件,对城乡土地和其他生产资料实行征购、征用或者收归国有"。从这两部宪法的表述来看,城市土地并非都归国家所有,国家要用城市土地,与国家要用农村土地一样,都必须"征购、征用或收归国有"。从这个期间的一些相关法律法规来看,城市土地不仅不属于国家所有,而且国家对城市土地所有者的权利是尊重的。例如,1958年颁布实施的《国家建设征用土地办法》第十条规定,"征用城市市区内的房屋地基,如果房屋和地基同属一人,地基部分不另补偿;如果分属两人,可以根据地基所有人的生活情况酌情补偿"。"地基所有人"概念的成立,有力地证明了城市土地并非都归国家所有。1978年宪法的第六条也仅只规定"矿藏、水流、国有的森林、荒地和其他海陆资源,都属于全民所有","国家可以依照法律规定的条件,对土地实行征购、征用或者收归国有"。这里所指的土地是农村土地还是城市土地,语焉不详。

只是到1982年宪法的第十条中,才首次明确规定"城市的土地属于国家所有。农村和城市郊区的土地,除由法律规定属于国家所有的以外,属于集体所有;宅基地和自留地、自留山,也属于集体所有。国家为了公共利益的需要,可以依照法律规定对土地实行征用"。1982年宪法做出这种规定,本意是对当时城市尚存的部分私有房产的地基所有权进行界定、解决城市土地私有制问题，并非针对以后新进入城市的农村集体土地。但是，人们长期以来误读了这一规定，引发了一系列认识和制度层面的混乱。受其影响，1986 年颁布的土地管理法，不仅在第六条中规定“城市市区的土地属于全民所有即国家所有”，而且在第二十四条中规定“国家建设征用的集体所有的土地，所有权属于国家”。这样一来，不仅把城市的存量土地界定为国家所有，而且把城市建设新征用的农村集体土地也一律界定为国家所有。土地只有改变所有制性质才能用于城市建设，表面看是为了加强土地管理、控制农地流失的规模和速度，实质在于为国家垄断土地一级市场、占有土地增值收益创造制度基础。应该回到 1982 年宪法关于城市土地属于国家所有的本意上来，今后新进入城市的土地并非都必须实行国家所有。

（二）必须迈过“为了公共利益的需要”这道坎

在我国现行土地法律框架中，政府的征地权很大。无论公益性建设还是经营性建设，只要城市建设需要，政府都可以对农村集体土地行使征地权。政府征地权的放大有一个过程。1954 年宪法第十三条规定，国家征购或征用城乡土地，是以“国家为了公共利益的需要”、“依照法律规定的条件”为前提的。什么是公共利益的需要？什么是法律规定的条件？1958 年发布实施的《国家建设征用土地办法》第二条对此做出了明确界定，即只有“国家兴建厂矿、铁路、交通、水利、国防等工程，进行文化教育卫生建设、市政建设和其他建设”才能适用该办法征用土地。而且，该办法还在第二十条中把“公私合营企业、信用合作社、供销合作社、手工业生产合作社用地以及群众自办的公益事业用地”与国家建设用地区别开来，尽管这些用地可以援用此办法之规定办理，但从性质上讲不属于国家建设征地。尽管 1975 年宪法第六条和 1978 年宪法第六条去掉了“国家为了公共利益的需要”的前缀，但直到 1982 年发布实施的《国家建设征用土地条例》中，仍明确规定只有“国家进行经济、文化、国防建设以及兴办社会公益事业”时才能适用该条例征用集体所有的土地。1982 年宪法第十条恢复了“国家为了公共利益的需要”的前缀，但把前三部宪法中的“征购、征用或收归国有”改为“征用”。1986 颁布的《土地管理法》第二十一条仍规定“国家进行经济、文化、国防建设以及兴办社会公益事业”适用该法征用集体土地。在 1982 年发布实施的《国家建设征用土地条例》第二十九条、1986 年颁布的《土地管理法》第三十五条中,也都把城市集体所有制单位建设占地与国家建设征地区别开来。

把政府征地权放大的,是1998年修订的《土地管理法》。该法第四十三条规定:"任何单位和个人进行建设,需要使用土地的,必须依法申请使用国有土地;但是,兴办乡镇企业和村民建设住宅经依法批准使用本集体经济组织农民集体所有的土地,或者乡(镇)村公共设施和公益事业建设经依法批准使用农民集体所有的土地的除外","依法申请使用的国有土地包括国家所有的土地和国家征用的原属于农民集体所有的土地"。这其中暗含着一个逻辑,那就是:城市建设一律要使用国有土地,国有土地来源于征用农民集体所有土地。尽管该法第二条有"国家为了公共利益的需要,可以依法对集体土地实行征用"的规定,但与此前的几部土地管理法律法规相比,这部法律的一个重大缺陷,是去掉了在什么具体情况下适用该法征用集体土地的规定,结果导致无论什么情况下都可以征用集体土地。按该法规定,无论经营性还是公益性用途,也无论是国家建设项目还是其他非国家建设项目,都可以由政府征用集体土地。2004年该法进行了第二次修正,也只不过把"征用"改为"征收或征用"而已,与学界的预期、社会的诉求相去甚远。

在现代市场经济条件下,政府的征地权是一种典型的公共权力,这种公权的行使要受到法律的严格限制。一些国家制订了征地目录,对究竟什么情况下才能动用政府的征地权进行明确具体的界定。中华人民共和国成立以后的一个时期内,政府对征地权的行使也是非常谨慎的。1958年发布实施的《国家建设征用土地办法》第三条规定,"国家建设征用土地,既应该根据国家建设的实际需要,保证国家建设所必需的土地,又应该照顾当地居民的切身利益,必须对被征用土地者的生产和生活有妥善的安置。如果对被征用土地者一时无法安置,应该等待安置妥善后再行征用,或者另行择地征用"。这是多么地人文关怀!考虑到大跃进的时代背景,能做出这种规定就更加不易了。遗憾的是,24年后,到1982年发布实施的《国家建设征用土地条例》第四条中,则变为"被征地社队的干部和群众应当服从国家需要,不得妨碍和阻挠";1986年颁布的《土地管理法》第二十三条也规定,"国家建设征用土地,被征地单位应当服从需要,不得阻挠";1998年发布的《中华人民共和国土地管理法实施条例》第二十五条规定,"征地补偿、安置争议不影响征用土地方案的实施"。在国家与农民的关系中,国家的强势地位日益明显。我们应当借鉴国外经验、20 世纪 50 年代我们自己的做法、《国有土地上房屋征收与补偿条例》的相关条款，对“公共利益”进行明确具体的界定，对政府的征地权进行严格限制，切实防止公权滥用。

（三）必须迈过“按照被征收土地的原用途给予补偿”这道坎

由于长期以来不存在土地市场，没有市场地价作参考，国家动用征地权征收集体土地按什么标准进行补偿，本来应是一个很大的难题。但在当时特殊体制条件下，这个难题被简单化处理。1958 年颁布实施的《国家建设征用土地办法》规定，征用土地的补偿费，“以它最近二至四年的定产量的总值为标准”；地上附着物和青苗，“按照公平合理的原则发给补偿费”；对因土地被征用而需要安置的农民，“尽量就地在农业上予以安置”或“设法就地在其他方面予以安置”，实在不能就地安置的“可以组织移民”。1982 年颁布实施的《国家建设征用土地条例》提高了补偿标准，耕地补偿费提高为年产值的 3 至 6 倍；每个农业人口安置补助费为每亩耕地年产值的 2 至 3 倍，但单位面积耕地的安置补助费最高不超过其年产值的 10 倍；特殊情况下可以适当增加补偿和安置补助费，但总和不得超过被征地年产值的 20 倍。1986 年颁布的土地管理法沿用了这套标准。1998 年修订后的土地管理法将上述标准分别提高到 6 至 10 倍、4 至 6 倍、15 倍和 30 倍。

纵观几十年来的变化，应该说征地补偿标准是在逐步提高的。但按被征土地原用途即被征土地原年产值的一定倍数进行补偿的基本思路一直沿用未变。这种思路的要害，在于剥夺了农民分享土地增值收益的机会，农民只能按土地的农业用途获得补偿，不能获得土地用于工业化城市化产生的增值收益。这实际上使农民的土地财产权利遭受严重侵害。这是低成本工业化、城市化发展道路的重要基础。我国已进入工业反哺农业、城市支持农村的发展阶段，应当尽快结束这种原始积累模式。随着经营性用地逐步实行市场交易、市场地价形成机制逐步完善，政府即使为了真正的公益目的征地，也必须遵循市场定价原则。应当与时俱进地对征地补偿价格的形成机制进行调整。

三、推进征地制度改革的构想和建议

2011 年 1 月 19 日国务院常务会议和 3 月 25 日国务院第四次廉政工作会

议明确要求，要抓紧研究修改《中华人民共和国土地管理法》有关集体土地征收和补偿的规定，国务院将尽快向全国人大常委会提出议案。4月20日国务院常务会议研究部署2011年深化经济体制改革重点工作时，再次明确要求改革农村征地制度。国务院法制办已会同有关部门，正式启动土地管理法有关集体土地征收和补偿规定的修订工作。多年来，有关部门按照中央精神对征地制度改革进行了大量探索。特别是《国有土地上房屋征收与补偿条例》体现的立法理念、遵循的基本原则和在一些重大问题上的具体规定，为征地制度改革提供了重要参考和借鉴。应当在此基础上加快改革进程。

（一）该征的地如何继续征

主要解决三个问题：哪些地可以继续征，征地如何补偿，征地如何组织实施。

1. 界定公共利益，缩小征地范围。征地权是典型的公权，只能由国家行使，而且必须以公共利益为前提。在60年来的土地立法中，虽然名义上一直坚持"国家为了公共利益的需要，可以依法对土地实行征收"，但实际上只要是城市建设扩展到哪里，就可以征收哪里的农民土地。"公共利益"早已成了一个筐，什么项目都可以往里装。这是目前各方面对现行征地制度批评最多之处。设计新的征地制度，必须首先解决公共利益界定问题。一些人主张按土地利用总体规划确定的城市建设用地范围界定公共利益，在该范围内国家实施城市规划的建设和在该范围外进行基础设施、公共管理和服务设施、军事设施等建设均为公共利益。这其中最关键的问题，是如何看待实施城市规划与公共利益的关系。我们认为，城市建设不仅包括基础设施、文教卫生等公益事业建设，而且包括房地产、工商业等经营性建设；不仅包括国家组织实施的建设，而且包括企业、个人组织实施的建设；不仅包括国内资本的投资建设，而且包括外商投资建设。把实施城市规划一律纳入公共利益范围，主张凡是城市建设需要使用农村集体土地时都可以行使征地权，已与城市建设的实际情况严重背离。

界定公共利益，有两个参照系可资参考。一是《国有土地上房屋征收与补偿条例》，其对公共利益的界定得到社会各方面比较一致的认同，主要方面基本适用于农村土地征收，但旧城改造等公共利益项目应当局限在城市范围内部；二是国土资源部2001年制定的划拨用地目录，需要以划拨方式供地的建设项目基本可以视作公共利益项目，但经营性能源、交通、水利等基础设施建设项目不应继续适用征地。综合这两个参照系，吸收一些专家的研究意见，我们认为，为了保障国家安全、促进国民经济和社会发展等公共利益的需要，市、县级人民政府只有在下列情形之一下，方可作出农村土地征收决定：国防和外交的需要；由政府组织实施的能源、交通、水利等基础设施建设的需要；由政府组织实施的科技、教育、文化、卫生、体育、环境和资源保护、防灾减灾、文物保护、社会福利、市政公用等公共事业的需要；法律、行政法规规定的其他公共利益的需要。

2. 市场确定价格，体现土地价值。按现行征地制度，征地补偿费包括土地补偿费、安置补助费、地上附着物和青苗补偿费。其中，土地补偿费是对土地所有权的补偿，支付给土地所有者；安置补助费是以前就业安置的货币化，一些地方已演化为社会保障补助费，支付给受影响的农民；地上附着物和青苗补偿费是对房屋、未收获的农作物等的补偿，支付给所有权人。从补偿的构成看似乎已经很全面，既包括了对土地所有权的补偿，也包括了对土地承载的就业和社会保障功能的补偿。2004 年国务院 28 号文件甚至提出，“依照现行法律规定支付土地补偿费和安置补助费，尚不能使被征地农民保持原有生活水平的，不足以支付因征地而导致无地农民社会保障费用的，省、自治区、直辖市人民政府应当批准增加安置补助费”；“土地补偿费和安置补助费的总和达到法定上限，尚不足以使被征地农民保持原有生活水平的，当地人民政府可以用国有土地有偿使用收入予以补贴”。但目前社会各方面对征地补偿的批评仍然很多，主要集中在三点：按土地原用途补偿，既没有充分反映非农建设用地的资源稀缺性，也没有充分保障农民分享土地非农化利用的增值收益，不利于促进城市建设节约集约用地和缩小城乡差距；无论是按现行土地管理法规定的、以每宗土地原年产值的一定倍数进行补偿，还是按国务院 2004 年 28 号文件规定的、以统一年产值标准或区片综合地价进行补偿，本质上都是政府定价，作为土地所有者的农民没有参与定价；对宅基地和农民住房的补偿缺乏完整、明确的制度安排。

我们建议：一是转换征地补偿价格的形成机制。废除按土地原用途进行补偿的规定，充分发挥市场在征地价格形成中的基础性作用。征地价格要充分反映当地非农建设用地的资源稀缺程度、被征土地的区位条件、转用后的增值潜力等因素。以现行区片综合地价为基础,建立征地最低保护价格制度,防止不同项目间征地价格差异过大。特别需要注意的是,征地价格是对集体土地所有权永久转让的补偿,应该高于有年限的土地使用权转让的价格。二是明确土地补偿费的分配范围。土地补偿费只能在拥有该土地的集体经济组织内部进行分配,乡镇、行政村不能截留。在土地承包经营权长久不变得到落实以后,土地补偿费归被征土地承包户所有。三是以社会保障替代安置补助。随着城乡居民社会养老保险等社会保障制度的逐步建立,将农村土地承载的社会保障功能剥离出来的时机也日趋成熟。将被征地农民纳入城镇居民养老保险等社会保障体系,是公共服务均等化的要求,是城市政府的责任,不能要求被征地农民将土地补偿费用于缴纳社会保障费用。四是按市场定价原则补偿被征土地上的农民房屋。征收农民宅基地,不仅应按市场定价原则补偿土地所有权,还应按市场定价原则补偿宅基地上的房屋。在房屋补偿的构成、定价原则、补偿方式等方面,应当与《国有土地上房屋征收与补偿条例》的相关规定保持一致。

3. 严格征地程序,尊重农民权益。近年来,国土资源部门在加强征地管理、健全征地程序方面做了大量工作,要求"将被征地农民知情、确认的有关材料作为征地报批的必备材料","征地补偿安置不落实的,不得强行使用被征土地"。但一些地方在执行过程中违反程序的问题仍很突出,因程序违法而引发的冲突甚至自焚事件时有发生。设计新的征地制度,必须把严格征地程序作为重要内容。特别是要强调两点:一是禁止用地方参与征地、拆迁活动。土地征收与补偿工作应由市、县级人民政府指定的机构组织实施,该机构不得以营利为目的。不得采取暴力、威胁或者断水、断电、断路等方式征收农民土地、拆迁农民房屋。征收与补偿工作没有结束之前,用地方不得使用该宗土地。二是禁止行政强征、强拆。建立和完善征地补偿争议协调和裁决机制。只有当被征收人在法定期限内不申请行政复议或不提起行政诉讼,在征收决定规定的期限内又不腾地、搬迁的,才能由作出征收决定的市、县级人民政府依法申请人民法院强制执行。

(二)不能征的地如何进入城镇化

我国城镇化进程远未结束,今后不可避免地还要继续占用部分农村集体土地。除公共利益项目可以继续通过征收获得农村集体土地外,其他非公共利益项目如何获得农村集体土地,也是推进征地制度改革必须回答的问题。总的原则,应当有利于控制建设用地规模、严格保护耕地、维护农民土地财产权利。

1. 加强用途管制。按"严格界定公共利益、缩小征地范围"的改革思路,今后城市非公共利益项目需要使用农村集体土地时,不能再通过征收获得土地。实际上,目前城市建成区内已经存在着大量集体土地,这些集体土地上的建设项目已经成为城市的重要组成部分,今后不可能征为国家所有,如北京的温都水城、50个城郊重点村改造中的公租房。关键在于加强土地用途和规划管制,增强土地利用规划和城市建设规划的约束力,一切农用地转为建设用地都必须依法获得批准,一切城市规划区内的建设项目都必须依法获得建设规划许可。只要有了这两条,并严格执行,就可以防止滥占耕地、私搭乱建。

2. 多种方式进入。让农民直接分享土地开发收益,是缩小征地范围的本意,也是改革的方向。党的十七届三中全会已经明确,"在土地利用规划确定的城镇建设用地范围外,经批准占用农村集体土地建设非公益性项目,允许农民依法通过多种方式参与开发经营并保障农民合法权益。"我们主张,在土地利用规划确定的城镇建设用地范围内,经批准占用农村集体土地建设非公益性项目,也应当允许农民依法通过多种方式参与开发经营。否则,"缩小征地范围"就失去意义,征地制度改革也无从谈起。参与的方式,可以是土地使用权入股,也可以是土地使用权出租、转让。鉴于这种情况下农民和地方政府都有多用地的利益驱动,为有效保护耕地,必须继续严格实行全国新增建设用地计划管理,没有计划指标不得占用农用地。

3. 建立城乡统一的建设用地市场。党的十七届三中全会明确要求,"逐步建立城乡统一的建设用地市场,对依法取得的农村集体经营性建设用地,必须通过统一有形的土地市场、以公开规范的方式转让土地使用权,在符合规划的前提下与国有土地享有平等权益"。这是一个重大突破,也是必须坚持的改革方向。建立城乡统一的建设用地市场,既是促进存量农村集体建设用地使用权流转的需要,也是城镇化新占用农村集体土地的土地使用权定价的需要。城乡建设用地市场,或者说国有与集体建设用地使用权市场,应实现"四统一":出让方式要统一,都必须通过招拍挂等方式公开规范出让;出让年限要统一,按照居住、工业、商业等不同用途分别制定城乡统一的最高出让年限;出让价格要统一,由市场形成价格,确保同等条件的国有与集体土地使用权具有同等的出让价格,实现同地同价;出让场所要统一,都必须在统一有形的土地市场转让。

(三)积极应对可能出现的派生问题

以上我们关于征地制度改革的构想还是粗线条的。推进这项改革会牵一发而动全身,带来许多意料中甚至意料外的新问题。应当积极应对,确保改革顺利进行。突出的是:

1. 妥善化解土地成本提高带来的影响。在旧的征地制度下,通过低价征地、低价或零地价出让,增强了招商引资的吸引力;通过低价征地、无偿划拨,降低了城市基础设施建设成本;通过低价征地、高价出让,形成所谓的土地财政,为城市建设开辟了资金来源。但我国经济发展已进入工业化中期阶段,不能再靠牺牲农民利益推进工业化城镇化。推行新的征地制度,无疑要调整土地收益分配关系。应当看到,地价提高有利于促进节约集约用地,推动转变经济发展方式;同时,通过调整产业结构、减少城市建设中的各种铺张浪费、征收房产税等途径,可以部分消化用地成本的增加。

2. 严格管控农村集体土地进入城市化建设。城市建设使用农村集体土地是否能得到有效管理,关键在于用途和规划管制是否得到严格执行,与所有制性质没有必然联系。在土地私有制国家,由于有健全的土地法制,土地管理并没有失控。近年来我国土地执法检查结果表明,恰恰是地方政府和国家重大工程项目土地违法较为普遍。缩小征地范围,有利于把地方政府从矛盾冲突中解脱出来,促进政府职能转变。应该相信,在土地利用问题上,政府管农民,会比政府管自己更严厉有效。

3. 加强对土地增值收益的税收调节。随着城市向外扩展,城郊农民的土地会显著增值。这种增值是因用途改变而产生的,并不是农民劳动创造的。有人因此主张"涨价归公",把这种增值收归社会大众所有。但需要指出的是,土地增值收益如何在农民与社会大众之间分割才是公平合理的,并没有放之四海而皆准的做法。在允许生产要素参与分配、保护农民土地财产权利的前提下,通过税收调节,可以一定程度上缓解这一矛盾。

2011 年 5 月 25 日

医疗卫生服务重点是强化基层*

——美国、墨西哥、古巴医疗制度考察报告

邓文奎　陈爱清　王汉章　李　辉

最近国务院研究室组成考察团，由江小涓副主任带队，赴美国、墨西哥、古巴考察医疗卫生体系，重点是基层医疗卫生服务。这三个国家社会制度不同、发展阶段不同，医疗制度也有很大不同，但有一个共同特点，就是保基本、重基层。现将有关情况和我们的一些想法报告如下。

一、美、墨、古三国医疗保障服务基本情况

（一）美国的情况

美国是一个高度市场化的国家，但政府在医疗保障和服务方面仍然发挥着重要作用，政府、社会、家庭和个人责任明确，政府的责任主要是保基本，即为弱势群体提供与经济发展水平相当的医疗保障和服务。

在医疗保障方面，美国就业人员及其家庭成员都参加私营医疗保险，保费由雇主和个人分担，政府给予免税支持，但不参与管理。2008 年共有 1.76 亿人拥有这种保险，占全美人口的 58%。退休人员、无就业能力人员、低收入家庭等弱势群体由政府提供保障，主要有两项制度：一是联邦医疗保险。保障对象是 65 岁以上退休的老年人、残疾人、需要做透析的肾脏病患者、肌肉萎缩硬化症患者以及由其抚养的家庭成员。目前有 4500 万人享受

* 此文获得国务院研究室 2011 年度优秀研究成果三等奖。

这种保险。二是政府医疗援助。主要为人均收入低于联邦政府贫困线133%的贫困家庭、少年儿童、孕产妇、长期住院病人或残疾人、大部分艾滋病人和病毒携带者、乳腺癌和宫颈癌病人等提供保障。援助的办法,一是对无医疗保险也无支付能力的,基本由政府全额承担医疗费用;二是对有医疗保险但无力承担自付费用的,帮助其支付自付费用;三是帮助贫困群体参加医疗保险。2009年约6000万人不同程度地享受了这项制度的保障。

在医疗服务方面,美国的医疗服务重点在基层,主体是独立执业的医生及其开设的诊所,也有少量面向低收入群体服务的公立或非营利社区医疗中心和社区医院。从美国医疗费用结构看,2009年全美医疗总费用约2.5万亿美元,其中基层医疗1.7万亿美元,占68%;医院医疗7894万美元,占32%。药品销售总额3000多亿元,根据基层诊所或社区医疗中心医生处方销售药品2448亿美元,约占83%;医院用药395亿美元,约占13%。

美国医生都是自由职业者,他们几乎全部自开诊所,自雇员工,自负盈亏,在基层从事医疗服务,很少有人完全受雇于医院。美国对医生开设诊所没有什么限制。如果他们愿意,可以在任何时候、任何地方开设诊所,只要到当地管理机构备案即可。根据美国医学会的数据,2006年全美共有在职医生77万人,其中72.3万人直接从事医疗服务,占94%,其他主要从事行政管理、教育、研究等。在72.3万直接从事医疗服务的医生中,有55.8万人自开诊所,约占77%,约16.5万人完全受雇于医院,其中约16万人是不能独立执业的住院医生和实习医生。

由于患者可以自由选择医生,美国基层医疗服务是充分市场化的,竞争十分激烈。独立开设诊所的医生工作都十分辛苦,全天24小时提供服务,全年几乎没有休假。美国人看病,首先要在医生诊所或基层医院首诊。凡是有保险的人,都有通常所说的保健医生,也叫家庭医生。美国医疗保险没有中国"定点"的说法,一般来说,凡是合法开业的医生,人们都可以自由选择。美国基层诊所和保健医生,真正发挥着居民健康"守护人"的作用,服务个性化、针对性强、高效便捷。

美国基层医疗服务与医院的衔接十分顺畅。由于绝大多数能够独立执业的医生都自开诊所,所以多数医院实际上没有临床医生。医生与医院的关系,主要是与医院签约。一般一名医生都与多家医院签约,患者需到医院治疗或住院，医生会根据需要选择不同的签约医院。面向低收入群体服务的公立医院和非营利医院，一般都开设门诊，也都是签约医生定期到医院出诊，或医院有需要召之即来。

由于美国医生都是自由职业者，为了获得更高收入，往往都喜欢在人口比较集中的城市和收入较高的居住区开业，所以美国医生分布也是不均衡的。在非城市地区和偏远地区，医生比较少。所以美国联邦和州政府对医生在这些地区开业会给予各种优惠或直接提供资助，也优先批准在这些地区开业的外国医生获得永久居留权。

美国公立医院主要是为低收入群体特别是无医疗保险的人服务，所以一般在比较偏远或贫困人口集中的地方，才由政府建立公立医院。为同样人群服务的还有部分非营利医院，而且多数地方都是以这类医院为主。我们参观的位于曼哈顿岛南端的纽约下城医院就是一家非营利医院，德州哈里斯县医院是一家公立医院，他们都是主要为低收入群体服务的医院。其资金来源主要是政府为贫困群体提供的医疗援助，此外还有社会捐助和政府的补偿性拨款。为了使政府投入主要用于低收入群体，公立医院和为低收入群体服务的非营利医院，一般只提供“保基本”的服务。但这并不意味着这类医院是低水平的，如纽约下城医院和德州哈里斯县医院，某些方面的医疗和医学研究在美国都是一流的。只是在公立医院就医，一般也像我国医院一样要在走廊排队，住院是几个人一间病房等，但这样就足以把有钱人和有较好医疗保险的人拒之门外。

(二) 墨西哥的情况

墨西哥是拉美大国，2000 年开始医疗卫生体制改革，建立“大众医疗保险制度”，目标是立足于保基本，实现全民医保，让人人看得起病。改革前墨西哥医疗方面存在两大问题，一是医疗保障覆盖面较窄，只有企业职工和政府雇员有保障，占全国人口一半以上的农村人口和低收入群体都没有保障；二是基层缺医少药，医疗服务薄弱。改革的重点就是解决这两个问题。

在医疗保障方面，由政府帮助低收入群体参加“大众医保”。总体投入政府占 95%，家庭缴费只占 5%。但不是平均补助，而是实行按家庭收入差别缴纳保费的办法，家庭收入越高，政府补助越少，这与我国新农合和城镇居民医保对所有人同等补助有很大不同。具体操作上他们把家庭按收入水平分为10个等级,最低两个等级由政府全额补助参保费用,其他等级按家庭收入从低到高每年缴纳65~1000美元保费。2009年政府平均为每个家庭补助约230美元。

保障内容以保基本为主,同时兼顾保大病。保基本主要是三个方面:一是预防。设立专门的保障性资金,财政预算优先安排。同时,还建立一个参加保险和自我预防保健相互促进的激励机制。规定居民要享受政府补助,就必须参加卫生宣教和预防保健。二是建立基本医疗卫生服务包。内容包括基本医疗服务和基本药物,服务项目根据筹资水平决定,每年调整,总体上逐年增多。目前基本医疗卫生服务有9大类300项、265种基本药物,基本涵盖了基层医疗卫生服务中心100%的服务内容和综合医院(相当于我国二级医院)95%的服务内容。三是提高基层医疗卫生服务能力。除加强基层医疗机构等基础设施外,还在偏远地区设立巡回医疗车为当地群众服务;为了解决偏远地区缺少医生的问题,政府规定医科大学生毕业前必须到这些地区服务一年。

对大病重病的医疗费用,一般家庭都很难承担得起,也是因病致贫的主要原因。在这方面,他们专门设立了全国性的大病专项基金,由卫生部门统一管理,资金来源是从“大众医疗保险制度”政府补助部分每年拿出8%,当年现收现支。病种由国家统一确定,主要是一些治疗费用高、需要到三级专科医院治疗的疾病。

(三)古巴的情况

古巴由政府提供全民免费医疗,重点发展基础医疗,医生队伍主体都在基层社区综合诊所和家庭医生诊所。目前每千人有6名医生,远多于美国等发达国家,国民健康和医疗卫生保障服务水平,在拉美国家中位居前列。

古巴从70年代中期开始推行“社区医疗模式”。他们在全国大约按每3万人口划分成一个社区,每个社区设立一个综合诊所(农村社区一般不足3万人),配备10~12名医生,目前全国共有498个社区综合诊所。在社区诊所之下,设立家庭医生诊所,多数只配1名医生、1名护士,平均负责120个家庭,目前全国有12000多个家庭医生诊所。

社区综合诊所提供急诊、儿科、妇科和内科等专科医疗服务和化验检查等服务,并为家庭诊所提供检查、化验、咨询等技术支持。家庭医生诊所服务包括：常见病诊疗、疾病预防（注射疫苗）、康复训练、居民定期体检，建立和管理居民健康档案、健康宣传教育（包括为居民饮食、吸烟、饮酒、锻炼等提供指导）、协助解决居民环境和饮水卫生问题等。家庭诊所医生随时跟踪管区居民健康卫生状况，对每个居民都十分熟悉，包括患病、用药、吸烟、饮酒等，并把这些都记入居民健康档案。家庭医生诊所24小时开放，医生就住在诊所楼上或附近，可以保证居民及时、便利地获得服务。家庭医生诊所和综合诊所医治不了的病，由家庭医生负责将患者送至省级以至中央级医院，但仍要负责跟踪和了解患者病情发展，配合治疗。

古巴还有一个突出特点，就是医学教育和社区医疗紧密结合。古巴全国有14所医科大学，省以下地区和市一级都有医学院。全国498个社区综合诊所，有300多个同时也是医学教育机构。医科大学和医学院只负责招生、教学和学籍管理，学生日常生活和理论、临床学习都在综合诊所，教师同时也是诊所医生。医学系学生完成学业后还要在社区综合诊所担任18个月的全科医生才能正式毕业。而且，97%的毕业生都充实到家庭医生队伍中。

二、几点思考和建议

我国医改提出保基本、强基层、建机制，确实抓住了解决当前和长远问题的关键。三者是互相联系的，其中“建机制”是根本，因为保基本、强基层都要建立有效制度和机制做支撑。发展医疗卫生事业根本目的就是解决人民群众看病就医问题、维护人民群众健康，因此必须把重点放在基层，让老百姓便利地获得医疗卫生服务。

（一）*政府责任的重点是为广大弱势群体建立更完善的保障制度。*近几年来，我国在解决弱势群体看病就医方面已经取得很大成绩，城乡三项保障制度已基本实现全覆盖，政府投入持续增加，保障水平不断提高。但现行三项制度，虽然覆盖了所有城乡居民，保障水平总体还比较低，就是保障水平相对较高的城镇职工医保，遇上大病重病，许多家庭也会因病致贫，而现行的城乡医疗救助制度又不具有兜底能力。我国政府的医疗援助，覆盖面已经很大，但制度设计不合理，特别是与社会医疗保险不是有机衔接而是混在了一起。例如，城镇居民医保和新农合，本身具有保险性质，但从政府拿大头、个人拿小头来看，又属政府医疗援助性质；援助的对象虽然大多数是低收入群体，但也有相当数量并不是。再如以上两项制度，政府补大头，小头部分如果家庭无力承担，由医疗救助提供帮助，都是政府投入和帮助，却分为两个制度、通过两个渠道、由两个部门管理。从我国建立医疗保障制度进程看，不同时期解决不同问题，形成这样局面也难以避免。但从长期发展看，如何从整体上把我国医疗保障制度设计得更合理，也到了着手研究的时候。

合理的医疗保障制度，关键是厘清政府、社会、个人的责任。对大多数人来说，健康首先是个人的责任，政府的责任是建立社会化的分散风险的机制和制度，不是直接投入。政府直接投入的责任主要是为社会弱势群体建立比较完善的"兜底"机制和制度，保证他们病有所医和免于因病致贫，让人们没有后顾之忧。现行三项保障制度、一项救助制度，都没有兜底保障功能，因此也无法保障人们没有后顾之忧。建议对现行三项保障制度、一项救助制度进行整合，通过完善社会医疗保险制度，充分发挥其风险分散分担机制，简单地说，就是让富人帮助穷人、没病的人帮助患病的人，这也是美国和墨西哥医改突出强调的，而政府则应当把主要责任和投入放在建立兜底机制上，并做到与社会医疗保险有机衔接。

（二）保小病也要保大病，建立保大病的有效机制。我国现行的三项医疗保障制度，设计初衷是保大病，实际情况是保小病，一旦遇上大病，不能有效防止因病致贫。美国的政府医疗援助制度，实际就是一项兜底制度，任何人不管得了什么病，不管是否有医疗保险，只要没有支付能力，就由这项制度来兜底保障。墨西哥医改建立的"大众医疗保险制度"，从一开始就设立了大病专项基金。美国完全由政府兜底的医疗援助制度我们难以效仿，但墨西哥的做法值得研究借鉴。建议我国也在三项制度的基础上建立保大病的专项基金，最初可从发病率低、治疗费用高的病种做起，逐步扩大范围。资金来源一是从三项制度的基金中分别划出一定比例，二是把城乡医疗救助制度中有关资金划入，在省一级统筹管理使用。

（三）创新体制机制，让医生有积极性到基层去。我国基层医疗服务最大的问题是医生少，特别是高水平医生少，好医生都集中在城市大医院里。小病大病都要去医院，都要找高水平医生看，几乎所有医院都拥挤不堪，不仅耗费患者大量时间,也造成医疗资源和社会资源巨大浪费。解决基层缺医问题,需要培养,但光培养是不够的。实际上体制机制问题不解决,培养得再多也下不到基层,下去了也留不住。关键是对公立医院人事制度特别是养老保险制度进行改革。这个问题解决了,就会有许多医生走出大医院。在这个问题还没解决的情况下,重要措施就是大力推进医生多点执业。我们完全可以像过去国企改革那样,允许大医院医生在一定年限内停薪留职到基层创办私人诊所。还可以考虑利用部分建设乡镇卫生院和城市社区卫生中心的政府投入,对大医院的医生下基层开设诊所给予支持,这样设施和医生就同时都有了,比单建设施没医生要好,也比从头培养快、水平也更高。允许医生自由执业、多点执业,鼓励他们到基层开设诊所,逐步使他们成为自由职业者,通过提供优质服务合理合法地获得较高收入。这样就可以充分发挥市场配置人力资源的作用,哪里需要他们就会向哪里流动。届时政府再采取一些纠正市场失灵的措施,例如对在农村地区、偏远地区、人口较少地区执业的医生给予补贴等,使医疗人力资源得到合理配置,最大限度地发挥他们的积极性和作用。

目前我国一些民营医院和改制的县医院,某种程度上就有点儿像美国的医院。他们与附近大城市大医院乃至全国高水平医生签约,定期或预约来出门诊、做手术,实际上医院就是为这些医生提供了一个多点执业的服务平台。这样就把高水平医生引到了基层,引到了缺少高水平医生的地区。医生不仅可以获得较多收入,当地群众看病也不用到大城市去了。这种办法,实际上比搞定点支援更有效、更能调动医生的积极性。

*(四)以管理体制和运行机制为重点,推进公立医院改革。*公立医院是政府办医,而政府责任的重点是保基本,因此公立医院要回归公益性,与政府保基本的目标相一致。目前公立医院是医疗服务主体,从事着各种档次的医疗服务,往往更热衷于高端服务。把公共资源用于高端服务,中低收入者难以承受,发挥不了保基本的作用,还造成社会不公。建议从我国公立医院实际情况出发,第一,选择一部分公立医院逐步改成非营利医院,政府不再增加投入,而且要逐步减少投入,直到不再投入。在明晰产权的前提下,可以允许社会资本进入,发展成混合所有制医院。这类医院可以从事任何档次的服务,盈利主要用于医院发展。第二,留一部分医院政府举办,承担

保基本的职能，服务价格由政府管理，运转经费由政府保障，使其成为真正的公立医院。同时对人事制度进行改革，实行聘任制，打破实际存在的“铁饭碗”和终身制，发展签约医生，鼓励医生流动。这样就可以减轻政府举办和管理公立医院的负担，不仅可以解决目前公立医院“不公”的尴尬局面，还能释放大部分医疗资源满足社会多层次需求，同时把政府办医与保基本的职能统一起来，使政府能集中力量办该办的事。

（五）下决心理顺医药关系，合理调整医疗服务中的医药费用结构。目前我国医疗服务中的突出问题，是药的费用占比过高，医的费用占比过低，二者严重倒挂；医生的劳动价值没有得到体现，无法通过自己的诊疗技术获得正当合理报酬。医院运转、医生福利大部分来源于卖药收入。由此造成的过度用药问题已成为突出的社会问题，不仅增加社会医疗费用负担，也严重危害人民群众健康。我们考察的三个国家，尽管医疗制度不同，但都实行医药分开。美国虽然医疗总支出很高，但药品费用只占其中的12%，住院治病的药费只占住院费用的5%。

建议尽快研究建立医生靠技术吃饭、医院靠服务运转而不是依靠卖药的机制。这就需要适当提高诊疗服务价格，引导医生把主要精力放到提高技术和服务质量上。提高诊疗服务价格，主要应当发挥医疗保险的功能和作用，不能过多增加居民负担。如果以此为基础，推进医药分开，逐步把药品使用数量和价格控制到合理水平，形成医疗服务中诊疗费用和药品费用的合理比例，也不会过多增加医保基金负担。这件事迟早要做，早做早主动，越迟困难会越大。

（六）提高基层医疗卫生机构运行效率，要有预见性的制度安排。基层医疗服务究竟采用什么样的体制，要继续探索和研究。古巴基层医疗卫生机构都是公立的，医务人员都是公职人员。我们在哈瓦那参观的726综合诊所，发现那里的医务人员都很悠闲，急诊五张病床只有一个病人，管理人员很多。陪同我们参观的古巴卫生部官员说，他们面临的突出问题是人浮于事、效率低下，而且找不到调动积极性有效办法，这是一个普遍问题，中央正在考虑改革，但怎么改还在讨论。美国基层医疗服务主要依靠在基层开业的私人医生诊所和非营性医疗卫生中心，并有鼓励和支持医生到偏远地区、人口较少地区、低收入人口集中地区开业的政策措施，一些地区如德克萨斯州则采取由政府建立公立机构的办法,但并不普遍。

我国基层医疗卫生服务总体还很薄弱,必须大力加强。但服务体制和提供方式应当多样化。政府在加大投入和直接举办医疗机构提供服务的同时,在具备条件的地区应当考虑采用购买服务的方式。鼓励社会资本在基层开办医疗卫生机构,鼓励医生在基层开办诊所。政府举办的医疗卫生机构,也要有灵活的人事工资制度和激励约束机制,古巴目前的困境,我们也是经历过的,千万不能再走到这条路上去。

2011 年 1 月 18 日

煤矿照样能够实现安全生产*

——关于神华集团安全生产情况的调查

杨书兵　张昌彩　魏晓东

煤矿安全问题事关矿工生命和财产安全，一直是困扰我国煤炭生产和安全发展的重大难题。“十一五”期间，我国煤矿死亡人数高达1.6万多人，造成的直接经济损失达上千亿元。近年来，虽然我国煤矿事故发生率明显下降，但安全生产形势依然严峻。神华集团作为我国最大的煤炭生产企业，经过多年的探索和努力，煤矿安全生产创造了国内外先进水平。最近，我们到神华集团进行了实地调研，下井参观了上湾、白芨沟等煤矿，多次召开座谈会，并与矿工直接交流。总的感觉是，神华在安全生产上的确下了大功夫，取得的成就让人敬佩，其做法和经验有很大的借鉴意义。

一、神华煤矿安全生产创出世界先进水平

神华集团是以煤为基础、煤电油运一体化运营的综合性大型国有企业，2010年煤炭产销量达4.58亿吨。神华集团自成立以来，始终狠抓安全生产和管理，煤矿安全水平稳步提升，长期居于国内前列，并创出世界先进水平。一是原煤生产百万吨死亡率比美国还低。从1999年煤炭生产超千万吨至今，原煤生产平均百万吨死亡率控制在0.04以下；2006年以来降到平均0.028，仅为全国平均水平的1/45，比以露天开采为主的美国的平均水平

* 此文获得国务院研究室2011年度优秀研究成果二等奖。

0.034还低27%；今年1—8月又降到0.017。特别是，核心企业神东、准能公司10年平均百万吨死亡率仅为0.011。二是实现零死亡的煤矿逐步增加。全集团58个煤矿，有12个煤矿实现开建以来零死亡。安全生产周期越来越长，目前已有25个煤矿的安全周期超过1000天，6个煤矿超过3000天。三是兼并重组的老小煤矿安全水平大幅提升。原宁夏煤业集团、新疆煤业公司和内蒙宝日希勒煤业公司等被神华兼并重组前，历史上的平均百万吨死亡率是3.57，兼并后死亡率大幅度降低。近两年神宁公司、神宝公司为0，神新公司为0.058；补连塔煤矿连续11年产煤1.45亿吨无死亡。这些数据表明，9个原地方煤炭企业被神华重组后，在短期内安全生产水平已经达到了神华集团的总体水平。

二、神华煤矿安全生产的主要做法

在我国现有生产力和煤矿安全总体水平不高的情况下，神华集团在安全生产方面能做得这样好，实属不易，是多年大胆探索创新，不断突破传统生产方式的结果。其主要做法如下：

（一）强化风险预控，构建本质安全管理体系。“煤矿生产难免发生事故、难免死人”，这是我国煤炭行业根深蒂固的观念，长期以来没有谁怀疑过。然而，神华人却明确提出了“煤矿生产能够做到不死人”等全新理念，并建立了以风险预控为核心的本质安全管理体系。这些年，神华每座煤矿的建设和生产，从一开始就把安全因素放在首位，勘探时要彻底查明开采的技术条件，设计时必须达到系统安全可靠，建设时定要确保工程高质量，上岗员工也必须经过严格培训。最关键的是，他们建立了一套具有神华特色的安全管理体系。这套安全管理体系包括五大部分、28个子系统、160个元素、746项条款，涵盖了危险源辨识和评估、风险管控标准和措施、责任分工落实和奖罚等煤矿建设和生产的全员全过程。并明确规定：“危险源辩识不清不开工、管控措施不到位不开工、作业能力达不到不开工、隐患不排除不开工。”

（二）提高煤矿标准，推进产业升级。神华根据安全生产的要求，大幅度提高了煤矿设计、建设、作业和管理标准。比如，在瓦斯防治方面，国家标准要求瓦斯浓度超过1.5%必须停工，而神华的标准规定，只要超过1%就必须停工。在他们看来,瓦斯超限就是事故。同时,他们积极建设千万吨安全高效现代化矿井,对矿区资源进行集中布局,优化生产系统和采掘工艺,将炮采、炮掘提升为机采、机掘,大大提升了煤矿的现代化、规模化开采水平。我们在座谈中了解到,神东和准能公司的矿井生产规模从平均30万吨/年提高到1736万吨/年,全部实现机械化开采。神华对后期兼并重组的9个原地方煤炭企业的62个煤矿和627个小煤窑,进行了大力度整合与改造,使这些矿井也成为安全高效的现代化矿井。我们在上湾等煤矿井下调研时看到,矿工上下井乘坐的车辆或索道安全舒适,巷道坚固、通风良好,煤炭开采都是机械化作业,操作矿工很少,和传统采煤方式完全不一样。

（三）加大安全投入,增强科技保障。“安全投入是效益最好、回报最大的投入”,这是我们在调研过程中经常听到的一句话。近年来,神华每年对安全生产投入数十亿元,重点用于老矿井改造、安全设施建设、风险因素治理、矿工技术和人才培训等。他们尤其注重科技投入,与国内外众多科研院所、设备厂商结成技术创新战略联盟,分别成立了瓦斯、水、火等安全生产科学研究院,研发出自动化工作面、成套液压支架、瓦斯防治利用等一系列新技术,极大地提高了安全生产的技术保障水平。

（四）强化安全责任,建立安全生产动力机制。神华不仅构建了上下一体、覆盖全员的安全生产责任制,而且在落实上有特色、很扎实。第一,实施“一把手工程”。他们制定的安全生产责任制明确规定,集团、公司、煤矿的各级“一把手”必须亲自抓安全、管安全、负总责。董事长张喜武始终高度重视安全生产,不仅在决策和管理层面坚持安全第一,还经常带头下井检查指导安全工作,每年都在20次以上。特别是把矿长作为最重要的抓手,并用“重奖在前重罚在后”的办法,调动矿长的安全生产积极性。第二,所有员工收入与安全生产直接挂钩,实行“一票否决”。安全结构工资制规定,一线工人安全工资比例达到30%左右,班组长达到50%左右,矿和公司级领导最高达60%。第三,安全监督有狠招。既有定期和专项的大检查、大评估,也有不定时、不定点、不定人的随机检查。特别是,他们还根据多年的经验教训,增加了对交接班、双休日和夜间等事故多发时段的检查监督。随着各项制度的严格执行,神华逐步建立和完善了安全发展的动力机制。

（五）*培育安全文化，激发安全生产精神力量*。走进神华，首先感受到的是扑面而来的安全文化气息，这大大超出我们的预料。在白芨沟煤矿，长长的上下井主巷道中，到处回荡着安全主题音乐，悬挂着安全文化标牌，上面既有矿工亲人的照片，也有矿工家人的温情寄语，如"老公，我和儿子等你回家"、"爸爸，你的平安就是我们全家的幸福"等。浓厚的亲情文化氛围，让人油然而生一种珍惜生命和眷念亲人的思想情怀。我们了解到，神华还经常开展"面向全家福宣誓"、"家属井下探亲"、"事故现身说法"等一系列活动；并提出"让煤矿工人成为行业最幸福的人"的理念，推行了"幸福矿工工程"。丰富而独特的宣教方式，营造了浓郁的安全文化氛围，使广大矿工从思想深处更加珍惜生命、更加重视安全，激发出自觉搞好安全生产的强大精神力量。

三、神华煤矿安全生产的重要经验

通过多年探索和创新，神华集团走出了一条符合企业实际的安全发展道路。概括起来看，有以下几点经验。

1. *以先进理念引领安全生产*。思想决定行动，理念指导实践。神华人认为，安全生产的第一关是思想关，如果不解决好思想认识问题，安全生产就无从谈起。他们提出的"煤矿生产能够做到不死人"、"生产时能够做到瓦斯不超限，超限就是事故"、"让煤矿工人成为同行业最幸福的人"等先进理念，是对长期以来煤矿生产传统观念的重大突破，在我国煤炭行业具有革命性意义。正是由于这些先进理念已深入人心并成为大家的自觉行动，神华的煤矿安全生产才发生了根本性变化。

2. *以系统思想构建安全生产体系*。安全生产是一个系统工程，涉及到人、机、环、管的各个方面。搞好安全生产，必须从基础抓起、全方位用力，决不能头痛医头脚痛医脚，更不能临时抱佛脚。神华构建的本质安全管理体系，把保障安全生产的关口前移到地质勘探、矿井设计、装备配套、工程建设等各个源头环节，超前消除或控制了安全隐患，实现了由事后管理向事前预控的转变，从根本上扭转了煤矿生产的被动局面。

3. *以技术创新提升安全生产水平*。实现煤矿生产的长治久安，根本出路在于技术创新和产业升级。神华十分重视科技在安全生产中的作用，集成应用一系列先进装备和技术,优化生产系统和开采工艺,同时还大力淘汰落后生产方式,扩大生产规模,极大地提高了企业的安全技术水平。

4. 以人的素质提高保障安全生产。安全生产,关键在人。神华把人才资源看作第一资源,大力加强矿工素质培训和专业人才培养,打造了一支具有先进安全理念和现代生产技能的员工队伍。他们既注重以物的现代化保障人的安全,又注重以人的高素质提高物的可靠性,实现了人的发展与企业安全发展的良性循环。

四、思考和建议

我国是一个能源生产和消费大国。从发展阶段看,我们正处于工业化和城镇化的加速发展时期,经济社会发展对能源的需求仍在持续增加。在我国的能源生产与消费总量中,煤炭所占比例一直保持在70%以上,这种格局在未来很长时期也不会改变。据统计,2010 年我国共有煤炭生产企业约1.2 万家,一线矿工达 300 万人,数百万矿工以其辛勤劳动保证了经济社会发展对能源的巨大需求。煤矿安全生产,不仅事关矿工的生命安危和财产安全,而且直接影响国家的社会稳定和可持续发展。目前,全国的煤矿安全形势依然严峻。就在我们起草这份调研报告的时候,又接连发生了四起煤矿大事故,造成不少人员伤亡。尽快解决煤矿安全生产问题,仍然是摆在我们面前的紧要任务。

我们认为,神华集团探索形成的煤矿安全生产理念和做法,不仅对本企业行之有效,而且在全国煤炭行业也具有重要的借鉴作用。虽然神华是一家现代化程度较高的大型国企,但总体上看,其主要做法和经验具有广泛的适用性。第一,神华所属许多煤矿最初的生产条件比全国各地煤矿并不优越。他们先后兼并重组的数百家小煤窑,水、火、瓦斯、煤尘、顶板五大灾害俱全,安全基础非常差,与全国众多煤矿的情况并没有两样。第二,神华解决的是我国煤矿安全生产面临的共性问题。目前,我国煤矿事故的发生有以下几个主因:一是思想认识问题,不少人总认为煤矿生产难免发生事故;二是对安全生产规章制度熟视无睹,甚至明目张胆地违规违法生产;三是安全责任制度形同虚设,很难真正落实到位;四是对煤矿安全生产的系统性认识不足,忽视从基础和整体上解决问题;五是职工安全培训工作跟不上,安全文化缺失。这些问题也正是神华当初面临的问题,目前都已得到较好解决。神华的做法反映了安全生产的一般规律,符合我国煤炭行业的总体情况,一般煤炭企业完全可学、可用。当然,每个企业的情况不尽相同,要根据自身实际加以借鉴。第三,借鉴神华经验不完全受企业实力和资金制约。作为实力雄厚的大型国企,神华的成就与大量投入是分不开的,但这并不是最重要的,关键在于其先进的理念和方法。无论什么样的企业,只要借鉴神华经验,都会在安全生产上取得成效。

从实际情况看,神华的许多做法已经得到国内同行的认可,也引起了国家有关部门的关注和重视。因此,建议由国家安监总局牵头,组织有关部门和专家,对神华的安全生产实践进行进一步的调研和总结,并在全国煤炭行业组织推广。这样做,一定会对我国煤矿安全生产起到重大推动作用。

2011 年 11 月 29 日

需重视解决建设领域拖欠工程款问题

孙慧峰

建设领域拖欠工程款问题由来已久。2003 年国务院曾专门下发通知，要求各地用 3 年时间基本解决历史拖欠并防止新的拖欠发生，取得了明显成效。但是建设领域拖欠工程款这一顽疾并没有根除。最近，我们调研农民工工资拖欠问题时，了解到一个企业因工程款拖欠而导致经营受到严重影响，并拖欠农民工工资的案例。现将有关情况及我们的看法、建议报告如下。

一、了解到的主要情况

我们调查的是一家专门从事铁路桥梁、路基附属构件预制、运输与安装作业施工的民营企业，有 4000 多名劳务人员，主要是农民工。自 2007 年以来，上游单位拖欠该企业工程款逐年上升，2010 年底高达 4 亿元。目前，该企业经过多方讨要，仍然被拖欠 1.89 亿元工程款，其中有 30% 是拖欠农民工工资。拖欠单位大部分是实力雄厚的“中”字头国企下属的分公司和项目部。该企业常年有 40 ~ 50 人在各处讨债，到年底最多时达 300 多人。

据该企业反映，长期以来旧的拖欠未结清，新的拖欠又形成，年复一年，得不到彻底解决。由于工程款被拖欠，导致企业无力支付农民工工资。从我们了解的情况看，该企业的情况并非个例，拖欠工程款问题在建设领域比较普遍，许多建设施工企业都或多或少被拖欠工程款。

从整个工程款拖欠链条看，建设单位（业主）处于最顶端，他们拖欠总承包商的工程款，这是拖欠的第一环节。总承包商下面是分包商或施工企业，有的总承包商会违规将工程转包给其他承包商,有的分包单位和施工企业又向下转包,转包环节多,也常常造成工程款连环拖欠,最后拖欠到真正的施工单位。这些都可视为拖欠的第二环节,其中许多是恶意拖欠。农民工工资和材料供应商货款被施工企业拖欠,是拖欠的第三环节。他们则处于拖欠链条的最低端,是拖欠的最终受害者(实际上材料供应商往往还会将这个链条延伸下去,通过生产商一直延伸到农民工身上,最后还拖欠农民工的工资)。很多施工单位对农民工工资和材料商的货款拖欠的根源,都在拖欠链条顶端的建设单位或总承包商身上。以我们调查的企业为例,他们作为施工企业属于拖欠链条的下游。该企业有关负责人说,拖欠农民工工资,特别是看到农民工讨要工资,他们感到十分内疚和不安;为了在年终或春节前让农民工拿到工资,他们有时会变卖办公设备甚至工程设备;他认为要真正解决这个问题,必须从上游建设单位开始清理拖欠。

二、对拖欠问题的看法

据调查,造成拖欠的主要原因:一是垫资接工程。有的建设单位超出自身资金能力盲目上项目,要求施工单位带资承包和垫资施工,将资金缺口转嫁给施工单位。由于市场竞争激烈,施工单位为了争项目,不得不接受这一规则。实际上,许多拖欠项目的建设单位背后往往就是政府。这种拖欠实质上是政府变相向企业、劳动者借债,而且是不付利息、几乎没有管理成本的借债。二是层层转包。有些工程项目,建设单位不按规定招投标,私下议标、层层转包。到施工企业手里,往往是多次转手。建设资金被各个环节瓜分,层层拖欠,真正到施工企业手里的资金就比较少了,不得不垫资开工,有的甚至偷工减料,出现工程质量问题。三是恶意拖欠。有的建设单位将建设资金挪用,有的故意以没有法人资格的“筹建处”、“指挥部”、“项目处”的名义对外签订合同,自已则金蝉脱壳。有些恶意拖欠的“一包”单位,常常以上游建设单位资金没有拨付到位为由,拒绝支付下游单位的工程款。

施工企业在追索工程款时也面临很多困难,账款回收周期普遍较长,坏账率比较高。主要原因是两条:第一,拖欠和被拖欠双方在地位上“一强一弱”。建筑市场是一个典型的买方市场,建设单位处于强势地位,而承包商、施工企业等由于市场竞争比较激烈而处于弱势地位。发生拖欠后,承包商、施工企业一般不愿意诉诸法律,都害怕把关系搞僵,害怕以后得不到建设单位的项目。第二,拖欠和被拖欠双方违规和维权成本"一高一低"。被拖欠方在追索欠款过程中,通常需要支付大量吃、住、行费用和人工成本,有时候还耽误企业正常生产经营,维权成本很高。通过司法途径追讨,存在周期长、费用高、举证难、执行难等问题。而拖欠方通过占用拖欠款能获得巨大经济利益,实际上相当于获得一笔零成本的融资。他们也了解被拖欠方的心理,知道他们一般不会告上法庭;即使被告上法庭,也不会受到什么处罚。在这"一强一弱"和"一高一低"两个因素的共同作用下,拖欠问题就会不断积累,其中潜藏的经济风险也随之增加。

从性质上讲,拖欠工程款是对正常经济秩序的破坏,是经济发展中的一个风险因素。对于这一问题,在经济保持高速增长、投资不断扩大的景气周期内,由于企业尚能从新的工程中获得资金,填补旧的工程款拖欠造成的缺口,不至于出现资金链断裂。而一旦经济放缓、投资速度下降,将不可避免产生大量坏账,一些企业可能因此倒闭,带来一系列经济和社会问题。

三、几点建议

第一,开展专项治理。2004—2006 年治理工程款拖欠专项行动已经过去 5 年,拖欠问题又变得突出起来。建议针对建设领域工程款拖欠问题再启动一次专项治理,用 2 ~ 3 年的时间,一方面解决近几年形成的拖欠,化解经济中潜藏的不稳定、不可持续因素;另一方面,通过治理行动,进一步总结经验,探索从制度上解决拖欠问题的根本措施。

第二,加强建设工程市场监管。进一步规范秩序,营造良好市场环境。一是把好市场准入关,不断完善企业资质管理办法,遏制恶性竞争。对于自有资金不足的建设单位,不颁发施工许可证,杜绝拖欠工程款隐患。二是大力推行工程担保制度。除了已经规定的 1000 万元以上的房地产开发项目,铁路、桥梁、公路、其他公共设施等工程项目,也应逐步实行担保制度。三是完善市场竞争机制,严格工程招投标管理,禁止私下议标、层层转包,禁止垫资投标。严肃查处恶意低价竞标、行贿受贿、索取和支付回扣等恶性竞争和违法行为。

第三，加大违法处罚力度。现行《合同法》、《建筑法》等法律法规，对建设领域层层转包、恶意拖欠等都有禁止性规定，但处罚力度不够，执法不严，对违法者约束力和威慑力较低。建议修改完善相关法律，重点是加大处罚力度。对于拖欠工程款和农民工工资的，除要求其偿还被拖欠的工程款本金和利息、农民工工资外，还应给予被拖欠方相应的经济补偿。对于违法转包、分包工程的，除责令改正外，应没收非法所得并处若干倍罚款，同时降低其资质等级；情节严重的，吊销资质证书。根本目的就是要增加违法的成本，使守法成为一种理性行为。

第四，建立和完善企业诚信档案和评级制度。拖欠工程款本质上是企业缺乏信用的表现。现阶段商业不诚信现象比较突出，根据商务部有关数据，我国逾期账款平均超过60天的企业占1/3，全国每年因信用缺失导致的直接和间接经济损失高达6000亿元，迫切需要建立和完善企业诚信档案和信用评级制度。在工程款拖欠问题上，一是抓紧研究制定建设工程市场参与主体的信用标准，把按规定支付工程款作为重要信用内容，对建设单位、承包商、施工企业等的信用状况进行科学评价，划定等级。二是建立失信惩戒机制，对信用缺失的单位和企业，在今后的立项审批、资本金要求、融资额度和成本、招投标资格等各个环节予以限制和约束，使不诚信者逐渐被市场所淘汰。

2011年11月24日

六、大力加强文化建设

促进网络购物健康发展的几点建议

冯晓岚

近年来,网络购物发展迅猛,成为内外贸流通的重要新兴渠道。据中国互联网络信息中心测算,2010 年我国网络购物总交易额为 5231 亿元人民币,同比增长 109.2%,是全世界网购规模的七分之一。作为依托互联网的新型流通方式,网购商品种类丰富、销售方式灵活、不受地域限制,提高了流通效率,对内需特别是居民消费需求的拉动作用十分明显,发展潜力巨大。当前应当多管齐下,采取有效措施积极解决网购发展中的问题,大力推动网络购物健康发展。

一、网络购物发展面临的主要问题

由于各类网商快速发展,相应的监管机制不健全,网购业态的发展面临一些突出问题,主要表现:

(一)信用评价体系不健全,网购诚信问题突出。目前我国缺少针对购物网站商户进行信用评价的第三方权威机构,仅部分网站平台企业对商户进行内部评价。一些商户利用虚假交易等手段累积正面的信用评价,不仅起不到引导和警示作用,还容易误导消费者;假冒购物网站仍有出现,网络卖家及所售商品真实性难以保证,"货不对版"乃至销售假冒伪劣和侵权商品的现象比较常见;服务团购也存在虚假低价、质量低劣等问题。特别在 C2C① 网购中,许多网商以自然人身份自行申报经营信息,核实难度大,信

① C2C(Consumer to Consumer)指消费者对消费者的电子商务。

任成本高,对其违法违规行为取证困难、查处不易,惩戒机制也不健全。部分个人网商"打一枪换一个地方",而跨区域监管特别是异地查处受到诸多限制,一旦发生纠纷,消费者维权困难。

（二）网购法规不健全,行业监管不完善。我国网络购物监管法规体系不健全,整个行业仍处于粗放发展阶段,秩序十分不规范。一是尽管网购监管涉及众多部门,但监管的规划性不强,难以形成监管合力。购物平台网站自身对商户的监管能力有限,不少网站对注册商户的真实身份没有做到严格审核和把关。二是征税、金融监管、打击商业诈骗等政策和制度绝大部分基于传统制造业和服务业制定,不适应网购的具体情况。如对网店征税办法还不健全,尤其对个人网店征税难度大。近期武汉率先比照实体店征税方法对部分个人网店征税,引发较大争议。三是网购的快速兴起带来一些新的法律问题。如网购消费者存放在第三方支付公司的备付金产生的利息,对其归属还没有明确规定,使本应属于客户的备付金利息成为第三方支付公司的收入来源之一。

（三）配套服务企业良莠不齐,总体发展水平还比较低。网络购物的配套产业体系尚不完善,发展水平较低。网购物流大部分停留在电瓶车配送的"小物流"阶段,服务项目少、人才流失率高、地域分割严重、经营秩序不规范,没有形成现代化的"大物流"。遇到重大节日或者大型促销,网购商品的及时送达难以保证。从事网购支付的第三方支付公司发展快、数量多,但服务同质化严重,资金实力和管理水平参差不齐。一些支付服务企业资金保障能力不足,平台沉淀的客户资金可能被挪用。隐藏的金融风险也不容忽视。

（四）网购行业竞争激烈,网商企业盈利困难。尽管网络消费市场不断扩大,交易量快速增长,但真正盈利的网商企业并不多,大部分处于亏损状态,行业淘汰率较高。一是网购商品加价空间比实体店铺小,同样商品的"网上价"普遍低于"网下价",价格战时有发生。二是网商需要大量的广告投放、快捷的物流配送、频繁的折扣和赠券活动、良好的客户服务和稳定安全的网站系统来获取消费者认知度,综合运营成本高。三是当前网购行业的良好发展势头吸引了风险资本的青睐,特别是大量外资注入,不少网商采取了不计利润、专注于"跑马圈地"的商业策略。

二、进一步促进网络购物健康发展的建议

《国民经济和社会发展十二五规划纲要》明确提出，要"积极发展电子商务，完善面向中小企业的电子商务服务，推动面向全社会的信用服务、网上支付、物流配送等支撑体系建设"。我国互联网普及率已达到36.2%，网民数量超过4.85亿，居世界第一。但网络消费占全国社会消费品零售总额的比重只有3.3%，低于发达国家的6%～8%。从国际经验看，美国、德国等国网络购物的发展都经历过从不规范到规范的过程，网购税收与监管、购物纠纷处理等法规和制度也是在发展中逐渐完善。在我国，网购这一新生流通业态的潜力尚未得到充分挖掘，发展仍然是网购行业的首要任务。建议积极解决网购目前面临的问题和障碍，在过程中规范，逐步加强监管，促进网购业态健康发展。

（一）建立健全网购信用体系。一是提高网商经营的规范程度。建议在普及实名注册的基础上，推动有条件的个人网商进行工商登记，引导其合法、有序经营。要求网商对所经营产品必须进行如实和详细的描述，并提供质量保障服务。二是推广货到付款和第三方支付，加强对消费者及信用卡信息的保护，制定购物风险警示办法，提高网购平台的便捷性、安全性和可信度。三是参照我国对个人的征信办法，建立网商信用档案，完善信用监督约束和失信惩戒机制。支持符合条件的第三方机构开展对网商的信用评级和认证服务，并定期公布更新。

（二）加强网购监管。一要建立健全监管制度，严厉打击利用网络销售非法出版物、违禁品、倒卖消费者个人信息、以跨境代购名义走私、非法融资、网络诈骗等违法违规行为。二要加大对网络销售假冒伪劣和侵权商品行为的打击力度，提高经济处罚额度。要求网购平台企业定期自查和整改，强化对网络商户的审核查验，建立对假冒伪劣和侵权商品的过滤机制。三要加强对客户沉淀资金流动性的监管，坚决查处第三方支付公司挪用沉淀资金、非法套现等行为。对一些资金保障能力不足的第三方支付企业，严密监测其流动性风险和信用风险，做好应对预案。四要推行网购发票及电子凭证系统建设。加快建立全国一体、上下联动的联网信息监管系统和投诉平台，健全网络购物纠纷仲裁和解决制度，保障消费者合法权益。

（三）完善网购配套服务体系。一是完善网络支付、电话支付、移动支付等电子支付体系，严格规范在线支付服务，逐步实现在线支付业务实名制管理。二是加快推动物流配送服务业发展，健全社会化、专业化、规范化的物流配送体系，鼓励有条件的网商企业自营物流服务。加强跨区域物流体系建设，做好物流系统和网络销售系统的信息融合，使消费者能实时跟踪和查询配送商品信息，健全货物损毁和投递延误赔偿制度。三是在加强农村信息化基础设施建设的同时，充分利用现有的“家电下乡”、“万村千乡”等网点进行网购商品配送，促进农产品进城和工业品下乡的双向流通。四是要求网商和实体店铺做好衔接工作，为网购消费者提供与实体店铺相同的退换货、维修等售后服务。

（四）加强对网购市场主体的培育和支持。一要鼓励大型生产、流通、服务企业开展网络销售，积极扩展适宜网络交易的商品和服务，实现“网上销售”和“网下销售”的相互促进，提高企业网商在网购流通中的比重。二要积极发挥行业协会的作用。对产品质量过硬、信誉好的网商，要在工商登记、投融资、科技投入等方面加大支持，积极引导。三要加强购物平台建设，从品牌可靠性、产品丰富度、支付安全性、送货速度和送货质量等方面强化购物平台网站的核心功能，同时避免重复建设。

网络购物是流通业态的一场划时代革命。通过网络把分散的个性化需求进行集合，建立生产者和需求者直接沟通的桥梁，减少信息不对称，简化流通环节，提高了流通效率，最终大大降低了市场的交易成本。因此，当前要巩固网购的强劲发展势头，鼓励创新，加大支持；同时，要在发展中逐步规范网购市场秩序，引导其有序发展。建议发展改革委、科技部、工业和信息化部、商务部、税务总局、工商总局、人民银行等部门共同就网购中的突出问题开展研究，进一步推进网络购物健康发展。

2011 年 10 月 10 日

互联网与传统媒体的异同

——网络媒体相关问题研究之一

李萌　侯万军　范绪锋　袁振国　张宁娟

互联网成为继报刊、广播、电视之后的第四媒体，是全新的传播形态，扮演着越来越重要的角色。它既具有传统媒体的特点，是一种公共媒体，且功能更加强大，又超越了传统媒体，成为一种全新的工具平台。

一、互联网改变了传统媒体的信息发布方式、组织方式，也改变了受众的接受方式，是一种功能更加强大的公共媒体

从传播形态上看，新的传播技术导致的最大变化，就是能够在新的平台上把传统大众媒体的各种类型综合起来，实现了多媒体化。互联网媒体整合了报纸、广播、电视三大媒介的优势，实现了文字、图片、声音、图像等传播符号和手段的有机结合。

从传播者角度看，互联网的出现，使公众与媒介的传受地位发生了重大变化。互联网成为一个世界范围的“信息超级市场”，网民在其中不仅可按自己意愿各取所需，同时也可以生产、传播信息。互联网使所有人都成为了传播主体，改变了传统媒体传播的主导权控制在文化精英和传媒精英手中的局面。

从传播范围来看，互联网的特点是无边界的传播，实现了信息传播和信息接受的全球化。互联网媒体打破了传统媒体的传播范围多限于本地、本国的束缚，使其受众遍及全世界。

从传播时间上看，互联网信息的组织方式超越了原有大众传播的时间性媒体和空间性媒体的对立，而使所有的信息在互联网的平台上被固化，用户如果想要了解有关某一信息的所有内容，可以在互联网中即时检索、观看。具体地说，大众传播可以分为电波媒体和平面媒体。在电波媒体中，信息是以时间性分布的形式存在的，即在同一个时间点上，受众只能接受某一媒体所发布的单一的特定信息，受众并没有太多的选择权利，控制权更多的是在媒体手中；平面媒体的信息是以空间性分布的形式出现的，即在同一个时间点上，受众拥有某一媒体所发布的所有信息，但可以在其中选择自己所需要的信息。

上述特征产生的一个直接结果就是，互联网媒体发展迅速，日渐成为主要的公共媒体。2009 年中国互联网络信息中心（CNNIC）《社会大事件与网络媒体影响力研究报告》的调查数据显示：2008 年“5 · 12”汶川地震时，有 87.4% 的网民选择通过上网来看与汶川地震相关的新闻报道，在汶川地震的新闻获取中网民对网络媒体的使用超过了电视。网民每天在网上浏览新闻的平均时长为 55.9 分钟。用户选择使用的新闻网站数量日益增加，网民的使用行为日趋多元化。

二、互联网拥有传统媒体无法比拟的扩展功能，是一个可以开发无限功能的平台

互联网成为一个社交工具。中国互联网络信息中心发布的《2009 中国网民社交网络应用研究报告》显示，社交网站的用户规模已接近国内网民总数的三分之一，其中大专以上的中高学历人群为社交网站的主体人群。目前，E - mail、QQ、MSN、交友网站、游戏软件等是网上社交的主要形式，休闲娱乐和游戏是社交类网站的主要应用功能。

互联网成为商务流通的平台。人类商业活动离不开三个要素的流动：信息流、资金流、物流。当互联网带来信息流的零成本传输和分享，互联网就成为了商务活动的“输血管”，电子商务的出现颠覆了两百年的传统工业秩序。有数据显示，2011 年我国 B2B 电子商务服务企业达 9200 家，同比增长 21.3%；B2C、C2C 与其他非主流模式企业数已达 15800 家，较去年涨幅达 58.6%，预计 2011 年将突破 2 万家。

互联网成为政府决策的重要平台。一是网上舆论突破内参等重要信息在政府系统内流动的传统模式,成为政府决策的重要依据之一。现在从中央到地方,各级政府都专门成立了摘录网络新闻和言论、反应网络舆情的机构,每天分门别类整理各种网络言论和新闻。二是网络成为政府问计于民的主要渠道。2010 年 7 月,江苏省镇江建起了网上居委会,80 多个社区在网上开通服务平台,社区干部成为版主,他们直接对接社区居民的意见诉求,一系列社区信息、公告通知、服务承诺、便民措施公开在网上,把社会热点解决在最基层。三是网络成为公民参与的重要工具。调查发现,58.6%的人认为目前网络在青年参政议政方面发挥的作用很大,其中 24.5% 的人表示作用"非常大"。近年来,多起与政府部门相关的事件经由网络曝光引发了网友广泛关注,网络举报监督行为在预防或治理腐败方面发挥了很大作用。

三、互联网与传统媒体互补替代、良性互动是现代媒体发展的新趋势

互联网成为整个媒介生态环境中非常重要的一环,弥补了传统媒体的不足,为普通人参政议政提供了平台,不仅使民意有了常规的表达机会,也对政府官员的作为与不作为形成了一定的监督。但互联网也有致命的弱点,由于它更加广阔的表达空间、表达自由以及表达主体的低龄化,导致网络信息泛滥、鱼龙混杂,致使互联网公信力弱。更有甚者一些"网络营销公司"雇佣写手(俗称"水军"),制造虚假的网络舆论,从而可以针对特定的实体甚至个体进行短时间内密集的恶意伤害,真假难辨。在这方面,传统媒体则有得天独厚的优势,传统媒体的新闻及信息采编处理普遍走的是一条求质、求深度的道路,内容资源是其引以为豪的核心竞争力。所以,二者可以实现互补,也必须实现互补。互联网上发表的大量信息往往很难甄别真假,需要借助传统媒体的权威性。网络、手机平台并不是专门为新媒体设置的,传统媒体从业人员如果能够借助新媒体的技术手段和传播渠道,将会使两者实现"双赢"。

主动适应网络时代的变革将是传统媒体应对新媒体冲击的根本出路。传统媒体与互联网的融合不能简单理解为将传统媒体网络化,应当借助互联网,搭建起表达、参与和交流的权威平台,使其媒体责任体现得更加充分,

它的功能才能实现得更好。平面媒体、电视媒体与互联网融合的空间非常大,也涌现出一些典型的成功案例。如在平面媒体中,羊城晚报从2009年8月起启用了QQ互动平台,且用得有声有色。通过这个开放、即时、互动的平台,报纸编辑可以通过与网民的直接交流,发现新闻线索,也可以直接选登读者意见,增加贴近性,还可以把网民的投诉、意见、求助等转给相关部门,或发动网民互相支援,提升报纸的公益形象。QQ报料平台开通当天,用户数即达2000人,目前以平均每天1000人的速度增长。

互联网具有传统媒体无法比拟的优势,也存在着无法预知的挑战。互联网史无前例地把社会连在了一起,这是不难理解的,但连在一起后会发生什么,具有很大的不确定性。互联网将规模庞大的网民集合在了一起,它就成为一个可以随时被任何人和任何组织利用的重要资源。因此,既要以开放的心态接受、对待和利用互联网,又要谨慎小心的去经营、去维护。互联网可以用来做有意义的事情,也可以被动机不纯的人所利用。如何正确使用和利用互联网,不仅考验着人的鉴别能力和控制能力,同时也考验着政府的执政能力,衡量着社会文明发展的程度。

2011年12月25日

(袁振国　张宁娟　中国教育科学研究院)

国外互联网管理体制的主要特点

——网络媒体相关问题研究之二

侯万军　范绪锋　刘畅　马晓强　刘大伟

网络媒体是指利用互联网进行信息交流和传播的工具和载体，主要包括网站、博客、微博、互动社区等。与报纸、广播、电视等传统媒体而言，网络媒体具有以下三个方面的突出特性：一是无所不能，网络媒体兼具文字、图片、音频、视频等现有媒体的全部手段，可以全方位、全景式地呈现信息。二是无所不包，网络媒体突破了时间和空间的媒体，可以为受众提供最即时、最充分的资讯。三是人人参与，网络媒体让普通人能够自由采集和发布信息，社会进入“人人都有麦克风，个个都是评论员”的媒体时代。

网络媒体的新特性是一把双刃剑，在带来巨大便利的同时，也蕴含着众多风险。建立健全网络媒体管理管理体制，全方位、多角度加强网络媒体管理是国际社会的共同趋势。但由于网络媒体管理的一个新兴事物，并且发展迅速，世界各国的做法也不尽相同，对其管理体制仍处在不断探索和发展之中，总结各国管理机构、手段、职能等，其主要特点是：

一、管理机构多头设置，各负其职

绝大多数国家并没有设立专门的、统一的网络媒体管理机构，而是由多个政府部门依据法律授权、对涉及本部门职责的事务进行管理，普遍存在着互联网管理部门职能交叉、相互配合的现象。网络作为一种渗透性、通用性的业务应用，在打破行业界限的同时，也打破了政府部门的事务管理界限，特别是对于新兴的业务，在还未形成明确的管理政策时，不可避免地会出现多个政府部门参与管理的现象。例如，对于通信媒体融合业务（如网络视听节目服务、网络新闻服务），传统的广播管理机构、文化部门会采取相应的管理措施，如新加坡媒体发展局，英国文化、媒体和体育部（DCMS），韩国文化体育观光部都不同程度地参与对它们的管理以及发展政策的制定和实施。

一般说来，目前大多数网络媒体业务不再单纯是信息通信业务，而是具有融合业务、混合业务的特点。这些业务不仅涉及通信监管机构的监管职责，也涉及部分传统业务主管部门的职责。这些部门大多处理与自己的传统职能有着密切联系的事务，例如各国电信监管机构大多扮演网络媒体行业发展推动者的角色，承担促进基础设施建设、鼓励业务创新和市场竞争、保障网络媒体的信息安全等职责；警察、安全机构主要负责打击依托网络媒体进行的犯罪活动，文化部门对网络版权进行管理等。

政府部门系列的管理机构中，电信监管机构是最为重要的互联网管理部门，像美国 FCC、英国 OFCOM、日本总务省以及韩国 KCC，都属于电信监管机构。从目前来看，电信监管部门涉及的网络媒体管理事务包括：网络媒体资源政策制定、网络媒体业务管理、网络与信息安全管理。这一方面与网络媒体本身是在电信网络平台上发展而来的有关，电信监管部门对于网络媒体的管理有着天然的历史继承性；另一方面，作为基础设施和平台管理者的角色，电信监管部门也不可避免地参与网络媒体的诸多事务的管理，与其他许多政府部门存在着协助、配合关系。

二、社会、行业等广泛响应，深度参与

除网络媒体业务管理机构外，社会各界的监管机构和网络媒体行业自律组织等已成为网络媒体管理的重要力量。

1. *政策议事咨询机构*：很多国家还设立政策议事咨询机构，对网络媒体中出现的新问题提供政策建议。这些咨询机构大多采取“委员会”的组织方式，广泛吸收各相关政府部门、行业代表、社会人士参与管理，增强决策过程的民主性和科学性。此外，对于网络媒体新生事物和问题，委员会机构提出的政策建议也更易被公众所接受。例如，韩国在个人信息保护方面专门设立了审议委员会，对相关政策和制度完善进行政策咨询。新加坡也成立

了电子商业政策委员会,对相关政策制定展开咨询。

2. 公共事业性机构:在政府部门之下设立公共事业性机构,协助政府开展促进网络媒体管理方面的工作。这些机构大多接受政府部门的领导和预算监督,承担培育、促进重要业务发展的职责。例如,韩国文化体育观光部专门下设了韩国游戏产业振兴院,具体负责网络游戏产业发展的有关事务,协助韩国游戏公司在全球市场推广韩国游戏产品,培育网络游戏文化,扩展游戏产业发展基础,培养游戏产业人才。

3. 网络媒体行业自律机构:1996 年 9 月,英国网络服务提供商自发成立了网络观察基金会,在贸易和工业部、内政部及城市警察署的支持下开展日常工作。为鼓励从业者自律,与由 50 家网络服务提供商组成的联盟组织、英国城市警察署和内政部等共同签署了《安全网络:分级、检举、责任协议》。网络观察基金会以此为基础,制定了从业人员行为守则,主要精神包括网络服务提供者有责任确保内容的合法性等。其中内容有对外开设热线,接待公众投诉;设立内容分级和过滤系统,让用户自行选择需要的网络内容等。经过多年的努力,成效显著。

三、多种手段并举,多种方式协同

综合运用立法、行政、行业自治、社会监督等手段和方法,齐抓共管,发挥合力,已成为各国做好网络媒体管理工作的共同做法。

(一)加强网络媒体管理立法。据对世界 42 个国家的相关调查表明大约 33% 的国家正在制定有关互联网的法规,而 70% 的国家在修改原有的法规以适应互联网的发展,依靠已有各项法律的完善来规范网络媒体的发展。既针对网络媒体本身,也针对受众。其中各国都高度重视网络媒体中色情、暴力、犯罪等不良内容对未成年人的侵害,几乎所有的国家都制定了专门的法律或采用保护未成年人的普遍性法律进行管制,使其免受来自网络的不健康内容的侵害。如美国颁布《儿童在线隐私保护法案》、《未成年人互联网保护法》,英、法、德、韩、巴西分别颁布《青少年保护法》、《未成年人保护法》、《传播危害青少年文字法》等相关法律。

以法律形式明确各国网络媒体管理机构的设置和职责。绝大部分行政部门依据法律授权,实施对网络媒体的各项管理活动。特别是专门成立的部门,其设立、组织机构、职能都是以法律形式予以规定的。例如,美国电信监管机构 FCC 主要依据《通信法》实施管理活动,日本总务省依据《网络服务商责任法》、《禁止非法链接行为法》、《个人信息保护法》等法律履行互联网管理职责。

(二)加强政府行政监管。政府主要的监管方式有以下几种:一是政策封堵,政府通过制定网址清单,封堵进入清单的网站;二是实行网络实名制,加强网络媒体信息来源的真实性;三是内容分级制,分级管理,分类管理,提高网络媒体信息的针对性;四是社会监督举报机制,欧盟在打击非法内容方面的主要措施是建立市民热线,公众通过热线汇报非法内容,然后由热线网络将相关信息报告各主管部门。

(三)推进行业自律。"少干预、重自律"是当前国际互联网管理的一个共同思路,如美国电脑伦理协会制定了"十诫"、美国互联网保健基金会的网站规定了八条准则、各大论坛和聊天室有服务规则与管理条例等。欧盟于 2004 年建立了"安全互联网论坛",广泛吸引了包括企业代表、法律强制机构、决策者以及用户群体代表在内的各界关注和参加,为各方提供了一个经验交流和借鉴以及共谋对策的平台,对希望建立自律机构的国家给予建议和支持。英国对网络媒体内容进行管理时贯彻"监督而非监控"的理念,半官方性质的通过行业自律组织网络观察基金会来解决互联网上日益增多的违法犯罪活动问题。

2011 年 12 月 16 日

(马晓强　刘大伟　中国教育科学研究院)

国外互联网管理的政策趋向

——网络媒体相关问题研究之三

范绪锋　林秋朔　刘大伟　罗李

随着网络媒体的深入应用,各国在管理实践基础上,进一步研究制定符合本国网络媒体运用实际的政策手段。归纳起来,主要表现为如下趋势:

一是在网络媒体监管机构方面,各国有着行业化、民间化的趋势。为应对网络上的违法与不良信息,多数国家设立了信息内容举报中心,并作为一个公共事业机构运营,政府不直接干预具体管理事务。如英国的互联网观察基金会 IWF、德国的自律内容标准制定机构 FSM 等。这些管理机构一般采取的管理措施有:(1)接受网民举报与咨询,依据相关法律法规对违法和不良信息进行审议与判定;(2)判定对青年人有害的网站,如服务器不在本国境内,则更新本国禁止接入的网站数据库;如果服务器在境内,则向存储该内容的服务商发出内容删除通知,服务商应当及时删除相关内容,并为后续的司法调查保存记录;(3)提供互联网分级服务,支持互联网内容提供商对自己的内容进行自觉标注,并通过提供过滤软件和相关技术保护互联网用户远离不良信息侵扰。

二是加强网络媒体相关的政策法规建设的理论基础研究。为了保证政策法规的科学性、预见性和有效性,各国政府纷纷加强对网络媒体资源管理政策法规的基础研究,探讨信息政策与法规在网络环境下发挥作用的途径,研究政策法规体系的构建与内容,预测影响政策法规发展的技术、经济和其他的社会因素,调研立法、执法与司法现状,为制定网络信息资源管理政策法规提出建议。

在美国，网络媒体政策法规基础理论研究内容十分广泛，包括网络版权、数据合理使用，网络环境下的垄断、网络隐私、网络知识产权保护等问题。日本奉行“科技兴国”国策，重视网络信息资源开发、利用、管理和政策法规的研究，并根据时代发展的特点，不断调整网络媒体管理政策与法律制度，促进信息资源的有效利用、发展和扶植信息产业。澳大利亚成立了信息政策咨询委员会，对网络发展过程中政府部门、私营部门、网络服务供应商、网络媒体资源的创作者以及广大用户的权利、义务、责任等做出规定，调查各种信息问题并向联邦政府提出制定修改政策法规的建议。

三是完善网络媒体管理的法律法规体系。发达国家政府通过立法奠定了网络媒体管理的基础，并利用法律对网络媒体的行为进一步做出了明确的规范和完善。如英国非常强调依靠现有的法律，如将刑法、猥亵物出版法及公共秩序法等来延伸到互联网世界中。德国则是全球第一个制定互联网成文法的国家，德国联邦议会在1997年，颁布综合性的法案《多媒体法》、《电信服务数据保护法》，用来解决经由网络传输的违法内容。就立法内容来看，国外的立法侧重于保证国家安全、重视未成年人保护、对互联网内容实行强制管理（如新加坡、韩国、法国）等几个方面。

四是高度重视信息安全的建设。信息安全是网络媒体的基础。只有依托完善的信息安全机制，网络媒体才能够正常发展，对网络媒体的管理才是规范和高效的。信息安全政策法规主要包括信息系统安全、数据安全、国家信息主权与个人隐私保护等方面。信息化社会使信息安全问题更为复杂和尖锐，而信息安全又与一国的政治、经济文化息息相关，因此，各国政府纷纷从国家高度研究并制定网络信息安全措施。美国是信息安全政策制定与立法最为先进的国家。20世纪70年代，美国颁布了加密标准DES，90年代制定托管加密标准EES，近年来又研发了新型加密标准AES，同时颁布了大量网络信息加密技术法规，保障信息安全。网络信息安全建设成为了各国保证网络媒体发展的重中之重。

2011年12月16日

（刘大伟　罗李　中国教育科学研究院）

考古发掘工作亟需提升科技支撑能力

侯万军　范绪锋　岳志勇

我国作为世界四大文明古国之一,地下埋藏的文物难以估量,每年都以数十万件的速度在出土。多年来,我国的考古与文物保护工作取得的成就有目共睹,但因技术手段的限制,不少重大考古发现还只能就地封存、采取被动保护的办法,一些出土文物、传世文物和大型遗址甚至遭到不同程度的损毁。科技支撑能力不足越来越成为制约我国文物事业发展的一个瓶颈,迫切需要深入研究,加大科技投入力度,以适应数量巨大、门类众多的文物保护需求。日前,我们与国家文物局有关同志一起赴陕西西安、咸阳等地调研,实地考察考古发掘工地,与考古专家、学者和文物部门负责同志座谈,就考古与文物保护的共性问题进行了研讨。现将有关情况整理如下:

一、现代科技手段在考古发掘中的作用日益凸显

近年来,国家文物部门高度重视发挥科技对考古与文物保护工作的引领和支撑作用,设立了 12 个国家级重点科研基地,各地文物部门也纷纷成立科技处(室),开展重点课题研究和科技攻关。我国的文物保护科技取得了长足进步,如文物建筑保护方面的木结构建筑的防腐防虫和维修、石窟摩崖的化学灌浆和锚固处理、石刻防风化、土遗址加固保护等技术,文物保护与修复方面的饱水漆木器脱水、纸张保护、壁画修复和揭取、青铜器保护修复等技术,均成果斐然,发挥了重要作用。

在调研中我们感觉到,应用高新技术、动员各方力量、整合科技资源,越来越成为推进考古发掘和文物保护工作的趋势。比如,历时 3 年的西安汉

代张安世家族墓地的发掘工作，从一开始就坚持开放式原则，吸引各路专家参与，充分发挥文物考古部门、高校和科研院所的各自专长，保证了整个发掘工作的顺利开展和各类遗迹现象的妥善保护，实现了考古发掘与文物保护工作的有机结合。

一是大型专用设备的应用显示威力。与以往考古发掘不同，张安世家族墓考古发掘采用了多项高新技术，特别是一些大型高科技装备投入使用发挥了关键作用。考古现场启用了目前国内该领域科技含量最高的大型专用设备——文物保护应急车，该车是陕西省文物部门投入160多万元，与多部门经过两年多时间联合研制而成，具有信息采集、智能预探测、分析检测、现场提取以及应急处置和保护等功能，不仅配有发电照明设备、智能控制设备、传感器、计算机、传输、数据处理和空间技术等多学科技术和装备，还可以通过现场视频、温度、湿度检测和无线数据传输系统等，精确掌握文物埋藏的环境，随时完善发掘方案。

二是工业领域技术的借用效果显著。这次考古发掘首次使用了以前只在工业领域应用的内窥镜和高清晰照相，对考古现场既能适时掌握全面情况，又避免了可能造成的破坏，特别是当发现M1即张安世儿媳墓室中有极其脆弱的漆器表面和遇到风就会被吹散的竹笥后，立即暂停考古发掘并对现场进行了密闭封存。

三是在国内首次抽取分析墓室气体。在墓室打开过程中，陕西考古研究院邀请中科院地球环境研究所，花费6个多小时专门抽取了墓室中的气体带回实验室，联合进行分析研究。这不仅开创了中国考古工作的先河，在世界考古史上也属罕见。

四是有效利用现代传媒与公众互动。国家文物局、陕西省在考古发掘中特别注重与媒体良性互动，回应社会关切，最大限度地发挥考古工作的科学研究、考古知识普及和展示教育等综合效应。今年4月8—10日，陕西省文物部门与中央电视台密切合作，以保存完好、存留珍贵的M1墓室的考古发掘与文物现场保护为主要内容，进行了现场直播。借鉴以往经验，文物部门与媒体事先充分沟通，有机衔接，既尊重考古工作规律和实际需要，留下充分空间，不影响发掘工作的正常进行；又将重大进展和发现及时转播，让公众随时了解发掘现场的最新进展，介绍和展示考古发掘和文物保护的全过程,受到了各方面的一致好评,产生了非常好的社会效果。

二、当前考古发掘工作面临的新问题

考察和调研过程中,有关专家学者和文物部门同志表示,这些年我国考古界实力的提升是毋庸置疑的,越来越得到国际社会关注。但整体上看,我们与国际先进水平相比仍有较大差距,与文明古国、文物大国的地位还不相称。特别是当前考古发掘与文物保护工作面临的一些新情况和新问题,必须引起高度重视、切实加以解决。

*一是技术手段整体薄弱,科技力量发挥不够。*虽然相关高新技术的应用在考古发掘中发挥了很大作用,但总体上看,考古与文物保护的科技支撑能力还有待进一步提高。专家反映,此次张安世家族墓发掘所采用的高新技术都是其他领域非常成熟和普遍运用的,技术含量并不高、也不复杂,但在文物领域却很少使用,有些应用也还在尝试和探索阶段,亟待加强;专家团队仍显单一,特别是文物考古专家与科技保护专家如何进一步加强协作、形成合力,还缺乏有效的机制与方式;野外考古工作辛苦,压力大,待遇不高,如何增加对优秀科技人才特别是青年人才参与文物保护和研究的吸引力,需要高度重视。

*二是如何保护有机质文物成为最大难题。*如何减少因考古发掘和文物保护技术缺失对有机质文物造成的破坏和灭失,最大限度保存珍贵历史信息,目前还缺乏有效手段,这也是一个世界性难题。传统田野考古往往采取大开大挖的揭示方法,这种方式在获取实物资料的同时,也造成了遗址、遗迹的破坏,形成考古性破坏。许多重要的文物、遗迹特别是有机质文物,如丝织物、纸质物、木质物、动植物残骸等,常常因大面积的揭示而迅速被氧化、碳化,以至失去珍贵的资料价值和研究价值。这次在 M1 墓室中发现的 2000 多年前的大型漆器、竹笥等,其历史价值、科研价值不可估量。目前漆箱已被成功提取,M1 墓室也被暂时封闭,有效避免了开挖过程中因氧化、碳化造成的文物损失,但下一步该怎么办各路专家都感到非常棘手,尚无良策。

*三是重大建设工程前期考古调查、勘探工作还需进一步加强。*随着城市化进程的加快和新农村建设的开展,文物的被动式保护面临着日益严峻

的考验。《文物保护法》明文规定:进行大型基本建设工程,建设单位应当事先报请进行考古调查、勘探,所需费用由建设单位列入建设工程预算。但在一些地方这笔费用征收并不到位。因延误工期或调整规划,在一定程度上也激化了建设方和文物部门的矛盾,少数单位或个人与文物部门打"时间差"和"游击战",造成了不可挽回的损失。

三、几点建议

据了解,类似张安世家族墓这样的重大考古发现在全国尚有多处。因此,很有必要对其进行认真总结,深入研究解决当前考古发掘和文物保护工作的共性问题,有针对性地采取措施。

第一,加强重大考古发掘的统筹。对那些涉及全局、关系重大的考古项目,需要从加强社会主义文化建设、弘扬和传承中华优秀传统文化、提升我国文化软实力的战略层面来对待。一是发掘工作除执行现行报批程序外,要进一步加强国家层面的组织协调作用,进一步加大人力和资金投入,提供政策保障。二是对重大考古发现和考古现场重要文物保护,可调动国内外各方面专家和技术力量联合攻关,切实推动考古发掘和文物保护的有机结合。对于重点区域的建设项目,要超前进行考古勘查,为建设规划提出可操作性的意见建议。三是对积极配合考古勘探、并有重大发现的建设单位,给予适当补偿或税费减免,以更好地调动建设单位等相关各方珍惜文物、保护文物的积极性。

第二,进一步加大依靠科技发掘和保护文物的力度。推动考古发掘与文物科技保护相结合,是考古学发展和文物保护的必然要求。特别是如何在有氧环境下最大限度保存、保护出土文物原状,为中国古代历史研究提供珍贵的实物资料和数据信息,这对技术手段的要求越来越高、需求越来越迫切。一是建议进一步加大科研投入,设立文物保护科技专项,争取每次重大考古发掘都能集中产生一批技术成果,使其运用到更多的文物考古和保护工作中。二是开辟更多渠道,积极引进如工业、军事等领域的新科技、新技术应用于考古发掘,形成资源共享、技术共用的有效机制。三是加强立法研究,可考虑将考古发掘现场的文物保护及技术应用作为一项基本要求,纳入文物保护法的内容,以法律的刚性要求减少因考古发掘造成的文物损坏或灭失。

第三，完善多领域专家合作考古研究的有效机制。考古发掘与文物保护涉及面非常广泛，亟需广泛动员各领域科技力量，发挥不同专业人员的特长。为此，要建立和完善各路专家参与、优势互补、联合攻关的机制，并形成制度性的规定。一些重大考古课题，要开拓视野、突破定势，借助全国乃至全世界的资源和力量。特别要在自主培养人才上下功夫，提供有力的保障，努力造就一支具有实战能力和破解世界难题的文物保护科技队伍，为整体提升我国考古和文物保护工作能力和水平打好基础、提供支撑。

第四，探索利用传媒普及文物保护知识、开展公众教育的有效方式。开展考古发掘和文物保护宣传，提高民众参与度，是普及文物保护科学知识，保护人类文化遗产的有效手段。从西安张安世墓考古发掘和文物保护电视直播的效果看，在不影响考古发掘工作正常进行的前提下，与媒体联合对考古现场进行直播报道，对于增强公众的文物保护知识和意识、共享现代考古带来的文化成果、调动社会各方面关心和支持文物保护工作、提高公民文明素养等都具有非常显著的社会效益。建议文物部门与宣传部门要进一步加强协作，重视对重大考古发掘和重大文物保护工程的报道和宣传，并列入文化建设的重要内容。要引导新闻媒体尊重考古和文物工作规律，坚持正确导向，为考古和文物工作有序开展营造良好氛围。

第五，重视文物保护与利用相结合的问题。这是一个老话题。多年来，文物部门对如何处理好文物保护与利用的关系作了不少探索，比如实施一批重要大遗址保护展示项目，社会效益、经济效益和生态效益逐步彰显，得到国内各界和国际社会的肯定。张安世家族墓地的考古发现，显示出厚重的历史文化内涵。陕西文物部门拟在原址建设遗址博物馆，对墓葬和众多文物进行保护与展示。建议有关部门抓住有利契机，按照“保护为主，抢救第一，合理利用，加强管理”的工作方针，既注重考古遗迹的发掘保护与科学研究，又注重文化遗产的合理利用与历史传承，充分发挥其科学研究、知识普及、展示教育、文化传承的功能与价值，为全国其他文物考古的保护和利用探索有益经验。

2011 年 5 月 23 日

（岳志勇　国家文物局）

日本开展足球运动的主要做法与启示*

侯万军　张剑　来民

日本作为亚洲足球强国,近年来多次在国际比赛中取得令人瞩目成绩。2011年10月,由国家体育总局牵头,国务院研究室、教育部、中国足协等有关部门参加,对日本足球进行了专题考察。考察团就日本足球的发展历史、发展理念、社会环境、管理体系、职业联赛和职业俱乐部运营等方面的情况做了系统调研,并对中国足球发展提出了建议。

一、考察的基本情况

此次考察受到了日本有关方面的高度重视,特别是日本足协事先做了精心准备,各项考察活动安排细致周到,提供的多媒体材料均译成中文;日本足协负责人一见到考察团就强调,2011年是中国共产党建党90周年,又恰逢日本足球协会成立90周年,2012年将是日中邦交正常化40周年,希望本着中日友好的宗旨,加强中日足球领域的交流与合作,共同为提高亚洲足球水平努力。考察团重点从四个方面作了调研:一是了解日本政府所起的作用。专程拜访了日本文科省副大臣奥村展三,他着重介绍了日本政府在促进体育和开展足球运动方面的有关情况;与日本文科省青年体育局负责人就日本体育政策与体育立法等问题进行了座谈讨论。二是与日本足协进行深度交流。日本足协主席小仓纯二着重介绍了日本足球的发展历史、发展理念以及日本足球"百年构想"的提出与实施,并给中国足球提出了诚恳

* 此文获得国务院研究室2011年度优秀研究成果二等奖。

的建议;日本足协常务副主席田岛幸三全面介绍了日本足球协会的管理思想和工作实践,并与考察团进行了深入讨论。三是考察日本职业联赛有关情况。日本J联赛常务理事佐佐木介绍了联赛的历史沿革和运营活动;日本著名的浦和红宝石俱乐部负责人介绍了其经营理念、组队经验、运营现状等情况。四是现场观看了日本足球职业联赛浦和红宝石与横滨水手的比赛,亲身感受了日本职业联赛良好的赛场气氛和有序的赛事管理。

二、日本足球发展的主要特点

(一)历史悠久,社会基础深厚

日本足球的长足进步不仅与日本足球界自身发奋努力有关,而且与日本足球悠久的历史和深厚的社会基础分不开。日本开展足球运动已有近100年的历史。早在1917年,就开展了全国高中足球联赛,至今已举办90届,现每年参赛队有4000多支。全国初中联赛始于1970年,已举办42届,每年参赛队有5500支。全国大学生足球男、女锦标赛分别始于1953年和1992年,至今举办了60届和20届,参赛队达到430支和70支。天皇杯全国足球竞标赛有50年历史。在历史上日本足球曾取得过辉煌成绩,如1964年东京奥运会日本进了前八名,1968年墨西哥奥运会获得铜牌,这也是亚洲国家至今在奥运会上的最好成绩。20世纪七八十年代,日本足球经历了一段低谷期,但进入九十年代后,随着日本足球界一系列改革措施的实行,包括经过长期研究酝酿后职业联赛的推出,日本足球进入了快速发展期。男足国家队在世界杯、奥运会、联合会杯等比赛中不断取得良好成绩,在亚洲的排名升至第一,世界排名进入前十五名。日本职业俱乐部在亚冠联赛中也有不俗表现,日本女子足球队更是获得了世界冠军。

近100年历史为日本足球奠定了良好的发展基础和社会氛围,国民对足球的喜爱程度与日俱增,足球在日本社会的影响力不断提升。如今,足球已深深植根于社会各层面,成为公众生活中的重要内容。据日本足协介绍,目前参与足球项目的人数仅次于棒球,位居各项目第二。最新调查还表明,青少年未来从业意愿,足球已经超过棒球,位居第一。

(二)着眼长远,对足球的社会价值有高度共识

日本全社会对足球的社会价值和综合作用有高度共识,无论是政府、足

球协会还是职业俱乐部,都不仅仅把足球作为一项单纯的体育运动来看待,而是特别强调足球的社会价值和综合作用,重视足球为国民的全面发展、生活幸福发挥的重要作用。日本足协将"通过足球创造丰富的体育文化,为民众身心的健康发展和社会的发展做贡献"作为足协的发展理念。基于这样的理念,他们首先要求足球植根社会、服务大众,在此基础上发展提高。政府、协会、职业足球俱乐部等社会各界都把发展足球作为一项社会责任,而不仅仅是盈利工具。日本职业俱乐部非常注重承担社会责任,近年来许多俱乐部虽然面临亏损压力,但并没有减少对当地社区开展足球活动的投入。

正是有了各方一致的共识,使日本足球界能够立足社会,着眼长远,进行系统规划,不仅有了长期的奋斗目标,而且有效整合了各方资源,减少了干扰,形成了促进足球运动发展的强大动力。日本职业联赛在开办之初,就规划了J联赛的百年构想,明确提出三大愿景:一是提高日本的足球水平,促进足球的普及;二是振兴丰富多彩的体育文化,为促进国民身心健康做贡献;三是为国际社会的交流及友谊做贡献。职业联赛管理机构还鲜明地喊出了"体育让国家更幸福"口号,认为职业体育不是单纯的娱乐活动,需要由植根于地区的体育俱乐部推进体育文化建设。日本足协在经过多方研究论证的基础上,于2005年1月发布《2005年宣言》,提出了2050年前日本足球的发展理念、愿景和目标,并强调要"努力普及足球,让体育更加贴近生活,从而创造民众幸福生活的环境;努力加强足球,让日本国家队活跃于世界,从而赋予民众勇气、希望及感动",同时,他们还非常大胆地制定了要"在2050年前在日本举办世界杯,日本队夺取世界冠军的奋斗目标"。日本足协常务副主席田岛幸坦言,要实现这样的目标非常困难,之所以如此,一个重要原因就是以此凝聚各方面力量,发挥巨大激励作用。由于日本足协的《2005年宣言》和日本联赛的百年构想,较好地体现了社会共识,因而深入人心,成为日本足球界的强大思想动力和行动指南,日本足球的所有工作都据此进行部署构建和推进并一以贯之。

(三)法规严明、政府重视、有良好的发展氛围

日本政府非常重视足球运动的发展,通过推动立法、政策制定、资金引导等,发挥了非常大的作用。一是通过立法确保国民、特别是青少年的体育

参与权是日本开展足球运动最强有力的法律保障。1961 年颁布《体育振兴法》,对日本体育腾飞发挥了巨大促进作用,2010 年又进一步将该法修订为《体育基本法》,更加突出了对体育权利保障和秩序维护,特别是通过逐级立法和政策支持,大力促进学校体育蓬勃开展。日本各级各类学校都严格按照文科省的学校体育指导方针,把体育作为教育的重要内容,确保体育课时数不少于全部课时的 10% ,全面推进包括足球在内的各项体育课程和活动的开展。日本政府有关部门各司其职,根据职责范围对足球职业俱乐部的经营、税收等方面进行日常监管。二是日本政府虽然不直接干预足球日常活动,但是在许多方面都可看到政府的存在。比如,在经济连续多年低迷的情况下,日本政府目前每年仍然拿出 4. 53 亿日元专项经费支持足球发展,虽然数目不大,但表现了政府对足球的重视。政府还规定足球彩票收益的三分之二用于包括足球在内的体育事业。日本政府还通过多种方式鼓励和支持各地方兴建足球场地,一些地方政府修建的足球场地也低价出租给职业俱乐部使用,解决了俱乐部生存发展的大问题。虽然日本人口密度非常大,但各种规模的足球场却遍布城乡,较好地满足了民众踢足球的需要。三是职业联赛市场开拓有序有度。日本 J 联赛和俱乐部通过联赛电视转播权益分成,获得良好的市场回报,总体上解决了收支平衡的问题。日本 J 联赛电视转播权收益占总收入的 61% ,J 联赛的收益按比例分成给各俱乐部。这些都为日本足球的发展创造了良好社会环境。

总之,作为发达的市场经济国家,日本社会成熟的市场机制、完备的法律规范、良好的社会秩序、严格的行业自律、自觉的守法意识等,都使日本足球发展建立在一个较稳定的平台上,困扰一些国家的假球、黑哨、赌球、假年龄、球迷骚乱等突出问题,并没有成为制约日本足球发展的主要问题。

(四) 尊重规律,注重基础,有完备的组织工作体系

为了实现长远目标,多年来,日本足协尊重足球运动规律,始终把打基础放在首位,并着重强化三个方面的工作:一是大力发展业余足球,将足球普及和扩大足球人口作为足球发展的前提。2004 年,日本足协将核心任务定位于足球运动的普及工作。日本足协《2005 年宣言》提出的两个明确指标中,第一个是关于足球人口数量的增长目标,第二个才是国家队的成绩目

标。日本足协通过完善业余足球竞赛体系，举办全国高中足球联赛、全国初中足球联赛、全国少年足球大赛、全国足球竞标赛、全国国民体育大会足球比赛、全国女子足球比赛、儿童足球赛、家庭足球赛等，吸引民众广泛参与足球活动。目前，日本全国共有各个年龄段的青少年足球队、女子足球队、中老年人足球队共3万多个，直接参加人数近100万人。二是从日本国情出发，稳步推动职业足球发展。日本足球职业联赛开始于1993年，比我国仅早一年，但其在开展职业联赛之前，经过了多年准备和研究。联赛前身是由企业球队参加的半职业联赛，经过几年实践后才逐步演变为独立的职业俱乐部开展职业联赛。初期为了培育足球市场，促进职业俱乐部规范发展和长远发展，联赛没有实行升降级。在职业足球管理架构上，日本也没有照搬欧洲一些国家足协和职业联盟的关系模式，而是从自身实际出发，通过足协与职业联盟互派三名理事会成员交叉任职等形式，实现足协和职业联盟的统一协调。多年来，双方一直保持融洽互动的关系，足协尊重联盟的自主管理运营，联盟也始终尊重并认同足协的领导地位。三是建立完备的工作体系。多年来，日本足协坚持不懈着力完善足球发展体系，大力推进职业足球联赛、业余足球联赛、职业足球俱乐部、后备人才培养、教练员培训管理体系等，每个子系统都有科学翔实的工作体系和制度设计。如在青少年后备人才的训练和培养方面，制定了U18、U15、U12等各年龄段的训练指导大纲，在全国统一实施。日本足协高度重视教练员的队伍建设，现在，足球教练注册人数达65000多人，分为S、A、B、C、D、儿童教练等级别。四是注重机制和队伍建设。注重机制建设是日本足球平稳较快发展的重要原因。经过多年探索，在政府、协会、俱乐部之间建立了顺畅有效的良性互动。政府的职责主要是依法保障和加强监管，比如场馆建设、宏观协调、资金支持、及时解决涉及公共利益的矛盾问题等；日本足协是日本唯一的全国性的足球权威机构，可以说是日本发展足球的核心组织，负责全国足球的统筹规划、宏观管理和重大决策，包括对全国学校及社会开展足球的组织指导；职业联赛和业余联赛组织都在日本足协的统一协调下开展工作。日本还十分注重足球管理队伍建设，通过出国学习、日常培训、严格管理等措施，建立了一支团结、敬业、高素质的管理团队。目前日本足协有工作人员120多名，下设17个专业委员会和全国足球联盟；J联盟有工作人员 80 多人，下设 7 个专项委员会和三个专业公司，形成骨干力量充实、职能配置合理的工作体系。

三、启示与建议

（一）充分认识和发掘足球运动的社会价值

足球是世界第一运动，有着巨大的魅力和广泛的社会影响。在我国，足球受到广大群众的喜爱，有庞大的球迷群体。做好足球工作，不断提高足球运动水平，对于建设体育强国，满足人民群众精神文化生活等都具有重要意义，是一件顺应民心、合乎民意的大事。这就要求社会各方面特别是各级政府进一步提高认识，把足球工作真正摆上重要议事日程，从满足广大人民群众的精神文化需求、服务经济社会发展大局的高度，加强对足球工作的研究，深化对足球价值和作用的认识，推动形成重视足球运动、关心足球发展的社会共识，加强宏观统筹和正确引导，特别要发挥各级政府部门的规划、监督和指导职能。在全社会积极倡导健康向上的足球文化，树立足球良好的社会形象，让足球融入大众积极、健康的生活方式，让足球在建设文化强国、促进文化大发展大繁荣方面发挥更大积极作用。

（二）化解矛盾、创新体制，明确中国足球发展的路线图

一是正视中国足球发展现状，认真总结经验教训，有针对性地采取有力措施，依法严厉打击假赌黑等丑恶现象，最大限度凝聚各方力量，提振全社会对中国足球发展的信心和决心。二是创新足球的体制机制，不断加强和完善包括业余足球普及、青少年培养、职业联赛管理、教练员培训管理、裁判员培训管理、国家队建设等在内的体系建设。加强足球管理机构和队伍建设，尽快改变足球管理队伍、管理体系与现代足球发展不相适应的现状，推进各项工作有序开展。三是在全面准确认识足球定位和遵循足球发展规律的基础上，尽快明确中国足球发展的指导思想和目标，本着丰富大众生活、振奋民族精神、促进社会和谐进步的发展理念，系统规划我国足球发展的目标任务。

（三）立足当前，着眼长远，不断夯实中国足球发展的社会基础

一是从现在做起，采取有效措施，建立健全科学合理民主决策机制及有效执行机制，把中超办好，把国家队赛事办好。二是从娃娃抓起，扎实开展

校园足球。充分发挥足球的教育功能，把开展包括足球在内的体育课和课外活动作为学校素质教育的重要内容。不断完善学校足球竞赛体系，统筹规划大中小学校校内及校际间的足球联赛，推动校园足球蓬勃开展，吸引更多的青少年学生了解足球、喜爱足球、参与足球。三是大力推动业余足球发展。支持民间团体或业余足球俱乐部开展各种形式的足球运动，合理设计并大力推动城市、社区、企业之间的业余足球联赛，吸引更多的社会群体参与各种形式的足球活动，扩大足球人口。

（四）进一步解放思想，继续推动职业足球改革发展

职业足球是世界足球运动发展的潮流，职业足球水平直接反映一个国家足球运动的总体实力，促进我国足球水平的普及与提高必须高度重视职业足球运动。一是要适应世界足球发展趋势，正确认识职业足球的性质和发展规律，坚定不移地坚持发展职业足球，探索中国特色职业足球发展道路。二是要深化足球改革，强化制度建设，尽快明确政府、协会、企业及俱乐部等在职业足球发展中的不同职能定位。加强联赛管理，规范赛事秩序，树立良好形象，让职业联赛切实发挥带动中国足球运动整体发展的龙头作用。三是强调职业足球俱乐部的社会责任，加强对经营者、管理者以及职业球员的教育，强化俱乐部文化建设，使职业俱乐部着眼长远，防范和扭转职业足球发展中的功利主义和短期行为，树立良好形象，与普通民众、热心球迷及各方面和谐互动。四是要从我国国情出发，既注重吸收借鉴足球强国经验，又不简单模仿照搬，科学设计符合中国职业足球发展的运作机制、赛事组织、管理方式、法规制度等。

（五）强化政府保障职能，优化社会环境

我国足球发展目前正处于艰难时期，面临着诸多困难，需要在政策措施、资金投入、环境营造等方面给予扶持和帮助。一是从足球彩票收益中拿出一定比例，设立青少年足球发展基金，专门用于足球场地建设和校园足球活动的开展。二是鼓励社会力量参与足球发展。在投融资、税收及赞助等方面制定优惠政策，吸引有实力、有条件、社会责任感强的社会组织进入足球领域。三是在现阶段乃至一定时期内，需要建立强有力的由政府牵头、有关部门参与、齐抓共管的工作格局，以加强对职业足球的监管和引导。四是

从实际出发，在职业足球联赛的场地使用、安保等方面对俱乐部适当扶持。五是加强和改进足球新闻宣传工作，坚持正确的舆论导向，引导全社会客观看待、充分理解和支持足球发展，避免过度炒作及不良情绪的蔓延，营造有利于中国足球运动健康发展的社会环境。

2011 年 12 月 27 日

（张剑　来民　国家体育总局）

成都市促进外来人口文化适应与社会融合调查报告

李萌　李中印　俞海星　李福利　坚参

今年,中国的城镇化率将达到50%,长期以来农村人口占大多数的历史行将结束,中国开始迈入城市人口占多数的社会。

中国城市人口中大部分是改革开放以后新增的。90 年代开始,我国的城镇化率每年以 1 个百分点的速度增长,每年 1000 多万人口进入城镇,从进城的时间看我们的城市人口还是年轻。城市外来人口快速增长,对当地经济社会各方面的影响是前所未有,对中国社会变迁的影响也是深刻和深远的。其中,就面临这样一个问题:如果一个城市的居民觉得这个城市不属于自己,就不会成为自觉的建设性力量,甚至有可能成为破坏性力量。在一些城市发生的群体性事件中,参与和起哄的很大一部分并非直接利益相关者,而其中不少是外来人口。因此,解决好这部分人的文化认同与社会融合问题,是工业化城镇化加快发展时期,确保社会转型顺利和社会和谐稳定重要而长期的任务。

近年来,成都市在统筹城乡综合改革的试验中对外来人口的社会融合问题做过一些探索,也取得了一些成效。

一、成都市外来人口增长情况和生存特点

成都市 2010 年登记外来人口约 370 万人,户籍人口和外来人口之比为 3: 2,暂住时间在一年以上的占七成,成为事实上的城市居民。成都市外来人口可以分两类,一类是以工作为目的,比如农村进城打工者,随企业迁入

城市的管理层,以及大学毕业后留在市内工作的。这部分人占大多数,居住也相对集中。另一类是以生活居住为目的的。很多人是独生子女家庭中老人退休以后随子女迁入城市长期居住的,这部分规模较小、居住相对分散。

近五年,成都市外来人口数量呈现快速上升趋势。2003—2010 年,总量增长 142%,年均增长近 20%。成都市城镇化率也呈快速提高态势,2006 年为 61.53%,2010 年为 65.51%,提升幅度 3.98 个百分点,平均一年提高 1 个点。同时,中心城区(六城区)建成区面积扩大速度也比较快。2009 年为 326.59 平方公里,2010 年为 333.01 平方公里,一年之内扩大近 7 平方公里。

目前成都外来人口生存状况有以下几个特点:

一是数量呈不断上升趋势,社会需求不断增多。外来人口规模的不断增加所形成的社会需求,对当前政府公共服务供给能力提出严峻挑战。目前外来人口所享有的社会保障、工作福利与常住居民存在较大差距,随着社会进步他们对政府在就业、子女入学、医疗、社会保障等方面的期望值将进一步增大。

二是从农村进城务工的中青年男性为主,社会地位较低。全市外来人口中,男性约为 150 万人,占总数的 59%;从年龄上看,18 至 35 岁的约 129 万人,占总数的 50%,35 至 60 岁的约 101 万人,占总数的 39%,中青年外来人口占全市外来人口总数的九成;从就业上看,外来人口务工的约 186 万人,占总数的七成以上,大多从事建筑、环卫、低端加工业等脏、累、苦工作。

三是以租赁房屋为主,居住条件差。从居住处所来看,外来人口租赁房屋居住的约 84 万人,暂住单位内部的约 56 万人,暂住工地的约 116 万人,五成的外来人口租住在全市 36 处偏僻、房租低廉的城郊接合部。这些地方属市政设施薄弱、老的城市居民不愿居住的居民区,供水、供电、电讯、排水、交通等市政设施不完善处,生活环境较差。一遇停水停电,有些人则上街堵路,宣泄不满。

四是文化程度不高,就业状况不稳定。从文化程度看,外来人口学历在大中专及以上的约占 20%,初中 45%,高中 25%,小学和未上过学 10%。从已登记的年满 16 周岁的就业人口信息分析,稳定就业的约占 22%,灵活就业的约占 56%,签订固定劳动合同的占 55%。同时,在城市里长大的“二代农民工”早已习惯城市生活，但大多数自身文化程度不高，也缺乏父辈的那种吃苦耐劳的精神，就业问题解决不理想，心理落差更大。

五是多人非亲属居住态势明显，来自同一地区人员聚集性强。受经济条件的影响，目前不少外来人口选择多人合租一套房屋的方式居住。目前成都市建筑面积小于60平米、暂住人员在6人以上的出租房屋就达1.1万套。多人非亲属暂住一套房屋的区域正在从传统的城郊结合部向房屋数量多、空置率高的新建小区中发展。如东苑小区现有聚集在一起的来自四川南部县籍外来人口有四五百人。此类现象的出现，一方面客观上导致了居住区人员复杂化，与规划入住人员形成较大反差，容易因各类矛盾摩擦而发生纠纷；另一方面，促使来自不同地方的人选择本省、本市、本县人居住较多的区域暂住，逐渐演变成一种以地域划分的类似帮派势力，容易产生“抱成团”、“聚成堆”、“遇事一起上”的现象。

六是区域性高密聚集凸显，维稳压力增大。如富士康项目在短时间内高密度集中居住的外来人口近10万人，员工90%都是90后，日常进行简单重复劳动，工作极其枯燥，周边的餐饮、娱乐、文体行业发展却相对滞后，不能满足员工的生活需要。员工心理压力过大，因偶然因素导致的安全事故、自杀事件和群体性事件已开始出现。同时，由于大量流动人员的聚集式居住，容易一呼百应，如再经媒体炒作、网络煽动，极易诱发群体性事件。

二、成都市推动外来人口社会融合的主要措施

为促进外来人口的社会融合，成都市提出“公平对待、服务至上、合理引导、完善管理”的方针，从多方面系统采取措施，创新外来人口服务管理体制，变防范管理为融合服务，推动外来人口“市民化”。

1. 树立包容、资源的新理念。近年来成都市一直围绕着建设宜居宜业城市的目标改善软硬环境，宜居宜业城市建设的内容既覆盖老市民，也力图覆盖外来人口。成都坚持把外来人口作为市民的重要组成部分，要求从政府机关、公共服务部门和老市民，对外来人口持欢迎态度，关爱善待新市民，公平公正对待外来人口，切实帮助他们拥有平等就业机会，享受均等公共服务，支持推动外来人口推动本土化。成都的房地产50%是外地人买的，一开始对置业者都给户口、免税等政策优惠，减低进入门槛。就业是外来人口在

城市的立身之本,成都市把外来人口作为资源,主动纳入就业实名制管理范畴,在就业信息、劳动技能培训、公益性岗位提供等方面提供服务,一视同仁,不搞歧视政策,帮助外来人口尽快就业,使外来人口不成为包袱。成都市还利用成都技师学院和区技工学校等资源,建立不同档次、不同类别的外来人口培训体系,鼓励企业对外来人口进行城市文化和生存培训、就业技能培训,既帮助外来人口顺利适应城市生活,又有效破解工业化和城市化进程加快对熟练劳动力巨大需求的难题。

2. *改善基本公共服务*。成都市从今年开始对外来人口由实行暂住证制度改为全面实行居住证制度,并以此为基础实行了新的管理服务模式。持有居住证可以享受12项权益,在评选先进、计划生育、医疗卫生、机动驾驶执照申领、乘坐公共交通工具、法律援助、劳动就业、参与社区管理、技术任职资格评定、科技发明成果申报、义务教育就近统筹安排等方面,与市民同等待遇。特别是公办学校向外来人口子女平等开放受到广泛欢迎,去年全市有一万多义务教育阶段外来人口子女进入公办学校就读。今年符合条件的义务教育阶段学生将全部参加全市统一的就近入学摇号,实行与户籍人口子女平等的"一费制"。成都市对外来人口及其随同进城居住的家庭成员免费提供预防、生殖保健、健康教育等指导,将外来人口儿童纳入计划免疫管理,免疫接种率达95%以上,实现了与户籍人口基本相同的公共卫生服务。

3. *活跃基层文化生活*。成都本着提高外来人口的生存、生活质量原则,积极吸引外来人口参与各类文化活动,并为外来务工人员及其子女提供文化支持和帮助,有效增强了外来人口对成都文化的认同感和归属感。一是基层文化阵地建设实现全覆盖、全免费开放,外来人口享受到与当地群众同等便捷的公共文化服务。全市共建成文化馆20个,图书馆20个,博物馆88个,综合性影剧院12个,街道综合文化活动中心77个,均免费对外开放,每天开放时间不低于8小时,节假日照常开放。当地群众、外来人口及留守儿童均可以根据自身文化需求,享受这些文化阵地提供的公共文化服务。二是大规模开展文化培训。今年,成都市文化馆已开办了2期市民艺术学校,每次开办班次不少于50个,外来人口均可自愿参加各级各类培训。三是开展各类品牌性文化活动积极吸引外来新增人口主动参与。近几年,全市利用公共文化服务阵地开展各类讲座。比如,“金沙讲坛”、“政务讲坛”、“岷江讲坛”、“周末音乐会”、“阳光课堂”等公益讲座;“成都故事”、“报纸上的文化馆”、“阳光读友会”、“画院论画”等诸多公共文化常态服务受到广大群众的热捧,外来人口参加踊跃。成都市还定期组织文化服务小分队,进入外来人口集中的社区、企业和街道,举办演出和讲座,产生了良好的社会效益和广泛影响。

4. 鼓励参与居民自治。成都市提出非本地籍人士享有选举权和被选举权,鼓励外来人口积极参与社区自治。凡是本社区居住一年以上的非本社区居民,提交放弃户籍的社区选举权的证明,均享有选举权和被选举权,并在社区、企业创造条件鼓励更多符合条件的外来人口参加投票。锦江区外来人口占其总人口的三分之一,去年在第八届社区居委会换届选举中实行直选,有近 5000 名外来人员参加了选举活动,其中 140 余人被推选为社区居委会成员候选人,93 人顺利当选为社区居委会成员。社区的居民选择外来人员作为自己的“贴心人”,也说明老居民对外来人员平等相待、相互信任的美德,体现了成都“和谐包容”的城市精神。外来人员通过自身的参与,推动社区的发展,为这座城市的发展贡献自己的力量,体现了对城市的热爱和关心。成都市十分重视在社区发展各种社会服务组织,在党委政府和相关管理部门指导规范下,引导外来人口组织或参加工会、商会、行业协会、家长协会、老摄影队、志愿者工作站等群众团体,培育和扶持社区中介组织,及时解决自治组织工作中的困难,带动外来人口有序参与社区管理服务。锦江区还专门成立社会组织服务中心,开展全区社会组织孵化培育工作,掌握具体情况,加强正确引导,把社会组织由过去“单独行动”变成“主动联盟”。通过鼓励外来人口积极参与居民自治,使他们完全融入了社区生活,形成了新老居民相互关爱、相互信任的社区氛围。

5. 创新管理方式。成都市把过去单一的“以证管人”向“以证管人、以房管人、以业管人”相结合转变。“以房管人”就是把户籍和房产挂钩,房子买在哪个区域,业主就划归这个区域管理。成都外来人口 80% 住出租房,以房管人可以全面掌握外来人口状况和需求。以业管人,就是与用工单位对接,以工作属地管理为主,由工作单位来管人。居住属地和工作属地共同参与管理,有效防止了管理服务缺位的问题。成都在社会管理中积极推行网格化管理,及时掌握外来人口信息,发现和解决问题。比如成都黉门社区户籍人口 1.2 万人,外来人口近 2 万,出租房屋 1044 套。社区按照全覆盖原则,以街为条、以院为块,把区域内 4000 多套房子和街面划成 8 个网格。按照网格对社区管理实行包片负责,8 名综合服务协管员下沉到网格中,形成"网中有格、按格定岗、人在格上、事在网中"的责任片包干负责制,提高了人口服务管理的精细化水平。

三、几点启示

外来人口的社会融合是世界各国现代化过程中都遇到的一个难题,新移民的进入所带来的冲突从来没有停止过,主要表现在新移民会直接占据当地人的就业机会,不同文化背景成长的人在社会价值观上的差异,以及不同生活习惯的影响。我国的工业化城镇化进程远远没有结束,不仅现在正在遭遇这个问题,未来的几十年里都会面临这个问题的困扰,必须给予高度重视。外来人口的文化认同和社会融合是一项复杂的系统工程,需要做长期细致工作。我们从成都的做法中可以得到以下启示。

*第一,要推动政治参与,让外来人口有主人翁感。*成都市外来人口参选后都有一种被认可的感觉,自己成了社区真正的一员。目前外来人口参加基层选举的以中老年人居多,年轻人相对参选比较少,主要是因工作忙没有时间。要创造更多的条件,通过多种渠道让外来人口以主人的身份,直接参与社区治理甚至城市管理,真正成为城市的主人。

*第二,要增进文化认同,让外来人口有归属感。*一个城市文化是城市居民的精神家园,是长期积淀形成的。外来人口多数以前生活在农村、从事农业,与城市文化相差甚远,进城以后存在文化上的冲突,这种文化冲突对外来人口来说虽然是良性的,但也是痛苦的,需要关注外来人口精神层面的问题,推动文化适应与认同。特别是农民工进城以后,经历了从农村文化到城市文化的大跨越,这是两种完全不同的文明。要广泛开展城市文化适应性培训,大到认知方式,小到过马路不闯红灯等,帮助他们改变生活习惯、处事方式,与老居民建立良好的人际关系,缩短文化过度的时间,减少文化差异带来的痛苦。要大力推动文化进社区,从硬件和软件两个方面大幅度增加社区文化投入,开展多种多样的群众性文化活动,让外来人口直接参与、直

接受益,精神生活更加丰富多彩,精神世界更加健康向上。通过增进文化认同,使外来人能够消解故乡文化与城市文化之间的相互排异,最终融入城市文化,并为城市文化发展注入新鲜血液。

第三,要促进基本公共服务均等化,让外来人口有公平感。公平是外来人口在新的居住地最在乎的感受,这种感受直接反应在基本公共服务是否均等。要按照"学有所教、劳有所得、病有所医、老有所养、住有所居"的要求,创造条件将外来人口纳入基本公共服务之中,逐步缩小外来人口与老城市人口的差距。通过"服务"的手段解决好外来人口在公共就业、技能培训、子女教育、公共卫生、计划生育、居住条件等方面的问题,让他们感到在家里一样,工作有热情有动力。特别是子女的教育问题是外来人口关心的头等大事。这些孩子家庭经常流动,经济又不宽裕,容易焦虑、寂寞、自卑、自暴自弃等问题。我们不仅要创造条件,让他们能进入所在城市学校学习,还要在学校和社会上都给予他们特殊的关爱,使他们尽快在学习、生活、心理上全方位地融入本地。

第四,要营造包容环境,让外来人口生活得有尊严。社会融合最终还是要新老两个群体的相互认同,外来人口能够为老市民所接受。成都是治安案件的70%由外来人口作案,受害者70%也是外来人口,但是他们不宣传,担心这样做会引发群体之间的对立甚至仇恨。现在由于就业、教育、就医等资源上的竞争关系,由于收入分配上的差距,由于文化层次、生活习惯等方面的差异,一些外来务工人员较多的城市中,新老两个群体本身就存在着一定矛盾,而且外来人口身处城市生活的边缘地带,处于弱势地位。因此对外来人口要在制度、意识、管理和生活等方面消除歧视,给予充分的尊重,维护他们的正当权益,畅通利益诉求机制。要创造条件鼓励引导外来人口参加社会公益活动,以自信的姿态与老居民接触和相互服务。要营造共居一地、共保安宁、富有亲和力的城区生活环境,为相互理解和相互关心创造条件,坚决避免制造群体裂痕、加剧社会矛盾。

第五,要加快推动户籍制度改革有实质性进展,让外来人口在城市里有社会上行通道。在全国大多数城市,户籍制度是制约外来人口彻底融入城市并能够获得阶层流动机会的总闸门,没有这个制度外来人口就缺乏融入主流社会通道。新增城市人口即使在城市有稳定的职业,但是他们仍将与公务员考试无关,他们的子女在义务教育阶段以后仍要回原籍读高中、参加高考,处于进不来又回不去的尴尬境地。这个现实让许多城市的外来人口缺乏安全感。一个社会阶层固化,人们难以通过自身努力改变命运,结果只会加大阶层之间的对立。户籍管理制度改革已经提出多年,但实质进展并不大,要加快创新步伐,为外来人口创造开放流动制度空间,使他们可以通过自身努力实现阶层上行,让他们感到这个城市是他们的希望所在。有盼头,就不会走向城市的对立面,就能够顺利融入城市、融入社会。

2011 年 12 月 1 日

(李中印　中央党校、俞海星　中国轻工集团、李福利　中国五矿集团、坚参　西藏自治区农牧厅)

七、深入推进重点领域改革、进一步提高对外开放水平

进一步推进政府预算、决算公开的研究与建议

潘国俊

这几年,政府预算、决算公开步子迈得很大,社会各界普遍给予好评,也提出了更高要求。这项工作未来面临的挑战不小。我们认为,要坚定推进政府预算、决算公开的决心和信心,把细化公开内容、拓宽公开范围,与加强财政管理、完善财税体制和做好基础工作结合起来,更好地回应社会诉求,发挥好社会监督作用。

一、政府预算、决算公开进展很快,也面临不少挑战和问题

2008 年以来,我国政府预算、决算公开取得了实质性进展。2008 年开始公布月度财政收支情况,结束了每月财政收支大数都“保密”的历史。在中央总预算、总决算公开方面,2009 年首次向社会公开 4 张当年中央财政预算表格和上年的 8 张决算报表;2010 年公开的当年预算表格增加到 12 张,上年的决算表格数量进一步增加并覆盖到一些民生领域;2011 年首次公开上年中央本级“三公”经费支出情况,以及中央行政经费总数。在中央部门预算、决算公开方面,2010 年有 75 个中央部门公开了部门预算,占中央部门的 76%;2011 年全部 98 个部门将陆续公开本年和上年“三公”支出。在地方预算、决算公开方面,2010 年 18 个省(区、市)财政公开了公共财政预算和政府性基金预算,2011 年增加到 27 个,而且 20 个省(区、市)公开了省直部门的部门预算。这几年政府预算、决算公开力度空前,公开范围、细化程度纵深前进,在增强政府透明度、提高财政资金使用效益、推动预防和惩治

腐败、加强民主法制建设方面，都发挥了重要作用。政府的态度和举措，得到了社会各界普遍认可。

从政府预算、决算公开的各方面反映看，面临的挑战和问题也不少。

一是普遍反映公开不够详尽和“看不懂”。2007年实施政府收支分类改革后，财政收支科目按照细化程度分为“类”、“款”、“项”、“目”四层级。一般来说，要真正让普通群众看明白，必须公开到“目”级或者是具体支出项目。而目前大都只公开到“类”级和部分“款”级、“项”级科目。同时，“一般公共服务”、“行政运行”、“一般行政管理事务”等支出科目中，有的内容较为牵强，加上缺少通俗易懂的说明作补充，不仅普通群众，就算是一些专业人士，要看懂也不容易。

二是社会各界预期增强，对预算、决算公开提出更高要求。尽管政府预算、决算公开进程很快，但社会各界了解政府收支具体情况的愿望更趋强烈。特别是社会各界对“纳税人要了解政府怎么花纳税人的钱”的理念得到强化。如果公开的准确性、真实性、时效性达不到各界的预期和要求，很容易引起各方面更大的失落和不满。

三是发达国家的做法和信息化发展，对我国的预算、决算公开形成更大的压力。发达国家政府的预算、决算公开内容相当详尽，除国防等需要保密外，群众可以到财政等部门查询到资金的具体流向。近年来，互联网的兴起以及人员跨国跨境流动频繁，我国专家学者和许多群众很容易了解到发达国家的做法，往往拿我国与发达国家的做法进行比较，甚至要求短期内达到发达国家水平，这将给推进政府预算、决算公开带来巨大压力。同时，一些网民将“天价招待”、“天价烟酒”等在互联网上“晒”出来，既使一些地方政府部门在公开与不公开之间难以取舍，也容易激起群众对政府预算、决算公开工作的怀疑和不满。

四是政府预算、决算公开的结果面临不少质疑。第一，质疑数据的准确性。我国政府收支分类改革以来，根据政府职能转变和财政工作需要，调整科目较为频繁。政府收支分类改革实施5年来，仅功能分类的“类”级科目就已经由改革之初的17个，增加到了2011年的26个，变动幅度较大。调整支出科目，导致统计口径不一致，部分专家学者认为政府在悄悄改变公开数据的结构，玩弄数据组合。同时，一些基层政府在公开过程中可能有轻内容、重形式的问题,公众的质疑也有一定的理由。以公务接待费为例,基层接待上级政府和部门的任务很重,但在预算、决算里面反映的公务接待费并不高,很可能是挪用项目资金或者从其他渠道获取资金用于公务接待。这种数据公开后,与群众的直观感受差别很大,其可信度将大打折扣。第二,质疑政府政策。政府部门认为一项政策合规合理,是正确的,但群众看来不一定对,特别是一些重大投资项目支出公开后,就算普通群众不反对,往往也有一些专家学者出来质疑项目的科学性、可行性等。舆论对政府的指责在发达国家已经出现,我国目前也逐步面临这个问题。预算、决算公开后,解释工作跟不上,在一定时期内会产生一些负面影响。第三,一些不能见光的资金流向可能暴露出来。这是我们希望发挥舆论监督作用的重要方面。但难免会出现一些"被动"的详细公开,影响政府公信力。

二、预算、决算公开面临的问题,既有发展阶段的客观原因,也有制度和管理的原因,还有一些腐败的因素

1. 预算管理制度还不够健全,成为预算、决算公开的重要制约因素。只有预算管理制度科学,资金安排和使用合法合规,才不会惧怕公开透明。现在的问题:一是预算编制不够细化。一些地方和部门还使用简单的"基数加增长"方法编制预算,预算编制较粗。有的部门和单位编制虚假项目、重复申报项目,有的项目预算在编制时没有落实到具体项目,都给挤占和挪用项目资金提供了"便利"。二是地方预算编制不完整。近年来,尽管采取了上级财政部门提前告知下级财政部门转移支付预计数等措施,但地方财政部门特别是基层财政预算编制还不全面。其结果是预算与决算数据相差太大,公开后很难解释清楚。三是预算执行中带有一定的随意性。一些部门的预算法制观念薄弱,没有严格按照预算安排资金,预算执行结果公开后必然引起群众不满。

2. 一些政府部门对传统做法形成"路径依赖",消极对待预算、决算公开。多年来,作为一种传统习惯,一些政府部门和工作人员往往将政策制定和资金分配当作自己的事情,认为不需要外界干预。面对群众的预算、决算公开的要求和申请,一些地方和部门往往以种种借口予以推搪、拒绝,甚至以"秘密""内部文件"等形式加以遮掩。

3. 基础工作较为薄弱，影响公开信息的质量。政府预算、决算信息量大、涉及面广，一些基础工作不到位，将严重影响公开的效果。一是部分具体支出项目归集问题没有得到很好解决，中央一级较为模糊，各地方差别更大。比如，教育、科技、文化等部门接待费用，哪种情况属于"三公"中的公务接待费，哪种情况属于项目支出，难以区分和定性。再比如，哪些具体支出项目属于保障和改善民生支出，各级政府财政的界定也不一致，一些省份说80%以上财力用于民生支出，一些省份说是40%，没有统一标准，影响数据的可比性。二是相关的统计工作较为滞后。尽管我国已有支出的经济分类科目，但没有统计相应的数据；按职能分类的具体支出项目数据的统计工作也未有效开展。目前，还没有按照权责发生制核算具体业务，政府会计制度改革不到位，还没有编制政府资产负债表。三是项目支出的定额标准没有有效建立起来，一些支出标准"无章可循"。四是各级政府和各个部门预算、决算公开的格式、时间等没有完全统一。

4. 一些部门和个人的既得利益受到影响，有时对预算公开会有抵触。在政府预算、决算没有公开的情况下，政策审批和资金分配自由裁量权大，有关部门和工作人员的压力也比较小。由于财政资金不用偿还，少数工作人员在行使这种权力时，有时借此获取不正当的个人利益。一旦预算公开，这种权力将广受监督和制约，有些人容易产生抵触情绪。

三、相关政策建议

总体上讲，我们要坚定推进政府预算、决算公开的信心和决心。这是回应人民群众诉求、提高财政资金使用效益、预防和惩治腐败、加强民主法治建设的需要。我们有"金财工程"等提供的有效技术支撑，深化"收支两条线"改革和建立国库集中收付、政府采购、公务卡等制度，以及财政管理的逐步规范，也为公开透明打下了良好基础。同时，要高度重视面临的问题，坚持循序渐进、统筹兼顾、突出重点的原则，逐步创造条件，形成预算、决算公开与加强管理、完善制度的良性互动。具体建议如下：

1. 把细化公开内容作为核心。一是尽快把中央和地方的总预算、总决算，以及部门预算、决算都公开到"项"级科目。二是除国防等少部分要保密外，逐步将绝大部分的政府预算、决算公开数据细化到"目"级科目，或者是具体的支出项目，使每一笔开支的具体情况都一目了然。三是从中长期看，不仅实现预算、决算数据的公开，还要将预算编制的过程向社会公开，并适度让群众参与，通过报纸、网络，或开听证会等，听取公众意见。

2. 把拓宽公开范围作为关键。首先，四大政府预算、决算都要向社会公开。不仅要公开公共财政预算、决算，还要将政府性基金预算、社会保障预算和国有资本经营预算及其决算都公开，将政府所有收支都暴露在公众面前。其次，级次要纵深拓展到基层政府。中央本级政府预算、决算收支情况相对较为简单，出现的问题也不多，但基层特别是市县级和乡镇级政府直接和群众打交道，与群众的经济联系很多，政府预算、决算较为复杂，也最容易出问题。只有基层政府预算、决算完全公开了，才算真正实现了公开透明。最后，部门要延伸到事业单位。一些事业单位是财政全额拨款，一些事业单位是自收自支，但都是政府背景或凭借政府信誉提供公共服务，与群众切身利益直接相关。要逐步公开到包括学校、医院、博物馆等在内的事业单位。

3. 把项目支出作为重点。根据目前预算安排，政府维持日常运转的基本支出，主要实施定员定额核算，资金损失浪费并不严重，公开透明的阻力不大。重点是项目支出，因项目支出有较大的灵活性，"寻租"空间大，群众反映最强烈，加上财政资金规模扩大后，各级政府部门的基本支出份额在下降，项目支出的份额在增多。因此，要逐步向公众公开项目支出名称、资金规模和使用结构、具体实施部门等，而不能是一个简单的总数。

4. 把强化财政管理同步进行。要把预算、决算"大白于天下"，必须苦练财政管理这个内功。一是加强预算编制和执行。细化预算编制，提高预算编制的完整性、科学性和规范性。强化预算执行，减少随意性。二是探索建立财政资金分配问责制。主要是建立项目资金审批问责制，逐步改变政府预算资金一拨了之，而不用承担任何责任的做法。三是下决心理顺财政体制。重点要逐步界定好各级政府的支出责任，尽快改变各级政府围绕一项政策一哄而上、支出责任"混沌"的状态。四是进一步完善政府预算体系。将政府所有收支纳入预算管理，政府只有摸清了自己的"家底"，才能够向社会公开。五是优化财政支出结构。保障和改善民生支出的投入要继续加大，用于转移性支出的比重要提高，这既有利于切实增加低收入群体收入、扩大居民消费，又有利于减少寻租的机会和便于政府预算、决算信息公开。

5. 把基础工作做实。政府预算、决算公开是一项"细活"，必须通过加强基础工作来提高信息质量。一是进一步完善政府收支分类科目体系。政府收支分类科目体系要遵循相对稳定的原则，调整不要过于频繁，预算科目用语力争准确、清晰，意义明确，并做好相关解释工作。二是建立健全报表体系。建立信息分类的树状结构，便于群众查找相关信息。尽可能统一各级政府和政府各部门预算、决算对外公布的报表格式、时间进度安排等。三是推进政府会计制度改革。逐步对预算执行中的资金收付采用权责发生制记录，建立健全政府财政统计制度，并稳步推进政府资产负债表的建设。四是要依托"金财工程"构建政府预算、决算信息库，为提高公开效率和服务质量给予有力保障。五是为避免各级政府之间和政府有关部门之间的推诿扯皮，要进一步明确公开的义务主体。

6. 做好舆论宣传工作。对外发布政府预算、决算信息要主动积极，并注重做好正面宣传，把保障和改善民生等信息充分反映出来，以引导社会舆论。对专业性较强的表述，要有通俗易懂的解释说明。对公众质疑，要及时、准确、客观回应，释疑解惑，避免长时间"沉默"而导致质疑升级。

2011 年 7 月 21 日

促进民间借贷规范化发展的若干建议

李江冰

近期我国民间借贷活动较为活跃，成为各方关注焦点。民间借贷在我国由来已久，较长时期内仍将继续存在。应积极稳妥促进民间借贷规范化发展，在满足社会融资需求、鼓励金融创新与维护金融秩序、防控金融风险之间找到平衡点。

一、当前民间借贷的主要特点

民间借贷是一个俗称，并非严格的法律术语，也无清晰的内涵界定，广义的民间借贷是各种非正规金融的总称。作为一种古老的、自发形成的民间信用，民间借贷一直伴随着我国经济社会发展绵延存续，不同历史时期形态特点不尽相同。综合各方面的情况看，当前民间借贷呈现以下特征：

（一）资金规模膨胀，地域范围扩大。尽管对民间借贷概念界定不同，但普遍认为其规模出现较快增长。例如，央行调查显示，2011 年 5 月底，民间融资总量约 3.38 万亿；中金公司研究估计，民间借贷余额在 2011 年中期达到 3.8 万亿元，同比增长 38%。以往民间借贷活跃的地区，往往是民营经济比较繁荣的沿海地区和中部一些省份，如山西、湖南、浙江、江苏、广东等地，但近期已蔓延至河南、内蒙古等内陆和欠发达地区。

（二）利率水平攀高，资金用途趋于投机化。温州有关调查显示，今年当地民间借贷市场综合利率均在 23% 以上，8 月份首次突破 25%，9 月份达 25.4%，持续高位上行。从今年三季度上市公司业绩报告看，委托贷款的年化利率最低 12%，最高达到 24.5%。有媒体报道，有的地方民间拆借年息已超过100%。高利率刺激了资金用途的投机化。以往资金主要用于企业营运、银行贷款还旧借新的过桥拆借等短期周转,但最近一些高成本资金流向虚拟经济或房地产领域,有报道称温州民间借贷资金中有40%停留于民间借贷市场,以钱炒钱,变成资金游戏。这反过来进一步推升市场利率,形成恶性循环。

(三)参与者众多,资金来源多样。温州的抽样调查显示,85.7%的中小企业涉及民间借贷,其中30.5%的中小企业完全靠民间借贷维持。资金来源既有家庭和个人的储蓄存款,也有企业包括国企、上市公司的自有资金、获取的信贷资金甚至是资本市场募集的资金,还有境外流入资金。今年前三季度,全国委托贷款增加1.07万亿,在社会融资规模中占比达到10.9%,同比上升6.3个百分点;有媒体报道,前三季度79家上市公司共发布139份关于委托贷款事项的公告,累计贷款额度超过200亿元,放贷对象既有子公司关联方,也有非关联方。英国《金融时报》称这些企业是隐藏在深处的"放贷机构"。

(四)组织化程度提高,中介链条延长。民间借贷已逐步突破了传统的亲缘、地缘和业缘的联系纽带,向组织化、专业化和规模化方向发展;从互助性质的无息或低息借贷向收益型借贷发展。资金借贷链条拉长,供需双方之间活跃着大量中介机构,其中既有私自设立的标会、人人会等地下钱庄;也有合法设立的小额贷款公司、私募基金、典当行、担保机构、投资咨询公司等,新兴的网络借贷平台业务也快速发展。

二、当前民间借贷比较活跃的深层原因

在我国,民间借贷的存在有其合理性。一方面,小微企业、"三农"等组织的经济形态、运营方式、风险特性以及融资需求特点等因素客观决定了这些领域信贷市场是不完全的,我国以间接融资为主导、以大银行为主体的金融体系,以市场化、商业化为导向的金融改革又加剧了这一问题。另一方面,民间借贷具有诸多优势,如信息收集和加工成本低、手续便捷、方式灵活、交易成本低、风险控制机制特殊等,因此,能够一定程度上克服市场不完全,拓展了小微企业、"三农"融资空间。

改革开放以来,每隔几年,就会出现民间借贷比较活跃的情况,大多是

经济较热、资金需求旺盛，而宏观调控加强、信贷收紧，社会资金面出现紧张、小企业融资难更加凸显的时候。这一次民间借贷"供需两旺"、在较短时期内明显扩张，原因既有一般性、也有特殊性，既与我国发展阶段有关，也有机制体制不健全的影响。

（一）充裕的民间资金投资渠道有限。这是当前民间借贷市场规模扩大的基础和根本。一是民间资金充裕。随着经济持续快速增长和经济货币化程度不断提高，截至 2011 年三季度末，我国广义货币余额已达到 78.74 万亿元人民币，金融机构各项存款余额 79.41 万亿。单从温州看，当地民间资本总量超过 6000 亿，且每年以 14% 的速度增加。二是资金保值增值要求增强。随着市场化程度的加深和社会文明程度提高，个人、企业等市场主体趋利动机和理财意识增强，加之 2009 年下半年以来通胀预期居高难下、通胀率波动走高，社会对资金保值增值的要求更为强烈。三是投资渠道有限。一方面，股市低迷、房地产市场调控，资产市场增加投资存在制约；另一方面，民间资本仍难进入很多行业和领域，"玻璃门"和"弹簧门"现象并不鲜见，民间资本"不敢进"、"不愿进"、"进不去"。一些资本或成为投机性比较强的游资，四处炒作；或流入相对隐蔽、不受监管的民间借贷市场。

（二）金融体制改革存在一些滞后性。这是当前民间借贷活跃的重要推动力。全社会流动性相对充裕的局面下，资金出现结构性的偏紧，说明正规金融体系难以实现资金供需间的有效转化。一是金融系统不健全、产品和服务创新不足。我国小型和微型金融机构相对较少，大银行经营模式、信贷管理机制主要适应大中型企业。长期以来，小微企业和"三农"等薄弱环节的融资需求得不到有效满足；信贷收紧时，银行抬高放贷门槛，抽资压贷，矛盾就会更加突出，这类融资需求更多转向民间借贷，并进一步推高民间借贷综合利率。二是利率市场化改革仍未完成。我国 2004 年 10 月起开始对金融机构人民币贷款利率实行下限管理、存款利率实行上限管理。目前基准利率不能反映真实的资金价格水平，银行体系内外利差空间呈扩大之势，实际存款利率连续 21 个月为负，银行体系吸纳社会资金的能力下降；同时银行通过收取财务顾问费、咨询费等变相提高融资成本。三是金融调控的影响。适度宽松的货币政策实施两年后转为稳健，货币信贷增速向常态回归，流动性管理加强，存款准备金率等数量型调控工具的使用相对多一些，出于各种因素的考虑，利率价格工具使用较为谨慎，储蓄收益改善不大。资金的供需双方，包括银行等金融中介在内，通过金融创新等手段规避监管，或是“从地上走向地下”，进入民间借贷市场，或是“从表内走向表外”，发行理财产品、开展信托贷款等，共同推动我国“影子银行”体系的快速膨胀。正规金融体系的中介功能趋于弱化，也客观上加剧了小微企业融资难。

（三）实体经济发展面临困难增多。这是助推民间借贷活跃，特别是诱发借贷资金高利贷化、投机化倾向的关键因素。一些个人和企业对发展实业前景迷茫、信心动摇，或将资金抽离出来，放进民间借贷市场收取利息；或是盲目高息拆借扩大投资或投机。一是企业经营现实压力加大。近年来原材料、劳动力、土地、利率、汇率等生产成本上升明显，加之国际金融危机爆发以来，国际需求不振，市场竞争加剧，企业特别是出口企业经济效益下降，小微企业经营尤为困难。二是产业转型升级有难度、进展缓慢。目前我国企业大多还处于产业链低端，缺乏核心技术和品牌，对“向哪里转”、“怎么转”等问题心存困惑，加之转型升级过程中风险较大，一些企业或浅尝辄止，或是出现偏离主业等非理性、不规范经营行为。三是引导和扶持政策不到位。小微企业在财税、金融等方面获得的支持仍然较少，出台的一些好政策也落实不到位，一些地方甚至还设置了名目繁多的不合理收费项目，进一步加大企业负担。国内外形势复杂，产业发展方向和定位不明确，市场无法形成稳定预期，民间资金的投资方向缺乏有效引导。

三、客观评价当前民间借贷的风险状况

民间借贷和正规金融形成互补，满足多样化的社会融资需求，提高全社会的资金配置效率，增强了经济运行的自我调整和适应能力。在法律上，我国并不禁止民间借贷，只要不违反法律的强制性规定，民间借贷关系受法律保护。在实践中，我国对民间借贷坚持了区别对待、疏堵并举的原则，对非法集资、金融传销等违法活动予以严厉打击，对合法的民间借贷予以规范发展，并进行了积极探索，既积累了经验，也有比较深刻的教训。例如，20 世纪 80 年代中期至 90 年代初期鼓励建立农村合作基金会，由于逐渐出现变相从事存贷款金融业务、内部管理混乱等情况，在经过治理整顿后，于 1997 年年底开始全面清理。

民间借贷活动透明度低,由于缺乏有效监管,民间借贷活跃期,也是风险积聚期,规模快速扩大的同时,往往出现非法集资、非法吸储、集资诈骗等违法违规现象,并伴随局部性的金融风潮。目前我国民间借贷风险总体可控,主要是其规模相对有限、只占银行贷款余额的7%左右,各级政府与相关部门已采取多种防控措施、成效正在显现,但仍须密切关注其潜在风险。

(一)民间借贷本身风险增加。一是组织结构复杂化加大融资成本和风险控制难度。一些借贷中介组织,经营模式是低价融入高价贷出,只与上下家接触,难以掌握借款人的身份信息和资金用途的真实性,加大了贷款风险控制和贷后管理难度。层层收取的中介费、账户管理费推高资金价格。二是利率攀升加重贷款人的财务成本。企业经营负担加重,最终还是加大到期偿还贷款的风险,高利贷甚至成为“压倒骆驼的最后一根稻草”。一旦发生债务纠纷,借款人超过银行同类贷款利率 4 倍的利息不受法律保护。三是部分借贷资金没有进入实体经济,以钱炒钱,金字塔式的金融传销不可持续。

(二)风险向正规金融体系传递。一是银行信贷资金和保险资金变相参与民间借贷。一些国有企业和上市公司的委托贷款资金来源于银行业,也有公务员等个人客户套取信贷资金后高利转贷。有媒体报道,约有 3 万亿元银行信贷流向民间借贷市场。民间借贷的违约可能引发银行体系不良贷款的上升。二是银行存款加速分流。今年前三季度,金融机构人民币存款同比降幅 20.5%;三季度末,16 家上市银行中 10 家贷存比超过 70%、4 家超过 75% 的监管红线。银行存款更加短期化和波动化,加重存贷期限错配问题;存款增长乏力抑制银行放贷能力,影响未来盈利。三是系统性金融风险上升。民间借贷与正规金融具有一定共生关系,民间借贷的风险最终会通过直接、间接渠道传递给银行,引发连锁反应,银行很难独善其身。

(三)削弱金融调控成效。民间借贷不在传统的货币政策和监管政策范围内,可以在不改变货币存量的情况下增加社会的信用供给。民间借贷规模膨胀,部分抵消了流动性收紧的效果,特别是资金流向房地产、高能高耗等信贷调控行业,增加了经济结构调整的复杂性和难度。

(四)助长经济虚拟化趋势。市场主体过度参与民间借贷,特别是热衷“钱生钱”,助长了投机风气,势必影响实体经济的发展,加大产业“空心化”

的风险。例如,上市公司发放委托贷款,短期内可以获得高额利息收入粉饰业绩,但持续下去可能会削弱主业,卷入系统性金融风险中,损害公司的盈利质量,动摇可持续发展的基础。今年三季度以来,上市公司委托贷款风险有所显现,逾期或展期的情况增加。

(五)积聚社会风险。近期不少地区民间借贷的债务纠纷案件明显增多,一些企业关停、企业主出走等事件发生,对当地经济社会秩序和信用环境造成负面冲击。特别是浙江等地企业之间关联度大、相互担保较为普遍,一旦其中有企业出现资金困难,容易引发"链环式"危机,波及面较广。普通百姓风险承受力相对较低,资金损失可能诱发个人极端行为,引发群体性事件,形成社会不稳定因素。

四、促进民间借贷规范化发展的几点建议

总的说,民间借贷是正规金融有益和必要的补充,但存在交易隐蔽、风险不易监控、易滋生非法集资、洗钱犯罪等问题。民间借贷仍将长期存在,要着眼于进一步发挥其积极作用,引导其规范发展、风险可控;要将短期应对措施和长期制度建设结合起来,力争在满足社会融资需求、促进经济发展、鼓励金融创新与防控风险之间找到平衡点。

从短期看,一要严格监管。禁止金融从业人员参与民间借贷,落实银行贷款全流程管理,严防信贷资金用于民间借贷,有效构筑"防火墙"。切实纠正金融服务不合理收费。约束国有企业和上市公司委托贷款行为,加强信息披露和监管。规范各类民间借贷中介,打击无证经营和超范围经营行为。二要加强监测。要高度关注民间借贷市场发展,开展积累性、跟踪性和针对性的调研统计,准确掌握市场情况,及时发现苗头性、倾向性问题,并做出风险预警和提示。三要做好应急处置。完善应急预案,重视民间借贷风险防范处置,加强舆论引导,消除社会恐慌心理,提振企业信心,确保突发事件在局部得到有效处置。

从长期看,促进民间借贷规范化发展,重在综合施策、标本兼治,既要着眼民间借贷自身发展,也要着力于正规金融体系的完善,建立起更具包容性和多元化的金融体系;既要重视金融领域创新和风险防范,更要强调实体经济的可持续发展,促进金融与实体经济间的良性互动。

第一,加强和改善对准金融机构的监管。目前,小额贷款公司、担保公司、私募基金、典当行、网络借贷平台等是作为普通工商企业注册管理,没有金融牌照,但实际具有金融性和中介性双重属性,是准金融机构或非吸储类放贷人。这类机构发展迅猛、良莠不齐,是民间资本进入较多的领域,也是民间借贷的活跃参与者。以温州为例,2010 年年底全市共有担保机构、投资公司、典当行、寄售行、旧物调剂行等 1800 多家。目前准金融机构大多由地方政府监管,但受人员数量和能力等制约,监管效果还待提高。建议规范发展准金融机构,特别是要深入研究准金融机构风险点和监管盲区,逐步建立起统一和有效的监管框架,包括确定科学的监管目标和监管标准,适时提高监管的立法层级,建立规范的业务运行和监测平台等。提高监管的有效性尤其要处理好中央监管与地方监管相协调、政府监管与自律监管相补充、功能监管和机构监管相结合的关系。

第二,完善民间借贷相关的法律制度。一是及时修订出台《贷款通则》,完善破产、征信等配套法律法规,为民间借贷提供法律依据和保障,为债权债务双方建立起稳定的制度预期。二是选择试点地区探索组建民间借贷登记服务中心,为个人之间的借贷提供供求信息、合约公证和登记、交易款项结算、资产评估、法律咨询等综合服务,推动民间借贷行为阳光化。三是加强金融法律知识宣传教育,对民间借贷的潜在风险进行必要提示,增强全社会金融风险识别和防范意识。

第三,积极推进金融服务创新。“三农”和小微企业等领域金融服务需求规模大、层次多,只要加快体制机制改革和组织制度创新,正规金融体系也会大有可为。一是引导大中型银行“重心下移”。从国外实践看,大中型银行也能做好小微企业的金融服务。美国银行是美国最大的银行,也是美国最大的小企业贷款银行;富国银行是美国第四大银行,也是美国微型企业贷款业务排名首位的银行。在商业可持续原则下,通过实行差异化监管、财税优惠等政策引导国内大银行做实小企业金融服务专营机构;鼓励符合条件的商业银行发行小微企业专项金融债,并加强募集资金后续监管;鼓励大银行发挥龙头作用,整合小企业金融服务体系。二是加强小金融机构改革发展。强化城市商业银行、农村信用社等小金融机构重点服务小微企业、“三农”的市场定位,走特色化、差异化发展道路,避免“眼睛向上看”。鼓励小金融机构加强公司治理和业务流程优化，提高市场竞争力。对小金融机构实施扶优限劣的监管导向，加大税收支持力度，拓宽资本补充渠道，完善风险处置和市场退出机制。三是积极推进村镇银行等农村新型金融机构发展。扩大试点范围，适度放宽机构准入，推动农村金融市场竞争度和市场活力建设。同时，积极稳妥发展债券、集合票据、私募股权投资等直接融资工具，创新小企业保险产品，发展完善中小企业担保体系等。

第四，进一步深化相关领域改革。一是推进利率市场化改革，逐步放开银行存款利率上限，缓解存款负利率现象，引导民间借贷合理定价，改善正规金融与民间借贷间的利率双轨制局面。加强和改善金融调控，注重利用价格型货币政策工具。二是拓宽民间资金投资渠道。去年出台的“新36条”，在拓宽民间资本投资领域、投资渠道和投资方式等方面都有重大突破，建议加快制定相关实施细则和具体配套措施，引导资金有序流入实体经济。鼓励民间资本进入金融领域，发展民营金融业，协同解决拓宽社会融资渠道和民间资本投资渠道两大问题。积极实施“走出去”战略，稳步推进资本项目开放，开展个人境外直接投资试点等。三是加快小微企业服务体系建设。加强运行监测，及时掌握企业发展中的新情况、新问题。进一步推进税费改革，对小微企业实行结构性减税。推动企业转型升级，通过财税金融等政策鼓励企业技术改造、营销和管理创新等，抓好土地、电力等要素保障。

2011年12月5日

当前加工贸易面临的新形势和新挑战

——加工贸易转型升级专题研究之一

王检贵　李江冰

加工贸易普遍存在于世界各国,泛指"进口料件—加工装配—出口"的贸易方式,俗称"两头在外、大进大出"的出口加工业。我国海关统计的加工贸易,特指"保税进口料件—加工装配—出口"的贸易活动,实质上是一种保税加工贸易。对加工贸易实行进口保税政策,全球并不多见,这是我国在特殊历史条件下加快发展开放型经济的战略抉择。

20世纪70年代后期,一些港澳纺织企业为了应对劳动力成本急剧上升的压力,试图将纺织面料拿到内地加工,之后返销港澳。这种来料加工的商业模式技术门槛低,不必支付原材料采购费用,也不必担心产品销路,可以收取稳定的加工费,受到深圳、珠海、东莞等地的欢迎。然而,当时我国对外开放的大门刚刚开启,国外产品进入门槛还很高,进口关税税率接近50%,且实行严格的进口配额、许可证以及特定经营制度。在这种进口管理制度下,来料加工所需料件不容易进来,即使进来了,成本也很高,没有竞争力。为了解决这个难题,国务院于1978年试行加工贸易特殊政策,即允许加工装配所需原材料、零部件、设备的进口,一律免征关税、工商税。这种独特的保税政策既为发展出口加工业提供了制度环境,又不会对国内市场造成冲击,实现了趋利避害。

加工贸易作为改革开放中的新生事物,从诞生之日起就显示出强大的生命力,为我国经济社会发展做出了不可磨灭的贡献。它最大限度地利用了国外市场和资源,使中国从一个封闭落后的国家,一跃成为世界贸易大国、利用外资大国和外汇储备大国;它创造了人类工业化史上的奇迹,使中国在短短几十年的时间内,就成为最重要的"世界工厂";它提供了大量就业岗位,吸纳了大量农村富余劳动力,推动了城乡二元经济结构的转换,改变了中国社会的面貌。今天,加工贸易依然是我国开放型经济的重要组成部分,发挥着不可替代的作用。据商务部、海关总署测算,2010 年加工贸易提供直接就业岗位约 4000 万个,工人工资收入达 1.2 万亿元。在东莞,加工贸易企业达 1.4 万家,直接提供就业岗位近 500 万个;在苏州,加工贸易贡献了 70% 的工业产值和进出口额、30% 的 GDP、27% 的税收,以及 48.5% 的就业岗位。

同时也要看到,经过 30 多年的改革开放,国内外环境都在发生深刻变化,加工贸易发展过程中,旧的矛盾和问题不断积累、日益突出,一些新情况和新问题也不容忽视。

一、国外零部件厂商大量来华投资,加工贸易顺差持续扩大

以组装一台笔记本电脑为例,10 年前,CPU 需要从美国英特尔进口,屏幕从日本索尼进口,主板从台湾华硕进口,出口后大约产生 40 美元的顺差;现在,英特尔、索尼、华硕都在中国设厂,需要进口的零部件减少,组装出口一台笔记本电脑产生的顺差约 400 美元。显而易见,国内产业配套能力增强,使得加工贸易由"两头在外、大进大出"向"一头在外、小进大出"转变,势必加剧我国国际收支失衡。2010 年全国贸易顺差才 1831 亿美元,而加工贸易顺差高达 3229 亿美元;今年前两个月,进出口贸易出现 9 亿美元的逆差,加工贸易却实现 474.7 亿美元顺差,同比增长 18.7%。

二、我国劳动力供给结构变化,加工贸易企业用工面临严峻考验

近年来,我国劳动力供给结构最显著的变化,就是新增农民工逐年减少和大学毕业生大幅增加。据国务院农民工办研究,我国 25 岁以下的农民工数量自 2004 年就开始减少,30 岁以下的从 2006 年起也开始减少,初中毕业后未继续上学的人数(新农民工的后备军)由 2003 年前的 800 万左右快速下降到目前的 200 万左右。而加工贸易企业用工需求并没有发生重大转变,依然以普工和中低级技工为主。劳动力供求结构不匹配导致工资成本持续上涨和季节性“用工荒”,已成为沿海加工贸易企业的心腹之患。一些竞争力较弱的加工贸易企业的多年招不到年轻工人,生产流水线上的不少工人戴老花镜。

三、加工贸易企业低水平恶性竞争,必然将超额利润拱手让给外商

10 年前,中国企业代工的芭比娃娃,在美国市场售价 9.9 美元,中国企业只能拿到 35 美分;5 年前,江苏晨风集团为日本品牌 Uniqlo 加工男衬衫,平均出口单价为 7 美元,而日本市场的零售价一直是 2990 日元(约 30 美元);现在,富士康为美国苹果公司加工的 iPhone4,市场售价 600 美元,零部件成本为 187.5 美元,富士康公司只能得到 6.54 美元的酬劳,苹果公司的利润超过 360 美元。中国企业“卖啥啥便宜”的根本原因,不是中国产品质量和档次低,而是我们的企业组织结构不合理,同质企业太多,且都聚集在低端加工环节,缺乏核心技术,也没有销售渠道和自主品牌,必然把定价权和超额利润拱手相让。例如,外商打算从国内三家工厂采购 100 万双鞋,第一年给 A 厂 50 万双、B 厂 30 万双、C 厂 20 万双;第二年 A 厂 20 万双、B 厂 50 万双、C 厂 30 万;第三年再调整。A 厂第二年少了 30 万双订单,只好用降价的手段来保证产能,外商再通过 A 厂的价格来打压 B、C 两家厂商。或者是,外商发现某家优秀工厂后,通常会包厂,开始都会给一些甜头,等其沦为“圈养动物”后就完全控制它。

四、一些优势产业过度发展贴牌加工,国内自主品牌成长空间遭到挤压

国家之间的经济竞争,归根到底是品牌的竞争。我国实行特殊的加工贸易政策,大量承接跨国公司的产业转移,这在产业成长初、中期是很有效的;当产业发展成熟后,应该适当调整政策,使外资企业与内资企业平等竞争,为自主品牌崛起创造条件。现在我国纺织、轻工、家电等优势行业产业链条完整,国内品牌企业技术成熟,本应大力支持企业“走出去”,有序转移部分产能,培育自己的跨国公司。然而一些地方出于自身利益,仍不遗余力地引进外资,发展贴牌加工,盲目扩张产能。前有跨国巨头堵截,后有国内贴牌企业的残酷竞争,国内品牌企业国际化经营举步维艰,只能无奈地延续

贴牌之路。

五、加工贸易深加工结转政策不完善,“国货复进口”问题愈演愈烈

多年来,有关部门对加工贸易产品深加工结转如何保税一直存在分歧。按照现行退税办法,只有实际报关离境的货物,才能对增值税进行抵扣和退税;来料加工贸易企业从国内采购料件的增值税不能退税;进料加工企业的产品如果全部出口,那么从国内采购料件可以退税,但是如果产品结转给国内下游企业深加工,这家下游企业从国内采购料件也不可以退税。为了规避不能退税的损失,企业往往先将国内采购的料件出口,拿到退税后,再以加工贸易方式保税进口,即产生“国货复进口”现象。随着国内产业配套能力增强、国内采购料件比重上升,这个问题日益突出。2010 年“国货复进口”规模高达 1068 亿美元,占加工贸易进口的 25.6%。这不仅增加了企业物流成本,加大了海关工作量,浪费了社会资源,还造成了外贸统计“失真”。

六、加工贸易漫山遍野发展,科学有效监管难度加大

目前,加工贸易已由沿海向全国扩展(企业达 12.6 万家,每年加工贸易手册约 30 万份),企业加工链条越来越长,零部件越来越复杂,且多数企业都在海关特殊监管区外从事加工,而负责监管的海关人员仅 3000 人左右,监管难度可想而知。尽管海关做了大量工作,对大型加工贸易企业和海关特殊监管区内企业的监管手段基本完备,恶性走私案件得到有效控制,但对区外大量小企业的走私行为稽查力不从心,按合同做账面上的核销都越来越难,更不要说每家每户开展现场实物监管。由于区外监管条件更宽松,许多企业不愿意入区,期望“浑水摸鱼”。2010 年查获加工贸易走私违法违规案件 6874 起。群众还反映,有时在北京的地摊上都能买到加工贸易的走私产品。

以上问题充分说明,从历史看加工贸易的贡献巨大,从眼前看加工贸易的地位仍不可低估,但从长远看现行加工贸易发展模式是不可持续的。必须从全局和战略高度出发,加快推进加工贸易转型升级,促进我国开放型经济向更高水平发展。

2011 年 3 月 30 日

推进加工贸易转型升级的主要思路

——加工贸易转型升级专题研究之二

王检贵　李江冰

近年来,有关部门、一些地方和企业在加工贸易转型升级方面进行了不少有益的探索,取得了一定成效。主要表现在:一是产品结构日益优化。由单纯加工劳动密集型产品,转向劳动、资本、技术密集型产品共同发展。如苏州的加工贸易中,高新技术产品占60%,规模超过1000亿美元,5年增长140多倍。二是产业链条更加完整。20年前,苏州加工贸易增值率不到0.1,目前提高到0.71。东莞电脑零部件配套率达95%,全球40%的硬盘磁头、30%的敷铜板、27%的高级交流电容器产自这里。三是研发设计能力逐步增强。不仅更多外资企业把研发中心和地区总部搬到中国,国内规模较大的代工企业也开始向研发设计环节延伸,并以代工的利润培育自主品牌。在东莞,出口300强企业均已基本实现"设计+加工"(ODM)的运作模式,占全市加工贸易出口的比重超过60%。四是节约资源和保护环境意识提高。在苏州,加工贸易企业的污水、噪音、大气污染等排放达标率均为100%。

但是总体看,全国加工贸易转型升级步伐比较慢,不能适应国内外环境的发展变化,也不能适应加快调整经济结构和转变经济发展方式的要求。从深层次看,制约加工贸易转型升级的原因有三:一是思想认识还不统一。虽然社会各界都赞同加工贸易转型升级这个提法,但对于为什么要转型升级,什么企业需要转型升级,转型升级的目标是什么,如何推动转型升级等问题的认识和理解不尽相同。二是目标任务不明确。有的部门关心加工贸易转型升级能否扩大出口，有的关心能否增加税收，有的关心减少顺差，有的关心扩大就业，还有的关心节能减排。有的同志把发展和转型升级对立起来，错误地认为推动加工贸易转型升级不是为了发展加工贸易，而是为了限制加工贸易，由此产生抵触情绪。目标不一致甚至相互矛盾，必然导致工作难以形成合力。三是政策措施不够有力。迄今为止加工贸易发生的积极变化，更多是受国家产业政策特别是利用外资产业政策带动的，或者是企业受市场竞争压力"倒逼"而做出的被动调整。虽然这两年认定了一些加工贸易转型升级示范地区和示范企业，也往往只是挂个"牌子"，并没有具体政策支撑。2007 年，国家下决心确立了一批加工贸易禁止类目录和限制类目录，取消了部分产品的保税政策，要求部分产品保证金台账"空转"改为"实转"等，在随后应对国际金融危机中，这些政策又进行了"回调"。

需要强调的是，正如改革开放初期我们选择发展加工贸易是一项战略抉择一样，现在推进加工贸易转型升级也是一项战略抉择。这是一项既紧迫又艰巨的任务，对开放型经济持续健康发展有利，对促进我国经济内外均衡发展有利，对我国经济结构战略性调整有利。必须通盘谋划、前瞻设计，因地制宜、分类指导，循序渐进、标本兼治。当务之急是在统一思想的前提下，尽快明确推进加工贸易转型升级的主要思路，制定科学有效的目标、任务和政策措施。借鉴国际上出口加工业转型升级的经验，结合我国的实际，我们提出我国加工贸易亟需实现"四个转型"和"四个升级"。

（一）加工贸易"四个转型"

一是发包主体转型，即由仅为外资企业做代工逐步向为国内自主品牌做代工转变。我们不能简单否定和抛弃代工，不可能要求所有企业培育品牌，这是中国的国情和发展阶段决定的。但我们完全有条件在各个行业培育一批专门经营品牌、研发设计、境外营销网络的龙头企业，由他们向中小企业下订单，改变外资企业垄断我国加工贸易的格局。比如，巴西制鞋业在为欧美品牌代工中就培育出自己的著名跨国公司——派诺蒙（Paramont），不仅是巴西众多鞋企开拓国际市场的领军者，而且成为我国鞋企的重要客商。

二是加工地域转型，即由沿海加工逐步向内陆加工转变。中西部地区劳动力、土地资源丰富,能源、电力充足,交通、通信等基础设施也日臻完备,发展加工贸易的条件基本成熟。鼓励和引导加工贸易由东部沿海向中西部和东部欠发达地区有序转移,对促进区域经济协调发展意义重大,应该加大政策支持力度。但是,一定要吸取东部地区加工贸易发展的教训,严把能耗、环保关,切不可使大江大河的源头受到污染。

三是保税监管模式转型,即由"放养型"逐步向"圈养型"转变。目前海关特殊监管区内的加工贸易企业数量占比不到10%,进出口货值占比也仅为25%左右。今后,应引导加工贸易向区内集中,改变加工贸易漫山遍野的发展格局。建议从今年起原则上不再新批区外的加工贸易企业,确保增量先入区。

四是销售市场转型,即由传统市场向全球多元市场转变。目前加工贸易出口过度集中在美国、欧盟、日本等传统市场。以东莞为例,2009年44%的加工贸易直接出口欧美,加上经香港的转口贸易,比重高达77%。这种市场格局对内容易引发恶性竞争,对外容易引起贸易摩擦,必须下大力气开拓非洲、拉美、中东等潜力巨大的新兴市场。

(二)加工贸易"四个升级"

一是产品档次升级,即由简单加工向复杂加工升级。从海关统计看,我国加工贸易中高新技术产品占比超过50%。实际上,这些产品的核心技术绝大多数为外资企业所有,关键零部件来自海外,中国只是简单组装加工,技术含量和附加值很低,很多产品在中国境内加工时间不到48小时,严格说不能算是中国的高新技术产品。今后,应重点吸引外资企业将更多高端制造环节转入中国,提升加工的科技含量,培育中国的高端制造人才。

二是增值能力升级,即由制造环节向产业链条两端延伸。一方面要鼓励企业向上游研发、设计领域拓展;另一方面要鼓励向下游服务价值链延伸,发展仓储、物流、配送,还可以到境外去建设销售渠道。观察意大利、西班牙的制鞋企业之所以能成功实现转型升级,关键是毅然拒接大批量订单、勇敢摆脱国际大买主的控制,以独特的创新设计、超短的加工周期、供消费者任意挑选的款式,生产高质量和小批量时尚产品,占据高端的细分市场,控制零售渠道,掌握定价权,并逐步带领产业集群内的配套企业升级。这些经验值得我们学习借鉴。

三是外包方式升级，即由承接工业品外包向承接服务外包升级。服务外包无污染、不占地，还可以解决大学生就业难题和促进国内服务业发展，一举多得。目前，我国拥有大量计算机、外语专业的大学生，发展各种形式的服务外包前景广阔。可考虑将目前21个服务外包示范城市的税收优惠政策向全国更多有条件的城市扩展，同时有针对性地解决中小型服务外包企业的融资难题。

四是企业层次升级，即由良莠不齐的企业向行业优势企业升级。目前，海关根据企业规模、经营状况、报关情况、诚信度等指标，把加工贸易企业分为AA、A、B、C、D五类，其中前2000家企业进出口规模占加工贸易总额的40%以上。今后，应重点发展这些优势企业，使其成为转型升级的示范企业。对那些长期不交税、只交一些厂房租金和工缴费的“非法人”来料加工企业（主要聚集在深圳、东莞，2009年年底东莞还有6700家，占当地加工贸易企业总数的48%），应尽快推动转型，使之转为进料加工“法人”企业。对那些小、散、乱、差的企业，应逐步取消加工贸易保税资格，使其向一般贸易发展。

2011年3月30日

关于稳步调整加工贸易保税政策的建议

——加工贸易转型升级专题研究之三

王检贵　李江冰

加工贸易进口保税这项中国独有的政策是否长久不变？社会各界一直有不同看法，有关部门的意见也存在明显分歧。近期，我们认真听取了有关部门和进出口商会的意见，走访调查了多家加工贸易企业，并详细测算了取消保税政策对相关企业和国民经济的利弊影响，现将有关情况和建议报告如下：

一、加工贸易与一般贸易并轨是我国开放型经济发展的内在要求

——从涉外经济管理体制变化看。我国对加工贸易实行单独管理，并实行进口保税政策，是进口管制和高关税时代的产物。加入世贸组织后，我国进出口经营权全面放开，取消了所有配额、许可证和特定进口管理措施，并实行一系列鼓励进口的政策措施。我国进口关税总水平已由50%左右逐步降至2010年的9.8%，是所有发展中国家最低的。其中，工业品关税税率仅为8.9%，零部件关税更低，计算机、手机等高新技术产品的零部件元器件关税早已降为0。显然，一般贸易和加工贸易已无本质区别，没有保税政策的企业完全可以开展出口加工业务，无需花费巨大的人力、物力、财力对加工贸易进行单独管理。

——从外贸企业经营模式看。近些年来，我国加工贸易出现一个显著的变化，即由“大进大出、两头在外”向“小进大出、一头在外”转变。一方

面,随着国内产业配套能力增强,企业对进口料件的依赖度明显降低,对国产料件的采购量越来越大。另一方面,随着国内市场快速扩张,加工贸易企业不再完全依赖国际市场,内销积极性日益高涨。人为区分加工贸易和一般贸易,并实行完全不同的政策,致使加工贸易企业采购国内料件保税政策以及内销补税政策越来越难以操作和监管,不利于国内国际市场相互衔接和补充,不利于内贸外贸一体化进程。

二、取消保税政策对企业影响的初步估算

如果加工贸易与一般贸易并轨,不再享受进口保税的优惠,可能给企业带来四个方面的负担。

*一是进口关税将变为企业成本。*如果加工贸易不保税,意味着进口料件将征收关税,而加工出口后关税不能退还,全部由企业负担。按2010年加工贸易进口总额匡算,全国12.6万家加工贸易企业需缴纳关税1000亿元左右,平均每家企业缴纳80万元左右。

*二是进口增值税先征后退将占压企业流动资金。*如果加工贸易不保税,那么进口料件将先征增值税,出口后这部分税收可退还,企业税收负担没有增加,但会占用企业流动资金。按2010年加工贸易进口额匡算,全国进口增值税总额超过4000亿元。假如一批订单从进料—加工—出口—退税需要3个月,则全国加工贸易企业总共需占压资金1000亿以上,平均每家企业近100万元。如果企业需要贷款,则将产生一定的利息负担。

*三是出口退税率不足17%的企业需承担一定的进口增值税。*目前我国平均出口退税率为13%左右。如果加工贸易不保税,进口料件征17%的增值税,而出口时只能退13%,相差4个百分点的税收需企业负担。按2010年加工贸易进口额匡算,企业共需承担增值税1000亿元左右。

*四是来料加工企业的"既得利益"将不复存在。*目前,我国还有不少"三来一补"企业,占加工贸易进出口总值的15%左右。这些企业多数不是法人,长期游离于国家税收体制之外,不仅不交进口关税和环节税,而且不交企业所得税、营业税等税收,只向地方政府缴纳厂房租金和一定比例的工缴费,享受了巨大的、不合理的制度优惠。如果取消保税政策,来料加工企业承受的压力比进料加工企业要大。

我们详细测算了这项政策变化对 5 家加工贸易企业的影响(见表 1)。以东莞的华坚集团为例。这家制鞋企业约有 2 万名员工,2010 年进口总额 6507 万美元,出口额 2.29 亿美元。原材料进口和国内采购比例为 57∶43,进口料件平均关税 10% 左右。如果进口不能保税,将增加三项成本:一是需缴纳关税 4377 万元;二是由于鞋的出口退税率只有 15%,进口料件需补交 2 个百分点的增值税,共 875 万元;三是由于订单加工退税周期约为 6 个月,因此进口增值税将占压资金 3720 万元,按银行贷款年利息 6.06% 计算,利息成本 225 万元。三项合计后,2010 年这家企业的成本将增加 5500 万元,相当于出口总成本增加 3.5%。

综合分析各类企业的情况,可以得出几个初步结论:(1)取消保税政策对企业影响的大小,主要取决于进口料件关税率、订单完成周期、国内零部件配套率、出口退税率、企业流动资金状况,与前两项正相关,与后三项负相关。也就是说,国内配套能力强、出口退税率高、流动资金充足、订单完成周期短、进口关税低的企业,影响要小;反之亦然。(2)加工贸易不保税,企业出口成本增幅一般不超过 4%。(3)这项政策变动带动成本上升是可预期的,企业将通过提高出口价格与外商共同分担,因而多数企业利润不会受到影响,这与原材料涨价 4% 左右的影响相仿,而与人民币升值的影响完全不同。

表 1 取消加工贸易保税政策对企业的影响

企业名称	华坚制鞋	联想手机	大连船舶	贝利生彩电	联想电脑
出口额(美元)	2.3 亿	2.3 亿	24.5 亿	1.3 亿	32.2 亿
进口额(美元)	6507 万	3600 万	6.7 亿	8450 万	34.2 亿
进口料件占比	35%	20%	58%	35%	40%
平均关税率约	约 10%	0	约 10%	约 5%	0~1%
出口退税率	15%	17%	17%	17%	17%
订单完成周期	6 个月	15 天	18 个月	4 个月	20 天
资金占压(元)	3720 万	168 万	11.3 亿	3160 万	2.13 亿
新增利息(元)	225 万	9.6 万	6841 万	192 万	1291 万
需交关税(元)	4377 万	0	4.4 亿	2788 万	0
补增值税(元)	875 万	0	0	0	0
新增成本(元)	5477 万	9.6 万	5.1 亿	2980 万	1291 万
出口成本变化	+3.5%	+0.06%	+3.2%	+3.5%	+0.1%
出口价格变化	+3% 以上	不变	不变	+3% 左右	不变
利润变化	不变	不变	亏损	微降	不变

注:联想电脑只统计联想(深圳)公司的进出口数据,出口小于进口的原因是大约 3.7 亿美元产

品加工后转内销。

三、取消保税政策对宏观经济的利弊影响

（一）对国家税收的影响。加工贸易税收政策与一般贸易并轨后，形成统一的流转税制，无疑会使国家税制更简化、更规范、更公平。同时，国家将新增税收约2000亿元（进口关税和补交进口增值税各1000亿元），如果加上走私、偷逃税大幅减少的因素，财政增收将更多。

（二）对进出口贸易的影响。目前，我国出口产品价格优势依然明显。加工贸易不保税，出口成本增幅不超过4%，多数产业都可以承受。(1)鞋、箱包、普通家电等产业，国内产业链条完整，加工贸易比重低，价格优势明显，贸易摩擦多。这些年，国外频繁征收高额反倾销税，出口规模不降反升。加工贸易不保税，国外零部件进口可能减少一些，国内料件采购增多，小、乱、散、差的企业出口减少一些，优势企业出口将会增加，出口总规模不会受到大的冲击，出口质量还会提升。(2)笔记本、手机、高档彩电等产业，关键零部件依赖进口，加工贸易比重最高，但由于进口零部件关税非常低，出口退税率最高，且订单加工周期非常短，因而对出口的影响也是有限的。(3)造船、机械、钢铁等产业，对内对外开放晚，国营经济比重大，产业竞争力较弱，加上订单加工周期长，资金占压多，取消保税政策的影响相对较大。(4)"两高一资"产业，资源、原材料大量进口，占用资金多，国家又不给退税，因此取消保税政策后受到的冲击最大。

（三）对利用外资的影响。加工贸易政策调整后，外资企业与国内企业公平竞争，一些低水平的外资企业面临一定的生存压力。但多数外商来华投资主要看好我国稳定的政治环境、完善的基础设施、强大的配套能力和丰富的劳动力资源，而不是保税政策。同时，中国强大的产能和国际市场份额短期内难以被其他国家取代。与2008年外资所得税并轨是一样，外资企业不会因缴纳少量的进口关税而离开中国。

（四）对贸易顺差的影响。加工贸易是贸易顺差的主要来源。加工贸易不保税，无疑将在一定程度上减少贸易顺差。应该强调，中国制造业的成本优势是综合性的，贸易顺差不是一种因素作用的结果，不能期望这项措施

根本改善进出口平衡状况。

（五）对就业的影响。取消保税政策后，企业仍可从事“大进大出、两头在外”的贸易方式，整个出口加工业将继续稳定发展，不会严重冲击就业。特别是纺织、轻工等劳动密集型产业加工贸易比重低，受政策调整冲击小，可保就业形势总体稳定。

尽管调整加工贸易保税政策，对我国宏观经济运行不会产生大的影响，但也要看到，这项政策已实行 30 多年，涉及面广，制度惯性大，全面调整必然面临不小干扰和阻力，主要是：一些外资企业包括港澳台企业可能借此质疑我国利用外资政策取向；一些加工贸易密集的地区短期内经济转型压力较大；一些部门的管理体制和相关职能需要有所调整；一些“三来一补”企业和经营不规范的企业不情愿丧失“既得利益”等。对此，既要坚定信心，统一思想，又要拿捏好政策力度和节奏，还要注意加强舆论引导，解疑释惑，防止外界炒作，尽可能实现平稳过渡。

四、积极稳妥调整加工贸易保税政策

综合考虑各方面的因素，建议采取“先区外、后区内，先增量、后存量，先沿海、后内地，先优势产业、后弱势产业”的办法，有步骤、有重点取消加工贸易保税政策，逐步实现加工贸易与一般贸易并轨。

第一步：今年先选择 1 ~ 2 个产业进行试点。纺织、轻工产业国际竞争力强、加工贸易比重较低、贸易顺差大、贸易摩擦也多，转型升级的要求最为迫切，可选择一些子行业开展试点。

第二步：将试点推广到海关特殊监管区外的大多数产业，区内暂时不作调整。造船、机械、航空等竞争力比较弱的产业可继续实行进口保税政策。同时，尽快推动“非法人”来料加工企业转为法人企业。

第三步：规范发展区内加工贸易保税政策。全国究竟要建多少海关特殊监管区，在什么地方建区，哪些产业和企业有资格进区，区内实行什么样的优惠政策，应该有一个明确的规划和安排。

为了进一步对冲政策调整的潜在影响，避免造成过大的震动，还应考虑采取如下配套政策：

第一，适度下调进口关税率，使关税水平更接近实际税负。目前，我国名义关税税率为9.8%，而实际上我国近一半的进口额都是零关税，实际关税水平仅为2.15%（实际税率=进口关税总收入/全年进口额）。在取消加工贸易保税政策的同时，自主适度降低进口关税水平，可以取得一举多得的效果。一是减轻加工贸易并轨后企业的关税负担。二是关税总收入不会降低。只要税率不低于2.15%，关税总收入就只增不减。三是在国际上树立负责任大国的形象，推动多哈回合谈判进程，换取其他国家对我国开放市场。

第二，有选择地提高部分产品的出口退税率。加工贸易税收政策并轨后，可将纺织、轻工、家电等劳动密集型产品的退税率都提高到17%。这样做也是利多弊少：一是减轻加工贸易政策并轨后企业的负担；二是为国内企业发展营造公平竞争环境，有利于培育自主品牌。三是以新增关税补偿新增退税，不会增加国家的退税负担。

第三，对流动资金不足的企业给予信贷支持。加工贸易政策并轨后，部分企业可能面临资金压力。对此，要认真落实国发〔2008〕135号文件，改善出口企业融资担保条件。一是鼓励商业银行开展出口退税账户托管贷款业务，贷款利率由金融机构根据风险管理原则在下限以上区别确定，贷款额度可按企业应得退税款办理。二是将出口信用保险保单作为有效的银行质押凭证，扩大保单融资规模。三是引导融资担保机构积极为中小企业提供融资担保，地方财政部门根据情况对融资担保机构给予支持。

2011年3月30日

入世十周年背景下提高对外开放水平的思考和建议

朱艳华　胡成　张汉林

2001 年 12 月 11 日,中国正式成为世界贸易组织成员国。十年来,我国对外开放不断扩大,经济持续快速发展,国家面貌发生了巨大变化,对外开放和经济社会发展已经站在了新的历史起点上。在国际国内环境正在发生深刻变化的新形势下,认真回顾总结入世十年来的成绩和经验,深入思考对外开放中的重大问题,进一步完善对外开放的政策做法,对于提高我国对外开放水平、加快推进现代化建设意义重大。

一、入世十年我国对外开放取得的巨大成绩与宝贵经验

加入世贸组织是对我国改革开放和经济社会发展具有决定意义的重大事件。加入世贸组织,极大提高了我国对外开放的广度和深度,极大加快了我国经济体制改革进程,极大促进了我国经济社会发展,极大提升了我国的国际地位和影响力。入世十年来,我国平均关税从 15.3% 降到 9.8%,货物贸易进出口总额增长 4.9 倍,FDI 总额从 468.8 亿美元增长到 1057.4 亿美元,人均 GDP 增长 3.45 倍。目前,我国经济总量已跃居世界第二,成为第一大出口国、第二大进口国、第二大外资流入国和第五大对外直接投资国。

十年来我国对外开放和经济社会发展取得的巨大成绩,说明党中央、国务院做出的入世决策是完全正确的,也说明我们在实践中摸索和坚持的一些做法是正确的。对入世十年来的基本经验,应当认真总结、继续坚持。

一是坚持扩大开放与深化改革相结合,以开放促改革。加入世贸组织,

扩大对外开放,必须按照国际规则办事,必须按照市场经济规则办事,必须加快市场取向的经济体制改革进程。十年来,我们以入世为契机,适应经济全球化深入发展的新形势,不断深化国有企业、财政、金融、外贸、社会保障、政府管理等方面的体制改革,经济市场化程度不断提升,极大地增强了我国经济社会发展的动力和活力,较好地适应了国际规则,加快了与世界经济的融合,实现了改革与开放的良性互动。

二是坚持维护国家利益,牢牢掌握对外开放的主动权。在对外开放过程中,我们始终坚持独立自主原则,坚持在开放中有原则,在合作中有斗争,牢牢掌握对外开放的主动权。在涉及国家主权、安全、发展利益的问题上,坚持从我国实际出发循序开放。如主动、渐进、可控地推进汇率制度改革、实现人民币资本项目下有管理的开放等等,既迈出了对外开放新步伐,又避免了外部环境变化对我国发展稳定的过度冲击。

三是坚持大力发挥比较优势,努力提高国际竞争力。入世后我国立足自身发展实际,充分利用和发挥劳动力成本低廉、基础设施相对完善、工业配套能力较强等比较优势,大力发展制造业、劳动密集型产业、电子信息产业等,有效承接了国际产业转移,成功融入了全球化生产体系。十年来,相关行业在激烈的国际竞争中不断发展壮大,国际竞争力得到显著提升。玩具、服装、白色家电、装备制造等行业具有明显国际竞争优势,占有了较大的国际市场份额,促进了我国对外出口规模不断扩大,支撑了我国经济长期持续快速发展。

四是坚持遵守并灵活运用国际规则,积极参与国际规则制定。我们认真履行加入世贸组织的承诺,在实践中学习、理解和掌握国际贸易规则,按国际规则办事、遵守国际贸易规则的观念深入人心,赢得了合作伙伴的认同,促进了我国对外经贸合作的不断扩大。我们坚持运用国际规则维护我国经济权益,积极应诉国外针对我国的“两反两保”起诉,并对其他国家针对我国的不公平贸易提起“两反一保”调查。积极参与国际贸易规则的制定和修订,增强我国在国际经济事务中的话语权。

二、进一步提高对外开放水平的有关建议

当前国际金融危机的影响仍然在蔓延,世界经济复苏的过程复杂、缓

慢、曲折，经济增长下行风险加大，国际市场需求萎缩，不少发达国家和发展中国家更加强调实施扩大出口战略和振兴制造业，未来一个时期围绕国际市场的竞争将更加激烈。随着我国综合实力的增强和国际地位的提升，国际社会对我国承担更多责任的呼声越来越高。党的十七届五中全会提出，要以科学发展为主题、以加快转变经济发展方式为主线，促进经济又好又快发展和社会全面进步。国际国内形势的新发展、新变化，要求我们坚定不移地扩大对外开放，完善对外开放政策措施，进一步提高对外开放水平。为此我们提出以下具体建议：

1. 继续坚持稳步扩大出口

改革开放以来，出口在促进我国经济增长、增加劳动就业等方面发挥着不可替代的作用。入世十年来，出口对我国经济增长年均贡献率达到20%以上，带动就业人数超过8000万。我们必须清醒地认识到，扩大国内需求特别是消费需求需要一个过程，今后一个相当长的时期内外需仍然是拉动经济增长的重要动力。我国目前的出口竞争优势和国际市场份额是经过多年来艰苦努力获得的，是我国进一步发展的重要有利条件，而不是发展的累赘。我们必须坚持营造更加有利于出口的法制环境、政策环境、市场环境，进一步稳定和扩大出口。不这样做，就会犯重大错误。要立足我国产业发展实际，继续发挥我国制造业竞争优势，不断扩大制造业产品出口，这是稳定扩大出口的现实选择。要加快推动我国制造业转型升级，逐步向“微笑曲线”两端延伸，改变制造业出口数量多、自主品牌少、产品附加值偏低等问题。同时，要适应服务贸易迅速发展的趋势，高度重视发展服务贸易，逐步提高服务贸易在对外贸易中的比重，解决目前我国服务贸易与货物贸易发展不平衡、服务出口与进口发展不平衡、服务贸易结构不平衡问题。

2. 进一步完善进口政策

完善进口政策有两项任务，第一，要进一步鼓励扩大进口，解决进出口不平衡、贸易顺差过大问题。第二，也是更重要的，要通过完善进口政策，保障资源能源安全，促进结构调整和发展质量提高。建议进一步调整进口消费品结构，引导国内消费。进一步扩大能源、资源等进口，保障能源资源供应。研究论证适当进口钢铁、有色金属等高耗能、高污染原材料的可行性，减少国内能源消耗和环境污染。积极争取发达国家承认我国完全市场经济地位，敦促部分发达国家放宽对我国歧视性的关键技术、关键设备、关键元器件的出口管制措施，增强我国消化吸收再创新能力，促进产业转型升级。

3. 要更加重视“走出去”

在对外开放的新阶段，进一步扩大货物出口难度越来越大。在继续吸引利用外资的同时，要充分发挥我国资金和外汇比较充裕的优势，更加重视扩大对外投资，带动原材料、设备出口和劳动力输出。要组织有关部门对当前已有政策进行系统梳理，对已有政策没有得到很好贯彻落实的，要研究更加切实可行的实施办法。要根据加快“走出去”的新形势、新要求，在金融支持、信用保险、管理体制等方面，研究采取更加有效的政策措施，加大对企业“走出去”的支持力度。要加大经济外交工作力度，为我国企业“走出去”创造良好的国际环境。

4. 实行有条件的市场开放

市场需求是企业、产业和整个经济发展的根本条件，世界上任何国家都不会无条件的开放本国市场。特别是近年来，部分发达国家对我国进入当地市场设置障碍增多，不断对我国产品采取“两反两保”调查，贸易保护主义由产品扩展到产业、由产业延伸到政策，甚至把经济问题政治化，对本国市场的保护措施加强、保护程度提高。在我国对外开放的实践中，某些领域存在不设门槛、门户大开的做法，国外企业和产品占领了我国较大份额的市场，但是我国并没有通过开放市场换来先进技术、提升产业技术和发展水平，比如汽车行业就是典型的例子。一些地方为了追求 GDP 和财政收入增长，给予外资企业超国民待遇，低价甚至免费提供土地、违反规定减免税收，引进了大量国外已淘汰的高污染、高耗能、低附加值的企业和产品。在今后扩大对外开放的过程中，市场开放要有一定条件，设置一定门槛。要充分利用我国市场广阔、潜力巨大的优势，研究采取政策措施，在开放市场中获得更大利益。比如，要大力推广高铁和三峡电站引进消化吸收再创新的经验和做法，在开放市场的同时，要求外商转让核心关键技术，使我国企业通过引进外资真正掌握关键核心技术并有所创新，真正达到以市场换技术的目的。要改变过去不讲条件、不计成本的做法，坚决禁止落后产能和高耗能、高污染企业进入我国，清理一些地方给予外资企业的超国民待遇，完善内外资企业公平竞争机制。

5. 高度重视经济安全

随着对外开放不断扩大,我国产业、能源、技术等国家经济安全问题变得十分突出。目前,我国能源特别是原油对国外市场依存度过高,大量核心技术、关键设备和重要元器件依赖进口、受制于人。我国金融、通信、交通、输变电、政府政务等领域已经实行高度信息化,而基础芯片和软件支持系统高度依赖国外厂商,存在巨大的安全隐患,一旦出现问题,将造成一些重要经济领域的极大混乱甚至暂时瘫痪。一些跨国公司斥巨资收购我国拥有自主品牌的企业,收购完成后停止我国品牌产品生产,导致一些知名品牌消亡;一些跨国公司并购我国一些高新技术企业后,停止技术研发活动,以保持他们在技术和生产上的垄断地位。一些国际大物流企业控制了我国重要产品的流通渠道,决定着一些企业和产业的生死存亡,我国产品也难以卖出好的价钱。这些都严重影响了我国产业发展和竞争力的提升。要在国家层面系统研究对外开放条件下的国家经济安全问题,出台国家经济安全战略和相互协调、比较完整的经济安全政策体系。要坚持国家能源发展战略,加大能源特别是油、气资源勘探力度,增加国内能源供给,降低能源消耗水平,降低国外能源依存度,同时要积极走出去开发利用国外能源资源,实现能源进口多元化。要进一步加大对核心关键技术的研发支持力度,保护我国自主品牌和企业自主研发成果,改变过度依赖国外技术、设备的状况。对跨国公司以控制我民族品牌发展、遏制我技术创新活动为目的的并购行为,要启动严格的调查与审批程序。要对我国流通业发展问题进行系统深入研究,制定流通业发展战略和政策,培育和发展大型流通企业,增强我国企业对流通渠道的控制力。

2012 年 12 月 14 日

(张汉林　对外经贸大学 WTO 研究院)

后　记

本书收录的文章，均为2011年度国务院研究室的调研成果。作者大多是国务院研究室的同志，也有少量调研成果是与其他单位同志合作完成的。这次公开出版时，我们对这些调研成果进行了精心编选，共计61篇。这些调研成果，从一个侧面反映出国务院研究室围绕全国工作大局和国务院中心工作任务开展调查研究所取得的成绩。

本书所收文章，大致分为七部分。每部分文章首先根据涉及的方面分类，然后再按完成时间顺序排列。除对个别文字进行了必要的校改外，文章基本保留原貌。荣获2011年度国务院研究室优秀研究成果奖的文章，在其首页加了页下注。

中国言实出版社为本书的出版做了大量工作，人民画报社对本书给予了特别支持。在此，一并表示感谢！

本书编委会

2011年10月